◎ 高等院校经济与管理核心课经典系列教材 ◎

国际经济与贸易专业

国际商法

GUOJI SHANGFA

（第四版）

金晓晨 ◎ 主 编

和 凌 ◎ 副主编

首都经济贸易大学出版社

Capital University of Economics and Business Press

·北 京·

图书在版编目(CIP)数据

国际商法/金晓晨主编. —4版. —北京:首都经济贸易大学出版社,2012.8

(高等院校经济与管理核心课经典系列教材·国际经济与贸易专业)

ISBN 978-7-5638-1177-9

Ⅰ.①国… Ⅱ.①金… Ⅲ.①国际商法—高等学校—教材 Ⅳ.①D996.1

中国版本图书馆CIP数据核字(2004)第092544号

国际商法(第四版)
金晓晨 主编 和 凌 副主编

出版发行 首都经济贸易大学出版社
地　　址 北京市朝阳区红庙(邮编100026)
电　　话 (010)65976483 65065761 65071505(传真)
网　　址 http://www.sjmcb.com
E-mail publish@cueb.edu.cn
经　　销 全国新华书店
照　　排 北京砚祥志远激光照排技术有限公司
印　　刷 北京建宏印刷有限公司
开　　本 710毫米×1000毫米 1/16
字　　数 387千字
印　　张 21.5
版　　次 2005年1月第1版 2006年1月第2版
2009年7月第3版 **2012年8月第4版**
2020年7月总第14次印刷
书　　号 ISBN 978-7-5638-1177-9/D·70
定　　价 39.00元

出版总序

经济领域竞争的实质，是人才的竞争；而人才的培养，有赖于教育，尤其是培养高素质专业人才的高等教育。目前直至今后相当长的一个时期内，我们还缺乏一大批理念先进，勇于创新，善于管理，精通业务，既熟悉现代市场经济运行规则，又精通专业知识，适应国内经济发展和国际竞争需要的高级经济类、管理类专业人才。

教育是当代科技生产力发展的基础，是科学技术转化为现实生产力的条件，是培养高素质专门人才和劳动者的根本途径，也是实现管理思想、管理模式、管理手段现代化的重要因素。

人才的培养离不开教材，教材是体现教学内容的知识载体，是进行教学的基本工具，更是培养人才的重要保证。

教材质量直接关系到教育质量，教育质量又直接关系到人才的培养质量。因而，教材质量与人才培养质量密切相关。

正是由于教材质量在实施科教兴国的发展战略中具有十分重要的作用，我们在策划与组织编写本套教材的过程中倾注了大量的心血、人力和物力。

我们希望奉献给广大教师、学生、读者的是一套经得起专家论证和实践检验的经济与管理类各专业核心课精品系列教材。

在策划和编写本套教材的过程中，我们始终贯彻精品战略的指导思想，使之具有如下特点：

第一，以全面推进素质教育为着眼点，以教育部《普通高等教育教材建设与改革的意见》为指导，面向现代化，面向未来，面向经济全球化，充分考虑学科体系和知识体系的完备性、系统性和科学性，同时兼顾教材的实用性和可读性，以适应教学和教材改革的需要，适应国内外经济发展的需要，适应培养高素质、创新型、复合型专业人才的需要，并力求教材具有体系新、内容新、资料新、方法新的特点。

第二，在广泛调查研究的基础上，通过多所国内著名高等院校一批有着丰富教学经验的专家教授论证和推荐，优化选题，优选编者。参加本套教材论证和编写的专家教授分别来自北京大学、清华大学、中国人民大学、中国政法大学、对外经济贸易大学、复旦大学、上海交通大学、首都经济贸易大学、东北财经大学、西南财经大学、中南财经政法大学、上海财经大学、天津财经大学、武汉大学、南开大学、天津商学院、南京大学、华中科技大学、北京科技大学、厦门大学、北京工商大学、四川大学、中央财经大学等多所国内著名高等院校。

第三，在选择教材内容以及确定知识体系和编写体例时，注意素质教育和创新能力、实践能力的综合培养，为学生在基础理论、专业知识、业务能力以及综合素质的协调发展方面创造条件。在确定选题时，一方面考虑了当前经济与管理类各相关学科发展和实践的迫切需求，一方面又贯彻了教育部关于专业核心课的设置及素质教育的要求；除传统课程外，在充分学习和借鉴国外经典教材的基础上，编选了部分带有前沿性、创新性的专业教材，以利于中外高等教育在课程设置方面的接轨。

第四，考虑到培养复合型人才的实际需要，本套教材突破了原有的较为狭隘的专业界限和学科界限，在经济学和管理学两大一级学科的统领下，广纳多个分支学科的基础课、专业基础课、专业主干课教材。这些分支学科和专业包括工商管理、经济学、金融学、人力资源管理、物流学、广告学、会计学、市场营销、电子商务、国际经济与贸易、旅游管理、行政管理、信用管理等。从纵向上看，各学科、各专业的教材自成体系，完整配套；从横向上看，各学科、各专业的教材体系又是开放式的，相互交叉，学科与专业之间没有明确的界限，以便于各院校、各专业根据自身的培养目标设置课程，交叉选用。

本套教材自身也是开放式的。我们将根据学科发展的需要、教学改革的需要、专业设置和课程调整的需要、中国经济建设的需要，不断加以补充和完善。

本套教材不仅是一大批专家教授多年科研成果和教学实践的总结，同时在编写体例上也有所突破和创新，希望它的出版能够对我国经管专业高级专业人才的培养有所帮助。

出版者

第四版说明

本教材自2005年1月出版以来得到了读者的广泛认可。虽然2009年编者对教材进行了修订，但是，随着近年国内和国际法律环境的变化，不仅又有新的国内法出台，如2009年的《中华人民共和国侵权责任法》、2010年的《中华人民共和国涉外民事法律关系适用法》，某些国际商事交易的法律及惯例也进行了修改，如《2010年国际贸易术语解释通则》等。为使本教材具有较强的时效性，今年我们对其再次进行修订。在此次修订中，本教材在内容上除继续突出比较性、针对性和实用性外，对涉及新的立法和司法解释的，以新的法律、法规为准，重点对第一章、第四章、第五章的内容作了修订。其中，第一章、第四章、第八章由樊雯雯修订，第二章由吕元龙修订，第三章由王婉妍修订，第五章由贺丹修订，第六章由李斐修订，第七章由王冠修订，第九章由袁澍阳修订。

由于作者水平所限，本教材欠妥或错误之处在所难免，敬请专家和读者指正。

编　者

2012年7月

目 录

CONTENTS

第一章

导 论

本章要点及学习要求

本章讲述国际商法的基本概念、渊源及其与相邻法律部门的区别；介绍大陆法系与普通法系的特点,以及国际商事交易中的法律冲突与法律适用。

要求掌握国际商法的概念及其渊源，以及大陆法系与普通法系的区别，了解国际商事合同的法律适用。

CHAPTER ONE

International BUSINESS LAW

第一节　国际商法概述

一、国际商法的概念

国际商法，是指调整国际商事主体在从事国际商事交易活动中所形成的各种关系的法律规范的总和。

国际商法是随着现代国际经济贸易的发展，于20世纪60年代在传统商法基础上形成并确立的一个新的独立的法学领域，其调整对象和范围比传统商法更为广泛，特别是经济全球化和知识经济的发展，使得国际商事交易除了传统的货物贸易以外，还出现了技术贸易、服务贸易以及一些新型的国际商事交易方式——国际技术转让、国际投资、国际合作生产、国际融资和国际租赁等。这些交易方式远远超出了传统商法调整的范围，因此，人们将调整这些交易的法律统称为国际商法。一般而言，调整国际商事交易关系的法律可分为以下三类。

（一）规范国际商事主体的法律

由于一切国际商事交易关系主要是由各国商事组织建立和承受的，因此，规范国际商事活动主体的国际商事组织法在整个国际商法中占有重要地位，这主要包括个人独资企业法、合伙企业法以及公司法。

（二）调整国际商事主体之间商事交易的法律

调整国际商事主体之间商事交易的法律主要包括国际商事代理法、国际货物买卖法、国际货物运输法、国际货物运输保险法等。如上所述，由于国际商事交易的多样化、复杂化，调整国际商事主体之间商事交易的法律涉及的范围很广，但限于篇幅，本书只对其核心部分加以介绍。

（三）解决国际商事争议的法律

解决国际商事争议的主要方式有协商、调解、仲裁和诉讼，因此，这类法律主要包括国际商事仲裁法和国际商事诉讼法。

二、国际商法与相邻法律部门的区别

国际商法虽与国际经济法、国际贸易法、国际私法同属于国际性的法律规范，但它们之间也存在着差别。

（一）国际商法与国际经济法的区别

国际经济法是调整国家、国际组织、不同国家的法人与个人之间经济关系的国际法规范和国内法规范的总称，调整范围包括国际贸易法、国际投资法、国际货币金融法、国际税法和国际经济组织法等。首先，国际经济法与国际商法的主体不同。前者的主体比后者广泛，除了一般的商事组织外，还包括国家和国际组织；后者的主体除主权国家外，主要是各国的商事组织。其次，国际经济法与国际商法的调整对象不同。前者的调整对象不仅有平等主体之间的商事关系，如国际货物买卖关系、国际货物运输关系，而且包括国家或国际组织对国际经济活动的管理与管制关系，如国家在外汇管制、防止国际逃税与避税中形成的关系；后者的调整对象通常为平等主体间的商事关系。最后，国际经济法与国际商法的基本原则不同。前者的基本原则是尊重国家主权原则、平等互利原则与全球合作以共谋发展原则；后者的基本原则为诚实信用原则以及公平与公正原则。

（二）国际商法与国际贸易法的区别

国际贸易法是调整各国之间货物、技术、服务的交换关系以及与这种交换关系有关的各种法律制度与法律规范的总称，其调整范围包括国际货物买卖以及与之相联系的运输、保险与支付方面的法律与制度；有关技术贸易与服务贸易方面的法律与制度；国际商品制度；有关政府管理贸易方面的法律与制度。一般认为，国际贸易法突破了传统商法的界限，增加了国家调整和管制贸易的内容。因此，国际贸易法是指传统的商法与国家管理商事活动的法律规范的总称，传统的商法仅是贸易法的一个组成部分。此外，国际商法属于私法领域，而国际贸易法既包括国家管理商事活动的公法内容，也包括传统商法的私法内容。

（三）国际商法与国际私法的区别

国际私法是以涉外民商事关系为调整对象，并以解决法律冲突为中心任务，以冲突规范为最基本规范，同时包括规定外国人民事法律地位的规范、避免或消除法律冲突的统一实体规范以及国际民事诉讼与仲裁程序规范在内的一个独立的法律部门，其调整方法包括间接调整方法和直接调整方法。间接调整方法，即在有关的国内法或国际法中规定某类涉外民商事关系受何种法律调整或支配，而不直接规定当事人之间实体权利与义务的一种方法；直接调整方法，则是以直接规定当事人的权利与义务的实体规范来调整其关系的一种方法。国际商法的调整内容以实体上的权利义务为主，调整手段以直接调整为主。

三、国际商法的渊源

国际商法的渊源，是指国际商法的表现形式，主要有国际商事条约、国际商事惯例和各国商事立法。

（一）国际商事条约

各国缔结的有关国际商事的国际条约或公约是国际商法的重要渊源。这方面的国际条约可以分为两种：一种是属于实体法规则的国际公约，诸如1980年《联合国国际货物销售合同公约》、1978年《国际海上货物运输公约》、《国际汇票和本票公约》等，如果这些公约能被各国接受，则可以消除各缔约国之间在这些领域的法律冲突；另一种是属于冲突法规则的国际公约，诸如《国际货物销售合同适用法律公约》、《产品责任适用法律公约》等，如果这些公约能被各国批准和接受，各缔约国在这些领域的冲突规则将得到统一。

（二）国际商事惯例

国际商事惯例，是指在国际商事的交往中，由于长期、反复的国际实践而逐渐形成的并得到较为普遍遵守的一些商事原则和规则。虽然国际商事惯例不具有法律的强制性，但按照各国法律，一旦当事人在合同中约定了采用某项国际商事惯例，则该国际商事惯例对双方都有约束力。现在许多重要的国际商事惯例已经由一些国际组织编纂成文，并得到世界各国的普遍承认。例如，对国际商事活动影响较大的惯例主要有国际商会制定的《2010年国际贸易术语解释通则》、《跟单信用证统一惯例》、国际法协会制定的《1932年华沙——牛津规则》、国际海事协会制定的《约克·安特卫普规则》、《美国对外贸易定义——1941年修正本》等。

（三）各国商事立法

现有的国际商事条约和惯例还远不能包含国际商事各个领域中的一切问题，而且，即使是现有的国际商事条约和惯例也尚未被所有国家和地区一致承认或采用。另外，个人或企业在从事超越国境的经贸和商事活动时，也可能选择以某国的国内法为准则，因此，国内法在国际商法中仍占有重要地位。作为国际商法渊源的国内法主要是指各国制定的有关调整本国对外经贸关系方面的法律、法规、条例、决议和命令等，还包括英美法系中具有拘束力的判例。目前，对国际商法制定最有影响的是英美法系及大陆法系国家的法律。在大陆法系国家，商法主要采用法典化的形式，其编排体例又分为两种：一种是民商分立的形式，即将民法与商法分别编纂为两部法律。在这类国家，一般将买卖法编入民法典，在民法典中列专章或在债篇中予以规定；此外还在商法典中对买卖的特别事项作出规定。采取这种方式的有法国、德国、日本等国家。另一种是民商合一的国家,即没有单独的商法典,而将买卖法在内的商法内容并入民法典,如意大利等国家。在英美法系国家,商法则主要采取单行法规的形式。

判例一直是英美法系国家的重要法律渊源,上级法院的判决对下级法院的审判具有拘束力。因此,在英美法系国家,判例是其商法的重要渊源。

四、中国的商法

1949 年新中国成立后到 1993 年间,由于国家的立法重心在于强化国家调控经济活动的能力和国家干预经济行为的行政手段,因此中国的商法不发达。1993 年后,中国陆续颁布了一系列商事法律,商法作为一个独立的法律部门逐渐形成并完善。因此,中国虽然至今没有制定商法典,但是这并不意味着中国不存在商法。实际上,中国在现阶段已经存在若干调整商事活动的法律、法规,其特点是将调整商事关系的法规分散于《中华人民共和国民法通则》(以下简称《民法通则》)与其他一些单行法规之中。这些法律包括非常广泛的领域,其中,涉及国际商法的主要有《中华人民共和国海商法》(以下简称《海商法》)、《中华人民共和国公司法》(以下简称《公司法》)、《中华人民共和国票据法》(以下简称《票据法》)与《中华人民共和国保险法》(以下简称《保险法》)、《中华人民共和国合伙企业法》(以下简称《合伙企业法》)、《中华人民共和国合同法》(以下简称《合同法》)和《中华人民共和国个人独资企业法》(以下简称《独资企业法》)等。

第二节 大陆法系与普通法系

法系是根据法的历史传统及特点对各国法律所进行的分类,凡属同一历史传统且具有相同特点的法律即构成一个法系。目前,对世界各国法律制度和国际商法影响最大的即大陆法系和普通法系。

一、大陆法系

(一)大陆法系的概念

大陆法系又称民法法系、罗马法系,是指以古代罗马法为基础而形成和发展起来的法律体系的总称。它是在罗马帝国消亡的过程中,在欧洲大陆,特别是 13 世纪的西欧逐渐发展起来的法律制度，所以称为大陆法系。又因大陆法系中的民法受罗马法影响较深，1804 年的《法国民法典》和 1900 年的《德国民法典》的颁布推动了大陆法系的发展，并标志着其走向成熟与完善，故此大陆法系又被称为民法法系。

法国和德国同属大陆法系，但代表着两个支系。以《法国民法典》为代表的法国法系强调个人权利，反映了自由资本主义时期社会经济的特点；以《德国民法典》为基础建立起来的德国法系则强调社会利益，是垄断时期民法的典型。许多欧洲大陆国家，如瑞士、意大利、比利时、卢森堡、荷兰、西班牙、葡萄牙、奥地利、丹麦、挪威、芬兰、瑞典和希腊等国家，整个拉丁美洲和非洲的一部分，近东的一些国家以及日本、泰国等均属于大陆法系。在某些英美法系国家的个别地区，如美国的路易斯安那州、加拿大的魁北克省和英国的苏格兰等也属于大陆法系的范畴。

（二）大陆法系的结构特点

大陆法系的结构特点是强调成文法的作用，注重法律的系统化、条理化、逻辑化和法典化，这在其法学上和立法中都有所反映。首先，在法学上，大陆法系将法律分为公法和私法两大部分。早期的罗马法学家乌尔比安将法律分为公法和私法，他认为，“公法是与罗马国家状况有关的法律，私法是与个人利益有关的法律”。大陆法系各国继承了罗马法的这种分类方法，并根据现代法律发展的状况，进一步把公法细分为宪法、行政法、刑法和诉讼法等；把私法再分为民法和商法等。大陆法系各国在这些法律领域中基本上都使用相同的法律制度和法律概念。

其次，大陆法系各国都主张编纂法典，十分重视成文法的作用。如法国在资产阶级革命胜利后，曾先后颁布了民法典、民事诉讼法典、商法典、刑法典和刑事诉讼法典，其他大陆法国家也制定了类似的法典。但是如前所述，各国在法典的编制体例上并不完全相同，有些国家采取所谓民商分立的编制方法，有些国家则采取所谓民商合一的编制方法。

二、普通法系

（一）普通法系的概念

普通法系又称英美法系，是指以英国普通法为基础而形成和发展起来的法律体系的总称。需说明的是，普通法系以英国普通法为基础，但并不仅指普通法，而是指在英国的三种法律，即普通法、衡平法和制定法的总称。尽管衡平法和制定法对普通法系的形成也有影响，但不及普通法。

美国法律作为一个整体来说虽属于普通法系,但其有不同于英国法的很多特征。就像大陆法系以法国和德国法律为代表分为两个支系一样,普通法系可以英、美两国法律为代表,分为英国法和美国法两个支系。普通法形成于英国,以后扩展到美国及其他过去曾受英国殖民统治的国家和地区,主要包括加拿大(除魁北克省)、澳大利亚、新西兰、爱尔兰、印度、巴基斯坦、马来西亚和新加坡,中国香港地区也属于英美法系。

(二)普通法系的结构特点

普通法系的结构具有两大特点:一是法律的二元性结构,二是重视程序法。

普通法系不同于大陆法系将法律明确地分为公法与私法,而是分为普通法与衡平法两部分。普通法最初是在英国封建社会初期盎格鲁·撒克逊习惯法的基础上形成的。1066 年,诺曼底人占领英格兰后,建立了中央集权性的国家政权。威廉一世为了缓和与被征服者之间的矛盾,宣布尊重原来当地的习惯法,并设立王室法院,实行巡回审判。巡回法官在审案时,除依据国王的诏书、敕令和制定法外,主要根据当地的习惯法与惯例作出判决。然后,各地巡回法官交换审理案件的意见,总结出他们认为正确的、与国王敕令及制定法不相抵触的习惯法作为以后判案的依据。这种通过判例形成的法律规则排除了地方习惯法的作用和影响,并得到国家的确认,成为全国普遍适用的普通法。由于其实际上表现在法官的判决中,以判例的形式出现,所以又称为“判例法”。

到了 14 世纪,普通法的内容已不能适应社会发展的需要,主要表现在普通法的救济方法单一,诉讼程序充满形式主义,普通法院的法官因拘泥于以往的判例而缺乏灵活性,导致司法有失公正。因普通法程序的呆板和机械而无法得到救济的案件当事人向英王提出申诉,由英王的近臣枢密院大法官按公平与正义原则加以审理和判决,以补充和匡正普通法的不足,由此形成了与普通法并行的一种法律制度,即衡平法。

尽管普通法与衡平法有相同之处,即都是判例法,但是两者也各有特点,其主要区别有如下四点。

1. 救济方法不同。

普通法只有两种救济方法:一是金钱赔偿;二是返还财产,且以金钱赔偿作为主要救济方法。这与英国合同法的发展有着密切的关系。在 13 世纪时,英国没有合同法的概念,不存在关于合同的诉讼程序,法院不受理有关合同的争议案件。有关合同的诉讼只能借用现存的其他令状进行,主要是利用侵害行为令状处理合同的争议,这属于侵权行为诉讼,即一方由于过失而侵犯了他方的权利,使他方的人身或财产遭到损害。因此,法院给予债权人的救济方法也只能是判令债务人支付一定的赔偿金额。这种救济方法虽在多数情况下可满足债权人的要求,但是在某些情况下则不能,例如,关于土地与房屋等不动产交易,以及古董、字画等特定物的买卖等。对此当事人依据普通法得不到适当救济时,即向衡平法法院要求特别的救济方法。另外,普通法对于不法行为或违约行为不能采取预先防止措施,普通法法院不能发出禁令,判令当事人为一定行为或不为一定行为。当事人只有待不法行为或违约行为发生后,才能向法院诉请损害赔偿。因此,衡平法法院为了弥补普通法的不足,发展了一些新的救济方法:实际履行和发出禁令。前者即衡平法院可以判令负有义务的一方当事人根据合同的规定履行其应尽的义务;后者则是衡平法院命令当事人为某种行为或不为某种行为,以事先防止不法行为与违约行为的发生。

2. 诉讼程序不同。

根据普通法,法院在审理案件时需设陪审团,且采取口头询问和口头答辩的方式;而根据衡平法,法院在审理案件时则不设陪审团,但必须采取书面诉讼程序。

3. 法院的组织系统不同。

原则上讲,普通法包括刑法、合同法和民事责任法等,而衡平法则包括不动产法、公司法、信托法、破产法和继承法等。目前,普通法归法院的王座法庭管辖,衡平法归法院的枢密大臣法庭管辖。但现在法院在审理案件时,不是根据该案件适用的法律是属于普通法还是衡平法来确定,而是考虑哪一诉讼程序对该案件的审理最为合适来确定。一般而言,凡适宜用口头诉讼程序审理的案件则由王座法庭按普通法审理,而适宜用书面诉讼程序审理的案件均由枢密大臣法庭按衡平法审理。

4. 法律术语不同。

普通法和衡平法在法律术语上有许多不同之处,王座法庭和枢密大臣法庭在审理案件时均使用各自特有的法律术语。故此,英国的律师和法官也分为两类:一类是普通法律师;另一类是衡平法律师。他们受过不同的训练,用不同的方法,分别处理不同的案件。在普通法系的美国也采用英国法的范畴、概念和分类方法,亦存在普通法与衡平法之分。但因其是联邦制国家,其法律分为联邦法与州法两大部分,这是美国法律结构中最为显著的特点。凡宪法未授予联邦或不禁止各州行使的权力,其立法权均属于各州,所以各州保留了相当大一部分立法权,但联邦法高于各州法,当州法与联邦法有冲突时,应适用联邦法。在民商立法方面,联邦的立法权范围主要包括银行、工业、国际贸易、州际贸易、专利权和税收等事宜,但是即使在上述范围内也不排除各州的立法权。各州不得在联邦立法权范围内制定与联邦法相抵触的法律,但可制定补充性或附加性的法律,例如,联邦有联邦的税法,各州也有各州的税法。反之,联邦只能在联邦宪法所规定的范围内行使立法权,否则各州可以指责联邦法违宪,并可对违宪的联邦法拒绝执行。凡联邦法院在处理属于各州立法权范围内的事项时,均应按照其所在地的法律冲突规则确定准据法,并按其所确定的准据法审理案件,在准据法中不但包括成文法,也包括判例法。也就是说,一旦联邦法院按有关规定确定某个州的法律作为审理案件的法律依据时,联邦法院就必须按该州的成文法和判例法审理案件。

普通法系的另一个特点是重视程序法,因为英国的普通法是由当事人根据一定的令状向法院起诉,由法院以判决的形式逐步发展起来的。而由每一令状开始的诉讼均有其固定的程序,每一种诉讼程序都有一套专门的术语,不得在另一种诉讼程序中使用。衡平法也有类似的情况,它有自己特有的诉讼程序,是由法院以判例的形式形成与发展起来的。因此,英国的实体法是通过各种诉讼程序形成的。在英国,如果某种权利缺乏适当的救济方法,这种权利就不存在,就不能得到法律上的保障。英国法有一句格言:"救济先于权利"。这里所谓救济是指通过一定的诉讼程序给予当事人以法律上的保护,这是属于程序法的范畴,而权利则是属于实体法的范畴。这表明诉讼程序在英国法中占有十分重要的地位。这种形式主义的诉讼程序至今还有很大的影响。

三、大陆法系和普通法系的区别

简要阐述大陆法系和普通法系的区别,可以从中看出两大法系各自的特点,加深对两大法系的了解。概括起来,两大法系的区别主要有以下六个方面。

(一)法律的主要渊源不同

大陆法系继承与发展了罗马法,以成文法作为法律的主要渊源;英美法系则是继承与发展了日尔曼的习惯法,以判例法作为法律的主要渊源。对英美法系来讲,即使将所有同属于其渊源的成文法全部集中起来,也不能构成任何完整的法律体系,而且在英美法系国家,即使是成文法也必须经过法院判例的解释才能起作用。

(二)司法机关的作用不同

在大陆法系国家,司法机关必须根据成文法的条文从事司法活动,故较之立法机关处于从属地位。在英美法系国家,由于判例是英美法系的主要法律渊源,而判例是由高等法院的法官发现和创造的,而且,即使国会(立法机关)制定的成文法也须由法院通过对相应案件的判决,形成判例予以解释和肯定后才能起作用,具有约束力。因此,英美法系国家的司法机关处于优越地位。

(三)法律推理的方式不同

大陆法系实行从一般规则到个别案件判决的演绎法,法官的审理活动是应用通行的法律处理个别案件的具体问题。大陆法系的法意识是一般性的、抽象的,逻辑方法是演绎的,即以法规为大前提,以事实为小前提,再引出结论。英美法系实行从判例到判例进而总结出法律一般规则的归纳法,上诉法院以上的法官事实上可以创制法律规则。英美法系的法意识是具体的、实际的。法官在判案时,均是对照有关判例,对案件的事实和各种因素进行详细的分析、比较与审查后才作出判决。

(四)法律的结构不同

如前所述,大陆法系国家不但制定成文法,而且还将全部法律制度划分为公法和私法两大部分,两者之间的关系在当代虽相互渗透,但界限基本上还是清楚的。英美法系国家中并不明确划分公法和私法,但普通法和衡平法的划分却非常明显。

(五)法律的重心不同

在大陆法系国家,权利与义务关系由明确的法律规则预先加以界定,这些法律规则主要表现为实体法,因而法院在审理案件时重视实体法较多于注重程序法。英美法系则以诉讼法为中心,法院在审理案件时比较重视诉讼程序,尽管自 19 世纪末以来简化了诉讼程序,但因判例是法律的主要渊源,因此诉讼程序仍然占有十分重要的地位。

(六)法律的分类不同

大陆法系国家依据法律所调整的社会关系的性质不同,划分出不同的法律部门,如民法、商法、行政法、刑法和诉讼法等。每一个部门多以一个法典为核心,辅以对一些具体、专门问题的细则,构成一个有机的法律体系。而各个法律部门在宪法的统领下,井然有序地调整和规范该国所有重要的社会关系。英美法系国家未明确具体划分法律部门,往往采取社会生活需要什么法律就制定什么法律或改变原先的判例规则的实用主义办法,单行法规较多,灵活性也较大,而法律制度的系统性比大陆法系国家稍逊一筹。

第三节　法律冲突与法律适用

一、法律冲突的概念与法律冲突产生的原因

(一)法律冲突的概念

由于任何一涉外商事关系都涉及两个或两个以上国家的法律,而不同国家

因其政治、经济制度及法律传统各不相同，其商法规定千差万别，常常在处理同一问题时，依一国的法律可能认为已经成立了一个有效的民事法律关系，而依另一国的法律则不能有效成立，即为通常所说的法律冲突。确切而言，在国际商法领域的法律冲突即对于同一商事关系因所涉各国立法不同，且都可能对它进行管辖而产生的法律适用上的冲突。

（二）法律冲突产生的原因

一般认为，在处理涉外商事关系时之所以会产生法律适用上的冲突，主要有以下三个方面的原因。

1. 内国赋予外国人、外国企业民事权利。

内国赋予外国人、外国企业民事权利是法律冲突产生的前提条件。由于许多国家国内法允许外国人、外国企业享有民事权利，参与本国商事活动，因而会产生商事领域中外国人与外国企业作为主体的涉外商事法律关系，这种在现实生活中大量出现的含有涉外因素的商事法律关系会导致法律冲突的发生。

2. 所涉各国商法上的规定不同。

所涉各国商法上的规定不同是法律冲突产生的可能条件。由于各国政治、经济制度不同，道德观念、宗教信仰以及传统的生活方式存在差异，其实体法的规定往往迥然不同。如前所述，对同一涉外商事法律关系、同一当事人，适用不同国家的法律会导致截然不同的法律结果。

3. 内国在一定条件下承认外国法的域外效力。

内国在一定条件下承认外国法的域外效力是法律冲突产生的现实条件。任何一种法律冲突最终都表现为一国法律的域外效力与另一国法律的域内效力之间的冲突。国际经济交往在现今各国的经济生活中都已占据极为重要的地位，为了发展平等互利的经济关系，他们彼此之间都希望依自己的法律设定的某些权利义务关系能够得到对方的承认与保护，即内国承认外国法的域外效力。如果内国不承认外国法的域外效力，只适用本国法律就不会发生法律冲突。

二、法律冲突的解决

在处理涉外商事关系时，如前所述，因所涉各国的立法不同，在许多问题上都会发生法律冲突，从而需要作出法律的选择。例如，在法律适用涉及合同的成立与效力的问题时，会提出究竟应适用合同缔结地法，还是适用合同履行地法、当事人的本国法、住所地法或其他可以适用的法律问题。对此，主要通过冲突规范来指定各种不同性质涉外商事关系应适用的法律。

从各国的立法及实践看，在解决法律冲突方面有如下三种代表性的方法。

（一）只适用本国法

当冲突法指出某一法律关系应适用本国法时，不考虑外国法的适用问题。因这种方法会阻碍一国对外经济的发展，只有那些经济不发达、与外界联系较少的国家才暂时使用。但有些特殊的法律关系国际上倾向于只适用本国法，如投资合同一般只适用于东道国的法律。

（二）在一定范围内适用外国法

当冲突法指出某一法律关系应适用外国法时，法院地国在不损害本国利益、不违反本国法律基本原则的条件下，可以考虑适用外国法。根据各国立法及有关国际惯例，相当数量的涉外商事关系往往非适用外国法不可。如各国冲突法在解决合同之债中当事人权利能力和行为能力的法律冲突时都采用属人法原则，即当事人的本国法或住所地法。

（三）适用统一实体法规范

因冲突规范仅仅指出有关的涉外商事关系适用哪一国家的法律，而没有明确地直接规定当事人的权利义务，所以它只起到“间接调整”的作用；只有当其与所援引的某一特定的实体规范结合起来时，才能发挥法律调整当事人权利和义务的作用。如果被指定的国家没有有关立法，或被指定的国家有有关立法，但不符合案件的具体情况，或者其适用会带来与法院国国家或社会的重大利益、法律制度或道德准则严重抵触的后果，就会给审判工作造成麻烦。

为了克服冲突规范的这种弊端，许多国家通过国际条约制定一些统一的实体规范，将彼此在法律上的分歧统一起来，直接规定当事人的权利与义务，从而避免或消除法律冲突。

然而，由于各国的经济利益不同，很难在某些方面达成一致意见，即通过条约制定各国都适用的统一实体法规范。

三、国际商事合同的法律适用

在国际商事合同中，如果当事人就合同履行产生了纠纷，双方协商不能解决纠纷时，需要由仲裁机关或法院作出解决，为此，当事人的权利和义务就建立在适用于该案件的法律基础上。由于在国际商事交易中含有国际因素，不可能像国内交易完全适用本国法，所以会涉及如何解决合同争议所适用的法律这一问题。

国际商事合同的法律适用，是指在国际商事合同中各方当事人发生合同争议时，仲裁机构或法院以何国的实体法作为处理争议所依据的法律。对于合同的法律适用，在法学理论中一直有分割论和整体论、主观论和客观论的争论。所谓分割论，即允许将合同的各个部分或各个问题，至少如当事人的缔约能力、合同的形式、合同的成立和效力等置于不同法律支配之下；所谓整体论，即允许当事人选择某一个法律解决所有上述问题；所谓主观论，即根据契约自由原则，允许采用当事人自主选择的法律；所谓客观论，不排除依客观因素解决合同的法律适用问题。由于目前公认的在合同的法律适用上常采用分割的方法，而且一般认为合同的法律适用是指合同成立和效力的法律适用，因而国际商事合同的法律适用也主要是指关于此类合同的成立和效力的法律适用，对此学者普遍认为，应当采用当事人意思自治原则，并辅之以最密切联系的原则。

（一）意思自治原则

意思自治原则，是指国际商事合同的当事人有权在协商一致的基础上选择某一国家或地区的法律来支配其间的权利义务关系，一旦当事人之间产生争议，受案法院或仲裁机构应当以当事人选择的法律作为合同准据法，以确定其间的权利义务。因合同是当事人意思自治的体现，所以合同当事人在法律规定的范围内，自行确定相互的权利和义务，也可自行选择处理合同争议所适用的法律，不但符合契约自由原则，还有利于当事人预知行为的后果和维护合同关系的确定性和稳定性，这在商业活动中也是当事人十分期望的。此外，在合同缔结或发生争议时允许当事人选择法律，也有利于争议的迅速解决。但允许当事人自由选择法律不是绝对的、无条件的，各国国内立法和有关国际条约在采纳意思自治原则的同时，又分别对这项原则规定有若干不同程度、不同内容的限制。这些限制主要表现在以下五个方面。

1. 对合同当事人选择法律方式的限制。

当事人选择法律的方式主要有明示和默示两种。前者是指当事人通过语言文字明确表达出来的选择法律的意图；后者是指通过合同的具体情况而表现出来的可以表明当事人选择法律的意图。对于明示选择，因其意思表达明确清楚，因此为采用当事人意思自治原则的国家所普遍接受；对于默示选择，因其不易确定，各国而有着不同的态度，少数国家，如土耳其、尼日利亚和秘鲁等国不承认默示选择，多数国家和有关的国际公约则承认默示选择，如英国、德国、法国、奥地利和瑞士等国及1980年《欧洲经济共同体合同义务法律适用罗马公约》、1985年《国际货物销售合同法律适用公约》等。当事人默示选择的法律须经过法院或仲裁机构的推定才能确认。一般而言，用做推定的依据主要有多种情况，如合同中关于诉讼或仲裁地点的条款、合同使用的文字、合同中的特殊术语、合同的格式、合同或其争议的性质以及合同的有效性等。

2. 对合同当事人选择法律时间的限制。

关于当事人选择法律的时间，一般认为既可以在订立合同的当时，也可以在订立合同之后。新近的国际公约和国内立法都表明，多数国家不但反对对当事人选择法律的时间加以限制，而且允许当事人在合同订立后重新选择另一个法律而改变原来的选择。但各国通常的限制是，当事人选择法律或变更原选择的法律不应损害合同形式上的效力，或对第三者的权利造成影响。

3. 对合同当事人选择法律内容的限制。

绝大多数国家的立法和司法实践都主张当事人的自主选择只能在任意法范围内进行，对于强制性规则或关于公共秩序的法律均不允许当事人通过选择法律而排除其适用。另外，有些国家还规定，当事人协议选择合同应适用的法律时，必须是“善意”和“合法”的，并且必须“有合理的根据”。也就是说，不是有意虚构有关的联结因素以规避有关国家的强制性法律，不是反复无常的，不得以损害第三方的利益为目的，以及所选法律不得与合同毫无联系等。不仅如此，有些特殊的合同关系倾向于只适用本国法，如投资合同一般只适用于东道国的法律。

4. 对合同当事人选择法律性质的限制。

当事人所选择的法律应是一国的实体法，而不包括该国的冲突法。这为多数国家的立法和有关的国际公约所确认。

5. 当事人未选择法律时的处理。

在允许当事人自主选择适用于合同的法律时，如果当事人没有选择法律或当事人未能就应适用的法律达成协议，或当事人选择法律的协议无效时，对合同所适用的法律的确定大体上有三种不同的处理方法：一是如日本及欧洲一些国家明确规定这时应适用哪一地方的法律；二是主张按最密切联系原则由仲裁机构或法院确定应适用哪一地方的法律；三是由仲裁机构或法院根据具体情况，推定当事人当时如果考虑这个问题可能选择哪一地方的法律。目前占主导地位的是第二种处理方法。正因为如此，最密切联系原则才被认为是合同法律适用的补充原则。

（二）最密切联系原则

若当事人未约定解决合同争议所适用的法律，即意味着当事人放弃了选择合同所适用法律的自主权，应由受理合同争议的仲裁机关或法院来确定处理合同争议的法律。但为防止仲裁员与法官随意自由裁量，有必要要求其按照最密切联系原则确定合同所适用的法律。

运用最密切联系原则的关键是如何确定“最密切联系地”。在理论上，有学者主张应依据“数量标准”确定最密切联系地，即在与合同有关的诸种因素中，如果有较多的因素集中于某地,那么该地即为合同的最密切联系地。另有学者主张应依据“质量标准”确定最密切联系地,即在各种联系因素中,对于解决特定问题有着最重要意义的因素的所属地为最密切联系地。虽然依据质量标准确定最密切联系地较符合最密切联系原则的本意,但对这个标准的具体把握仍然是一个复杂的问题,对此许多国家采用“特征履行原则”确定合同的最密切联系地。这一原则在应用中通常分为两步:第一步是确定一项合同的特征履行行为,即能够反映出合同本质特征的一方当事人的履行行为,如货物买卖合同中卖方的交货行为就是该种合同的特征性履行行为,因其使货物买卖合同区别于货物运输合同、货物运输保险合同;第二步是确定该特征履行行为地。

据此,合同所适用的法律即应是承担特征履行义务的一方当事人的住所地法或惯常居所地法;如果该当事人有营业所,则应是其营业所所在地法。

四、中国关于合同法律适用的规定

中国关于合同法律适用的规定,立法上主要见于1986年的《民法通则》(第145条)、1999年的《合同法》(第162条)、1992年的《海商法》(第268条、第269条、第271条、第276条)和1995年的《民用航空法》(第184条、第188条、第190条)中;司法实践方面的规定主要见于最高人民法院于1988年发布的《关于贯彻执行〈民法通则〉若干问题的意见(试行)》(以下简称《意见》)、1999年的《最高人民法院关于适用〈中华人民共和国合同法〉若干问题的解释(一)》、最高人民法院于2007年6月11日发布的《关于审理涉外民事或商事合同纠纷案件法律适用若干问题的规定》和2009年的《最高人民法院关于适用〈中华人民共和国合同法〉若干问题的解释(二)》和2010年的《涉外民事法律关系适用法》中。

(一)当事人意思自治是合同法律适用的首要原则

根据我国《合同法》第126条和《民法通则》第145条的规定,当事人可以选择合同处理、合同争议所适用的法律,但法律、法规另有规定的除外。当事人未选择的,适用与合同有最密切联系的国家的法律。《涉外民事法律关系适用法》第41条规定,当事人可以协议选择合同适用的法律。当事人未选择的,适用履行义务最能体现该合同特征的一方当事人经常居所地法律或者其他与该合同有最密切联系的法律。我国《海商法》、《民用航空法》等也有类似的规定。从立法上看,我国与世界上多数国家一样,都将当事人意思自治原则作为合同法律适用的首要原则。在实践中,为了更好地适用这一原则,我国在《关于审理涉外民事或商事合同纠纷案件法律适用若干问题的规定》

中,对合同法律的适用作出了专门的规定。

1. 法律选择的范围。

对于当事人选择法律的范围,我国要求涉外民事或商事合同应适用的法律是指有关国家或地区的实体法,不包括冲突法和程序法。当事人可以就合同的订立、合同的效力、合同的履行、合同的变更和转让、合同的终止以及违约责任等争议选择所适用的法律。

2. 法律选择的方式与时间。

对于法律选择的方式,有些国家允许采用明示或者默示的方式。我国要求当事人选择或者变更选择合同争议应适用的法律,原则上应当以明示的方式进行。但是,如果当事人未选择合同争议应适用的法律,均援引同一国家或者地区的法律且未提出法律适用异议的,应当视为当事人已经就合同争议应适用的法律作出了选择。

至于选择的时间,我国允许当事人在订立合同时、争议发生以后以及一审法庭辩论终结前通过协商一致,选择或者变更选择合同争议应适用的法律。

3. 法律选择的效力。

当事人通过意思自治原则选择法律适用时,不得规避我国法律、行政法规的强制性规定;否则,该选择不发生适用外国法律的效力,该合同争议应当适用我国法律。另外,适用外国法律违反我国社会公共利益的,该外国法律也不予适用,也应当适用我国法律。

4. 不适用意思自治的合同。

在我国领域内履行的下列合同只能适用我国法律:①中外合资经营企业合同;②中外合作经营企业合同;③中外合作勘探、开发自然资源合同;④中外合资经营企业、中外合作经营企业、外商独资企业股份转让合同;⑤外国自然人、法人或者其他组织承包经营在我国领域内设立的中外合资经营企业、中外合作经营企业的合同;⑥外国自然人、法人或者其他组织购买我国领域内的非外商投资企业股东的股权的合同;⑦外国自然人、法人或者其他组织认购我国领域内的非外商投资有限责任公司或者股份有限公司增资的合同;⑧外国自然人、法人或者其他组织购买我国领域内的非外商投资企业资产的合同;⑨法律、行政法规规定应适用我国法律的其他合同。

(二)最密切联系原则

我国法律中规定,当事人未选择合同争议应适用的法律的,适用与合同有最密切联系的国家或者地区的法律。至于如何确定最密切的联系地,我国法律规定,应根据合同的特殊性质,以及某一方当事人履行的义务最能体现合同的本质特性等因素,确定与合同有最密切联系的国家或者地区的法律作为合同的

准据法。具体来说,主要包括以下各项规定:

(1)买卖合同,适用合同订立时卖方住所地法;如果合同是在买方住所地谈判并订立的,或者合同明确规定卖方须在买方住所地履行交货义务的,适用买方住所地法。

(2)来料加工、来件装配以及其他各种加工承揽合同,适用加工承揽人住所地法。

(3)成套设备供应合同,适用设备安装地法。

(4)不动产买卖、租赁或者抵押合同,适用不动产所在地法。

(5)动产租赁合同,适用出租人住所地法。

(6)动产质押合同,适用质权人住所地法。

(7)借款合同,适用贷款人住所地法。

(8)保险合同,适用保险人住所地法。

(9)融资租赁合同,适用承租人住所地法。

(10)建设工程合同,适用建设工程所在地法。

(11)仓储、保管合同,适用仓储、保管人住所地法。

(12)保证合同,适用保证人住所地法。

(13)委托合同,适用受托人住所地法。

(14)债券的发行、销售和转让合同,分别适用债券发行地法、债券销售地法和债券转让地法。

(15)拍卖合同,适用拍卖举行地法。

(16)行纪合同,适用行纪人住所地法。

(17)居间合同,适用居间人住所地法。

如果上述合同明显与另一国家或者地区有更密切的联系,适用该另一国家或地区的法律。

复习思考题

1. 国际商法与相邻法律部门各有何区别?
2. 大陆法系与普通法系有何区别?
3. 如何确定国际商事合同的法律适用?

案例 1

案情:原告是美国纽约州的一家公司,与一家船运公司即被告达成协议,由后者将前者购买的一批鲱鱼从加拿大的纽芬兰省运往纽约。货船的注册地是加拿大的新斯科舍省。船方代理人签发了提单。在运输途中，由于船长的过失，该船搁浅在新斯科舍沿岸。当船上的鱼被转运给原告后，原告发现货损严重，于是在新斯科舍最高法院起诉被告，要求赔偿损失。

由于失误或其他原因，船方签发的是一种旧式提单，其中并没有并入被纽芬兰《海上货物运输法》所采纳的《海牙规则》。该法第1条规定：从属于本法的规定，《海牙规则》对从纽芬兰的任何港口出发、开往纽芬兰以内或以外的任何港口的海上货运均有效力；该法第3条规定：在纽芬兰签发的适用《海牙规则》的任何包含或证明合同的提单，均应包含一项明确的声明，即该提单从属于《海牙规则》的规定而发生效力。上述提单并没有加入这样的声明，但每份提单中都包含了一个一般性的免责条款，即只要已采用了所有合理方法防止损失的发生，任何因船主雇佣的人员的疏忽而造成的货物损失或损坏，船方均可免责。提单中还规定："本合同受英国法支配"。

原告以船运公司在运输途中造成货物损失为由向法院起诉。法院在审理中认为，纽芬兰《海上货物运输法》第1条提到的《海牙规则》与英国《1924年海上货物运输法》的规定完全一致，它们都规定，承运人和船方对由于船长或承运人雇佣的其他人在驾驶或管理船舶上的行为疏忽或过错概不负责。既然当事人都承认该损失是由于船长在航行中的过失所致，因此，无论是本案的提单中的条款，还是《海上货物运输法》中的条款均使该被告对因其过失所致的损失的责任得到了免除。然而，原告在上诉至英国枢密院时认为，该项交易涉及用新斯科舍的船进行的运输，货物从纽芬兰运往纽约，该交易发生于这些国家的居民之间，因此，该交易中没有任何因素使它以任何方式与英格兰发生了接触，所以，这一法律选择并不是认真地作出的。而且认为，该提单在纽芬兰是违法的，因为它在签发时不符合纽芬兰《海上货物运输法》第1条，这是为那个国家的法律所禁止的，该法规没有得到遵循。因此，主张该免责不能适用于被告，他应承担一个普通承运人的责任。

法律问题：对于本案所涉提单，其效力应依哪项法律确定？是否应当适用纽芬兰《海上货物运输法》？

参考结论与法理分析：上诉法院在审理中认为依据"当事人的意思是检验的标准"这一英格兰规则，只要当事人明确表达了他们选择合同的法律的意思，且该明示的意思是善意的、合法的和不能以违反公共政策为由加以排除的，该提单中明示的语言的效力就必须得到确认，与英格兰的联系并不是一种实质性的原则问题，其结果是该合同受英格兰法支配。而且，从措词上看，纽芬兰的法规并没有规定该提单仅仅因为与该法规第3条相抵触即应被确信是违法的。该法规也没有规定，不依该法第3条应受到惩罚。同时，在措词上，该法规对于此种不遵守也没有明确的禁止。

由本案判决产生的基本原则是：一个国际合同的当事人可以依自己的自主意志确定处理合同争议的法律，既可以选择与该合同有联系的国家的法律，也可以选择与合同没有任何客观联系的国家的法律，只要这种选择是善意的、合法的和不能以违反公共政策为由加以排除的。

如果当事人知道合同的订立或履行违法，试图通过选择法律达到使合同合法的目的，这样的动机本身就是非善意的；如果当事人选择法律导致规避法院地的强制性法律和公共政策的后果，则这种选择即为非法。

案例 2

案情：香港同进公司为了其在中国内地合作经营所需设备的购买和安装，与香港美善公司在香港签订了设备供应和安装的合同，规定由美善公司供应并负责安装同进公司所需设备。

合同签订之后，同进公司用港币预付了合同的部分价款，美善公司则在设备安装所在地的中国内地某市向工商行政管理部门办理了安装登记证，同时提供进口设备并进行安装。后来，因美善公司安装的部分设备与合同规定的品名不符，并且还有部分设备未进行安装，同进公司便拒绝支付所欠价款。于是，美善公司在设备安装所在地某人民法院对同进公司提起诉讼，要求其支付所欠合同价款并赔偿利息损失。在开庭审理时，被告以双方当事人是香港地区的公司并在香港签订合同为由，要求依香港地区的法律确认合同无效，原告则主张应依中国内地法律确认合同有效，以令被告按合同规定支付欠款。

法律问题：根据我国《民法通则》和《合同法》关于合同法律适用的规定，如果合同当事人未选择适用的法律，则以与合同有最密切联系的国家或地区的法律为合同准据法。具体到本案，香港和内地都与合同有明显的联系，应确定香港地区的法律为合同的准据法，还是确定内地法律为合同的准据法？

参考结论与法理分析：法院驳回被告所提适用香港地区法律的请求，认为中国内地的法律是与合同有最密切联系的地区的法律，确定以其作为适用的准据法，因而依中国内地的法律确认合同有效。在此基础上，法院在原、被告之间作了调解，终以被告同意支付所欠合同价款了结此案。

从表面上看，本案中香港与合同的联系更多一些，因为当事人双方都是香港地区的公司并在香港签订的合同，合同价款以港币计价和支付，而中国内地仅仅是该合同的履行地。但判断联系的密切程度不能仅考虑联系因素的数量，即不能仅仅因为与合同联系的因素地集中在某一国家或地区就断言该国或地区与合同有最密切的联系，而还应考虑联系因素的性质或重要性。

在本案中,合同的特征性履行(即设备安装)所在地就比其他联系因素(如合同订立地等)重要得多,该所在地就是中国内地。《涉外民事法律关系适用法》第41条规定,当事人可以协议选择合同适用的法律。当事人未选择的,适用履行义务最能体现该合同特征的一方当事人经常居所地法律或者其他与该合同有最密切联系的法律。我国最高人民法院于2007年发布的《关于审理涉外民事或商事合同纠纷案件法律适用若干问题的规定》第5条第三款规定了人民法院在当事人未选择合同适用的法律时,依照最密切联系原则对17种不同的涉外民事或商事合同确定的法律在通常情况下分别是何地法律,这些法律基本上是承担合同特征性履行义务的一方当事人营业所所在地或合同的特征性履行所在地的法律,其中对成套设备供应合同规定适用的是设备安装运转地法律。根据该规定,对本案应确定中国内地的法律是与合同有最密切联系的法律,因而以其作为合同准据法予以适用。但当合同明显与另一国家或地区具有更密切的联系时,该条第四款又规定人民法院应以该另一国家或地区的法律为处理合同争议的依据。在本案中,只是香港或其他地区并未比中国内地明显具有与合同更密切的关系,因此,无疑应确定中国内地的法律是合同的准据法。

第二章

国际商法的主体

本章要点及学习要求

本章介绍国际商事交易活动的主体，包括国家这一特殊的主体以及商事组织这一一般主体，并重点讲述公司的概念与类型、公司的设立制度、公司的资本制度、公司的组织机构。

要求掌握合伙人相互之间及其与第三人之间的权利和义务关系；了解公司的基本类型及其法律特征；掌握公司设立、公司组织机构的法律规则。

第一节 国际商法的主体概述

国际商法的主体是指在国际商事交易中能行使权力和承担义务的法律人格,既包括特殊的国际商事主体——国家,也包括一般的国际商事主体——国际商事组织。

一、国家

国家不仅可以成为公法性质的国际法律关系的主体,而且还可以以特殊民商事法律关系主体的身份直接参与国际商事活动,与另一国家的国民(包括公民和法人)缔结各种商事合同。例如,国家可以同外国国民签订各种外贸合同,直接在国际市场上采购商品,但是国家作为国际商事活动的主体与商事组织作为主体有所不同。

(一)国家作为国际商法主体的特殊性

国家作为国际商法主体的特殊性,主要表现在以下三方面。

1. 名义上的特殊性。

国家作为国际商法的主体,是以国家的名义进行国际商事活动的,这与商事组织作为国际商法的主体截然不同。因为,国际商事组织作为国际商法的主体,只能以国际商事组织自身参与有关的国际商事活动,而不得以国家的名义进行国际商事交往。

国家作为国际商法的主体参与国际商事交往,通常由国家委派其行政机关或政府官员为代表来进行。受委派的行政机关或政府官员必须按照国家的意志行事,这种活动所产生的结果直接由国家承受。

在实践中,必须将国家作为国际商法的主体与国有企业作为国际商法的主体区分开。国有企业是独立核算、自负盈亏的法人组织,它们在参与国际商事交往时,只被当做法人看待,除非是国家委派国有企业以国家的名义进行国际商事活动,否则,国家对国有企业在国际商事交往中的行为不负任何连带责任。

2. 责任上的特殊性。

国家作为国际商法主体参与国际商事交易时应当以国库财产承担民事财产责任。由于国家没有破产问题,因而国家承担的责任实际上是一种无限责任。

3. 地位上的特殊性。

国家作为国际商法的主体具有特殊的地位。一方面,国家进行国际商事活动时必须作为国际商事交易关系的一方当事人,与对方当事人之间应平等地进行交往,既享有权利,也必须承担相应的义务;另一方面,国家在任何情况下都始终是一个主权者,这种主权者的地位并不因其参与国际商事交易而丧失。所以,国家作为国际商法的主体,仍然享有由国家主权决定的某些特权,如豁免权。国家作为国际商法主体的这种特殊地位,是国际商事组织作为国际商法主体所不具备的。

(二)国家及其财产司法豁免权

根据公认的国际法原则,国家不分大小强弱,一律享有平等的主权,任何一个国家,在未经另一国同意的情况下,均不得对另一国进行司法管辖。这一原则在国际商事活动中即表现为国家及其财产享有的司法豁免权。

1. 国家及其财产司法豁免权的含义和内容。

国家及其财产司法豁免权是指在国际商事交往中,一个国家及其财产享有不受其他国家法院管辖的权利。按照一般的国际惯例,国家及其财产司法豁免权主要包括以下三项内容。

(1)司法管辖豁免是指除非一个国家明示同意,其他国家法院不得受理以该国家为被告或者以该国家的财产为标的的诉讼。

(2)诉讼程序豁免是指在一个国家放弃司法管辖豁免,主动向其他国家的法院起诉或自愿在其他国家的法院应诉的情况下,其他国家的法院未经该国同意,不得对该国或者该国的财产采取诉讼程序上的强制措施,如不得强令该国提供证据,不得以诉讼保全为由查封或扣押该国财产等。

(3)强制执行豁免是指即使一个国家主动向其他国家的法院起诉或自愿在其他国家的法院应诉,其他国家的法院未经该国同意的,也不得依其判决对该国的财产采取强制执行措施,如不得拍卖该国财产、不得强行划拨该国的银行存款。

以上三项内容既有联系又有相对的独立性。一方面,司法管辖豁免是最高层次的豁免,国家只要不放弃其司法管辖豁免,就当然地享有诉讼程序豁免和强制执行豁免;另一方面,国家自愿放弃前一项或前两项豁免时,并不等于同时也放弃了后项豁免。

2. 国家及其财产司法豁免权的理论与实践。

从 19 世纪初起,西方国家通过其司法实践和国内立法,逐渐系统地形成了相互给予司法管辖豁免的惯例,但到了 19 世纪末、20 世纪初,由于国家参与经济交往的范围越来越广,国家参与通常属于私人经营范围的事务逐渐增多,因此,国家及其财产司法豁免权对于市场经济体制下平等主体间的民商事关系的发展显然不利。欧洲大陆有些国家开始实行限制,只对国家的主权行为(或公法行为、统治权行为）给予豁免，而对国家的非主权行为（或私法行为、事务管理权行为）则拒绝给予豁免。

这样，在国际上就存在着绝对豁免和限制豁免两种理论与实践。绝对豁免论认为，国家的一切行为，包括主权行为和事务权行为，享有在外国法院的豁免权，仅国家明示放弃者除外。限制豁免论认为，只有主权行为才能享有国家豁免权，事务权行为不应享有国家豁免权。二战以后，美国、英国、德国和法国等有影响的西方大国纷纷坚定地转向限制豁免论。前苏联、东欧剧变之后，国际社会几乎都放弃了绝对豁免的主张。《欧洲国家豁免公约》和联合国国际法委员会的《国家及其财产的管辖豁免条款草案》也是采用了限制豁免论。因此，关于国家豁免规则，限制豁免论是它的基本发展趋势。

我国政府过去一贯主张绝对豁免论，但是，随着我国签署的《联合国国家财产及豁免公约》，我国也在讨论和完善相关的立法与实践。

我国于 2005 年 10 月 27 日通过了《外国中央银行财产司法强制措施豁免法》，对于外国中央银行财产给予财产保全和执行的司法强制措施的豁免，但是，外国中央银行或者其所属国政府书面放弃豁免的或者指定用于财产保全和执行的财产除外。同时，外国不给予我国中央银行或者我国特别行政区金融管理机构的财产以豁免，或者所给予的豁免低于本法的规定的，我国按对等原则办理。

这里所谓的外国中央银行，是指外国的和区域经济一体化组织的中央银行或者履行中央银行职能的金融管理机构；外国中央银行财产，是指外国中央银行的现金、票据、银行存款、有价证券、外汇储备、黄金储备以及该银行的不动产和其他财产。

二、国际商事组织

国际商事组织，是指在国际商事活动中能够以自己的名义从事营利性活动，并具有一定规模的经济组织。由于国际商事关系是由商事组织建立和承受的，因此规范从事国际商事活动的商事组织法在国际商法中具有首要的地位。

国际商事组织有各种各样的形式，不同类型的商事组织在设立程序、法律地位、资金的筹措途径和筹措方式、投资者的利润分配和责任承担、企业管理、决策权的分配及税收等各方面均有很大的不同。一般而言，它主要有三种基本的法律形式，即个人独资企业、合伙企业和公司。其中，公司是最重要的商事组织形式。

（一）个人独资企业

个人独资企业，是由一个人单独出资设立、从事经营管理，并由其承担无限责任的企业。个人独资企业是最古老和最传统的企业形态,也是目前西方国家中数量最多的企业形式,但因其大多属于中小型企业,所以在社会经济生活中不起主要作用。

各国立法对个人独资企业的法律调整采取了不同的形式,有的在民法中加以规定,有的则在商法或商事登记法等各种具体的商事规范中加以规定。中国最早在1950年的《私营企业暂行条例》中首次明确规定了独资企业的法律形式,1988年颁布的《私营企业条例》再次将独资企业作为与合伙企业、有限责任公司并列的三种私营企业形式加以确定。1999年的《个人独资企业法》最终以法律的形式对独资企业作出了肯定和全面、系统的规定。

个人独资企业与其他类型的企业相比,有如下主要特点。

1. 个人独资企业是自然人企业,不具有法人资格。

从法律地位而言,个人独资企业不是法人,不具有独立的法律人格,其财产与出资人的个人财产没有任何区别,出资人就是企业的所有人,独资企业的财产由独资企业主享有,企业本身不享有所有权。虽然独资企业一般都设置有单独的财产目录和业务账簿,但其目的只是为了填写纳税账表,便于企业主了解、掌握企业的经营状况。而公司作为法人其财产不归股东所有,而是归公司本身所有,公司就是财产的所有者。

此外,独资企业的负债在追及效力上等于企业主个人的负债,其以个人的全部财产对企业的债务承担无限责任。即一旦企业发生倒闭,出资人对企业债务赔偿责任不仅限于其在企业中的资产,而且要以其企业以外的财产进行抵偿,因此,出资人的风险较大。而公司的债务不等同于其股东的债务,公司对其债务以其拥有的资产独立承担责任,其股东只承担出资额范围内的有限责任。

2. 企业的所有权与管理权合二为一。

独资企业的所有权与经营权合二为一,企业的一切业务活动完全由出资人决定、控制和处置,经营比较灵活。尽管企业根据需要聘用一些管理人员,但经营的最高决策权仍属于出资人,权利本源仍在企业主,其有权决定企业的扩大、停业或关闭等事项。公司的经营管理是由股东会、董事会、监事会和经理等法定组织机构实施的,股东可能因担任管理职务而享有管理公司事务的权利,也可能不参与公司的经营管理活动,公司的对外代表权由法定代表人行使。

3. 资金来源有限,资本数额较少。

因法律上对个人独资企业无注册资金的限制,所以出资人只需少量资金即可注册成立。例如,在美国花十几美元或几十美元的注册费即可允许其进入市场。但通常它筹集资金的渠道有限,资金来源主要以自我积累为主,这既会限制企业规模的扩大,也会限制其自身生产结构的调整。

4. 税赋较轻。

个人独资企业的出资人只需缴纳一次个人所得税，而不必像公司企业的股东，在公司缴纳了法人所得税后，他们还须缴纳个人所得税，即“双重纳税”。

（二）合伙企业

合伙企业，是指依法设立、由各合伙人订立合伙协议，共同出资经营、共享利润及共担风险，并对合伙企业债务承担无限连带责任的营利性组织。合伙企业在西方国家中属数量较多的企业形式，但由于其规模、组织以及资金来源等方面的限制，一般归类于中小型企业，特别是家庭企业，因而对社会经济生活的影响不是很大。

在大陆法系国家，合伙分为“民事合伙”与“商事合伙”，分别适用民法典与商法典或有关的商事法规。两者的主要区别在于，商事合伙必须是达到一定的经营规模并且专门从事营利性活动的合伙企业。

另外，合伙包括合伙契约与合伙企业两种含义。合伙作为一种契约，是合伙人之间权利义务关系的约定，其与一般契约的不同之处在于，合伙的当事人具有共同的目的，合伙人之间约定的权利义务不是相互对应的，而是相同的；合伙作为一种企业，是合伙人组成的团体组织，是营利性的商事主体。合伙契约与合伙企业之间又有着密切的内在联系，合伙契约是合伙企业成立的基础和依据，合伙企业是合伙契约关系持续化、稳定化的结果。

一般而言，合伙企业具有以下主要特征。

1. 合伙企业基于合伙人之间订立的合伙合同而成立。

合伙人之间通过签订合伙合同，明确各自在合伙中的权利和义务。即使合伙企业没有一定的组织机构负责日常的业务，其内部关系仍然主要适用合伙合同的有关规定。因此，合伙人之间实际上是一种合同关系。

2. 合伙企业是人的组合。

合伙企业是基于合伙人之间的信任而建立在合伙合同基础之上的，它强调的是人的联合。合伙人的死亡、破产或退出，都会对合伙企业的存续造成影响。

3. 合伙企业合伙人原则上均享有平等参与管理合伙事务的权利。

除非合伙合同有相反的规定，每个合伙人均有权对外代表合伙企业从事业务活动。其在执行业务中所做出的行为，对合伙企业和其他合伙人都具有拘束力。

4. 合伙企业不具有法人资格。

与个人独资企业一样，合伙企业也是非法人企业，其从事民事或商事活动是以全体合伙人的个人人格或共同人格进行的，实质上也是自然人从事商业经营的一种组织形式。

合伙的法律地位问题在民商法理论和各国立法中存在着争议,规定也不尽相同。依传统民商法理论的主导性学说和多数国家的立法规定,合伙不具有独立人格和法人地位,我国的民商法理论基本认同此说,民商事立法对此也有明文规定。但一些国家的立法和理论承认合伙具有法人人格和地位,如 1966 年的法国《商事企业法》规定,包括合伙在内的一切商事企业,自登记之日起具有法人地位。法国 1978 年修改的《民法典》第 1842 条也规定:“除第三章规定的隐名合伙以外的合伙,自登记之日起享有法人资格。”此外,比利时、德国等大陆法系国家也已承认合伙企业具有法人资格。英美法系国家虽不承认合伙企业的法人资格,但在一些特定场合也将合伙企业视为法人。如美国法律规定,合伙企业可以合伙的名义起诉、应诉。

在我国,《民法通则》规定的民事主体只有公民(自然人)和法人两种,对合伙是否应成为自然人和法人之外的第三民事主体,一直有着广泛的争论,并形成了三种代表性的意见:①合伙不能成为民事主体。其理由是:民事主体只有自然人和法人两种,不存在第三主体。②合伙是第三民事主体。因为合伙既不同于个人,又不同于法人,但又能以其自身的名义从事活动和进行诉讼活动,所以应成为第三民事主体。③对合伙的法律地位不能一概而论,有些简单的临时性的合伙,没有形成企业组织,不能成为民事主体,而那些有自己的名称或字号,有自己的组织机构的合伙,则可成为第三民事主体。我国法律虽未规定合伙企业具有法人地位或第三民事主体地位,但鉴于个人合伙组织的客观存在及其参与各种商事活动的事实和经济意义,允许个人合伙起字号,依法核准登记,在核准登记的经营范围内从事经营。

5. 合伙企业的合伙人对企业的债务负无限连带责任。

在对外财产责任上,由合伙的非法人地位决定,全体合伙人对合伙债务须承担无限连带责任,其无限责任是指合伙人对企业债务的清偿不以其出资为限,当企业资产不足以清偿合伙债务时,合伙人须以各自所有的财产对其应分担的债务负责。其连带责任是指合伙的每个合伙人对全部合伙债务都有清偿的责任,合伙人不得以内部约定的亏损或债务承担比例对抗合伙的债权人,债权人可以向任何一个合伙人请求清偿全部的债务。当然,清偿合伙债务超过自己应承担份额的合伙人,有权按内部约定的比例向其他合伙人追偿。

(三)公司

1. 公司的概念与特征。

在现代各国的商事组织中,公司是最重要的商事主体,在社会经济生活中发挥着重要的作用。但由于各国的法律传统与公司制度不同,因此,对公司概念的表述也不尽一致。

在英美法系国家，公司是指数人出于共同的目的而进行的组合，一般是为盈利而经营业务。公司有两个基本属性，即法人与有限责任。

在大陆法系国家，公司是指依法定程序设立的以营利为目的的社团法人。这区别于公法人、财团法人与公益性社团法人，是一种最具有普遍性的企业组织形式。

我国《公司法》第 2 条规定：“本法所称公司是指依照本法在中国境内设立的有限责任公司和股份有限公司。”该法第 3 条规定：“有限公司和股份有限公司是企业法人。”“有限公司，股东以其出资额为限对公司承担责任，公司以其全部资产对公司的债务承担责任。”“股份有限公司，其全部资本分为等额股份，股东以其所持股份为限对公司承担责任，公司以其全部资产对公司的债务承担责任。”根据上述规定，我国的公司是指股东依照公司法的规定，以出资方式设立，股东以其出资额或所持股份为限对公司承担责任，公司以其全部资产对公司债务承担责任的企业法人。

尽管各国法律及其理论对公司的表述存在着某些差异，但一般而言，公司是依法定程序设立，以营利为目的的法人组织，其特征表现在如下方面。

(1)公司是以营利为目的的企业组织。公司以营利为目的是指公司的设立、运行是为了获得经济利益。首先，公司营业获利目的并不表示获利结果，即使公司经营不善而达不到获利的目的，也并未丧失其营业获利的特征；其次，公司的营利性不仅是其自身盈利，还包括向其成员分配盈利。某些公益社团法人，甚至包括财团法人也进行经济活动并取得一定盈利，但其盈利不是为分配给其成员，而是为了某种社会公益事业或实现法人的宗旨，如基金会为了维持和扩大其资助科学研究的资金而将其财产用于投资，而公司这种营利性组织的盈利则完全是为了其成员的投资利益；最后，公司的营利性行为必须具有连续性，偶尔进行的营利性行为或活动不构成营业，如通过买卖一批货物而盈利。

(2)公司具有独立法人的地位。公司是一种具有法人地位的企业组织。法人的特征在于其具有独立的人格(作为民事主体的独立资格)、独立的组织机构、独立的财产和独立承担民事责任。

首先，公司作为法人，有与其生产经营规模相适应的财产。这些财产来自于股东的投资，亦即公司的股东一旦将自己的资产投入公司，该财产在法律上就属于公司所有，股东就丧失了直接处置该财产的权利。他们所换来的是根据出资的比例享有的一系列权利，例如，参与股东大会并享有投票的权利、分红的权利等。公司以自己的名义拥有财产，公司的财产与股东个人的财产在法律上是分离的。

其次，公司有自己独立的组织机构。完善、健全的组织机构是公司进行正常经营活动的组织条件，其包括公司的管理机构和公司的业务活动机构。公司管理机构是对内形成公司决策、管理公司事务、对外代表公司进行业务活动的机构，如股东大会、董事会、监事会和经理等；公司的业务活动机构包括公司的科室、会计、审计、供应和销售机构等。

再次，公司独立承担财产责任。公司既作为经营性组织为了盈利参与经济活动，享有广泛的权利，同时也应承担行使权利过程中产生的义务和风险。公司的独立责任是其独立人格的标志，是公司具有法人地位的集中表现。公司只能独立地承担财产责任，只能以其自身拥有的全部资产对其债务负责。公司财产责任的独立性至少包括三个方面：一是公司责任与股东责任相独立，公司只能以自己拥有的财产清偿债务，股东除缴纳出资外，对公司债务不再负责，即使公司资不抵债时也不例外；二是公司责任与其工作人员责任相独立，公司的民事活动虽由其董事、经理等管理人员实施，其民事责任亦可能由于管理人员的过错行为所致，但不能由此要求公司的管理人员对公司的债务负责，特别是在公司无力清偿其债务时，不能随意追加公司的董事长、董事、经理为连带责任人或共同被告；三是公司责任与其他公司或法人组织责任相独立，公司与其他法人组织之间虽然存在着千丝万缕的联系，如母公司与子公司之间，但在法律地位上它们都是独立的法人，其财产责任也只能各自独立承担。

(3)公司是以股东投资为基础组成的社团法人。在传统民商法上，一般将法人分为社团法人与财团法人两大类。所谓社团法人是由两人以上集合组成的法人，其成立的目的有的是为了谋求全体成员的经济利益，如公司、合作社等；有的是为了谋求成员的非经济利益，如各种协会(个体劳动者协会、会计工作者协会、律师协会等)、学会(法学会、财政金融学会)和俱乐部等。所谓财团法人则是通过设定财产，使其独立取得权利、承担义务而组成的法人，其成立的目的一般是为了社会公益事业，如教育、文化、慈善和宗教事业等。社团法人与财团法人的区别在于前者是以人的集合为成立基础，后者是以财产的集合为成立基础。

根据传统的公司法，公司是社团法人的一种，它是由两人以上的股东组成的，单独一人一般不能组成公司，而只能是独资企业。公司由多数人组成的法律性质又称为公司的社团性或联合性，但是否允许一人公司存在，即股东只有一人，全部股份由一人拥有的公司，各国公司法和理论学说表现出三种不同的态度：一是完全承认，即不论在公司成立时还是在公司成立后，都允许一人公司的存在；二是完全不承认，即无论在公司成立时还是在其成立后，都不允许一人公司的存在；三是有限制的承认，即在公司成立时必须有两个以上的股东，不允许设一人公司，但其后如果只剩下一名股东，则给予或附条件地给予承认。总体上说，完全承认和完全不承认一人公司的国家为数较少，而有限制的承认者居多。我国公司法在原则上坚持公司社团性的同时，允许有特殊的例外，即对于一般的公司来说，都必须由 2 个以上的股东组成，有限责任公司由 2 个以上 50 个以下股东共同出资设立，设立股份有限公司应当有 5 人以上为发起人。但同时，我国公司法又允许设立国有独资公司，即国家授权投资的机构或者授权投资的部门依法可以单独投资设立国有独资的有限责任公司。

社团法人虽然都是由其成员组成的，但组成方式不同。有的只是制定章程，建立必要的管理机构或组织即可，如各种协会、学会等非经济性社团。而公司这种社团法人则是通过其成员的出资组成的，股东都须按约定或规定的份额或比例缴纳自己的出资，这是股东最基本的义务。由此可见，公司虽以人的集合为基础，但也包含有财产集合的内容。所以，公司是人以财产进行的联合。

(4)公司是依法设立的企业法人。由于公司本身是法人，依照各国法律，法人的资格必须经过国家的承认，只有依照法律规定的条件和程序才能取得法人的资格。这包括发起人或发起人组织、设立活动的基本要求、股东认股与缴纳出资、公司的组织机构、公司的设立登记等，只有依据这些规定而设立才能取得公司的资格。这反映了公司法具有强行法的性质，即任何公司都只能按照法律的规定设立和从事活动，公司的法律地位或资格不是其自身固有或自由取得的，而是法律所赋予的。

(5)公司的存续一般不受股东变化的影响。因公司强调的是资本的联合，因此股东的死亡、退出与破产，原则上并不影响公司的存续。在英美法系中，公司被认为具有“永续性”。

2. 公司与合伙企业的区别。

公司与合伙企业，除一人公司的特殊情况外，无论其是否具有独立的法律人格，都是多数人共同出资、共同经营，是一个不同于个人的经营团体，但二者也存在着区别。

(1)成立基础不同。合伙是根据合伙人之间的合同成立的，它需要合伙人之间的合意，而且其变更和修改也必须经全体合伙人一致同意；公司成立的基础是章程，同意章程者即可加入公司成为股东，公司章程是由公司发起人制定，其变更或修改按公司法和公司章程的规定进行，通常只需多数股东的同意，而不需全体股东的一致同意。

另外，在内容上，合伙合同具有任意性，法律对其少有强制性规定，当事人之间的关系基本上任由合伙人自由约定；公司章程则受到法律更多的强制性的约束，许多内容由公司法直接规定，章程只能在法律范围内规定。

(2)法律地位不同。与独资企业一样，合伙企业无独立法律人格，不具有法人地位;公司具有独立的法律人格和法人地位,是典型的法人组织。

(3)人身关系不同。合伙是具有人合性质的企业,合伙人之间既是一种合同关系,也是一种相互信任的忠实关系,这表现在合伙人之间不仅应负无限连带责任,而且每一合伙人也是他人的代理人,合伙人的入伙、退伙、死亡也与这种紧密的人身信任性质相联系;公司除无限公司外,多属资合性企业,公司股东之间的人身联系较为松散,公司的设立和存续主要基于资金的联合,公司的对外信用基础主要在于公司本身的财产和经营状况,而不取决于股东的构成和个人信用。

(4)产权结构不同。合伙企业的产权结构是一元结构,即合伙企业的财产不属于合伙企业独立所有,而是属于全体合伙人共同所有,但不是合伙人财产的简单聚合,而是按份共有或共同共有。如果将合伙财产规定为按份共有,合伙人在合伙经营期间即可随时请求分割自己所有的份额,从而会危及合伙企业的稳定和经营,所以各国立法一般规定合伙财产为共同共有财产,在合伙存续期间,合伙人对于全部合伙财产不分份额地、平等地享有所有权,以限制合伙人对合伙财产的任意处分。公司的产权结构是二元结构,即公司对公司财产拥有所有权,股东享有股权。公司财产是由股东投资形成的,但股东对其投资形成的资产没有直接的支配权;股东享有的股权既不是所有权,也不是共有权,而是由利益分配请求权、表决权和剩余财产分享权构成的一种综合性民事权利。在法律上,股东仍是公司的所有人,但公司的独立人格阻却了股东对公司特定财产的主张权利。公司这种独立的财产是公司独立人格、独立责任的基础。

(5)责任承担不同。与上述两种产权结构相适应,合伙人承担的是无限责任,而公司股东承担的是有限责任。由于合伙人仍是合伙企业财产的所有人,在合伙企业财产不足以偿付对外债务时,自然应由其所有人用另外的个人财产补足。合伙人的这种补充责任是他作为所有人并对合伙财产直接行使经营支配权的必然结果,而由于公司具有独立的财产、独立的人格,自然应独立承担责任。因此,在公司财产不足清偿对外债务时,无须由股东承担补充责任。

(6)管理机制不同。合伙企业由全体合伙人共同经营管理,其具体方式由合伙协议加以规定。为执行业务的便利,虽然合伙企业通常推举一名或数名合伙人作为业务执行人,管理合伙事务,其他合伙人则享有监督检查权,但在法律上,全体合伙人都享有法定的业务执行权,属于谁出资谁经营的管理机制。法律赋予每一位合伙人平等经营管理合伙企业的权利。公司的管理权是依照公司法的规定,由法定公司组织机构统一行使的,股东被"剥夺"了直接行使经营管理公司的权利,股东个人并不享有对公司事务的直接管理权,而只是通过行使股东会上的表决权参与公司重大事务的决策以及享有股东的知情权和质询权，其管理机制是决策权、管理权和监督权分开的现代企业制度。

(7)盈亏分配不同。合伙企业合伙人的盈亏分配可由合伙合同约定，可按出资比例分配，也可不依出资比例分配，且盈利的分配可与亏损分担的比例不一致；公司的盈亏分配由公司法统一规定，基本的法律原则是按股东出资比例或按股东持有的股份分配。

(8)对外转让出资不同。由于合伙企业属于人合性企业，所以合伙人将出资对外转让受到较为严格的限制，一般情况下不得任意转让；公司股东转让其股份或出资额属于股东应享有的权利，只是股份公司和有限公司在对外自由转让的程度上有所不同。

第二节 合伙企业

合伙是一种古老的企业组织形式，早在古希腊与古罗马时代就已经广泛存在，有关合伙的法律规定也随之产生。著名的《法学阶梯》一书就设有专门一节对合伙进行阐述。

在现代大陆法系国家，合伙通常分为民事合伙和商事合伙，并分别规定在民法典与商法典中。民法典是从契约的角度规范合伙的，而商法典是从主体或企业的角度规范合伙的。由于大陆法系国家的民法典多将合伙放入债法中加以规定，奠定了合伙在民法典中的地位。但随着工商业的发展，要求商事主体稳定、持久以保障交易安全，因此民法上将合伙视为一种契约、视为一种自然人联合的做法阻碍了合伙广泛参与商事活动。法国、德国、日本等大陆法系国家即纷纷在民法典之后的商法典中规定了商事合伙。商事合伙与民事合伙一样都须基于合伙契约或协议而成立，在商法典没有特别规定的情况下，民法典中关于合伙的规定同样适用于商事合伙。

在英美法系国家，合伙基本上采取单行法的形式。例如，英国于 1890 年即制定了《合伙法》，1907 年又制定了《有限合伙法》。美国的合伙法属于州法，没有统一的联邦合伙法。为了消除各州合伙法之间的差异，美国全国州法统一委员会于 1914 年颁布了《统一合伙法》，该法目前已被除佐治亚州与路易斯安那州之外的其他州所采纳；1916 年又通过了《统一有限合伙法》，该法也被除路易斯安那州之外的各州采用。在这以后的几十年里，《统一有限合伙法》分别于 1976 年和 1985 年进行了修改。

我国于 1997 年通过了《中华人民共和国合伙企业法》(以下简称《合伙企业法》)，第十届全国人民代表大会常务委员会 2006 年审议通过了《合伙企业法》

修订案，修订后的《合伙企业法》于2007年7月1日正式实施。

一、合伙企业的设立

（一）合伙合同

各国一般规定，合伙企业是基于合伙人之间的合同而成立的。合伙合同是规定合伙人之间权利、义务的法律文件，是确定合伙人在出资、利润的分配、风险及责任的分担、合伙的经营等方面的基本法律依据。它一般以书面形式订立，但也可以根据合伙人之间的口头方式以及他们的行为来判定他们之间存在合伙关系。

合伙合同通常应载明：①合伙企业的名称及各合伙人的姓名；②合伙企业经营方式和经营范围；③合伙的期限；④每一合伙人出资的种类及金额；⑤合伙人之间利润的分配和损失的分担办法；⑥合伙企业的经营管理方式；⑦合伙人死亡或退出时，对企业财产及合伙人利益的处理方法以及合伙企业继续存续的途径；⑧其他必要事项。

（二）合伙的登记

合伙企业设立的手续一般比较简便，但是否须经过注册登记程序才能成立，各国立法规定不一。

英美法系国家对普通合伙一般不要求经政府的批准登记，但要求所有的合伙企业必须有合法的目的。如按照美国《统一合伙法》的规定，合伙须依合伙人的协议而组成，也可以无须政府批准，但必须要有合法的目的。另外，有独立名称的合伙企业，因体现不出谁是合伙人，需要进行商号的登记。例如，英国的合伙法对合伙的商号名称要求相当严格，合伙的商号一般应以合伙人的姓氏命名，如在商号中没有包含合伙人的真实姓氏或没有包含合伙人的真实姓名的开头字母，均须向主管部门进行登记。如日后商号的名称有所变更，则须再行登记。

大陆法系国家都要求设立合伙企业时必须履行申请登记手续，并领取营业执照，该营业执照签发日期为合伙企业的成立日期。在领取合伙企业营业执照前，合伙人不得以合伙企业的名义从事经营活动。按照德国法律的规定，合伙企业必须在商业登记册上办理登记。全体合伙人必须事先提出合伙申请，在申请书中应载明每一合伙人的姓氏名称、职业和长期住所，企业的名称和开设地点，以及开始营业的日期等。

无论是英美法系还是大陆法系国家，登记的目的是公开必要的信息，以便于社会监督，而不是审查是否具备企业条件。

在中国设立合伙企业必须在登记机关进行登记，营业执照签发之日，即为企业成立的日期。企业在领取营业执照前，合伙人不得以合伙企业名义从事经营活动，否则，责令其停止经营并可予以罚款。

二、合伙企业的内部关系

合伙企业的内部关系是合伙人之间的权利与义务关系，通常在合伙合同中予以规定。

（一）合伙人的权利

根据多数国家的合伙法，合伙人的权利可以归纳为以下几项。

1. 参与合伙企业经营管理的权利。

合伙企业是以合伙协议为基础，在合伙人之间形成的一个经营联合体，所以，除合伙合同另有约定外，合伙人均有权参与合伙企业的经营管理，对外以合伙的名义进行业务活动，并在正常的业务范围内有权相互代理。

2. 分享利润的权利。

每个合伙人均有根据合伙合同规定的比例取得利润的权利。如合伙合同未作出规定的，按英、美、德等国合伙法的规定，合伙人应平均分配利润，而不考虑合伙人出资的多少，法国则规定应按合伙人的出资比例分享利润。

3. 对合伙事务进行监督的权利。

合伙人为了了解合伙企业的经营状况和财务状况，可以定期或不定期地查阅合伙企业的账簿，并可以请求执行事务的合伙人报告合伙企业债务人的经济实力，以判断合伙企业的债务人能否履行未到期债务，也可以请求执行合伙企业事务的合伙人公开自己需要了解的一切经营活动细节，并可就经营管理中的一些问题提出自己的见解，以利于更好地发展合伙企业的事业。

4. 获得补偿的权利。

合伙人在处理合伙企业的正常业务中所垫付的个人费用或遭受的个人财产损失有权从合伙企业获得补偿。但除了合伙协议另有规定外，任何合伙人不得为其在合伙企业中的劳务要求报酬，因为执行合伙企业事务既是每一个合伙人的权利，也是应尽的义务。

（二）合伙人的义务

1. 缴纳出资的义务。

向合伙企业出资是合伙人最基本的义务，也是合伙企业得以成立的最基本的条件。每一个合伙人都应当按照合伙协议约定的期限、数额和方式缴纳各自认缴的出资。合伙人未按约定出资的，应当对其他合伙人负违约责任，并赔偿由此对其他合伙人造成的损失。

2. 承担合伙债务的义务。

合伙企业的债务是指合伙企业以自己的名义对他人所负的债务,合伙企业的债务产生于合伙关系的存续期间,产生债务的原因是合伙企业对第三人的合同行为或侵权行为,承担债务的主体是合伙企业,履行债务的担保或承担债务的财产范围是合伙企业财产与每个合伙人的个人财产。因此,合伙人承担合伙企业的债务,对内,按合同约定的比例承担按份债务,对外,对债权人则承担无限连带责任。

3. 忠实的义务。

合伙企业是建立在合伙人共同的忠诚、信用的基础之上的,合伙人之间报以最大的忠诚、信用是合伙关系和合伙企业存在的基础。合伙人必须为企业的最大利益服务,合伙人应当做到:①行为诚实有信;②如实报告自己掌握的有关合伙企业事务的全部信息;③避免个人利益与合伙企业利益的冲突;④避免从合伙经营机会和信息中获取个人利益;⑤报告从合伙企业经营中所获取的利润;⑥在执行合伙企业事务的过程中,合伙人应当尽到合理的注意义务。因其疏于履行此项义务而导致的损失,由其个人负责。

4. 不得任意对外转让出资的义务。

因为合伙人之间存在着相互信任的关系,如果合伙人未经其他合伙人同意而任意对外转让其出资,则有可能损害合伙企业的利益。所以,各国法律都规定,除合伙合同另有规定外,合伙人对外转让出资时需经其他合伙人一致同意,但大多数国家允许合伙人在一定条件下将请求分配利润的权利转让给他人。

三、合伙企业的外部关系

合伙企业的外部关系,是指合伙组织与第三人的关系。由于合伙企业是合伙人之间的一种松散的经营组织体,它本身没有独立的法律地位,基于合伙企业的性质,每个合伙人在合伙企业中仍拥有独立的法律主体地位,都有权对外代表合伙企业。因此,各国一般规定,每个合伙人在企业所从事的业务范围内,都有权作为合伙企业与其他合伙人的代理人。这种合伙人之间的相互代理规则决定了合伙企业与第三人的关系有以下特点。

第一,合伙人在执行合伙企业通常业务中所作的行为,对合伙企业和其他合伙人都具有拘束力。除非该合伙人无权处理该项事务,且与之进行交易的第三人也知道该合伙人没有得到授权。

第二,合伙人之间约定的对某个合伙人的权利限制,不得用以对抗不知情的第三人。若第三人在交易时已经知道该合伙人无权处理该项业务,则合伙企业和其他合伙人就不受该合伙人行为的约束。

第三,合伙人在从事正常业务中的侵权行为,应先由合伙企业承担责任,但合伙企业有权要求有关合伙人赔偿企业由此遭受的损失。

第四,新合伙人对于入伙之后合伙企业所负担的债务,应与其他合伙人一样承担连带责任,但是,新合伙人对于其入伙前合伙企业已存在的债务如何承担责任,各国规定不同,主要有三种立法例:①新合伙人与其他原合伙人一样承担连带责任,如法国、日本;②新合伙人对于合伙原有债务不承担责任,如英国;③新合伙人对入伙前发生的债务承担责任,但如果这种债务仅以合伙财产清偿时除外,如美国。中国《合伙企业法》采取了第一种做法,即新合伙人对入伙前合伙企业的债务承担连带责任。其立法根据在于:第一,新合伙人在入伙前必然要对合伙企业进行必要的考察,所以,新合伙人是在明知合伙企业债务存在的情况下同意加入合伙企业的,这就意味着其对原合伙企业债务的默认和接受;第二,从合伙企业财产是合伙人的共有财产出发,新合伙人既然成为共有人而享有权利,自然也应对原合伙企业债务承担连带责任;第三,由新合伙人对原合伙企业债权债务享有权利并承担责任,有利于操作管理,也有利于在合伙人之间形成一种平等的法律地位。

对已退出合伙企业的原合伙人而言,若日后发生的债务是在其退伙之前的交易结果,则其仍需对债权人负责。这样规定的目的是为了最大限度地保护合伙企业债权人的利益,防止合伙人借退伙逃避债务,这也是由合伙责任的连带特点决定的。但如该债务与其退伙之前的交易无关,且使第三人知道其已不是合伙人,则其对退伙后第三人的债务不承担任何责任。

四、合伙企业的解散

合伙企业的解散,是指由于法律规定的原因或者当事人约定的原因而使全体合伙人之间的合伙协议终止、合伙企业的事业终止,全体合伙人的合伙关系归于消灭。总结归纳多数国家合伙立法的有关规定,引起合伙解散的原因有两种情况:协议解散和依法解散。

(一)协议解散

协议解散是指合伙人各方达成协议解散合伙企业。合伙企业因全体合伙人同意而设立,当然也可因全体合伙人同意而解散。这种解散,不论合伙企业是否约定有存续期限,均可适用。当合伙协议订有期限时,合伙企业即于该期限届满时宣告解散;如果合伙协议没有规定期限,合伙人之间也可在事后达成协议,宣告合伙企业的解散。如果一部分合伙人同意解散,另一部分人不同意解散,则应由同意解散的合伙人退伙,合伙关系在其他合伙人中继续存在。因为虽然某合伙人可以作出退伙的声明,但其不能作出解散的请求。

（二）依法解散

依法解散是指合伙企业依照合伙法的有关规定而宣告解散。这种类型的解散大体有六种情况:①合伙人低于法定人数;②如合伙合同中没有企业存续条款,则合伙人之一死亡或退出,合伙企业即解散;③当合伙企业或合伙人之一破产时,合伙企业即告解散;④如因发生某种情况,致使合伙企业所从事的业务成为非法,该合伙企业即自动解散;⑤如因爆发战争,合伙人之一系敌国公民时,合伙企业亦应解散;⑥如在合伙人中有人精神失常,长期不能履行其职责,或因行为失常使企业遭到重大损失,或因企业经营失败难以继续维持时,任何合伙人均有权向法院提出申请,要求法院下令解散合伙企业。

引起合伙企业解散的原因发生后,即进入清算阶段,清算即清理合伙企业尚未了结的事务,最终结束合伙企业的所有法律关系,使合伙企业归于消灭,如清理资产、收取债权、清偿债务、退还出资及分配剩余财产等。合伙企业至清算结束、注销登记后为完全消灭。

第三节　公司

一、公司法的概念与形式

（一）公司法的概念

公司法是规定公司的设立、组织、经营、解散、清算以及调整公司对内对外关系的法律规范的总称。无论在内容还是在体例方面,公司法都有着与其他法律不同的特点,这主要体现在下述三个方面。

1. 从公司法的内容上看。

从内容上看,公司法是一种组织法与活动法相结合的法律。公司法调整的对象是公司内外部的组织关系,其作为组织法,具体包括公司的设立、变更和清算、公司的组织机构、股东权利和义务等内容。由于公司是以盈利为目的的经营组织体,它要从事各种管理活动、交易活动,公司法除须对公司组织机构的管理活动进行规范外,同时须对股票债券的发行、转让等行为进行规范。

2. 从公司法的体例上看。

从体例上看,公司法是一种实体法和程序法相结合的法律。公司法侧重于对股东及公司机关权利义务的规定,以及股东与公司财产责任的划分,因此,公司法主要是实体法。在侧重实体性规定的同时,公司法还对取得实体权利所必须履行的程序作出了规定,因而又具有程序法的特点。

3. 从公司法的规范性质上看。

从性质上看,公司法是一种强制性规范与任意性规范相结合的法律。为了维护社会交易的安全和经济秩序的稳定,公司法具有鲜明的管理性,故多为强制性规范。公司法在突出强制性规范的同时,为了体现股东和公司的意愿,也有一定的任意性规范。

(二)公司法的形式

当前世界各国的公司法主要采用两种法律形式:一种为单行法规;另一种包含在民法或商法之中,作为民商法的一个组成部分。在多数大陆法系国家,公司法原先是作为民商法的一部分而存在的,但由于公司在整个社会经济生活中发挥着越来越大的作用,因此,公司法逐渐从民商法中分离出来成为单行法规。当前,采取单行法规的国家已占绝大多数。

我国于 1993 年通过了新中国成立后的第一部公司法,1999 年 12 月 25 日又对《公司法》进行了修改。2005 年 10 月 27 日第十届全国人大常委会第十八次会议再次对《公司法》进行了修改。此次修改内容较多,使新的《公司法》更加科学。

在美国,各个州都有各自的公司法。至于由全国律师协会起草的《美国标准公司法》,其本身无法律约束力,但对各州公司法的制定和修改有很大的影响,该法律的大部分内容已为多数州所采用,成为各州公司法的主要内容。英国也属于采用单行法规形式的国家,其公司法立法始于 1825 年,后经发展形成了 1948 年的公司法。虽然该法经历了多次修改,但其绝大部分原则和内容均被沿用下来。此外,采取单行法规的国家还有德国、比利时、丹麦、爱尔兰、卢森堡以及英联邦国家,如加拿大、澳大利亚、新西兰和印度等国家,我国公司法也是此种类型。至今仍有少量国家的公司法是被包含在民法或商法之中的,如日本公司法就被包括在商法之中,成为商法的一个组成部分;意大利的公司法是包含在民法典中的。

二、公司的分类

(一)大陆法系国家的分类

根据股东对公司的责任形式不同,大陆法系国家将公司划分为有限责任公司、股份有限公司、无限责任公司和两合公司。前两种是公司企业中最主要的形式,且其内容大致相同;后两种类型的公司作用很小,并正日渐消亡。

1. 有限责任公司。

有限责任公司亦简称有限公司,是指由法律规定的一定人数的股东所组成,股东以其所认缴的出资额为限对公司承担责任,公司以其全部资产为限对其债务承担责任的企业法人。

有限责任公司与其他类型的公司相比具有以下特征。

(1)股东人数的限制性。在各国公司法中,对其他各类公司,只规定股东的最低人数,而无最高人数的限制,但对有限公司,大多规定了最高人数的限制。例如,法国《商事公司法》规定,有限公司股东不得超过 50 个,我国也是如此。有些国家的公司法虽未规定有限公司的上限人数,如德国、奥地利、意大利、瑞士等国家,但在实践中,这些国家有限公司的股东人数仍然是有限的。有限公司之所以对股东有最高人数的限制,是由此类公司自身的性质决定的。因为有限公司具有人合性,股东须相互信任,这就决定了其股东人数不可能太多。

(2)股东责任的有限性。有限责任公司的股东,仅以其出资额为限对公司负责,其对公司债权人不负任何财产责任,公司的债权人亦不得直接向股东主张债权或请求清偿。

(3)股东出资的非股份性。有限责任公司不公开发行股票,公司资本也不分为均等份额,每个股东只有一份出资,但其数额可以不同,股东仅以其出资额为限对公司负责。

(4)公司资本的封闭性。有限责任公司不得向公众募集股本,只能由全体股东认缴。公司发给股东出资额的证明书称为股单,股单不能在证券市场上流通转让。公司的账目也无须公开,只需按照公司章程规定的期限送交给各股东审阅即可。此外,对股东转让出资也有严格的限制,须经股东会或董事会讨论通过。股东会不同意转让的或全体股东未一致同意转让的,只能由本公司的其他股东购买该出资。

2. 股份有限公司。

股份有限公司简称为股份公司,是指公司资本划分成等额股份,股东以其所认购的股份为限对公司承担责任,公司以其全部资产为限对公司债务承担责任的企业法人。

股份有限公司与其他类型的公司相比具有以下特征。

(1)股东人数的开放性。由于股份有限公司是大型的、资合型的企业,为保证公司募集到足够的资金,各国公司法对其股东人数上限未作限制,是一种公众型的、开放型的公司。

(2)股东责任的有限性。股份有限公司的股东仅以其所认购的股份对公司负责,公司的债权人不能直接向公司股东提出清偿债务的要求,更不能要求以股东个人的财产清偿债务。

(3)资本募集的公开性与股票的流通性。股份有限公司可通过发行股票的形式募集公司的资本,任何人只要愿意支付股金,购买股票,即可成为股份有限公司的股东。资本募集的公开性决定了公司股东的广泛性,同时也决定了股份有限公司的账目必须公开,以使股东对公司的经营情况有所了解。另外,股份有限公司的股票可以作为交易的标的,原则上可自由买卖。这使股票持有者有更多的投资选择的机会,使公司拥有众多的股东,同时也会导致股东的频繁变动。

(4)股东出资的股份性。股份有限公司的全部资本划分成等额股份。每个股东所持有的股份数额可以不同,但每股的金额应相等。股东以其所持有的股份,即占注册资本的比例而享有股东权益。

3. 无限责任公司。

无限责任公司简称无限公司是指全体股东就公司债务对公司债权人承担无限连带责任的公司。

无限责任公司与其他类型的公司相比具有以下特征。

(1)股东责任的无限性。无限责任公司的股东对公司的债务负无限连带清偿责任,即当公司资产不足以清偿公司债务时,股东要以出资以外的个人财产来抵债,而且,任何一个股东都负有全部清偿的责任。公司的债权人可就公司财产不足以清偿的那部分债务,向无限公司的任何一个股东请求全部清偿。偿还公司债务超过自己应当承担数额的股东,有权向其他股东追偿。

(2)股东直接参与公司管理。无限责任公司的各个股东都有执行业务和对外代表公司的权利,股东既是公司的所有人,又是公司的经营者。

(3)出资转让受到严格的限制。由于无限责任公司是人合性公司,一方面,股东转让出资难以找到为其他股东所信任的受让者;另一方面,为了防止股东通过转让出资而逃避责任,各国公司法一般规定,无限责任公司的股东转让出资必须征得全体股东的同意。

4. 两合公司。

两合公司是由承担有限责任的股东和承担无限责任的股东共同组成的一类公司。两合公司与其他类型的公司相比其特征较为明显:公司中存在着两种不同责任的股东。其中,无限责任股东对公司债务负无限连带清偿责任,他们在公司中占主导地位,享有代表和管理公司的权利;有限责任股东仅就其出资额为限对公司负责,无权代表和管理公司。

我国《公司法》只规定了有限责任公司和股份有限公司，对无限责任公司和两合公司未作具体规定。此外，《公司法》还规定了“国有独资公司”，即由国家授权投资的机构或部门单独投资设立的有限责任公司，它是作为有限责任公司的一种特殊形式而存在的。

（二）英美法系国家的分类

英美法系按公司的股份是否公开发行及股份是否允许对外自由转让分为封闭式公司和开放式公司两种。封闭式公司又称为不上市公司、私公司或非公开招股公司，其特点是公司的股份只能向特定范围的股东发行，而不能在证券交易所公开向社会发行；股东拥有的股份或股票可以有条件地转让，而不能在证券交易所公开挂牌买卖或流通。

开放式公司又称为上市公司、公众公司或公开招股公司，其特点与封闭式公司正相反，它可以在证券市场上向社会公开发行股票；股东拥有的股票也可以在证券交易所自由买卖或交易。英美法系中的封闭式公司和开放式公司基本类似于大陆法系国家的有限责任公司和股份有限公司。

另外，根据一公司对另一公司的控制和依附关系可将公司划分为母公司和子公司。母公司是指通过掌握其他公司的股份（票），从而能实际上控制其他公司营业活动的公司；子公司是指受其他公司控制的公司。母子公司关系表现的是公司与公司间的控制与依附关系，反映着公司相互间联合或联系的紧密程度，但就母子公司的法律地位而言，二者都是具有独立主体资格的法人。

按公司的内部管理系统，可将公司分为本公司或分公司。本公司又称总公司，是管理全部组织的总机构，关于业务经营、资金配置、人事安排等事项均由总公司决定，分公司则是指本公司管辖的分支机构。分公司没有独立的法人地位或资格，但它可以有自己的名称，如办事处、分行、分公司等，其名称应反映与总公司的隶属关系。分公司也没有自己的独立财产，其实际占有、使用的财产是作为本公司的财产而计入本公司的资产负债表中，因此不能独立承担财产责任。当其财产不足以清偿债务时，由总公司对其债务进行清偿。此外，分公司具有经营资格，需向登记机关依法办理登记，领取营业执照。

三、公司的设立

（一）公司设立的概念

公司的设立，是指发起人为组建公司，使其取得法人资格，必须采取和完成的多种连续的准备行为。由于公司的种类不同，设立的基础不同，设立行为也不尽一致。一般而言，股份有限公司的设立比无限责任公司、有限责任公司和两合公司的设立,无论在设立程序还是在设立行为的内容上均较复杂。这是因为股份有限公司的股东人数较多,其资本的筹集需经过特定的招股程序,其机关成员往往需召开创立会选任,而其他类型公司的股东、出资及机关成员,在公司设立之初即可在章程中确定,无须履行复杂的招股程序。但就各类公司设立行为的共同内容而言,均包括发起人为筹建公司所进行的协商,订立公司的章程,决定公司种类、名称,确定经营范围及公司资本的总额,召开公司的创立会议,推选公司的组织机构,以及做好公司登记所需的其他工作等。

(二)公司设立的原则

公司设立的原则,是指公司设立的基本依据。概括而言,目前多数国家遵循以下三项主要原则。

1. 核准设立主义。

核准设立主义也称许可设立主义,是指公司设立除了必须具备法律所规定的条件外,还必须经过行政主管机关的核准,否则不得成立。1673 年法国路易十四颁布的商事敕令首创此制,法国、德国等国家在 18 世纪也曾采用过这种制度。由于核准设立主义是赋予行政机关的一种特权,一般认为,由国家行政部门干预公司设立,不仅不利于公司的普遍发展,而且容易滋生腐败,所以,核准设立主义原则现在除了适用于设立银行等与国计民生有密切联系行业的公司外,在多数情形下已不再广泛采用。

2. 单纯准则设立主义。

由于在核准设立主义原则下,公司的设立必须经行政主管机关的批准,旷日废时,难以适应实际生活的需要,于是单纯准则设立主义应运而生。所谓单纯准则设立主义,是指公司的设立,凡符合国家法律规定要件即可,不需经行政机关核准。1862 年的英国公司法首先采用这一设立原则,并在 19 世纪为不少国家所采用。这种做法适应了公司大量出现的形势,有利于公司的普遍发展。

3. 严格准则设立主义。

为了克服滥设公司和利用公司欺诈等弊端,国家有必要对公司进行适当管理,当今大多数国家的公司法即在单纯准则设立主义的基础上,采用了严格准则设立主义,即以法律进一步严格规定公司设立的要件并加重发起人的责任,同时规定公司设立必须经过国家主管机关登记才可成立及取得独立主体资格。需说明的是,在严格准则设立主义原则下,公司设立程序的最后步骤是必须在登记机关办理注册登记手续。登记机关有权审查公司设立是否合乎法律所规定的条件,如果符合法律规定的条件和程序性规定,登记机关就应核准登记,而不能以政策上的或其他理由拒绝登记,这是严格准则设立主义和核准设立主义的区别所在。

我国《公司法》第 6 条规定:“设立公司,应当依法向公司登记机关申请设立登记。符合本法规定设立条件的,由公司登记机关分别登记为有限责任公司或股份有限责任公司;不符合本法规定的条件的,不得登记有限责任公司或者股份有限公司。法律、行政法规对设立公司规定报经批准的,应当在公司登记前依法办理批准手续。”由这条规定可以看出,我国《公司法》规定的公司设立原则是严格准则设立主义。

(三)公司设立的方式

从大陆法系各国或地区的公司立法来看,公司设立的方式有发起设立和募集设立两种,大多数国家或地区的公司立法均认可这两种设立方式。法国、意大利、瑞士和荷兰等国家采取发起设立方式较普遍,而日本等国家采取募集设立方式较普遍,我国公司法对发起设立和募集设立方式均有规定。就某个股份有限公司而言,是采取发起设立方式还是募集设立方式,可以由发起人根据情况自由选择。当设立的公司规模较大而本身资金不足,需要向社会广泛筹集资金,或者发起人出于其他如经营管理等方面的考虑时,可采取募集设立方式。

在英美法系国家或地区,其公司立法中没有发起设立和募集设立的概念,但其非开放性公司的设立也可以有发起人,并可以与公司设立时的股东不一致,法律上对其注册资本也没有最低数额的限制,股东每人认购一股股份,即可登记成立公司,成立后可以再发行股份,只是不得公开募股。实际上这是一种募集设立方式,类似于中国在《公司法》颁布前试行的《股份有限公司规范意见》中规定的“定向募集方式”。

1. 发起设立。

发起设立是指由发起人认购应发行的全部股份而设立的公司。因无限公司、两合公司、有限公司的人合性强,资本具有封闭性,所以其设立方式均为发起设立。股份有限公司属于开放性公司,可以向社会发行股份,因而股份有限公司的设立可以采取发起方式,也可以采取募集方式。

发起设立可以缩短公司设立的周期,减少公司的设立费用,降低公司的设立成本。发起设立仅适合规模不大的公司,如果所需股本较大,发起人又难以认购全部股份,则不宜采取这种设立方式。

2. 募集设立。

募集设立是指发起人认购公司应发行股份的一部分,其余部分向社会公开募集而设立的公司。股份有限公司在设立阶段可对外募集股份采取此种设立方式。

在广泛募集社会资金方面,募集设立具有发起设立无可比拟的优越性,但采取这种设立方式也有弊端:其一,这种设立方式必须对外募集股份,还需召开创立大会,在审批程序上也较发起设立复杂,且可能受到国家金融政策等方面的制约;其二,由于股权的高度分散,不利于实现发起人对公司的控制权;其三,募集设立还可能被少数不法分子作为欺诈手段。有鉴于此,各国公司立法多采取一定措施予以限制,如对发起人认购的股份应占发行资本总数的比例进行限制,以防发起人完全利用他人的资本开办公司。我国《公司法》第 85 条对此也有规定:“以募集设立方式设立股份有限公司的,发起人认购的股份不得少于公司股份总数的 35%,但是,法律、行政法规另有规定的,从其规定。”

（四）公司设立的条件

公司设立的条件是公司成立和活动的基本要素。公司的类型不同,设立的具体条件也不尽相同。

1. 主体条件。

(1)股东人数要求。除了有限公司以外,各国公司法一般都不规定股东人数的上限,但对于有限公司的股东人数,却不仅有最低限额的规定,而且有最高限额的规定。例如,1948 年英国颁布的《公司法》规定,担保的有限责任公司不得超过 50 人;韩国《商法典》规定,设立有限责任公司不得超过 50 人,但也有些国家对此未作规定,如德国、意大利、奥地利等国家。不过,在实践中,有限责任公司人数一般少于股份有限公司。我国《公司法》也明确规定,有限责任公司由 50 个以下股东共同出资设立。一个自然人股东或者一个法人股东可以设立有限责任公司。

国家授权投资的机构或者国家授权的部门可以单独投资设立国有独资的有限责任公司。对于股份有限公司发起人的人数,很多国家和地区都规定了最低限额。发起人是指订立创办公司的协议,提出设立公司的申请,向公司出资或认购股份,并对公司设立承担责任的人。例如,法国、韩国、英国、比利时、日本等国以及中国香港、台湾地区均规定发起人应为 7 人以上,德国规定应为 5 人以上。我国《公司法》规定设立股份有限公司,应当有 2 人以上 200 人以下发起人,其中须有过半数的发起人在我国境内有住所。

(2)股东资格要求。各国或地区的公司立法一般多认可自然人和法人均可成为公司的股东,但对自然人或法人作为股东的具体资格的限制,各国规定不尽一致,对继受股东的资格限制较少,而对发起人股东的资格要求较严。这些限制主要为:①自然人作为发起人应具备完全行为能力;②发起人应是法律上不受限制的法人,例如,我国法律、法规禁止党政机关、军队等经商办企业,所以,党政机关、军队就不能作为公司的发起人;③公司不得自为股东,目的在于防止将公司与股东的法律地位合二为一,混淆公司与股东的法律关系。

另外,大多数国家的公司法对股份有限公司发起人的国籍不作限制,如法国、德国、奥地利等国家均规定，不论是本国人还是外国人，均可发起设立股份有限公司，但多数国家对此设有一定的限制。如意大利规定，当某外国人将拥有本国公司股份35%以上时，只有经意大利财政部批准，才能充当本国的发起人。我国《公司法》规定，股份有限公司须有过半数的发起人在我国境内有住所。因为发起人在设立股份有限公司过程中以及在股份有限公司成立之初均负有较重的责任，他们在境内有住所，才更加有利于国家对发起人进行管理，以防止发起人利用设立股份有限公司损害社会公众的利益。

2. 最低注册资本要求。

为了保护股东和债权人的合法权益，防止滥设公司，保障公司的偿债能力和社会交易安全，许多国家的公司立法对公司的资本总额规定最低限额。如德国规定，有限责任公司基本资本不得少于2.5万欧元，股份有限公司不得少于5万欧元。英美公司法对公司的注册资本采取比较宽容的态度，甚至不要求公司成立时就具备最低资本额。

我国《公司法》规定，有限责任公司的注册资本最低限额为人民币3万元，1人有限责任公司的注册资本最低限额为人民币10万元，股份有限公司注册资本最低限额为人民币500万元。此外，《商业银行法》、《保险法》和《证券法》对不同行业公司的特殊要求也作出了规定。

3. 组织条件。

组织条件包括公司的名称、住所及依法建立符合公司要求的组织机构等。

公司名称是公司的法定登记事项，可以使公司的法人人格具有特定性，便于公司对外进行法律上、经济上的交往。

公司的住所对于公司来说是必不可少的，它可以据此确定诉讼管辖的地点、法律文书或其他函件受送达的地点、登记与税收等其他管理机关、债务履行的地点。而且，在涉外民事法律关系中，公司的住所是确认适用何种法律即准据法的依据之一。

另外，公司是通过内部组织机构的活动进行运作的，组织机构的建立可以使公司具备意思能力、执行能力，便于对外实施行为。各国公司立法一般都规定公司的内部组织机构。我国《公司法》规定，有限责任公司的内部组织机构分为股东会、董事会和监事会等。但股东人数较少和规模较小的，可以设一名执行董事，不设立董事会。

4. 经营条件。

经营条件是指公司必须有经营场所。

5. 设立行为条件。

设立行为包括订立发起人协议、公司章程等。

（五）公司设立的程序

公司设立的程序，是指设立公司必须完成的一系列具体设立行为的步骤与过程。公司类型和公司设立方式不同，设立的具体程序也有区别。设立公司通常要经过下述五个程序。

1. 发起人发起。

发起人要先对设立公司进行可行性分析，确定设立公司的意向，并签订发起人协议。该协议是明确在公司设立中发起人各自权利义务的书面文件，在法律性质上被视为合伙协议。

2. 订立章程。

公司章程是指规范公司成立后各方行为的准则，包括公司的宗旨、业务范围、资本状况、经营管理以及公司与外部公司的关系。

设立任何公司都须制定章程，这是公司设立的极其重要的法定步骤。无限责任公司、有限责任公司及两合公司的章程由公司最初的全体股东制定，股份有限公司的制定人是全体发起人，并需经创立会通过；此后，还需将其提交登记主管机关，以示公司保证将按章程规定的准则从事组织和经营活动。一旦政府主管机关核准其章程，即等于接受了公司所作出的保证，它就成为公司的“根本大法”，须对外公开。公司如违反章程，就应承担相应的责任和接受处罚。依各国规定，公司章程记载的事项可分为三个方面。

（1）绝对必要记载事项。这些事项是公司章程必不可少的事项，缺少其中任何一项或任何一项记载不合法，整个章程均无效。例如，有限责任公司应载明公司的名称和住所、经营范围、注册资本、股东的姓名或名称、股东的权利和义务、股东的出资方式和出资额、公司机构及其产生办法、职权和议事规则、公司的法定代表人和公司的解散事由与清算方法；股份有限公司还须载明公司的设立方式、公司股份总数、每股金额和注册资本、发起人的姓名或名称、认购的股份数和公司利润的分配办法。

（2）相对必要记载事项。这些事项是可由当事人自行决定是否记载的事项，如予以记载则发生效力，如不予记载也不影响整个章程的效力。这类事项主要有发起人所得的特别利益、分公司的设立、公司年限及董事和监事的报酬等。

（3）任意记载事项。这些事项是除绝对和相对必要记载事项外，在不违反法律和公共秩序、善良风俗的前提下，发起人认为有必要记入章程，作为共同遵守的行为规则的事项。这些事项一旦载入核准的章程即发生效力，不能任意变更。

在某些西方国家，公司除必备章程外，还须制定公司的内部细则，又称公司内部章程,一般主要规定公司的办事处所;股款的付足、资本的增减;董事的资格、人数、任期、权限与报酬;职员的选任、头衔、职责、权限及薪金;股息的分配和储备;账目记录与审核等涉及公司本身事务的专门性问题。

3. 确定股东。

无限公司、有限公司及两合公司的股东,一般在订立章程时予以确定,即在章程中明确记载股东的姓名。股份有限公司的股东,一部分可在章程中确定,这主要是公司发起人;另一部分股东需要募集,通过募股程序来确定。

4. 认购股份。

在发起设立的方式下,发起人一次认足公司的全部股额,待公司设立后可再按法定手续将之转售给其他投资者。各国皆允许以现金、实物和技术等形式认购股份,其中现金是最常用的手段。在以实物、技术做股款的场合,很多国家规定须由法院指定专家对这些实物、技术等作出估价。

在募集设立的方式下,认购股份的程序要复杂些。首先,发起人要拟定符合法定必要真实事项的招股说明书,并由发起人缴足招股说明书中注明的最低认购额,一般要达到计划发行股本总额的1/4～1/3(我国《公司法》规定的比例为35%);然后,报送公司注册机构注册,并公布于众。此外,发起人还要准备认股书,供大众投资者填写认购的股份与金额。除非发起人购进所有未被认购的股份,否则,只有待大众投资者将其余所有股份认购完毕后,公司才能申请注册。

5. 申请登记。

各国公司法均规定,只有经登记注册后公司才告设立。发起人在申请注册登记时除缴纳法定的手续费和捐税外,还须提交若干法定的文件,其中最主要的就是符合法律规定的章程。发起人履行了各种法定手续,经主管官员审查完备合法的即予注册,并发给登记证书和营业执照。至此,公司便告成立。

(六)公司设立的效力

公司设立的效力即公司设立行为的法律后果。设立行为的后果无非有三种:一是经过设立程序,符合法定条件,被核准登记,公司取得法人资格;二是经过设立程序,不符合法定条件,未被核准登记,公司设立失败或公司被确认设立无效或被撤销;三是无论公司成立还是不成立,发起人对其设立行为都要承担相应的法律责任,这也是设立行为效力的重要表现。

1. 公司设立完成。

(1)公司设立完成的一般效力。公司设立完成,意味着公司自此取得法人资格,可依注册登记的经营范围和经营方式开展生产经营活动。公司设立完成后,对其名称取得专用权,其他企业或个人不得盗用其名称从事经营行为,而公司则可依法许可他人有偿使用其名称。

(2)设立中的公司的法律地位。从发起人设立公司到公司正式成立，需要经过一段时间。这一时期的公司称为设立中的公司。由于设立中的公司并不以发起人之间产生债权债务关系为目的，而是要设立一个有独立主体资格的法人，即设立中的公司与其后成立的公司具有不可分割的联系。因此，设立中的公司所形成的权利义务关系原则上应由成立后的公司继受，但发起人的权限范围应当以与公司设立有关的行为为限，以设立中的公司的名义所进行的与设立公司无关的行为，对设立中的公司和其后成立的公司均无约束力，原则上应由发起人自己承担。

(3)发起人的责任。发起人的设立行为对于认股人、因设立行为而成立的公司都有直接的影响。为增强发起人的责任感，防止滥设公司以及以公司名义进行欺诈活动，各国公司法均对发起人规定了较为严格的责任。

第一，资本充实责任。发起人的资本充实责任又称为“差额填补责任”，是指为了资本的充实和可靠，保证法律人格健全，由发起人共同承担的相互担保出资义务履行，从而确保实收资本与公司章程所规定的资本相一致的民事责任。资本充实责任是由德国公司法所确立的发起人的一项重要义务。对此，不少国家公司法都有这方面的规定。如日本公司法规定，以金钱以外的财产出资时，如果出资标的财产在公司成立时的实际价额显著低于公司章程所定的价额，则公司成立时的股东对公司负连带填补其差额的义务。

我国《公司法》也规定了发起人的资本充实责任：有限公司成立后，发现作为出资的实物、工业产权、非专利技术、土地使用权的实际价额显著低于公司章程所定价额的，应当由交付出资的股东补交其差额，公司设立时的其他股东对其承担连带责任。

第二，损害赔偿责任。为了防止发起人借设立公司之名侵害公司及第三人的利益，各国公司立法多要求发起人须就自己的设立行为对公司负责。我国《公司法》明确规定，在公司设立过程中，由于发起人的过失致使公司利益受到损害的，发起人应当对公司承担赔偿责任。

在实践中，公司有权向发起人请求损害赔偿的情形主要有：发起人对公司所负担的设立费用因滥用而致使公司受损失；发起人因设立公司而得到特别利益或报酬，使公司利益减少；发起人用以抵做股款的财产估价过高而致使公司受损等。需说明的是，发起人对公司承担损害赔偿责任是一种过失责任，即发起人只对自己的过失行为承担责任。

2. 公司设立失败。

公司设立失败是指公司未能完成设立行为的情形。公司未完成设立行为的原因有很多,例如,因投资环境发生变化,发起人在申请公司注册登记前决定停止公司设立活动;又如,发起人未能就出资方式、组织人员选任等内容达成一致,于是终止合作,不再继续公司设立活动等。但最为普遍的原因是公司设立在条件上不符合法律规定或在程序上有瑕疵,公司登记机关以合法理由不予登记,拒绝核发营业执照,因而使得公司设立行为未能全部完成。

我国《公司法》与其他国家公司法一般都规定,在公司设立失败时发起人应承担如下责任:

(1)连带赔偿责任。设立费用及债务原则上由成立后的公司承担,但当公司不能成立时,先前发生的与设立公司相关的费用及债务就失去了公司这一拟定的承担主体,只能改由实施设立行为的主体(发起人)承担。由于发起人之间的关系近似于合伙关系,因此各国公司法规定对此准用合伙的有关规定,即由发起人对设立行为所产生的费用和债务负连带赔偿责任。

(2)对已收股款的返还责任。在采取募集设立公司的情况下,发起人对认股人已缴纳的股款负有返还并加算银行同期存款利息的连带责任。至于发起人相互之间的责任承担,应按其约定或投资比例进行划分。

3. 公司设立无效。

公司设立无效是指公司设立虽然在形式上已经完成甚至公司已获得营业执照,但实质上却存在条件或程序方面的缺陷,或者说设立有瑕疵,故公司应当撤销,设立应被认定为无效。在实行公司设立无效制度的国家或地区,即使公司已经登记成立,但如果发现公司设立行为违反强制性规定或存在民法上所规定的其他无效或可撤销条件,在设立登记后的法定期间内,利害关系人可以向法院提起宣告设立无效或设立撤销之诉。

公司法上的设立无效与撤销和民法上的设立无效与撤销不同。公司法中的设立撤销判决和设立无效判决,其效力虽可及于第三人,但均无溯及力,不影响判决确定前股东、第三人之间产生的权利和义务。

(1)设立无效的原因。设立无效的原因大致可以归纳为两方面。

第一,设立公司的发起人违反主体资格的要求,主要包括发起人或股东中有无行为能力人或限制行为能力人;某发起人或股东所实施的设立行为并非是其真实的意思表示,而相对人已知或可知其真意的。

第二,设立行为本身有瑕疵,主要包括发起设立的发起人没有认足公司应发行的全部股份或者募集设立所发行的股份至招股说明书规定的截止期限尚未募足;发起人不足法定人数;没有公司名称或者住所;所建立的组织机构不符合公司法的要求;公司章程绝对必要记载事项欠缺或记载违法,公司发行股份存在重大缺陷或者没有召开创立大会等。

(2)设立无效的法律后果。从各国公司法来看,公司设立无效的法律后果因设立无效的原因不同而有所区别。

第一,如果公司设立无效是因设立程序违反强制性规定等客观瑕疵导致的,则公司进入清算程序,清算完结,公司即告消灭。

第二,如果设立无效是因设立人的主观瑕疵造成的,且该无效原因只存在于某股东,则经由其他股东协议一致,可以保留该公司,对于存有无效原因的股东视为其退出公司。

第三,对于公司设立无效的诉讼,如果经法院判决原告败诉,在原告有恶意或重大过失的情形时,应对公司负连带的损害赔偿责任。

四、公司的资本

广义的公司资本是指公司自有资本和借贷资本两部分;狭义的公司资本则仅指公司自有资本。各国公司法中的资本用语一般仅限于狭义上的含义。本书所用"公司资本",即指狭义的公司资本。

(一)公司资本原则

为了保护债权人的合法权益,维护社会交易的安全,各国公司法确认了公司资本的三项基本原则,即资本确定原则、资本维持原则和资本不变原则,并称之为"资本三原则"。

1. 资本确定原则。

资本确定原则是指公司在设立时,须在章程中对公司的资本总额作出明确的规定,并须由股东全部认足或募足,否则公司即不能成立。公司成立后如发行股份,必须履行增资程序,经股东会决议并修改公司章程。其目的在于保证公司的资本真实、可靠,防止公司设立中的欺诈、投机行为,但其不足是大大限制了公司的设立。公司资本如果数额很大,不易尽快认足;如果数额较少,又会遇到其后增加资本时的繁琐法律程序。同时,公司成立之初,业务活动少,即使认足了资本,也会造成资金在公司中的闲置和浪费。

资本确定原则为传统大陆法系国家所采用,其早期的公司立法都体现和坚持了这一原则。虽然多数大陆法系国家现已吸收了授权资本制的规则,改为折中资本制,但资本确定原则的基本精神并未被摒弃,折中资本制依然保留和体现了资本确定原则的基本要求。同时,即使在实行授权资本制的国家,资本确定原则也有一定程度的体现,也要求公司章程对资本额予以明确规定。我国《公司法》实行的是严格的资本确定原则,有关于有限责任公司和股份有限公司最低注册资本额的规定、关于公司章程应载明公司注册资本的规定、关于注册资本均应在公司设立时缴足的规定等,这些规定都体现了资本确定原则的要求。

2. 资本维持原则。

资本维持原则又称为资本充实原则,是指公司在其存续过程中应经常保持与其资本额相当的财产。公司在经营活动中,由于盈利或亏损,以及财产的无形损耗,都将使公司的实有财产的价值高于或低于公司的资本,使公司的资本成为一个变数。所以,当公司的实际财产价值低于其资本时,就会使公司无法按其资本数额承担责任。为防止因公司资本的减少而危害债权人的利益,同时也为防止股东对盈利分配的过高要求,确保公司本身业务活动的正常开展,各国公司法都确认了资本维持原则。

资本维持原则主要体现在以下几方面。

(1)股东退股禁止。公司成立后,股东不得抽回出资。

(2)不得折价发行股份。公司股份可以按面额平价发行或溢价发行,但不允许折价发行。

(3)限制非货币出资。由于非货币出资在价值评估和权利转移方面的特殊性,容易造成资本的虚假,因此,公司法通常限制工业产权等无形财产的出资,禁止劳务、信用等经营要素的出资。

(4)发起人和股东对出资承担连带认缴责任。其中包括股份未被全部认购时的认购担保责任、股款未被全部缴纳时的缴纳担保责任和实物出资过高估价时的差额填补责任。

(5)按规定提取和使用公积金。公司公积金的作用除扩大再生产外,主要用于充实公司资本和弥补公司经营的亏损。

(6)没有盈利,不得分配。"无盈不分"是公司股利分配的基本规则,公司的盈利首先应用于弥补亏损。只有在公司盈利的状态下,才能向股东分配股利,否则,等于以公司资本向股东分配。

(7)禁止收购本公司的股份。公司收购自己的股份等于股东退股,收回的股份等于未能发行,从而导致资本虚假。因此,除特殊情况外,原则上不允许公司收购自己的股份。

(8)不得接受以本公司股份提供的担保。这种担保的实现会导致公司取得自己的股份,与公司不得收购自己股份的规则相悖。

我国《公司法》对资本维持原则也有充分的体现:公司在弥补亏损、提取公积金和公益金之前,不得向公司股东分配利润的规定等都体现了资本维持原则的要求。

3. 资本不变原则。

资本不变原则是指公司的资本一经确定,即不得随意改变,如需增加或减少资本,须严格按法定程序进行。公司在经营过程中,因各种原因都可能导致公司资本的增加或减少,这不仅为法律所允许,且与资本不变原则亦不相悖,因资本不变并非绝对不能改变,只是指不得随意改变,应保持相对稳定,未经法定程序,不能随意增减。它与资本维持原则一样,都是为了防止因公司资本总额的减少而导致公司责任能力的降低,从而强化对债权人利益和交易安全的保护。它只是对资本维持原则内容的延伸和细化,如果没有这一限制,资本维持原则就失去了其维持的依据;如果公司可随意增减资本,资本维持原则也就失去了实际意义。

我国公司法的资本不变原则主要体现在对公司增减资本的严格规定上,《公司法》中对公司增减资本规定了严格的条件和程序,要求必须经股东会议决议通过,并依法办理变更登记。而且,对于减少资本特别规定了债权人保护程序,即在公司减少资本时,必须编制资产负债表和财产清单,公司应自作出减资决议之日起 10 日内通知债权人,并于 30 日内在报纸上公告。债权人自接到通知书之日起 30 日内,未接到通知书的自公告之日起 45 日内,有权要求公司清偿债务或提供相应的担保。

(二)公司资本形成制度

1. 授权资本制。

授权资本制是被英美法系国家所广泛采用的一种公司资本制度,是指公司须在公司章程中载明授权资本的数额,但在公司设立时,不必按授权资本的数额全部发行股份,而可以先发行一部分股份,其余待日后根据公司业务发展的需要由董事会决定是否发行。这一制度的主要特点是资本或股份分期发行,各认股人就其在公司设立时认购的部分,必须一次性缴纳全部股款,不得分期缴纳。

授权资本制具有三方面的优势:①公司不必一次发行全部资本或股份,减轻了公司设立的难度;②授权董事会自行决定发行资本而不需经股东会决议变更了公司章程,简化了公司增资程序;③董事会根据具体情况发行资本,既满足了公司经营活动的需要,又避免了大量资金在公司中的冻结和闲置,能充分发挥资本的效益。

当然,授权资本制也有其弊端:由于公司章程中的资本仅是一种名义上的数额,同时又未对公司首次发行资本的最低限额及其发行期限作出规定,因而极易造成公司实缴资本与其实际经营规模和资产实力的严重脱节,发生欺诈性的商业行为,并对债权人的利益构成风险。

2. 法定资本制。

法定资本制是德国、法国等多数大陆法系国家所采用的公司资本制度,是指公司设立时的股份必须全部由股东认购完毕，否则公司不能成立。公司如果增加注册资本，必须经股东大会做出决议，变更公司章程中的资本数额，并办理相应的变更登记手续。这一制度的主要特点是资本或股份的一次发行，分期缴纳。如我国《公司法》第26条规定，有限责任公司的注册资本为在公司登记机关登记的全体股东认缴的出资额。公司全体股东的首次出资额不得低于注册资本的20%，也不得低于法定的注册资本最低限额，其余部分由股东自公司成立之日起两年内缴足；其中，投资公司可在5年内缴足。

法定资本制的优势在于能够保证公司拥有充实的资本，有效地防止公司设立中的欺诈、投机行为的发生，但由于其对资本充足的要求过严，限制了公司的尽快成立，而且公司设立之初全部资本即须认足或募足，会导致某些公司资本的闲置，公司增资时，又须履行繁杂的程序，为公司增加额外负担。为此，大陆法系不少国家公司法逐渐摒弃了以往严格的法定资本制，吸收了英美法系公司法的做法，而改为采用折中资本制，如德国、法国等。

3. 折中资本制。

折中资本制是在授权资本制和法定资本制的基础上演变而成的资本形成制度，具体又分为许可资本制和折中授权资本制两种类型。

（1）许可资本制。许可资本制是指在公司设立时，必须在章程中明确规定公司资本总额，并一次性发行、全部认足或募足。同时，公司章程可以授权董事会在公司成立后一定期限内，在授权公司资本的一定比例范围内发行新股，增加资本，而无须股东会的特别决议。原实行法定资本制的大陆法系国家，包括德国、法国、奥地利等基本上都实行了许可资本制。

许可资本制是在法定资本制的基础上，通过对董事会发行股份的授权、放宽限制、简化公司增资程序而形成的。这种授权和放宽限制适用于公司成立后的增资行为，而对公司设立时的资本发行仍适用于法定资本制的要求。这种制度既坚持了法定资本制的基本原则，又吸收了授权资本制的灵活性，而其核心仍是法定资本制。

（2）折中授权资本制。折中授权资本制是指公司设立时也要在章程中载明资本总额，并只需发行和认足部分资本或股份，公司即可成立，未发行部分授权董事会根据需要发行，但授权发行的部分不得超过公司资本的一定比例。原实行法定资本制的一些大陆法系国家，如日本实行的就是这种折中授权资本制。折中授权资本制是在授权资本制的基础上，通过对董事会股份发行授权的限制、规定其发行股份的比例和期限形成的，这种限制适用于公司自设立时起到成立后的所有股份发行行为。它既坚持了授权资本制的基本精神，又体现了法定资本制的要求，而其核心则是授权资本制。

（三）公司资本的构成

1. 货币。

公司从事经营活动必须有一定数量的货币，因此，货币出资是公司设立实务中最为公司所需、最受股东欢迎的出资形式。为了保证公司资本中有足够的现金，多数国家公司法对货币出资规定有最低的比例，例如，德国、法国规定股份有限公司货币出资应占公司总资本的25%以上；意大利规定，货币出资应占公司资本的30%以上；瑞士、卢森堡规定为20%以上；我国《公司法》第27条规定，全体股东的货币出资金额不得低于有限责任公司注册资本的30%。

货币资本的一个特别法律问题是能否以借贷资金作为公司注册资本。这包括两种情况：一是以公司为借款人对外借贷，并由公司承担还款责任。因其形成公司的对外负债，公司并未获得构成资本的净资产，股东也实际上未承担出资责任，违反了公司资本的基本原则和制度，所以这种借贷出资应为法律所禁止。二是以股东为借款人对外借贷，并由股东承担还款责任。这虽对股东来说是借贷资金，但对公司却不是借贷资金，与股东以自有资金出资一样，都构成公司的自有财产，而不同时形成公司负债，股东则完全履行了出资义务，只不过这种履行的条件是通过对外负债而获得的。

2. 实物。

实物属于有形资产，主要包括房屋、车辆、设备、原材料、成品或半成品等。各国公司法无一例外都允许以实物出资，但要求一次付清，并办理实物出资的转移手续。由于实物的价值直接涉及投资人及其他股东的利益，为此应由中立的专业资产评估机构进行评估作价。

3. 无形资产。

无形资产包括工业产权、非专利技术和土地使用权等，同样它通常也需由中立的专业资产评估机构进行评估作价。另外，由于技术价值上的不稳定性和变现上的不确定性，过高比例的无形资产可能会削弱公司的债务清偿能力，危及社会交易的安全，因而有的国家对其出资比例进行限制。

（四）股份有限公司的股份（票）

1. 股份有限公司股份的概念及分类。

股份有限公司的自有资本来自股东的投资，股东以资金和实物等形式交给公司。公司将这些资金和实物等分成相等的单位，每一份代表一定金额，每份金额相同，这就是股份，亦即股份有限公司资本构成的基本单位，而全部股份金额的总和即为公司资本的总额。同时，股份也是划分股东权利义务的基本构成单位，股东权利义务的大小取决于其拥有股份数额的多少。

根据不同的标准，股份可分成不同的类别。

（1）根据股东承担的风险和享有的权益不同，可分为普通股和特别股。

普通股是公司资本构成中最基本的股份，也是发行量最大的股份。它有以下三个特点：

首先，股息不固定，视公司有无利润及利润多少而定，且须在公司支付了债息和优先股的股息后才能获得股息。

其次，在公司清算时，普通股股东分配剩余财产，亦须排在公司的债权人和优先股股东之后。

再次，普通股股东一般都享有表决权，有权参与公司重大问题的决策。

特别股是有某种特别权利或某种特别义务的股份，包括优先股与后配股两类。优先股是指对公司资产、利润享有更优越权利的股份。与普通股相比，它可优先获得固定的股息，不受公司经营状况好坏的影响；公司进行清算时，它可从剩余财产中优先于普通股受偿，但它们对公司重大事项无表决权，而后配股则逊于普通股。

（2）根据股东是否被记名，可分为记名股和无记名股。

记名股是将股东的姓名或名称记载于股票的股份。在转让这种股票时，要把受让人的姓名或法人的名称记载于股票上，并通知发行公司记载股东名册之上，否则不产生转让的效力。记名股的优点在于有利于公司对股东状况的掌握，便于公司对股份流通情况的了解，可以有效防止股票投机行为。

无记名股是股票上不记载有股东姓名或名称的股份。在转让这种股份时，只要把股票交于受让人即可发生效力。因此，对于这种股票而言，持有股票即取得了股东资格，其最显著的优点是便于股份的流通。

依我国《公司法》的规定，向发起人、法人发行的股票，应当为记名股票。

（3）根据股票上有无标明金额，可分为有票面值股和无票面值股。

有票面值股是指在股票票面上标明一定金额的股份。许多国家公司法对公司股票的最低票面值均作出了规定。例如，法国公司法规定，股份有限公司的股票票面值的最低额为100法郎。我国对股票的面值没有最低限额的规定。为防止公司变相减少股本，造成公司资本的不实，各国一般都禁止公司以低于票面值的价格发行股票，但允许以高于票面值的价格发行股票，即溢价发行。

无票面值股是指股票票面不表示一定金额，只表示其占公司全部资本总额的一定比例的股份。因此，它的价值随着公司财产的变化而变化。这种股份的好处在于，当公司增资时，无须再发行或增加新的股份，只要实际上增加每股所代表的资本额即可；其弊端主要在于，股份所代表的金额经常处于不确定的状态中，增加了股份转让和交易的难度。到目前为止只有美国、加拿大等少数国家允许发行无票面值股。

(4)根据股东有无表决权,可分为表决权股和无表决权股。

表决权股是指持有该种股份的股东有权无条件地参与公司重大问题表决的股份。表决权股通常为普通股。

无表决权股是指持有该种股份股东的表决权在公司章程中被予以剥夺或限制的股份。无表决权股通常为优先股。

2. 股份有限公司股份(票)的发行。

公司自设立到成立后的运营,一般都不止一次地发行股份。公司在设立时,要通过发行股份筹集组建公司所需的资本,称为设立发行;设立后增资时也要发行股份,称为新股发行。股票发行人既包括已成立的股份有限公司,也包括经批准拟成立的股份有限公司。除此以外,任何其他类型的公司都无权发行股份。

由于股份的发行事关社会经济秩序的稳定及投资人的利益,因此,各国对股份发行的条件和程序都有具体的规定。例如,以美国为代表的一些国家采取"公开原则",要求发行人须将一切有关资料公开,不得有虚假、误导或遗漏;大陆法系国家一般采取"实质管理原则",要求公开股份发行的真相,且要符合法定的实质条件,并赋予主管机关以广泛的裁量权,以防止不良股份的公开发行。

不同类型或不同形式的股份发行,其发行程序有所不同,新股发行的程序即不同于设立发行。在法定资本制之下,发行新股就是增加资本,属于公司的重大事项,其决定权在公司的股东大会,需由股东大会做出决议。董事会的权利是制定发行新股或增加资本的方案。我国《公司法》即规定了股东大会行使对公司增加或者减少注册资本做出决议的职权,董事会行使制定公司增加或者减少注册资本的方案以及发行公司债券的方案的职权。在授权资本制或折中资本制之下,将原有资本范围内发行新股的权力授予了公司董事会,此种新股发行只需董事会做出决议,但如果授权资本已发行完毕,在原有资本范围外增加资本,则应由股东大会做出决议。

3. 股份有限公司股份的转让。

股份转让以自由为原则是各国公司立法的通例,但由于股份的转让可能影响公司财产的稳定,某部分股东对股份的处分也有可能损害另一部分股东的利益,而且,股份转让还可能会带来股票投机,因此,许多国家的公司法、证券法都对股份转让作出一些必要限制,以便将股份转让可能产生的弊端限制在尽可能小的范围内。如英国限制将股份转让给外国人,规定非经国家财政部同意,不得将英国公司的股份转让给非居住于爱尔兰、联合王国、马恩岛、英法海峡各岛和直布罗陀的居民。我国《公司法》对股份转让场所限制在依法设立的证券交易场所;为防止发起人利用设立公司进行投机活动,保证公司成立后一段时期能够顺利经营，发起人持有的股份，自公司成立之日起1年内不得转让；为了防止公司高级管理人员利用内幕信息从事股票交易，非法牟利，也为了将公司经营与其利益相连，以促使其兢兢业业工作，公司董事、监事、高级管理人员在任职期内每年转让的股份不得超过其所持有本公司股份总数的25%；所持有的本公司股份自股票上市交易之日起1年内不得转让。上述人员离职后半年内，不得转让其所持有的本公司股份。

英国和美国对不上市公司的股份转让也有所限制。这种公司的股份不能在股票交易所进行买卖，因为这种公司通常是互相比较熟悉、信任的人组织起来的。所以，为了防止由于该种股份转让而使一些与股东关系不融洽、联系不紧密的人成为股东，公司法对其进行限制。通常的限制是要求先将股份转让给其他股东，在本公司的股东不愿意接受转让时，才能转让给股东以外的人。

五、公司债

公司债并非公司资本，但却是公司可利用的重要资金，具体是指公司以负债的形式筹集的资金，主要包括银行贷款和公司债券。

（一）银行贷款

各国一般都赋予公司借款之权，公司可为每笔贷款提供担保，包括以其固定或流动资产作抵押。公司的借款权一般由董事会行使，但公司可在其章程或内部细则中对董事会的权力加以限制，包括对借款数量的限制。此外，为了维护债权人的利益，多数国家规定，除少数例外情形，公司董事会不得借入超过公司股本和公积金总额的债款。这一原则也适用于公司发行公司债券的场合。

（二）公司债券

1. 公司债券的概念。

公司债券是指公司依照法定程序发行的、约定在一定期限内还本付息的有价证券。债券与股票一样，都是公司筹集资金的重要手段，可以由公司发行并在市场上流通，均属有价证券，但二者又有着明显的区别。

（1）法律关系的性质不同。基于公司债券产生的是债权债务关系，发行债券是一种债权融资行为，融入资金属于公司的负债，不是资本金，投资者购买了公司债券之后成为公司的债权人；股票是公司签发的证明股东所持股份的凭证，基于股票发行产生的是股权法律关系。通过发行新股所筹集的资金将成为公司资本金的一部分，投资者在认缴了新股之后，就取得了公司股东的身份，享有公司其他同类股东所享有的权利。

（2）投资者的收益不同。债券持有人不论公司是否盈利，都有权获取利息，而且利息固定;股票持有人的收益则随公司的盈利情况变动而变动,盈利多就多得,盈利少就少得,无盈利则不得。

(3)投资者对公司经营管理享有的权利不同。债券持有人无权参与公司的经营管理活动;股东按投入公司的出资额享有所有者的资产收益、重大决策和选择管理者等直接或者间接参与公司经营管理的权利。

(4)投资者承担的风险不同。债券持有人承担的风险比股东小。在公司亏损时,到期债券持有人可请求偿还,而股票持有人则无收益;当公司破产或解散时,公司债券优先于股票得到清偿。股票持有人只有在公司清偿了债权后,才能从剩余财产中得到归还。

2. 公司债券的种类。

依据不同的标准进行划分,公司债有许多不同的种类。

(1)以是否记名为标准,分为记名公司债券和无记名公司债券。

记名公司债券是指债券票面载有持有人姓名或者名称的公司债券。这类债券的本息要付给记名持券人或其指定的人。它的转让必须采用经背书或签署转让文件并通知发行公司注册的方式进行。

无记名公司债券是指债券票面不载明持有人姓名或者名称的公司债券。这类债券的本息只付给债券持有人。它的转让仅凭交付债券即可。目前,世界各国公司发行的债券大多是无记名公司债券。

我国公司法也将公司债券分为记名债券和无记名债券。

(2)以公司对其发行的公司债券是否提供担保为标准,分为无担保公司债券和担保公司债券。

无担保公司债券是指公司仅以其自身信用为担保,并无其他财产或财产权利作为担保所发行的公司债券。

担保公司债券有广义与狭义之分:广义的担保公司债券是指发行公司以其全部或部分资产,或者由发行公司之外的第三人对偿还公司债券本息提供保证而发行的公司债券;狭义的担保公司债券是指附有物上担保的公司债券,即发行公司以其资产的全部或部分对偿还公司债券的本息提供担保而发行的公司债券。

担保公司债券的担保行为,根据多数国家的惯例通常发生在母子公司之间,即由母公司对子公司所发行的公司债券予以担保;例外的情形是由国家对公司债券予以担保。在有些国家和地区,公司法允许股份有限公司发行有担保的公司债券或无担保的公司债券,但是两者所适用的条件有较大的差异,即对发行无担保公司债券所要求的条件比有担保公司债券的发行严格。

(3)以是否可以转换为发行公司的股票为标准,公司债券分为可转换公司债券和不可转换公司债券。

可转换公司债券是指债券持有人有权依照约定的条件将所持有的公司债券转换为发行公司股份的公司债券。这类债券在一定条件下可以转换成股票。因此,它把债券所具有的收益稳定和本金安全的优点与股票可以获得投机性收入结合起来,有利于减轻公司的债务负担。

不可转换公司债券是相对于可转换公司债券而言的。

3. 公司债券的发行。

(1)公司债券的发行主体。无论大陆法系国家还是英美法系国家都允许股份有限公司发行公司债券,但关于有限责任公司能否发行公司债券,各国的法律规定不一致。

(2)公司债券的发行条件。为了防止不具备偿债能力的公司滥发债券,维护社会公众的利益,有必要对公司债券的发行进行限制。各国对债券发行的限制主要有以下几种体例。

第一,将公司债券发行限额与公司净资产数额相联系。我国就是采用这种立法体例的国家,而且只以公司的净资产额作为确定公司债券发行限额的依据。

第二,将公司债券发行限额主要与公司的实收资本数额相联系。针对可转换公司债券的发行,丹麦公司法专门规定了发行的限额,股份有限公司可以发行可转换为股份的债券,这种债券不得超过股份资本的50%。在日本,公司债券的发行总额不得超过实收资本及法定准备金的合计数额。

第三,在确定公司债券的发行限额时,兼顾公司的实收资本数额和净资产数额。意大利就是采用这种立法体例的国家。在意大利,公司可以发行记名债券或者无记名债券,但是发行额不得超过公司实收资本以及根据股东大会通过的最近一次财务报告实际盈余的总和。此外,在有的国家或地区,对于公司债券的发行限额因公司债有无担保而有所不同。例如,我国台湾地区法律规定,公司发行有担保公司债时,其发行总额不得超过公司现有全部资产减去全部负债及无形资产后的余额;发行无担保公司债时,其总额不得超过上述余额的1/2。

我国《公司法》规定,发行公司债券必须符合六项条件:①股份有限公司的净资产额不低于人民币3 000万元,有限责任公司的净资产额不低于人民币6 000万元;②累计债券总额不超过公司净资产额的40%;③最近3年平均可分配利润足以支付公司债券1年的利息;④筹集的资金投向符合国家的产业政策;⑤债券的利率不得超过国务院限定的水平;⑥国务院规定的其他条件。

发行公司债券筹集的资金,必须用于审批机关批准的用途,不得用于弥补亏损和非生产性支出。同时,《证券法》还规定,凡有下列情形之一的,不得再次发行公司债券:①前一次发行的公司债券尚未募足的;②对已发行的公司债券或者其债务有违约或者延迟支付本息的事实,且仍处于继续状态的;③改变公开发行公司债券所募资金的用途。

(3)公司债券的发行程序。公司债券发行的程序可以概括为:首先,一般各国规定应先由公司的有权机关作出决议,只是有的国家将有权机关定为股东会,有的国家定为董事会;其次,要经政府机关批准,也有个别国家采取准则主义,无须政府机关许可或核准;再次,公布债券发行章程;最后,募集债款。

六、公司的股利分配与公积金

(一)股利分配

税后利润的分配关系到公司、股东、债权人、公司职工和国家等不同利益主体的切身利益。这些不同利益主体之间的利益并不一致,甚至是冲突的。因此,税后利润的分配制度应当能够均衡这些利益冲突,保障各方的利益。所以,利润分配并不是完全由公司自己决定的,也不是可以任意决定的。

各国公司法都对公司分配股利进行了较为严格的限制。通常规定:①在公司无力偿付债务的情况下,不得分配股利;②当分配股利的决定与公司章程中所包含的限制相抵触时,不得分配股利;③公司在支付股利前先要留足储备金(又称公积金);④公司分配股利的决定,不得违反该公司签订的有关自动约束分配股利的合同的规定;⑤公司分配股利不得影响公司资产的构成以及对公司来年的发展。

股利一般按股分配,时间可以按月、季、半年或一年分配一次。西方国家一般规定,分配股利要先由董事会通过决议,并经股东大会审议通过后方能生效。股利有三种形式:现金股利、财产股利和股利股。它们分别是以现金、公司财产和公司的有价证券进行支付的,其中以现金支付股利最为普遍。

(二)公积金

公积金是指公司为了增强自身财力,扩大业务范围和预防亏损,依照法律及章程规定从公司利润中提取的,不作为股利分配、保留在公司内部备用的基金。根据各国公司法的规定,公积金主要分为两类。

1. 法定公积金。

法定公积金是指依法律规定必须提取的公积金。根据其来源不同,法定公积金又可分为法定盈余公积金和法定资本公积金。法定盈余公积金是指公司在弥补亏损后、股利分配前,按法定比例从纯利润中提取的公积金。有关提取的比例，各国规定有所不同，我国公司法规定为10%，德国、法国公司法规定为5%。此外，各国法律还规定，当法定公积金达到一定比例时可不再提取，我国公司法规定为50%，德国、法国公司法规定为10%。法定资本公积金是指直接由资本或其他原因形成的公积金，其主要来源于公司接受赠予财产的所得、处分公司财产的溢价收入、股票超面额发行所得的净溢价额等。

法定公积金有专门用途：①弥补亏损。公司的生产经营活动难以一帆风顺，公司经营一旦出现亏损，则应当采取弥补措施，即以公积金弥补。②扩大公司生产经营。公司扩大经营需要增加投资，而除了通过借贷、发行新股和债券来增加投资外，用公积金追加投资也是一条重要途径。③增加公司注册资本。增加注册资本就是增加股东的投资。用法定公积金增加注册资本，无须股东个人再投资，而是公司将法定盈余公积金分派到每个股东名下，以增加其投资额。具体办法有两种：一是增加公司的股份数，即按股东原股份比例派送新股；二是不增加公司的股份数，在股东原有股份比例的基础上增加每股面值。但我国《公司法》规定，以法定公积金转增资本时，所留存的该项公积金不得少于注册资本的25%。

2. 任意公积金。

任意公积金是指按章程或股东大会决议在法定公积金以外所提取的公积金，其提取与否或数额多少法律不作强制性规定，而由公司自己决定。此外，任意公积金用途比法定公积金广泛，但具体用于哪些方面，应当由公司章程或股东会决议作出明确规定。

七、公司的组织机构

公司的组织机构，是实现对公司经营、监督与控制的公司内部组织系统，主要包括股东（大）会、董事会、监事会和经理。

（一）股东（大）会

股东（大）会是全体股东的组织，是公司的最高权力机关，对公司拥有领导权和管理权，但对内并不直接对公司业务进行经营管理，对外也不代表公司，而是由它选举和控制董事会，通过董事会间接地行使管理和领导权。它只是一个非常设的意向决定机构。

1. 股东（大）会的权限。

股东（大）会为公司最高权力机构，股东会行使的职权一般是针对公司的重大事项，各国对股东（大）会权限范围的规定大同小异。一般规定少数重大问题由其决定，如决定公司董事的任免及其报酬；审查和批准公司的年度报告、资产负债表、损益表及其他会计报表；决定公司股息和红利的分配方案；决定公司章程的修改和公司股本的增减；决定公司的合并和解散等。但需要指出的是，根据某些国家公司法的规定，选任与解任董事的权力不属于股东大会，而是属于监事会。如德国《股份有限公司法》规定，股份有限公司设有监察会与董事会，监察会的成员由股东大会选任与解任，而董事会的成员则由监察会选任与解任，股东大会不能直接干预。

2. 股东(大)会会议的种类。

股东(大)会通过定期或临时举行由全体股东出席的会议进行工作，以行使对公司联合控制的最高权力。

(1)定期会议。定期会议是指依据法律和公司章程的规定在一定时间内必须召开的股东会议。定期会议主要决定股东(大)会职权范围内的例行重大事项。

对于股东(大)会定期会议每两次会议之间的最长间隔期限，各国规定有所不同。我国公司法规定每年召开一次；英国公司法规定两次会议之间的间隔自上一年度大会举行之日起不得超过 15 个月；美国许多州公司法规定的间隔为不超过 13 个月。定期会议具体召开时间由公司章程作出规定，在我国，一般有限责任公司股东年会每个会计年度结束之后即行召开；股份有限公司的股东(大)会年会一般于会计年度终了后 6 个月内召开。

(2)临时会议。临时会议也称特别会议，是指定期会议以外的必要时候，由于发生法定事由或者根据法定人员、机构的提议而召开的股东会议。

各国公司法一般规定在以下情况下可以召开临时会议。

第一，持有一定比例股份的股东申请时。如我国《公司法》规定，有限责任公司代表 1/10 以上表决权的股东可以提议召开股东会临时会议；股份有限公司当单独或合计持有公司股份 10% 以上的股东请求时，应在 2 个月内召开临时股东大会。

第二，根据董事提议或在董事会认为必要时。如我国《公司法》规定，有限责任公司监事会或不设监事会的公司董事可以提议召开股东会临时会议；股份有限公司董事会认为必要时，应当在 2 个月内召开临时股东大会。

第三，根据监事提议或在监事会认为必要时。如我国《公司法》规定，有限责任公司监事会或不设监事会的公司监事可以提议召开股东会临时会议；股份有限公司当监事会提议召开会议时，应当在 2 个月内召开临时股东大会。

第四，发生法定事由时。对于法定事由，各国公司法规定内容不一，例如，英国 1967 年《公司法》规定，凡需要临时撤换一个董事，或任命一位年逾 70 岁的董事，或任命一位新的审计员时，均需召开临时会议。我国《公司法》规定，股份有限公司当董事人数不足该法规定的人数或者公司章程所定人数的2/3时，或者当公司未弥补的亏损达到实收股本总额1/3时，应当在2个月内召开临时股东大会。

第五，其他规定。例如，英国《公司法》还规定，法院可以责令当事人以适当方式和时间召集会议。

3. 股东出席股东(大)会会议的法定人数。

由于股东(大)会是行使公司重要权利的组织机构，若参加股东会议的股东很少，既不利于公司集思广益作出决策，还可能出现少数股东操纵股东会甚至损害其他股东利益的情况。为此，国外大多数国家公司法规定了参加股东(大)会会议的最低法定人数，只有达到法定人数，股东(大)会会议才能合法召开，通过的决议才能有效。例如，美国大多数州的公司法规定股东定期会议必须以全体股东50%的人数出席，法国规定只有代表股本总值25%的股东出席，股东会才能合法召开。

4. 投票方式。

股东在股东(大)会会议上是通过行使表决权来对公司的重大事项作出决策的。表决权是公司股东权力的中心内容，是股东对公司进行有效控制的关键。为此，各国公司法对股东在股东(大)会会议上的投票方式都作出了规定。

(1)本人投票制与委托投票制。本人投票制是指股东亲自出席股东会议并进行投票；委托投票制是指公司股东委托代理人出席股东会议并进行投票。

因为，股份公司特别是上市公司的股权高度分散，多数股东居住地也高度分散，不少小股东不愿为出席股东会议而支出高额的交通、食宿费用及行使表决权所花费的时间，更有不少股东由于一系列主客观原因不能亲自参加股东会议，所以各国纷纷设置了委托投票制。如美国《特拉华州公司法》规定可采用代理形式表决，代理表决时应签署代理委托书，除非委托书另有规定，代理有效期为3年。我国《公司法》也规定了股东可以委托代理人出席股东会议的表决权代理行使制度，但未对代理人的资格、代理人代理的股份的数额及代理的时效等进一步作出规定。另外，当股东不愿或不能出席股东会议，又不愿放弃表决权，同时担心委托的代理人不按本人的意思行使表决权时，公司制度比较成熟的国家有表决权书面行使制度，即书面投票制度，不出席股东会议的股东在书面投票用纸上就股东会议决议中的有关事项表明其赞成、否定或弃权的意思，将该书面投票用纸在股东会议召开之前提交公司，以产生行使表决权的效果。

(2)直接投票制与累积投票制。在直接投票制中，每股对公司的每项决议都有一个投票权。它代表了公司法在公司决策的过程和结果上奉行的传统的多数决原则，贯彻了由大股东控制公司的权利义务对等的理念。在采取这种投票方式时,掌握股东会多数股票的股东一般有权决定公司的重大事项,往往造成明显的多数股压少数股的现象,无法保护少数股权者的利益,特别是在选择董事时,只拥有少数股权的股东将无法选出一个董事代表其权益。所以,必须设计出能保护少数股权者利益的其他表决方法。累积投票制就是在这种情况下应运而生的。

累积投票制的设计完全是为了保护少数股权者的利益,一般适用于在股东会上任免董事,从而使小股东有机会把其代言人选入董事会。它的具体做法是股东在决定董事人选时,允许股东可以将其在选举每位董事上的表决票数累加,即股东在选举董事时的总票数为其持有股份决定的表决票数乘以须选举的董事人数,股东可以选举将总票数集中投在一个董事候选人名下,也可以选择分散投在数人名下。如此便提高了中小股东投票的力度和影响效果。我国《公司法》规定了累积投票制。

5. 股东(大)会决议的原则。

股东会的决议均采用多数原则,即决议必须由出席股东会的代表表决权多数的股东通过方为有效。但是,对于不同的决议事项,各国公司法规定了不同的多数标准。

(1)普通决议。股东(大)会会议合法召集,经出席会议的代表 1/2 以上表决权的股东通过即为有效的决议为普通决议。除特别决议事项外,股东会决议均适用简单多数原则。

(2)特别决议。股东(大)会会议合法召集,必须经出席会议代表的绝对多数表决权的股东通过方为有效的决议为特别决议。在我国该绝对多数为 2/3 以上。我国《公司法》规定适用特别决议的事项主要有四项:修改公司章程;增加或减少注册资本;公司的分立、合并或者变更公司形式;公司的解散。

(二)董事会

董事会是依法由股东(大)会选举产生,代表公司并行使经营决策权和管理权的公司常设机关。它对内管理公司事务,对外代表公司行使职权。

1. 董事会的组成。

董事是由股东在股东(大)会上选举产生的,对公司的业务活动进行决策和领导的专门人才。他们可以是自然人,也可以是法人。西方国家公司法规定,法人可以担任董事,但须指定一名有行为能力的自然人作为代理人。

(1)董事的人数。虽然各国公司法对董事人数的规定不同,但多是基于如何使董事会更有效地领导公司业务来确定的。因董事会人数少,易出现独裁,危害股东利益;董事会人数多,又可能导致效率低下。所以,各国公司法对此都作出了弹性较大的规定。一般是只规定最高和最低人数,具体人数由各公司章程或内部细则自行决定。例如,德国规定,董事会必须至少由3人组成;股本金额在120万马克以下者,不得超过9人;股本金额在800万马克以下者,不得超过15人;但是无论如何,董事会的人数最多不得超过21人。法国规定,凡资本额在25万法郎以下的有限责任公司,其董事会只需1人即可,但不得超过5人;超出25万法郎的公司,董事会必须3人以上,但不得超过13人。我国《公司法》规定,有限责任公司的董事会由3~13人组成;国有独资公司的董事会由3~9人组成;股份有限公司的董事会由5~19人组成。不仅如此,西方国家公司法在规定董事会人数的限额上,特别是在公司章程和内部细则规定具体人数时还有一个共性,即董事人数往往是奇数,其目的是为了减少董事会内出现僵局的机会。

(2)董事的资格。董事与股东不同,任何人只要拥有公司股份即为股东,便有权参加股东大会。董事是由股东会选举进入董事会,负责对公司的经营管理事务进行决策、集体或单独代表公司执行业务的人。因此,各国均对董事任职资格作出限制。

各国公司法规定的对董事的限制条件不尽相同:有积极条件,即只有满足某些条件才能成为公司董事;也有消极条件,即董事不得具备某些条件。这些条件一般包括六项:①国籍限制。个别国家规定董事或多数董事必须具备本国国籍。②年龄限制。一般未成年人不能担任董事,以及政府控股的公司中的董事有退休年龄的限制。③持股限制。有的国家规定董事必须是公司股东。④兼职限制。有的国家规定董事不得兼任其他公司的董事或实际管理人,或规定董事在公司以外其他机构兼职的数量上限,以避免与任职公司经营业务的冲突。⑤能力、品行限制。多数国家规定破产企业的董事、未清偿债务的人、被追究刑事责任的人员不得担任公司董事。⑥其他限制。有的国家规定政府官员等不得兼任公司董事。

我国《公司法》规定,有下列情形之一的,不得担任公司的董事:①无民事行为能力或者限制民事行为能力;②因犯有贪污、贿赂、侵占财产、挪用财产罪或者破坏社会经济秩序罪,被判处刑罚,执行期满未逾5年,或者因犯罪被剥夺政治权利,执行期满未逾5年;③担任因经营不善破产清算的公司、企业的董事或者厂长、经理,并对该公司、企业的破产负有个人责任的,自该公司、企业破产清算完结之日起未逾3年;④担任因违法被吊销营业执照的公司、企业的法定代表人,并负有个人责任的,自该公司、企业被吊销营业执照之日起未逾3年;⑤个人所负数额较大的债务到期未清偿;⑥国家公务员。

2. 董事会的职权。

董事会作为公司的最重要的管理机构,具有十分广泛的权限。许多国家的公司法都规定，除公司法或公司章程规定应由股东（大）会决议的事项之外，公司的全部业务均可由董事会执行。其职权通常包括：决定公司的产品和服务价格、工资与人事安排；选任、监督或免除公司的高级职员和其他专门委员会；批准行政人员的报酬、抚恤金、退休金等计划；决定股息、公司财务原则和资金的周转；批准公司非一般性交易活动和特殊重大的公司事务；批准公司签订的重大业务合同；通过、修改和撤销公司的内部细则；监督和提高整个公司的福利待遇；召集股东大会。

3. 独立董事。

独立董事是独立的非执行董事的简称，是指除董事职务外不在公司担任其他任何职务，并与其所受聘的上市公司及其主要股东不存在可能妨碍其进行独立客观判断的一切关系的特定董事。独立董事机制起源于英美法系国家，且主要在这些国家盛行。原因在于，这些国家实行单一的董事会制度，公司不设专司监督高层管理人员之职责的独立的监督机关——监事会，董事会集经营上的指挥权和监督权于一体。然而，由于董事会受到高层管理人员的控制，它根本不可能对高层管理人员实行有效的监控。为了实现董事会对高层管理人员的有效监控的目的，董事会必须由非管理层的、独立的外来人占主导地位。

因此，作为独立董事具有三个特点：①独立董事是上市公司董事会中保护广大股东利益的外部人员；②独立董事必须独立于公司的管理层；③独立董事应当具有丰富的商业经验。

独立董事除享有公司法赋予公司董事的一切职权外，还享有特别职权，即提案权、聘任权、征集权、决策建议权、组织领导权，而且与其他董事一样，对上市公司及全体股东负有忠实、竞业禁止、诚信勤勉和禁止滥用权利的义务。

（三）监事会

监事会是依法产生，对董事和经理的经营管理行为及公司财务进行监督的常设机构，它代表全体股东对公司经营管理进行监督，行使监督职能，是公司的监督机构。

1. 监事会的设置。

虽然各国在公司治理中均设立了行使监督职能的公司机构，但关于监事会的规定仍存在着很大差异。

（1）美国模式。如前所述，美国实行单轨制，即只设董事会而不设监事会，但是，美国公司治理结构中并不缺少监督机构。美国董事会中的独立董事实际上承担了监督职能，特别是上市公司董事会下设的内部审计委员会，其成员全部由独立董事组成，是专职的监督部门。

（2）德国模式。德国为“双层委员会”制度，由股东（大）会和工会机构选举产生监督委员会，简称监事会，再由监督委员会公开招聘管理委员会，简称理事会。监事会代表股东监督理事会，理事会负责企业日常的经营管理活动。因此，德国的监事会并非如其他国家的监事会，而是更像美国的董事会，兼具决策和监督的强大职能。

(3)日本模式。日本在公司组织机构中设立了监察人作为监督机构，其公司组织机构由股东会、董事会、监察人三者构成。中国的公司监督体制基本类似于日本模式，监事会为公司的必设机构，是公司的监督机构。

(4)法国模式。法国对监事会的设置采取灵活态度，监事会不是法定必设机构。公司章程可以选择设立监事会，也可以选择不设立监事会。

2. 监事会的组成。

监事会由监事组成。监事会成员一般由股东会在有行为能力的股东中选任。也有的国家规定，达到一定规模的公司，其监事会除有股东代表外，还要有一定比例的雇员和工会代表。为了使监事会能正常行使监督职能，各国皆规定，负责公司业务的董事、经理和财务负责人以及他们的配偶不得担任监事。

3. 监事会的职权。

综观各国各类公司监事会的职权，主要是对公司董事会和经理的业务活动实行监督，具体包括五项职权：①监督董事会的活动，如有权列席董事会会议，定期和随时听取董事会的报告；②监督检查公司的经营状况与财务状况；③审核公司的结算表册和清算表册；④认为有必要时，有权召集股东会；⑤法律与章程赋予的其他权利。

(四)经理

经理是由董事会聘任的，负责组织日常经营管理活动的公司常设业务执行机关。它一般由公司章程任意设定，设置后即为公司常设的辅助业务执行机关。

公司经理不同于公司董事、监事，并非选举产生，而是由董事会聘任产生。各国公司法大多规定聘任经理为董事会的职权，董事会通过投票决定公司经理的人选。

西方国家的公司法规定，经理的职权大体上包括执行董事会确定的经营方针，任免公司的职员，对外代表公司签订合同，负责管理公司的日常事务等。其义务主要有对公司诚信、勤勉，不得从事与本公司有竞争或损害公司利益的活动，严格遵守公司股东会和董事会的决议。

(五)董事、高级管理人员的义务

董事、高级管理人员拥有公司的决策权、监督权、执行权，他们实际控制着公司的运营。虽然他们与公司及股东的利益有一致性，但他们又有各自独立的利益，甚至有可能与公司、股东利益相冲突。因此，为体现激励与约束共存的原则，各国公司法对董事、高级管理人员的义务均作出了规定。

1. 忠实义务。

忠实义务是指董事、高级管理人员管理经营公司业务时，应全心全意为公司最大利益努力工作，当自身利益与公司整体利益发生冲突时，应以公司利益为先。

董事、高级管理人员违反忠实义务主要有两种情形：①董事、高级管理人员与公司签订商业合同。因为商业合同签约双方的经济利益是冲突的，所以传统公司法一般对此持绝对禁止态度，但现代各国公司法普遍对董事、高级管理人员与公司间的交易持有条件的许可态度，即在通过某种程序批准后，如有的国家规定董事须及时披露其在该交易中的利益性质，有的国家规定经过公司有权机关的批准，董事、高级管理人员与公司之间的交易方为有效。②董事、高级管理人员利用在公司的机会为个人牟利。

我国《公司法》对董事、高级管理人员与公司的交易作出了原则性规定，即董事、高级管理人员除公司章程规定或股东会同意外，不得同本公司订立合同或进行交易。因此，我国对董事高级管理人员与公司之间的交易奉行的也是有条件的许可制度。此外，我国《公司法》还规定了公司董事、高级管理人员不得挪用公司资金或者违反公司章程，未经股东（大）会或者董事会同意，将公司资金借贷给他人或者以公司资产为他人提供担保以及董事、高级管理人员不得擅自披露公司的秘密。

2. 善管义务。

善管义务也称注意义务，即董事、高级管理人员应忠诚地履行对公司的职责，尽到普通人在类似情况和地位下谨慎的合理注意义务，为实现公司最大利益努力工作。

3. 竞业禁止义务。

竞业禁止义务是指董事、高级管理人员不得经营与其所任职公司具有竞争性质的业务。因为董事、高级管理人员一般掌握公司经营中的重大信息，当其从事与公司相同或相似的业务时，很容易泄露公司的商业秘密，与公司进行不公平竞争。因此，各国公司法均对此予以禁止或限制。若董事、高级管理人员违反竞业禁止义务，公司可依法行使归入权，即将董事、高级管理人员的违法收益收归公司所有。

我国《公司法》规定，未经股东会或股东大会同意，不得利用职务便利为自己或为他人争得属于公司的商业机会，不得自营或为他人经营与所任职公司同类的业务。

八、公司的合并、分立、解散和清算

（一）公司的合并

公司的合并是指两个或两个以上的公司依法达成合意，归并为一个公司或创设一个新的公司的法律行为。公司合并通常有两种方式：新设合并和吸收合并。新设合并是指两个或两个以上的公司合并成一个新公司的商业交易；吸收合并又称为兼并，也可称为存续合并，它是指一个或几个公司并入另一个存续公司的商业交易。在新设合并中，参与合并的公司全部消失；在吸收合并中，除存续公司外，其他公司全部消失，消失的公司称为消失公司。新设合并和吸收合并的特征很相似，主要表现在四个方面：①新设公司或存续公司获得消失公司的全部财产，同时承担它们的全部债务和责任。②各个消失公司的股份都转化成新设公司或存续公司的股份、债务或其他债券，或全部或部分地转换成现金或其他财产。③新设合并或吸收合并的条件是参与或实施合并的公司董事会制定合并计划，并经股东批准，由新设或存续公司呈递政府管理部门。④对合并提出反对意见的股东，新设公司或存续公司有责任以现金支付上述股东的股份。

公司合并带来的法律后果主要表现在三个方面：①公司的消灭。公司合并后，必有一方公司或双方公司消灭。由于消灭公司的全部权利和义务已由存续公司或新设公司概括承受，所以它的解散无须经过清算程序，公司法人人格直接消灭。②公司的变更或设立。在吸收合并中，由于存续公司因承受消灭公司的权利和义务而发生组织变更，如注册资本、章程等事项，应办理变更登记。在新设合并中，参与合并的公司全部消灭而产生新的公司，新设公司应办理设立登记。③权利和义务的概括承受。公司合并时，合并各方的债权、债务，应由合并后存续的公司或新设的公司承继。

（二）公司的分立

公司的分立是指一个公司通过签订协议，不经过清算程序，分为两个或两个以上的公司的法律行为。公司分立主要有派生分立和新设分立两种形式。派生分立是指一个公司分离成两个以上公司，本公司继续存在并设立一个以上的新公司；新设分立是指一个公司分解为两个以上公司，本公司解散并设立两个以上新的公司。

公司分立带来的法律后果主要表现在三个方面：①公司的变更、设立和解散。在派生分立中，原公司的登记事项发生变化，并产生新的公司人格——分立出来的公司。在新设分立中,原公司解散,人格消灭,但产生两个或两个以上的新公司。②股东和股权的变动。公司的分立不仅导致公司资产的分立,而且导致股东和股权的变动。在派生分立中,原公司的股东可以从原公司中分立出来,成为新公司的股东,也可以减少对原公司的股权,而相应的获得对新公司的股权;在新设分立中,股东对原公司的股权因原公司消灭而消灭,但相应的获得对新公司的股权。③债权和债务的承受。分立后的公司按照分立协议的约定和法律规定,承受原公司的债权和债务。

(三)公司的解散

公司的解散是指公司法人资格的消失,但公司法人资格的消失并不等于公司已经解散,公司只有在结束了业务活动和对内对外的法律关系,经过了清算的法律程序以后才能真正地解散。

公司解散因其原由或条件不同,可分为任意解散和强制解散两种。任意解散是指由创办人发起或股东约定或决议引起的公司解散,主要有公司的营业期限届满,股东会作出解散决议,公司合并或分立,章程中规定的某些解散事由出现等。强制解散是指因主管机关决定或法院判决所导致的公司解散,主要有主管机关命令其解散,法院判定公司解散,公司被宣告破产等。

(四)公司的清算

公司的清算是指公司在解散的过程中,清理公司的债权债务,并在股东间分配公司剩余财产,最终结束公司所有法律关系的一种法律行为。

依各国公司法的规定,公司清算应成立清算组。清算组是公司清算事务的执行人,其可以由公司执行业务的股东或董事担任,可以由公司股东选任,也可以由法院指派。清算组在清算期间对外代表公司,其职权主要有五项:①调查公司资产的现状,制作公司现有财产的目录和资产负债表,经股东大会认可后,将有关的财务报表呈递法院。②发布公告,催告公司的债权人限期申报债权,超过期限者不列入清算范围。我国《公司法》规定应自清算组成立之日起10日内通知,并于60日内在报纸上公告;债权人应自接到通知书之日起30日内,未接到通知书的自公告之日起45日内,申报其债权。③清理终结公司业务,收回公司债权,变卖公司财产。④清偿公司债务,将公司剩余财产分配给各类股东。⑤制作清算报告,经股东大会认可后,清算组的责任即告解除。同时,清算组还须将清算报告呈递法院。

清算组在进行清算的过程中,有权代表公司处理公司未了的事务并有权代表公司到法院起诉和应诉。清算组成员的报酬与清算费用皆优先从公司剩余财产中扣除。

复习思考题

1. 独资企业与合伙企业各有何特点？
2. 合伙人相互间有哪些权利和义务？
3. 分公司与子公司的法律地位有何不同？
4. 比较有限责任公司与股份有限公司的异同。
5. 公司设立应具备哪些条件？
6. 法定资本制与授权资本制的比较与取舍。
7. 比较股东会与董事会的职权。
8. 比较公司债券与公司股票的区别。
9. 股东大会有哪几种表决形式？哪几类方式可以保护中小股东的利益？

案例 1

案情：清朝末年，为了镇压孙中山在南方领导的武装起义，清政府决定举债修建湖北、湖南两省境内的粤汉铁路和湖北省境内的川汉铁路。1911 年 5 月 20 日，以清政府为借方，以英国、法国、德国、美国 4 国银行团为贷方，在北京签订了一项为建造湖北、湖南、广东、四川等地 4 段铁路而筹借 600 万英镑的借款合同。合同规定，上述外国银行得以清政府名义在金融市场上发行债券，即"湖广铁路 5 厘利息递还金英镑借款债券"，合同期 40 年，1951 年到期，利息为每 1 金英镑 5 厘。合同还规定，修建铁路的建筑材料必须向上述国家购买；各段铁路的总工程师分别由这 4 国的国民担任；铁路财务由各银行派人审核；借款以厘金、盐税作担保；如借款不敷或将来铁路延长需要增加借款时，4 国银行团享有优先权。

湖广铁路债券从 1938 年起停止付息，1951 年本金到期亦未偿付，债券在市场上已成为废纸。有的美国人以微不足道的低廉价格收购了这种债券，企图从中牟取暴利。1979 年，美国公民杰克逊等代表持有这种债券的人在美国阿拉巴马州地方法院对中华人民共和国提起诉讼，要求中华人民共和国偿还这种债券本利 1 亿美元外加利息和诉讼费。1979 年 11 月 13 日，美国法院向中华人民共和国发出"传票"，要求"被告"中华人民共和国于收到"传票"后 20 天内提出答辩，否则将"缺席判决"。中国外交部拒绝接受此"传票"，径直将其退回。

1982 年 9 月 1 日，美国阿拉巴马州地方法院以这项借款是为了"发展经济，加强国防和增进民族团结"，"完全具有商业性质"，是"民事纠纷"为由，"缺席判处"中华人民共和国偿还原告 41 313 038 美元，外加利息和诉讼费，声称如果不执行，将扣押中华人民共和国在美国的财产并予以强制执行。

1983 年 2 月 2 日，中华人民共和国外交部在递交美国的备忘录中指出："主权豁免是一项重要的国际法原则，它是以联合国宪章确认的国家主权平等原则为基础的。中国作为一个主权国家无可争辩地享有司法豁免权。美国地方法院对一项以一个主权国家作为被告的诉讼行使管辖权，作出缺席判决，甚至威胁要强制执行这一判决，完全违反了国家主权平等的国际法原则和联合国宪章。"由于中国政府的强烈抗议，美国司法部向阿拉巴马州地方法院提出了美国利益声明书。鉴于美国司法部的干预，阿拉巴马州地方法院于 1984 年重新开庭审理此案，并于同年作出裁定，撤销原审判决。其撤销的理由是：依据 1976 年《外国主权豁免法》审判的湖广铁路债券案需要具有追溯力，但该法是否具有追溯力而适用于65 年以前的案件，国会的意图不明确；再者，传票未译成适当的汉语，通知方式也不合程序规定，因此，法院的管辖权和诉讼程序均未很好确立，故缺席判决理应撤销。至此，这场持续 5 年的诉讼终因美国法院作出"拒绝受理"的裁定而终结。

法律问题：美国法院是否有权扣押中国在美国的财产并予以强制执行？

参考结论与法理分析：本案涉及国家及其财产的司法豁免权。国家及其财产司法豁免权的理论在 13 世纪和 14 世纪时就已有人提出，到 19 世纪在国际法的理论和实践中得到普遍承认。它来源于国家主权原则，是国家主权平等和独立的表现。19 世纪末及 20 世纪，随着垄断资本主义在西方的发展，由于国家参与通常属于私人经营范围的事情逐渐增多，特别是第一次世界大战后，社会主义国家实行公有制经济，这使私人在国际经济交往中往往处于不利的地位，因此，一些国家法院为了保护私人的利益，开始对国家及其财产豁免实行限制，在国际法的理论和实践中逐渐形成了绝对豁免主义和限制豁免主义两大派别。随着我国改革开放的深入发展和受国际社会新理论的影响，我国也在逐渐改变国家及其财产享有绝对豁免的立场。

案例 2

案情：由于两名曾在原告凯肯理发店工作的理发师失业未获补偿，被告特拉华州就业保障委员会便对原告进行了罚款。原告不服，诉称：失业的两名理发师并非其雇员而是合伙人。他们所订立的合伙协议的第一段即明确要建立合伙组织，并且该组织已被登记为合伙企业，他们还按章缴纳联邦合伙税；协议的第二段规定原告提供理发桌椅、水电供给和技术，两名理发师提供理发工具。

法律问题：失业的两名理发师是雇员还是合伙人？

参考结论与法理分析：法院判决原告败诉，其理由是：原告所称的"合伙"协议的第二段虽规定了原告提供理发桌椅、水电供给和技术，两名理发师提供理发工具，但同时规定在解散时这些东西各归提供者，这是违反合伙法规定的，因为既为合伙，则投入合伙组织中的财产即为合伙财产，而合伙财产于解散时只有全部清偿了债务后才可分配给各合伙人，该协议却没有规定合伙财产在分配给原所有人之前需要用来偿付合伙费用；该“合伙”协议的第二段仅仅规定了原告和两名理发师的收入分配方式，这并不能构成合伙关系，因为订约时利润尚不存在，谈不上利润的共享，且协议中也未规定共负企业的亏损，因此该利润收入分配模式实属支付工资的模式；该协议的第四段规定合伙的一切政策皆由原告制定，这意味着其他理发师无经营权，因而他们不是普通合伙人；该协议的第五段规定了理发师的工作时间和节假日，这违反了合伙协议的通常做法；此外，在日常事务中总是由原告和所有的供给者打交道，购买技术许可，办理保险并只以自己的名义出租理发店中的财产。

本案涉及合伙企业应具有的几个特征：①合伙企业是合伙人共有的营利组织，其具体含义是指合伙人共同拥有合伙企业，这使合伙人之间的关系不同于雇主与雇员、房东与房客、出租人与承租人之间的关系；此外，合伙人共负盈亏，这又使合伙人不同于只享有盈利不负担亏损的债权人、雇员、代理人与出租人。②合伙人原则上不论出资多少，均享有平等参与管理合伙事务的权利。③合伙人以个人所有的全部财产作为合伙债务的担保，一旦合伙企业的财产不足以清偿其债务，各个合伙人都要对此承担无限责任，而且相互之间存在连带责任。④合伙企业解散时，应向债权人清偿之后，才能就剩余财产进行分配即回收投资。由此可以看出，本案中失业的两名理发师因实际上未向企业投资，又不与原告一起承担企业亏损，不负责企业经营，所以他们不是合伙企业的合伙人，而是合伙企业的雇员。

案例 3

甲有限公司成立于 2002 年，由发起人之一王某担任公司财务总监。公司成立后，王某负责在公司内部建立和健全了会计制度，公司财务状况良性运转。2003 年，公司所在地进行城区改造，建筑材料市场异常火爆，为了抓住机遇，王某建议公司投资设立一家主营建材营销业务的公司。公司股东会决定与私营企业主李某、马某共同出资设立新星建材有限公司。各方共同制定了章程，李某和马某如期缴纳了出资。甲有限公司由于当时没有足够的周转资金，为了不影响新星公司的成立，甲有限公司董事会决定动用公司先前提取的法定公积金作为出资，并经全体董事过半数通过决议；今后将法定盈余公积金的提取比例提高为 15% 作为弥补措施，任意公积金在今后 3 年内不再提取。

法律问题：①甲有限公司用公积金作为出资设立新星公司的做法是否合

法？②甲有限公司提高法定盈余公积金提取比例的做法是否合法？③甲有限公司取消任意公积金的做法是否合法？

参考结论与法理分析：公积金是指依照法律、公司章程或者股东大会决议而从公司营业利润或其他收入中提取的准备金，往往被称为附加资本，是公司为了巩固公司财产基础，增加公司信用，弥补意外亏损，扩大业务规模等目的，而于资本额外所保留的一部分金额。

根据公积金提取的来源不同，公积金可分为盈余公积金和资本公积金，其中盈余公积金来源于公司营业利润。按提取是否受限制，分为法定公积金和任意公积金两种。

我国《公司法》第 167 条规定，公司分配当年税后利润时，应当提取利润的 10% 列入公司法定公积金。公司法定公积金累计额为公司注册资本的 50% 以上的，可以不再提取。公司从税后利润中提取法定公积金后，经股东会或者股东大会决议，还可以从税后利润中提取任意公积金。《公司法》第 169 条规定，公司的公积金用于弥补公司的亏损，扩大公司生产经营或者转为增加公司资本。

本案中，甲有限公司挪用法定公积金作为转投资的资金来源是不合法的。公司的公积金只能用于弥补公司的亏损，扩大公司生产经营或者转为增加公司资本，转投资不能用法定公积金作为资金来源。同时，甲有限公司提高法定盈余公积金提取比例的做法也是不合法的。虽然《公司法》并不禁止公司提高法定公积金的提取比例，但这属于公司利润分配范畴，根据《公司法》第 38 条的规定应由股东会决议，董事会仅有权制订分配方案，无权直接做出决议。此外，甲有限公司取消任意公积金须经股东会决议，董事会无权擅自取消，因此，甲有限公司的做法仍然不合法。

第三章

国际商事代理法

本章要点及学习要求

本章介绍代理的基本概念、代理权的产生与代理法律关系的终止及代理的内部与外部关系。

要求掌握代理权的产生依据、代理法律关系的基本内容及代理权终止方面的法律规则。

CHAPTER THREE

International BUSINESS LAW

第一节 国际商事代理法概述

一、代理与国际商事代理的概念

根据世界上大多数国家的立法规定，代理是指一方（代理人）以另一方（被代理人或本人）的名义，按照授权或法律规定，与第三方进行某种对被代理人产生权利与义务的法律行为；国际商事代理是指处理各种国际商事事务中的代理。国际商事代理具有如下法律特征。

（一）国际商事代理的行为是具有法律意义的行为

所谓“具有法律意义”是指根据有关的国际法或国内法规范，该行为能产生、变更或消灭法律上的权利和义务。例如，代订国际商事合同或代理进行国际商事诉讼等行为能产生、变更或消灭法律上的权利和义务，因此它们都是国际商事代理。

（二）国际商事代理的根据是被代理人的授权或法律规定

代理既然是为了被代理人的利益，代理人自然应具备以被代理人的名义向第三人为或受领意思表示的资格，即代理权，并在代理权限内实施法律行为，才能发生预期的法律效果。没有代理权、超越代理权的行为若事后不被代理人追认，则代理人所进行的活动便归于无效，被代理人对此不负责任，而由代理人自己承担由此造成的损失。国内或国际商事代理的绝大部分产生于被代理人的授权，同时，为了维护某类当事人的利益，很多国家也作出了某些人在某些场合可以不经被代理人的授权而获得代理人资格的法律规定，这又被称为法定代理，如监护人对被监护人的代理、清算人对破产人的代理。

（三）国际商事代理必须是代理人在代理权限内独立地为或受领意思表示

代理人在代理权限内，有权斟酌情况，独立地进行意思表示。代理行为意思表示的内容、表述方式及成立的要件，均应依代理人而定，但是代理人若依照被代理人的意思为特定的法律行为，意思表示是否成立应就被代理人决定。代理的这一特征，使得代理人与居间人、证人、传达人和协助人等区别开来。

（四）代理行为的法律后果直接归被代理人承担

在一般情况下，代理行为尽管由代理人做出，然而其法律后果，即由此产生的权利和义务并不归于代理人，而是归于被代理人，但代理人和被代理人及第三人有明示或默示约定的除外。

二、调整国际商事代理关系的法律规范

(一)国际法规范

1. 国际公约。

到目前为止,已经生效的、具有统一各成员商事代理法作用的国际代理实体法公约是欧共体1986年12月18日制定的《关于协调成员国自营商业代理人法指令》(被并入欧盟1994年294A0103〈57〉法律文件之中,以下简称其为欧盟《指令》)。欧盟所有成员方适用于自营商业代理人与被代理人之间关系的法律规则自1994年1月1日始,都必须符合欧盟《指令》。此外,《国际货物销售代理公约》虽然未生效,但也是一部有很大影响的国际代理实体法公约。该公约是"罗马国际统一私法协会"鉴于各国的代理制度不同、法系体制不同对国际代理业务造成了极大不便,即于1935年着手统一代理法方面的工作,经过几十年的努力,于1981年完成且1983年正式通过的。公约的主要目的是建立起一套尽可能简便、明确的制度,以调整经被代理人授权缔结货物销售合同的代理人的行为的法律后果,消除国际贸易中的法律障碍,促进国际贸易的发展。依公约规定,经10个国家核准一年后公约即生效。因为加入与核准的国家不足10个,所以,该公约尚未正式生效。

几乎与"罗马国际统一私法协会"着手统一国际代理实体法的同时,国际上另一个长期致力于私法的国际统一组织——海牙国际私法会议开始了统一国际代理法律适用规则的工作,其最重要的成果就是1978年3月14日订立于海牙的《代理法律适用公约》。目前该公约已经生效,它是迄今为止国际上仅有的一个对代理法律适用问题作了比较全面和合理规定的国际公约。

2. 国际惯例。

目前国际社会尚不存在规范化的、专门适用于国际商事代理关系的国际惯例。国际商会1960年曾拟定了一份《商业代理合同起草指南》。该指南在促进国际商事活动中被代理人与代理人之间合同关系标准化方面具有一定的积极作用,但其内容实际上仅仅就被代理人和代理人之间的内部关系提供一些建议,该指南并不像《国际贸易术语解释通则》或《统一跟单信用证惯例》那样明确有关当事人之间的权利和义务,而且其适用范围也仅仅局限于直接代理关系。

然而,由于《国际商事合同通则》(关于该〈通则〉的介绍详见本书第四章第一节)可以适用于各类国际商事合同,因此国际商事代理关系中的当事人可以

援引该通则作为确定它们相互间合同权利和义务的框架规则。

(二)国内法规范

大陆法系国家适用于国际商事代理关系的法律规范主要体现于民商法典之中,但也有一些大陆法系国家制定了专门调整商事代理关系的单行法,如德国1953年的《商业代理法》等。在英美法系国家,判例仍是调整国内和国际商事代理关系的法律规范的重要渊源。但是,英国很早就出台了将判例成文化的制定法,如1889年的《商业代理人法》。英国早期的其他商事制定法中也含有调整特定代理关系的规范,如1906年的《海上保险法》。英国在20世纪70年代开始更加注重制定法工作,先后制定了《不动产及商业代理人法》(1970年)、《代理权利法》(1971年)、《不动产代理人法》(1979年)等单行法。在美国,由美国法律协会主编的《代理法重述》经常成为美国法官判案援引的根据。因此,该重述可视为美国代理法重要的辅助渊源。另外,美国各州的公司法等单行法中也含有一些代理法性质的规则。我国调整国际商事代理关系的法律规范主要体现于我国的《民法通则》和《合同法》之中。

第二节　代理权的产生与代理关系的终止

一、代理权的产生

关于代理权产生的原因,大陆法系和英美法系的法例有所不同,现分别介绍如下。

(一)大陆法系

大陆法系把代理权产生的原因分为两种:一种是由于本人的意思表示而产生的,称为意定代理或委托代理;另一种是非由本人的意思表示而产生的,称为法定代理。

1. 意定代理。

意定代理是基于被代理人的意思表示而形成的代理。根据《德国民法典》的规定,被代理人是通过其无形式限制但需有相对人的意思表示而赋予代理人以委托代理权的,被代理人的授权意思表示具有如下特征。

(1)该意思表示必须是一种有相对人的意思表示。这种意思表示相对人既可以是被授权人,即代理人,也可以是代理关系中的第三人。其中,被代理人向代理人为意思表示的,为内部授权;向作为代理行为相对人的第三人为意思表示的，为外部授权。此外，大陆法系还认为，代理权的赋予人依广告或其他方法对不特定人的授权行为也发生授权的法律效力（如空白委任状即含有向不特定人授予代理权的意思）。大陆法系的这种做法，可以使委托人有视情况选择授权对象的余地，使授权更为灵活方便，对于国际商事活动的开展是有积极意义的；在向第三人为授权的意思表示的情况下，当发生争议时，第三人可就代理权的存在与否及代理权限等事项提出证据，从而有利于纠纷的解决。

（2）授予委托权的意思表示无形式上的要求。这种意思表示既可以明示做出，也可通过一定行为默示做出。即使代理人代理进行的是法律规定有特别形式要求的法律行为，也不必强调授权的形式。但在一些特殊情况下，大陆法系国家要求授权的意思表示必须采用特定形式。在国际商事活动中，由于代理的事项比较复杂，且标的较大，所以采用书面授权委托书的形式较为稳妥。

2. 法定代理。

法定代理是指被代理人由于事实上或法律上不能为法律行为时，由法律直接规定赋予他人代为进行法律行为而形成的代理。法定代理的产生主要有以下几种情况：

（1）根据法律的规定而享有代理权，如父母对未成年的子女有代理权。

（2）根据法院的选任而取得代理权，如法院指定的法人清算人。

（3）因私人的选任而取得代理权，如亲属所选任的监护人及遗产管理人等。

此外，公司法人本身是不能进行活动的，它必须通过代理人来处理各种业务。公司法人的代理人就是公司的董事。公司的董事是公司法人的第一位代理人，因为董事还有权指定另外的代理人。但是，关于第一位代理人的权力，德国法和英国法有所不同，按照德国法，法人第一位代理人的权力是由法律规定的，而按照英国法，法人第一位代理人的权力是由法人的章程规定的。

（二）英美法系

英美法系上的代理主要是契约代理，也就是委托代理，因此，在一般情况下，被代理人与代理人之间的代理关系可以通过协议产生，即通过被代理人实际授权给代理人代表自己进行活动且代理人表示同意的方式产生。但在某些情况下，即使被代理人事实上并未授权给代理人，被代理人也受其代理人行为的约束，而且代理关系还可因事后追认而产生。

1. 实际授权。

实际授权是指被代理人和代理人之间通过协议或合同而在实际上给予代理人的代理权。它包括明示授权、默示授权两种。

（1）明示授权。明示授权是指被代理人和代理人之间以明确的意思表示达成建立代理关系的协议，代理人通过被代理人的明示指定或委任而实际享有的代理权。这是普通法上产生代理权最基本的途径。在明示授权方式下,代理人所享有代理权的范围一般依本人指定或委任言词的真实含义确定。如果言词含糊或模棱两可,而代理人又善意地作了与被代理人的初衷不符的解释,被代理人仍然可能受到代理人行为的约束。

(2)默示授权。根据英美等国的判例法规则,代理人在明示代理权之外,还享有一定程度的默示代理权,这主要包括三种情况:①由默示而存在的代理权。这是指从当事人在某一特定场合的行为或从当事人之间的某种关系中,可以推定当事人之间存在真实有效的代理关系。其中比较典型的是配偶间的默示代理和合伙人之间的默示代理。②附带授权。由于被代理人的明示委任并不一定能详尽地说明代理人在实际行动中所应具有的一切权力,因此受托从事某种特殊任务的代理人,可以享有合理地附属于其履行明示代理权所必不可少的默示行为的权力。例如,受雇参加诉讼的律师或法律顾问享有和解的默示代理权。③习惯授权。在代理人被授权为被代理人在某一特殊市场进行活动的情况下,也享有按该市场的相关习惯进行活动的默示代理权,无论被代理人是否知晓该习惯,被代理人均受其约束。

2. 表见授权。

表见授权也称不容否认的代理权,是指被代理人虽然没有对代理人加以明示委托,但如果他出于故意或疏忽,通过其言行使第三人有理由相信某人是其代理人而采取行动时,则他便不能否认其言行,而必须视为已向该代理人授权,并不得否认该代理人为其设定的与第三人的权利义务关系。一方面,表见授权与明示授权的区别在于,后者是被代理人明确(口头或书面)委任代理人实施某一行为,而前者则是使第三人明显感觉到表面上存在代理关系。例如,在1857年萨默斯诉索洛蒙案(Summers V. Solomon)中,被告曾雇用一名经理经营一家珠宝商店,并定期为该经理从原告处订购的用以在该商店转买卖的珠宝付款。该经理辞职后,继续以被告名义从原告处订购珠宝,并携珠宝潜逃。判决认为被告应对被该经理拿走的珠宝承担付款责任,理由是他通过自己过去的行为使原告相信该经理享有利用其信用的权利,而且他没有通知原告该权利已经终止。

另一方面,表见授权说在英国法上也确认了这样一条原则,即除非某人以自己的言行向特定人或公众作出已向某代理人授权的一般表示,否则不能被视为被代理人。因此,如果代理人确无代理权时,被代理人便可诉请损害赔偿,并否认其取得报酬与费用的资格;如果第三人明知该代理人无权代理或越权行为,则被代理人对该代理人的行为不负责任。

3. 职业或惯常授权。

职业或惯常授权即以某种代理行为为职业的人,如拍卖商、不动产代理人、代理商、律师、合伙人、公司总经理或公司秘书等所享有的代理权可以扩大到这类代理人的职业通常所享有的权利范围。在英国法上，关于职业授权的规则早在 1893 年的沃特奥诉芬韦克案（Watteau V. Fenwick）中便已确立。该案中，维多利亚旅馆在 1888 年前为亨布尔所有，1888 年他将旅馆卖给了被告，但亨布尔仍然留任经理职务，旅馆大门上仍然刻着他的名字，许可证上也仍是他的名字。被告曾禁止亨布尔用信用购买雪茄烟，但因原告当时并不知道被告的存在，原告仍以亨布尔的个人信用让亨布尔买了雪茄烟，后来原告知道了真相，便提起诉讼要求被告（旅馆的新主人）给付雪茄烟的价金。判决认为，雪茄烟是惯常由原告供给该旅馆的货物，亨布尔是在他作为经理的职业职权范围内行事，被告应受亨布尔行为的拘束，而不能以其对亨布尔的秘密指示作为拒付原告雪茄烟价金的辩护理由。显然，该案的判决理由是"代理人所为代理行为是在其职业的惯常权力范围之内。"

根据英国的判例原则，职业授权规则的适用范围是有限制的。如果代理人所为行为不属其职业惯常权力范围之内，或者代理人所为行为非为被代理人利益或根本不属被代理人业务范围，则不适用职业授权规则。此外，尽管在被代理人明示收回代理人之惯常代理权之后，第三人依代理人之惯常代理权仍可与被代理人缔结合同，但被代理人可对代理人违反合同的行为起诉，并否认其取得报酬或费用的资格。

4. 必要的授权。

必要的授权亦称客观必要的代理权，是指在特定紧急情况下，某人依法律推定取得一种代理别人进行活动的代理权，他所实施的处分行为的结果及于被代理人。换言之，某人虽没有得到别人关于采取某种行为的明示授权，但由于客观情况的需要得视为具有此种授权。例如，财产受托人，在保管财物的建筑物被毁，所代为监管的财物暴露在恶劣天气之下有被损毁或被偷窃的可能，而又无法与委托人联系以及设法保护这些财产时，可以作为代理人对该财物作出紧急处理。

必要代理不同于默示推定代理的特征在于，它对于代理双方当事人均具有强制性或不可选择性。由于国际贸易经常会遇到各种不测因素，如战争、动乱、市场行情突变以及各种自然灾害等，代理人往往不得不采取一些紧急措施以维护被代理人的利益。因此，英美法系各国法律都承认因客观必需而产生的代理关系。必须指出的是，由于必要代理权有可能使某人失去其财产，或者使他承担某种未经其同意的责任，因此英美法院一般不愿不适当地扩大这种代理权的适用范围。按英美法院的判例，行使这种必要代理权必须同时具备四个条件：①代理产生的事由必须是实际的、确定的、具有商业必需性质的紧急情况。如果监管的财物没有灭失的危险，而仅仅因为管理不便，就不能成为享有必要代理权作紧急处理的理由。②代理事由发生时，代理人必须处于根本无法与被代理人联系，以取得被代理人指示或虽能与被代理人联系但被代理人却不作指示的境况之中。随着现代通信事业的发展，代理人与被代理人的联系已变得极为方便，基于无法联系而产生的必要代理权的必要性正趋于减小。③代理人采取必要代理行为必须是出于善意并考虑到了所有相关当事人的利益。代理人的欺诈行为或非为维护当事人利益的行为或根据当事人利益不必要采取的行为均不构成必要代理。④代理人必须是合理而谨慎地作出代理行为。

5. 后成或追认授权。

追认授权是指代理人未经被代理人明示或默示授权或超越代理权而以被代理人的名义实施代理行为，被代理人事后对此予以追认或不明示否认，代理人由此获得了追认的代理权。换言之，无论当事人之间有无事实上的代理关系，只要被代理人事后接受或认可了代理人所代订的合同，则该代订人即被法律视为经过代理授权，其所订合同对被代理人发生效力。按照英美判例规则，追认既可以以明示的口头或书面方式作出，也可以依被代理人的作为或不作为默示形式形成。追认的效果是使该无权或越权代理行为与有权代理行为一样对被代理人具有拘束力。追认具有溯及力，即自该合同成立时起就对被代理人生效。追认可以在第三人不知道或不同意的情况下进行，但追认不得破坏或损害第三人在追认时的既得权利。

按照英美判例规则，要使被代理人能给予追认授权，必须具备若干条件：①无权代理人只有在以代表的身份，即代表公开姓名的或不公开姓名的被代理人实施代理行为时，才有可能得到追认。如果他的行为仅是代表某一未公开身份的被代理人，则其行为应视为代表其自己，该未公开身份的被代理人对此不能追认。②无权代理人在实施代理行为时，其意欲代理的被代理人必须存在。③无权代理人的被代理人必须具有实施该未经授权行为的能力。④无法律效力的行为不能追认。⑤伪造签名不得追认，但被伪造人知悉别人伪签其名，并以其行为使第三人相信该签名为其所签而接受了文书，则根据不容否认原则，其必须承担签署文书的责任。⑥追认必须建立在对基本事实完全了解或虽不了解事实但仍表示出无条件追认的意图的基础之上。⑦追认必须是对整个合同的追认，不允许被代理人只追认合同中对其有利的部分。⑧追认只能是溯及既往的。⑨追认必须及时，超过确定的履行期限的合同不能追认。如果没有确定履行期限，追认必须在知悉该未经授权行为的一段合理时间内作出。

二、代理关系的终止

(一)代理关系终止的情形

代理关系的终止有两种情形:一种情形是根据当事人的行为;另一种情形是根据法律。

1. 根据当事人的行为终止代理关系。

(1)通过双方协议而终止。代理关系可以依当事人的行为而告终止,如果双方当事人在代理合同中约定了期限,则代理关系于合同规定的期限届满时终止。按照合同法的基本原则,任何合同均可以通过双方当事人之间的协议而解除。因此,如果代理合同中没有规定代理的期限或代理事项的范围,或者即使有规定,当事人也可以通过双方的同意终止他们的代理关系。

(2)任何一方当事人单方宣告而终止。在发生了一方当事人严重违反合同的情况下,另一方当然可以解除合同,但在不存在违约的情况下,根据各国法律,原则上均允许通过单方行为终止代理关系。由于国际商事代理的营利性,代理关系因单方行为而终止,很可能给对方造成损害,不利于国际商事活动的开展,所以这种单方终止行为受到一定限制。

代理人放弃代理权的,应提前明确地或符合习惯地通知被代理人,以使后者有较为充裕的时间避免不必要的损失,否则被代理人可以起诉代理人违反合同并要求对损失进行赔偿。

被代理人撤回代理权的,也应事先对代理人给予明确的或符合习惯的通知。如果被代理人在代理关系存续期间不适当地撤销代理权,则应承担违反代理合同的责任。无论是大陆法系国家还是英美法系国家,对被代理人单方面撤回代理权的,都有不同程度和方式的限制:①有些大陆法系国家为了保护商业代理人的利益,在法律上规定,被代理人在终止代理合同时,必须在相当长的时间以前通知代理人。例如,法国的法律规定,对于与代为招揽业务的代理人订立的代理合同,凡合同中未约定期限者,被代理人在终止合同以前必须向该代理人预先发出通知。通知的期限,在订约后的第 1 年为 1 个月,第 2 年为 2 个月,第 3 年为 3 个月。其他大陆法系国家,如瑞士、意大利、荷兰等也有类似的规定。这些规定都是强制性的规定,但它们只适用于不定期限的代理合同。如果双方当事人在代理合同中订有终止期限,则应按合同规定办理。②有些国家对被代理人单方面撤回代理权有一定限制。根据英美的判例,如果代理权的授予是与代理人的利益结合在一起的,被代理人就不能单方面撤回代理权。例如,某甲向某乙借款若干,并指定乙为代理人代其收取房地产租金,以清偿其借款。在这种情况下，代理权的授予就与代理人的利益结合在一起，甲在其借款清偿完毕之前，不能单方面撤回对乙的代理权。

2. 根据法律终止代理关系。

根据各国的法律，在下列情况下代理关系即告终止。

(1)被代理人死亡、破产或丧失行为能力。但是，根据某些大陆法系国家民商法的规定，上述情况只适用于民法上的代理权，至于商法上的代理权，则应适用商法典的特别规定，不因被代理人死亡或丧失行为能力而消灭。

(2)代理人死亡、破产或丧失行为能力。根据各国的法律，当代理人死亡、破产或丧失行为能力时，无论是民事上的代理权或商事上的代理权均因之而消灭。

(3)履行不可能或嗣后违法。根据各国法律的规定，当代理标的物毁损或消灭时，因代理目的无法实现，代理关系因这种不可能事故而终止。在英国，根据判例规则，若发生使代理关系不合法的事件，如爆发战争使委托人或代理人成为外敌，代理关系便告终止。

(二)代理关系终止的法律后果

1. 在代理人和被代理人之间的法律后果。

代理关系终止后，代理人就没有代理权，如该代理人继续从事代理活动，即属于无权代理，代理人与被代理人之间的关系应按无权代理的法律规定办理。

有些大陆法系国家，为了保护商业代理人的利益，在商法中特别规定，在终止代理合同时，代理人对于他在代理期间为被代理人建立的商业信誉，有权要求被代理人予以赔偿。因为在代理合同终止后，这种商业信誉将为被代理人所享有，被代理人将从中得到好处，而代理人则将因此而失去一定的利益。如《德国商法典》规定，在三种情况下，被代理人应给予代理人以补偿：①在代理关系终止后，被代理人在与代理人曾经介绍给他的客户的交易中获得重大的利益；②代理人由于代理合同的终止将失去佣金，这种佣金如果不是由于终止代理合同，则根据代理人介绍的客户已签订的合同或将来签订的合同，该代理人本来是应该得到的；③依照各种有关的情况，对代理人付给补偿仍是公平合理的。代理人对于上述商誉的赔偿请求，必须在代理合同终止后 3 个月内提出。这些规定是属于强制性的规定，当事人不得事先在合同中放弃此项请求权。在国际商事代理合同中，双方当事人可以通过选择适用外国法律的办法来规避这种法律的适用。按照德国的法律，如果一个外国的被代理人与一个德国的代理人订立代理合同，如合同中规定适用被代理人国家的法律，则不可适用《德国商法典》的上述规定。目前，除德国以外，法国、瑞士和意大利等国家的法律均有类似的规定，但英美等国家的法律都没有这种规定。

2. 对于第三人的法律后果。

当被代理人撤回代理权或终止代理合同时,对第三人是否有效,主要取决于第三人是否知情。根据各国的法律,当终止代理关系时,必须通知第三人才能对第三人发生效力。如果被代理人在终止代理关系时没有通知第三人,后者由于不知道这种情况而与代理人订立了合同,则该合同对被代理人仍有拘束力,被代理人对此仍须负责,但被代理人有权要求代理人赔偿其损失。如《日本民法典》规定,对代理的限制或撤销,不得用以对抗第三人。在这个问题上,英美法系与大陆法系的处理办法基本上是一致的。

第三节 代理的法律关系

通常情况下,代理包括两种法律关系:代理的内部法律关系和代理的外部法律关系。两种法律关系中,前者是代理关系的基础,因为有前者的存在才产生后者。

一、代理的内部关系

代理的内部关系,即被代理人与代理人之间的关系,各国都通过国内法来确定内部关系。在通常情况下,被代理人和代理人之间的权利义务关系通过代理合同加以确认。对上述问题,《国际货物销售代理公约》未作具体的规定,大陆法系国家的规定和英美法系国家的判例法所形成的法律原则基本相同。

(一)代理人的义务

1. 亲自履行的义务。

代理人亲自履行义务是一般原则,它源自被代理人和代理人之间的特定身份关系和被代理人对代理人的个人信任和信赖。因此,在一般情况下,代理人有义务亲自履行代理任务,代理人未经许可无权委托他人代理,但是如果客观情况有这种需要,或贸易习惯上允许这样做,或征得被代理人的同意者,则不受委托他人代理的限制。

2. 谨慎的义务。

代理关系建立后,代理人应以诚实勤勉的态度,尽自己的能力履行代理职责,但尽力的程度视有偿与无偿有所区别。

(1)无偿代理。无偿代理关系产生于代理人为被代理人无偿提供善意服务的情况。无偿代理人应尽谨慎勤勉的义务,即以其实际具有的技能像处理自己的事务那样处理代理事务。

在无偿代理中,因无对价和可依据的合同,被代理人不得以违反代理合同为由起诉代理人,但代理人对被代理人应尽的信托性义务仍然存在。据此,无偿代理人不得谋取秘密利益,且须像有偿代理人那样将诚信义务贯穿始终。无偿代理人对其代理工作中的过失行为承担责任,但如无偿代理人因疏忽没有实施代理行为则不负责任。

(2)有偿代理。与无偿代理不同,有偿代理人负有更为广泛的义务。他所具有的技能和勤勉程度必须和其完成代理事务所要达到的要求一致,否则他就要承担相应的责任。而且,一个职业代理人还应尽到合乎该职业要求的注意义务。

与前述无偿代理不同的是,有偿代理人既对代理过程中的过失行为负责,又对不履行代理义务造成的后果负责。

3. 服从的义务。

如果代理人受托以某种特定方式完成某一特定事项,他便必须遵照被代理人的指示行事,并在发现不可能实现被代理人的指示时及时通知被代理人。

4. 报账的义务。

代理人有义务对全部代理交易进行记账,并根据被代理人的要求报告账目,同时有义务将被代理人所收的款项与其个人财产分别存放,并将应交款项全部交给被代理人。但是,如果被代理人欠付代理人的佣金或其他费用时,代理人对于被代理人交给他占有的货物享有留置权,或以在他手中掌握的属于被代理人所有的金钱,抵消被代理人欠他的款项。

5. 保密的义务。

代理人不得泄露在代理业务中获得的保密情报与资料。代理人在代理协议有效期间或在代理协议终止之前,不得将在代理过程中获得的保密情报或资料向第三人泄露,也不得由他自己利用这些资料与被代理人在业务上进行不正当的竞争。但是,在代理合同终止后,除经双方同意的合理的贸易上的限制外,被代理人也不得不适当地限制代理人使用他在代理期间获得的技术、经验与资料。因为根据某些国家关于限制性商业做法的法律规定,这种限制是无效的。

6. 忠实的义务。

代理人有义务为被代理人的最大利益服务,对被代理人必须诚实信用与忠实,不得从代理行为中牟取任何私利。这一义务主要包括下列内容。

(1)代理人必须及时地将他所掌握的有关客户的全部必要的情况通知与披露给被代理人,以供被代理人考虑是否与该客户订立合同。

(2)代理人不得以被代理人的名义与自己订立合同,除非事先取得被代理人的同意，也不得同时兼任合同双方的代理人。代理人非经被代理人的特别许可，也不能同时兼任第三人的代理人，从两边收取佣金。如《日本民法典》第108条规定："任何人，不得就同一法律行为，任其相对人的代理人或当事人双方的代理人。但是关于债务履行者，不在此限。"因为这种行为是对代理权的滥用，是违反代理人义务的行为。因此，当发生上述情形时，被代理人有权随时撤销代理合同或撤回代理权，并有权请求损害赔偿。

（3）代理人不得接受贿赂或牟取私利，或与第三人恶意串通，损害被代理人的利益，或从事其他有违被代理人的行为。代理人不得牟取超出其被代理人给付的佣金或酬金以外的任何私利。如果代理人接受了贿赂，被代理人有权向代理人索还，并有权不经事先通知即解除代理关系，或撤销该代理人与第三人订立的合同，或拒绝支付代理人在受贿交易上的佣金，被代理人还可以对受贿的代理人与行贿的第三人起诉，要求他们赔偿由于行贿、受贿订立合同使他遭受的损失。即使代理人在接受贿赂或图谋私利时并未因此而影响他所做的判断，也没有使被代理人遭受损失，但是，被代理人仍可行使上述权利。根据1906年《英国反贪污法》的规定，受贿的代理人与行贿的第三人都犯有刑法上的犯罪行为，情节严重者可追究刑事责任。

（二）被代理人的义务

1. 支付佣金。

被代理人必须根据代理合同的规定付给代理人佣金或其他约定的报酬，这是被代理人的一项最主要的义务。各国法律虽然在支付佣金这一原则问题上的规定大体一致，但在许多具体问题上却仍有不少差异，有的国家甚至对此并无详细规定。因此，在代理合同中双方当事人应尽量就支付佣金的条件、佣金率及支付方法等作出明确规定。

（1）关于支付佣金的条件。一般而言，被代理人向代理人支付佣金，需特别注意以下几个问题。

首先，代理人代理地区的第三人直接同被代理人订立买卖合同时，被代理人是否有向代理人支付佣金的义务？有些大陆法系国家规定，代理人对其代理地区内客户与被代理人达成的一项交易，无论其是否经代理人之手，代理人都有权要求支付佣金。《德国商法典》还有一条强制性规定，即当某人被指定为一定地区或一定消费集团的代理商时，即使该代理商未参与交易，被代理人也应向代理人支付佣金。与大陆法系国家的这种规定不同，英美法系对此采取分别处理的方法。按照英美法的判例，如果被代理人与第三人达成交易是代理人努力的结果，代理人就有权索取佣金，但是，这些法律规则可以因双方的协议或行业习惯而改变。如双方可在代理协议中约定，代理人对所有来自代理地区的订货单都可以获取佣金，特别是对指定地区的独家代理人，这种约定则更常见。

其次，代理人介绍的买主再次向被代理人订货时，被代理人是否应支付佣金？这一问题主要由当事人在代理合同中作出具体规定。但是，在被代理人于代理合同终止后接受买主的再次订货的情况下，被代理人是否仍应支付代理人佣金？大陆法系和英美法系的规定则有所不同。《德国商法典》规定，代理商对于代理合同终止后所达成的交易，在三种情况下有权请求支付佣金：①该项交易主要是归因于代理商的活动而达成的；②代理商曾参与该交易的洽谈与准备工作；③该项交易是在代理合同终止后的合理期间内达成的。但英美法系国家的法律规定则有所不同，根据其判例规则，如果代理合同没有规定期限，则在代理合同终止后，如被代理人接到买主订货，仍应向代理人支付佣金；如果代理合同规定了期限，则代理人在期满终止合同后不能对再次订货要求佣金。但是，根据这些原则，代理人如有权取得佣金，他也只能要求对再次订货的佣金损失给予金钱补偿，而不能要求未来的佣金和利益。

再次，代理合同规定被代理人收到货款后才支付佣金，代理商已为促成交易付出了很多劳动，但交易未能最终达成，被代理人是否应支付佣金？根据《德国商法典》的规定，此种情形视不同情况而定。如果因第三人拒绝履约或拒绝付款，被代理人便没有义务为使代理人获得佣金而向第三人起诉，但被代理人如果从第三人处得到了赔偿，代理人就有权索取合理的报酬；如果因被代理人接受买卖合同后拒绝履约致使第三人不履约或不付款，则应视为被代理人违反代理合同的默示条款，他有义务向代理人支付佣金和代理人因兜揽此笔交易支出的合理费用。

(2)关于支付佣金的方法。在一般情况下，佣金的高低应视交易特点、市场情况、交易金额和竞争程度等因素而定；计算方法可按交易金额，也可按成交数量等；支付方式可以逐笔结算、逐步支付，也可定期结算、累计总付。如果合同对这些问题没有作出规定，则按合同所适用的法律来确定。

2. 偿还代理人因履行代理义务而产生的债务。

除了合同规定外，代理人执行代理任务时所开支的费用是不能向被代理人要求偿还的，因为这属于代理人的正常业务支出。但是，有些费用是代理人为被代理人完成了特殊业务或提供特殊劳务而支出的或遭受的损失，则有权要求被代理人予以赔偿。例如，第三人对代理人所为的代理行为提起诉讼时，代理人所花费的辩护费用，但以第三人不是恶意提起诉讼且遭败诉为限。

3. 有义务让代理人检查核对其账册。

代理人检查核对账册主要是大陆法系国家的规定，有些大陆法系国家在法律中明确规定，代理人有权检查核对被代理人的账目，以便核对被代理人付给他的佣金是否准确无误，这是一项强制性的法律规定，双方当事人不得在代理合同中作出相反的规定。

二、代理的外部关系

代理的外部关系，是指被代理人、代理人与第三人之间的关系。根据代理的一般原则，代理人是代替被代理人与第三人订立合同或作出其他法律行为的，合同一经订立，其权利与义务均归属于被代理人，应由被代理人直接对第三人负责，代理人对此一般不承担责任，但是实际情况却并非如此。被代理人与第三人的关系往往是错综复杂的，其中最重要的问题是第三人究竟与谁订立了合同。大陆法系与英美法系对此有不同的处理方法。

（一）大陆法系的规定

在确定第三人究竟是与代理人还是与被代理人签订合同时，大陆法系国家采取的标准是：代理人是以代表的身份同第三人签订合同的，还是以他自己个人的身份与第三人签订合同的。如果代理人是以代表被代理人的身份与第三人签订合同，代理人需明示地指出被代理人的姓名或表示他是受某人委托来签订合同，在这种情况下，合同的权利义务就由被代理人承担，由被代理人对第三人负责。如果代理人是以自己的身份与第三人签订合同，合同所产生的权利义务则由代理人自己承担，被代理人不再对合同负责。按照大陆法系的规定，根据代理权的来源，将代理分为直接代理和间接代理。在直接代理中，由于代理人是以被代理人的名义，在代理权限内与第三人实施某种商业活动，如签订合同，其法律后果直接由被代理人承担。在这种代理关系中，代理人对第三人不承担责任，也不享受权利。在另一种代理——间接代理中，代理人以自己的名义，为被代理人的利益而与第三人订立合同，再将其权利和义务通过另一合同转移给被代理人。在间接代理中存在两个合同关系：首先，代理人以自己的名义和第三人签订合同；其次，由代理人和被代理人签订以前一个合同为基础的第二个合同。第一个合同的权利义务就通过第二个合同转移给被代理人。大陆法系强调，被代理人不能直接对第一个合同行使权利，不得直接对第三人主张权利。

（二）英美法系的规定

究竟是由代理人承担责任还是由被代理人承担责任，英美法系在这一问题上与大陆法系的规定不同，它采用所谓的义务标准。在此，必须按照代理中对被代理人的公开程度的分类作进一步说明。

1. 完全公开被代理人的代理。

代理人已向第三人指明被代理人的姓名，在这种情况下，这个合同的双方当事人为被代理人和第三人，而代理人在合同成立之后退出合同，由被代理人行使合同的权利和义务。对上述问题，英美法系有例外的规定，即代理人在已指明被代理人的姓名的某些情况下仍须承担责任：

(1)如果代理人以自己的名义在签字蜡封式合同上签名，他就对该合同负责。

(2)如果代理人以自己的名义在汇票上签名，他就要对该汇票负责。

2. 披露被代理人的代理。

在这种代理中，代理人在订约时，仅披露被代理人的存在但不公开姓名、身份，代理人已表明了有代理关系存在，该合同关系的双方当事人仍然是被代理人和第三人。合同所产生的权利和义务仍须由被代理人承担，而代理人既不能从合同中获取权利，也不必对合同承担义务。

3. 被代理人完全不公开的代理。

代理人在被代理人的授权范围之内，以自己的名义与第三人订立合同，根本不披露被代理人的存在，不指明有代理关系存在。在这种情况下，第三人不知道自己是在与被代理人签订合同，而以为是和代理人订立合同。在这种情况下，仅仅是代理人自己和第三人签订了合同，代理人当然成为合同的另一方当事人，承担因此而产生的权利义务。作为未披露的被代理人能否直接依据代理合同取得另一个合同的权利义务？是否也像大陆法系的间接代理的规定那样，需通过再签订一个合同来转移原合同的权利和义务？英美法系在这个问题上和大陆法系的规定有所不同，认为未被披露的被代理人原则上可以通过两种方式直接进入合同，取得权利和承担义务：

(1)完全不公开的被代理人有权介入合同，并直接对第三人行使请求权，或在必要时对第三人起诉。如果被代理人行使了介入权，他就要对第三人承担义务。

(2)第三人发现了被代理人之后享有选择权。他可以从代理人或被代理人中任选一人作为履约的对象，也可以选择代理人或被代理人作为起诉的对象。第三人一旦选定承担义务的对象之后就不能再改变。

在英美法系中，完全不公开的被代理人可以直接行使介入权，无须像大陆法系的间接代理那样，需通过另一个合同转移权利和义务，被代理人可以直接对第三人主张权利，这是英美法系代理制度的一个主要特征。

第四节 承担特别责任的代理人

根据各国代理制度的一般原则，代理人在授权范围内与第三人订立合同后，就对第三人不承担个人责任；如果第三人不履行合同，代理人也不对被代理人承担个人责任。但在国际贸易实践中，由于被代理人和第三人分处不同的国家，他们对彼此的资信状况和经营作风互不了解，而对与他们有经常往来的代理人较为熟悉，所以在通过代理人进行国际贸易时，他们对代理人往往比对交易对方更加信任。因此，他们有时会要求代理人对他们承担某种特殊的个人责任，以保障自身的利益和交易的安全。在这种情况下，代理人就成为承担特别责任的代理人。在国际商事活动中承担特别责任的代理人，分为对被代理人承担特别责任和对第三人承担特别责任两类。

一、对被代理人承担特别责任的代理人

在国际商事活动中，对被代理人承担特别责任的代理人主要为出口保理人。这种保理人向出口商提供一套包括对买方资信调查、全额的风险担保、催付货款、进行财务管理及融通资金等综合性的代理服务。

为安全收取货款而选择此种代理的出口商，在与外国进口商订立买卖合同前，必须先与保理人联系，将准备与之订约的进口商名称和地址告之代理人，在得到保理人认可并订立了保理协议后，方可在协议规定的限度内与进口商订立正式的买卖合同。买卖合同签订后，出口商应按合同规定提交货物，并向保理人提交发票、汇票及提单等有关凭证，再由保理人通过其在进口地的分支机构或代理人向进口商收取货款。如果进口商不按时付款或拒付，保理人应负责追偿和索赔，并负责按保理协议规定的时间向出口商支付赔款。但是，作为被代理人的出口商因自己违反买卖合同而遭受进口商的拒付或延迟支付，保理人对出口商是不负责的。

对于这种代理，大陆法系国家（如德、意、葡、瑞士等）主要由法典调整，且既适用于直接代理，也可适用于间接代理；英美法系国家虽无这方面的法律规定，但有关的规则已确立在判例法与学说之中。随着国际贸易的发展，许多国家已设立了由政府经营的出口信贷保险机构，专门办理承担国外买主无清偿能力的保险业务，信用担保代理人的作用已逐步由这种机构取代。

二、对第三人承担特别责任的代理人

（一）保付代理人

保付代理人的业务是代表国外的买方（被代理人）向本国的卖方（第三人）订货，并在买方的订单上加上保付代理人自己的保证，由他担保国外的买方履

行合同。在这种情况下,国外买方、保付代理人和本国卖方三者之间存在着两方面的法律关系:一方面是保付代理人与国外委托他购货的买方之间的代理关系;另一方面是保付代理人与本国市场上的卖方的关系。保付代理人的特殊性表现在:无论是他自己作为买方替国外顾客购货,还是以代理人身份为国外买方订货且加上自己的保证,他都必须对本国的卖方(第三人)承担支付货款的义务,即使(被代理人)无正当理由取消订货,保付代理人仍须对本国卖方(第三人)支付货款,只是在他支付货款后,有权要求国外买方偿还其所付款项,且在适当情况下还可以要求损害赔偿。采用这种方法对于减少国际商事交往中供货人在出口货物中的潜在风险有着重要作用。

以上承担特殊责任的代理人与传统的代理人相比,其不同之处主要在于:传统意义上的代理,代理人对第三人一般不承担个人责任,而承担特殊责任的代理人则要对第三人承担个人责任。这主要是为了适应国际贸易的发展需要而出现的新的代理模式。

(二)保兑银行

保兑银行是应开证行的请求,对开证行开出的不可撤销信用证再加保兑的银行。在国际贸易中,当事人经常采用开立信用证的方式支付货款,但其中的一些卖方当事人对国外的某些开立信用证的中小银行不放心,于是便通过买方,要求该开证行对其开立的信用证取得其他银行的保兑。该信用证一经保兑,出口商便获得了开证行和保兑行议付或付款的双重保证,从而大大地加强自己的收汇安全。在实践中,保兑行通常是通知行,但有时也可能是出口地其他银行或第三国银行。通知行负责保兑责任时,一般在信用证通知书上加注保兑文句,其他银行的保兑文句则一般直接加于信用证上。

根据国际商会《跟单信用证统一惯例》的解释,不可撤销的信用证一经保兑,既构成保兑行在开证行(被代理人)承诺之外的一项确定的承诺,保兑行对受益的第三人承担必须付款或议付的责任,且这种责任是第一位的,即受益的第三人不必先向开证行要求付款,待开证行拒付后再找保兑行,而是可以首先向保兑行要求付款或议付。保兑行作出议付后,即使开证行无理拒付或倒闭,它也不能向受益的第三人追索。可见,保兑行对受益的第三人的责任相当于其本身单独开立信用证,其后不论开证行发生什么变化,它都不能单方面撤回其保兑的责任。

(三)货物运输代理人

国际货物运输代理人是根据客户的委托,为客户的利益而办理货运业务,并从承运人处收取佣金或向货主收取代理费的中介人,而货运代理人自己不是承运人。随着国际贸易的发展,特别是集装箱在国际贸易中的广泛使用,货运代理逐步突破了传统观念。根据一些国家运输行业的惯例,运输代理人对于由他为客户(被代理人)安排的海上或航空运输费用,须向轮船公司或航空公司(第三人)承担个人责任。如果客户未装运货物致使轮船空舱航行,代理人须支付空船费。但是,在这种情况下,代理人可以要求客户给予赔偿,且当客户拖欠代理人的佣金、手续费或其他报酬时,代理人对其所占有的客户的货物享有留置权。

(四)保险代理人

在国际贸易中,进口人或出口人在投保货物运输保险时,一般不能直接同保险人订立保险合同,而必须委托保险经纪人代为办理,这是保险行业的惯例。根据有些国家如英国海上保险法的规定,凡海上保险合同由经纪人替被保险人(被代理人)签订时,经纪人须对保险人(第三人)就保险费直接负责;保险人则对被保险人就保险金额直接负责。根据这一规定,如果被保险人不交纳保险费,经纪人须直接负责为保险人交纳保险费。如果保险标的物因承保范围内的风险发生损失,则由保险人直接赔付被保险人。但保险业有一个特点,在保险行业中,经纪人的佣金是由保险人(第三人)支付的,而在其他行业中,代理人或经纪人的佣金或报酬通常都是由他们的委托人(被代理人)付给的。

第五节 《国际货物销售代理公约》

《国际货物销售代理公约》(以下简称《公约》)共有5章35条,其主要内容有以下几个方面。

一、《公约》的适用范围

《公约》关于适用范围的规定主要包括五个方面。

(一)代理的概念

《公约》所规范的代理更多地采纳了英美法系的观点,它规定代理是"当某人(代理人)有权或意欲有权代表另一人(被代理人)与第三人订立货物销售合同时"的代理。因此,无论代理人实施代理行为时是以自己的名义还是以被代理人的名义,是在被代理人授予的权限范围内还是超越了代理权限或者完全为无权代理或者是代理行为建立在表见授权的基础上,均构成国际货物销售代理。

(二)代理人活动的性质

《公约》第1条第2款明确规定,"本公约不仅调整代理人订立货物销售合同的行为，也调整代理人旨在订约或有关履行该合同的任何行为。”这意味着《公约》将代理行为由法律行为扩大到虽非法律行为但却是有法律意义的行为，从而更符合实践的要求。

(三)《公约》适用于代理的外部关系

《公约》所规定的代理规则只涉及以被代理人或代理人为一方与第三人为另一方之间的关系(第1条第3款)，不适用于代理人与被代理人之间的内部关系。

(四)《公约》所适用的货物销售代理具有国际性

《公约》所适用的货物销售代理的国际性表现在三个方面：①被代理人和第三人的营业所必须分处不同的国家，并且一是代理人须在某一缔约国内设有营业所；二是或者依国际私法规则导致某一缔约国法律的适用。依此规定，须具有国际性的，并不是指代理合同(因为被代理人和代理人可能在同一国家有营业所)，而是指销售合同，这反映了《公约》欲将其作为联合国《国际货物销售合同公约》的补充。②第三人在订立合同时如果不知道也无从知道代理人是以代理人的身份行事，则只有在代理人和第三人营业所分处不同国家并符合前述规定的情况下，才构成《公约》所规定的国际货物销售代理。③当事人的国籍和当事人或销售合同的民事或商事性质并不影响《公约》所规定的货物销售代理的国际性质(即不影响《公约》的地域适用范围)。

(五)不适用《公约》的代理

《公约》将几项特殊性质的代理排除在国际货物销售代理之外：①证券交易所、商品交易所或其他交易所之交易商的代理；②拍卖商的代理；③因法律实施而创设的代理。

二、代理权的设定与终止

虽然《公约》只涉及代理的外部关系，但其对本应属于被代理人与代理人之间内部关系的代理权的设定和终止作出了规定。其理由有两个：一是代理内部关系是外部关系的基础；二是代理权的终止会对第三人产生效力，为维护第三人的利益，第三人有必要了解引起代理权终止的事实。

(一)代理权的设定

在代理权的设定问题上，《公约》较多地采纳了英美法系上尽可能避免形式主义的观点，规定被代理人对代理人的授权可以明示(口头或书面)，亦可以默示，并且无须以书面形式或书面证明，也不受其他任何形式要求的限制，授权为口头或默示形式时，也“可以用任何方式(包括人证)予以证明”(第9条、第10条)。

（二）代理权的终止

《公约》第4章所规定的代理权的终止原因有两个方面。

1. 根据当事人的行为终止。

根据当事人的行为终止代理权包括三种情形：①依被代理人与代理人之间的协议而终止；②由于为之授权的一笔或数笔交易已经完成而终止；③无论是否符合被代理人与代理人的协议条款，代理权因被代理人撤回或代理人放弃而终止。

2. 可依代理权所适用的法律规定而终止。

《公约》采用了概括性的规定方法，而没有详细列出诸如死亡、丧失行为能力、破产或履行不可能或代理行为变为非法等原因。这主要是考虑到其中有些原因并不被所有国家看做是终止的理由。

关于代理权终止对第三人的效力，《公约》没有采用依代理权所适用的法律规定的做法，而是创设了一条适用于所有终止情形的一般规则，即除非第三人知道或理应知道代理权的终止或造成终止的事实，代理权的终止不影响第三人。这符合进一步保护第三人利益的要求。

三、代理行为的法律效力

根据《公约》第3章的规定，对于代理行为的法律效力，《公约》采用了两个不同的标准来确定：其一是以有无代理权为标准，分为代理人在代理权范围内活动（第12条、第13条）、越权代理和无权代理（第14条、第15条、第16条）三种情况规定代理行为的法律效力；其二是以代理本身的性质为标准，分为比大陆法系上的直接代理范围稍广的代理（第12条）、佣金代理和不公开被代理人的代理（第13条）三种情况确定代理行为的法律效力。

（一）代理行为只约束被代理人与第三人

《公约》规定，如果是授权范围内代表被代理人所做出的行为，并且第三人已经知道或理应知道代理人的代理身份与范围，在这种情况下，被代理人与第三人均要受代理人与第三人签订的合同的约束，除非有这样一个限制，即代理人在其与被代理人签订的佣金合同中规定，代理人的行为是约束代理人自己的。

（二）代理行为只约束代理人与第三人

《公约》规定，如果代理人代表被代理人在授权范围内行事，对此第三人不知道或不可能知道，则由此而签订的合同就只约束代理人与第三人，不约束被代理人。

（三）不公开被代理人的代理

《公约》上述关于代理人和第三人同意代理人仅约束其自己，则代理行为仅对代理人和第三人发生效力的规定，实际上是对大陆法系上关于间接代理的一般方法的承认。这与英美法系中关于被代理人或第三人在一定条件下可以相互直接主张权利的原则有明显的区别。为了解决这一矛盾，《公约》第 13 条第 2 款及以下款项也对英美法系中“不公开被代理人的代理”情况下的法律效力作出了规定，而且比对佣金代理的规定更为详细。

第一，代理人因第三人不履行义务或其他原因未履行或无法履行其对被代理人的义务时，被代理人可以行使代理人从第三人那里取得的权利，同时也要相应地承担第三人可能对代理人提出的任何抗辩。

第二，当代理人没有履行或无法履行其对第三人的义务时，第三人发现了不公开的被代理人后，可以直接对被代理人行使其从代理人那里取得的权利，但该第三人同时承担代理人可能对第三人提出的任何抗辩以及被代理人对代理人提出的任何抗辩的双重限制。

第三，上述各项权利只有在意欲行使这些权利的通知视情况送达代理人和第三人或被代理人时方可行使。一旦被代理人或第三人收到该通知，就不得再与代理人进行交涉而解除自己的义务。按公约的规定，如果代理人是在第三人不知道被代理人的情况下以自己的名义与第三人订立合同的，则当被代理人不履行义务致使代理人未履行或无法履行其对第三人的义务，从而出现代理外部关系中的单方违约情况时，代理人负有将被代理人的姓名通知给第三人，以使第三人能进行责任追究的义务。同样，在代理人未履行或无法履行其对被代理人的义务是因为第三人未履行其对代理人的合同义务时，代理人也负有将第三人的姓名通知给被代理人的义务。

第四，如果按当时的情况，第三人若知道被代理人的身份就不会订立合同，即当第三人因竞争、国际禁运、特殊商业政策等原因而只愿与代理人订立合同并提出过声明时，被代理人不得对第三人要求代理人代表被代理人所取得的权利。

公约的上述规定与英美法系上的规定大致相同，但它一方面对被代理人的介入权和第三人的选择权多加了一些限制，即只有在代理人未履行其对被代理人的义务或对第三人的义务时方能行使；另一方面，公约在作出这种限制性规定的同时，也允许代理人按照被代理人明示或默示的指示与第三人约定，改变上述第 13 条第 2 款的两项规定或减损其效力。

（四）代理人无权代理或越权代理的法律效力

《公约》对无权代理或越权代理行为法律效力的规定与大陆法系和英美法

系上的规定基本是一致的。这表现在以下几个方面。

第一,作为一般原则,《公约》第 14 条第 1 款规定,当代理人未经授权或超越代理权限范围行事时,其行为对被代理人和第三人没有拘束力。但为保护善意第三人的利益,《公约》第 14 条第 2 款同时也对表见代理情况下代理行为的法律效力作出了明确规定,即如果被代理人的行为使第三人合理地并善意地相信代理人有权代表被代理人为某种行为,并且相信代理人是在该项授权范围内行事,则被代理人不得以代理人无代理权为由对抗第三人。

第二,关于无权代理或越权代理的追认问题,《公约》第 15 条第 1 款规定,代理人未经授权或超越代理权限范围的行为,可以由被代理人予以追认。追认后,该行为即发生如同自始即经授权同样的效力。

然而,必须强调的是,追认的直接后果并非在所有情况下都是一样的。在《公约》第 12 条所规定的情况下,追认在被代理人和第三人之间会产生直接的拘束力,但在第 13 条所规定的情况下,追认的结果仅仅是允许被代理人或第三人有视情况行使直接诉讼权的不确定的权利,而且还必须满足两个条件:①如果第三人在代理人为代理行为时,不知道、也无从知道该代理人未经授权,并且在追认前发出通知表示拒绝受追认的拘束,则该第三人对被代理人不负责任。而且,即使被代理人已经追认,但他未在合理时间内追认,第三人只要立即通知被代理人,也可拒绝受追认的拘束(第 15 条第 2 款)。②如果第三人知道或理应知道该代理人未经授权,则在约定的追认期间届满前,若无此约定,则在第三人确定的合理期间届满前,第三人不得拒绝受追认的约束。

第三,关于无权代理人或越权代理人对第三人的责任,《公约》第 16 条第 2 款规定,如果第三人知道或理应知道代理人未经授权或超越代理权限范围行事,则代理人对第三人不承担责任。但是,如果未经授权或超越代理权限范围行事的代理人的行为未得到被代理人追认,则该代理人应承担对第三人的赔偿责任,以使第三人处于如同代理人有权并在其授权范围内行事时同样的地位。换言之,代理人不仅应对第三人所遭受的实际损失负责,还要对第三人因代理人无代理权却声称有代理权而产生的任何损失承担责任。

复习思考题

1. 大陆法系和英美法系关于代理权产生的原因分别有哪几种?

2. 代理人对被代理人负有哪些义务?

3. 当代理人没有披露被代理人的存在,而以自己的名义订立合同时,大陆法系与英美法系对此有何不同的规定?

案例

案情：华埠公司与木材公司签订协议约定，由华埠公司将从俄罗斯进口的“尼古拉”号废钢船卖给木材公司。此外，华埠公司还与威海外运订立代理合同，委托威海外运作为船舶代理办理“尼古拉”船舶的一切进口手续。“尼古拉”号抵达威海港后，华埠公司向威海外运索要经海关放行的“尼古拉”号提单，威海外运以未支付代理费为由拒绝交还提单。此后，木材公司又与俄罗斯南海捕鱼船队有限公司签订了购买“尼古拉”号废钢船的协议，还与威海外运一起和“尼古拉”号在船人员办理了船舶交接手续，并向威海外运支付了代理费。木材公司接受“尼古拉”号后又将其卖给了拆船公司拆解。

为此，华埠公司向法院起诉威海外运违反代理协议、超越代理权限与木材公司串通造成被代理人重大经济损失，并请求赔偿。威海外运在答辩中称，由于本案标的物是进口的废钢船，因此，华埠公司委托威海外运的代理业务具有船代业务和货代业务的双重性。作为货代，理应将海关放行的提单交给华埠公司，但作为船代，应按照海关要求将海关放行的正本放行单留存以备查验。威海外运发现华埠公司提交的提单没有俄方的签字，要求其提供符合要求的正本提单。本案提单不具有“物权属性”，俄方是凭付款凭证和现金收讫交船的。

法律问题：代理人能否以被代理人未给付代理费为由拒绝履行代理义务？

参考结论与法理分析：法院经审理认为，威海外运作为华埠公司的船舶代理，从委托人手中接受了为进口报关所需的合同、提单等全部单证文件，有义务履行受委托的全部船舶代理事项，在各种手续办理完毕或者在委托人要求退还有关文件时，除依法应当留存在海关、港监等有关部门的文件外，还应当交还全部文件。代理人在履行代理义务时，维护委托人的合法权益是其默示的基本义务。威海外运在从俄国船长处取得“尼古拉”号船舶文件和注销船籍的证明文件后，既不代理华埠公司到船舶登记机关办理船舶登记手续，也不将有关文件交与华埠公司办理船舶登记，其不作为损害了华埠公司的合法权益。威海外运要求华埠公司支付代理费是其正当权益，但以华埠公司未给付代理费而拒绝向华埠公司退还经海关签章放行的提单及有关合同的全套文件、“尼古拉”号船舶文件及注销船籍文件，并将提单之外的上述文件交与木材公司，威海外运的上述行为违反代理合同的约定，应当承担由此产生的损害后果。威海外运在明知船舶是华埠公司进口的情况下，既拒绝交付有关文件，也不通知华埠公司到现场，却和木材公司一起与俄方办理船舶交接手续，将“尼古拉”号船舶交给木材公司，从而使“尼古拉”号实际上置于木材公司掌管之下，致木材公司有机会将该轮拖离威海港，威海外运对此应当承担相应的责任。木材公司作为与华埠公司订立废钢船买卖合同的买方，对卖方华埠公司取得“尼古拉”号所有权并转卖给自己的事实是明知的,并从威海外运手中得到了包括船舶注销船籍的证明文件在内的船舶文件,其欠付华埠公司船款已经构成违约,应当承担违约责任;木材公司又与已注销“尼古拉”号船舶的俄国船籍并对该轮丧失所有权的俄南海捕鱼船队公司船方人员签订“尼古拉”号废钢船买卖合同,属于恶意行为,该合同不具有法律效力,由此而产生的后果及对华埠公司造成的损失,木材公司应当承担相应的民事责任。

本案涉及的是代理人应履行的义务。根据各国代理法的规定,代理人对被代理人负有服从与忠实的义务。而本案中的被告威海外运作为华埠公司进口的“尼古拉”号的船舶代理人,对华埠公司通过贸易合同合法取得“尼古拉”号船舶所有权是明知的。在木材公司与俄南海捕鱼船队公司非法签订合同前,威海外运已经获取“尼古拉”号船舶文件,得知俄方注销了该船舶船籍,在其以后的代理行为中,仍认可该不法合同,维护木材公司的不当利益,先后将船舶文件和船舶均交给木材公司,损害委托人的合法权益,与木材公司恶意串通,违背了其服从与忠实的义务。因此,威海外运作为代理人以委托人华埠公司未支付代理费为由,拒绝履行合同义务,与第三方木材公司恶意串通,对华埠公司造成的损失应与木材公司承担连带民事赔偿责任。

第四章

国际货物买卖法

本章要点及学习要求

本章除介绍《2010年国际贸易术语解释通则》所包含的13个贸易术语外，主要讲述国际货物买卖合同的成立、买卖双方的义务、违约的救济方法以及货物所有权与风险的转移，并对电子商务合同的若干法律问题进行简要介绍。

要求掌握国际贸易术语中当事人相互间的权利与义务；国际货物买卖合同成立的规则；了解国际货物买卖中买卖双方的义务以及违反国际货物买卖合同的救济方法。

CHAPTER FOUR

International BUSINESS LAW

第一节 国际货物买卖法概述

一、国际货物买卖合同的概念

国际货物买卖合同是指营业地处于不同国家的当事人之间所订立的货物买卖合同。国际货物买卖合同具有如下特点。

（一）当事人的营业地位于不同的国家

国际货物买卖合同的最根本的特征是当事人营业地位于不同的国家。因此，在判断某项合同是国际货物买卖合同还是国内货物买卖合同时，其判断的标准是当事人所在的营业地，而不是其国籍。即使双方当事人具有相同的国籍，但是如果他们的营业地设在不同的国家，则他们之间所订立的合同应当认为是国际货物买卖合同。相反，如果双方当事人的营业地设在同一国家内，尽管他们的国籍不同，他们所订立的合同也不应视为国际货物买卖合同。

（二）买卖的标的物有特定的范围

国际货物买卖合同的标的是货物。这里所指的货物是有形动产，不包括货币、股票、债券以及流通票据，也不包括不动产和提供劳务的交易。

二、国际货物买卖法的渊源

国际货物买卖法是所有调整国际货物买卖关系的法律规范的总称。目前调整国际货物买卖活动的规则主要来自各国的买卖法、有关国际货物买卖的国际公约及一些国际贸易惯例等。

（一）各国有关货物买卖的法律

在国际货物买卖中，由于双方当事人的营业地位于不同的国家，这在法律上就会遇到一个重要的问题，即该项合同应当适用哪个国家的法律？双方当事人的权利与义务关系应当由哪一个国家的法律确定？在国际贸易中，这个问题有两种处理方法：一是由双方当事人达成协议，在合同中订立一项法律选择条款，明确规定该合同所应适用的法律，可以适用某一国的国内法或某国国际条约或国际贸易惯例；二是在双方当事人未能就法律适用问题达成协议的情况下，一旦发生争议，就由有关的法院或仲裁机构根据它们认为适用的法律冲突规则确定该合同所应适用的法律。但是，无论在哪种情况下，在国际货物买卖中都有可能导致适用某个国家的国内法、某项国际公约或某种国际贸易惯例。

由于各国的历史渊源和经济发展水平不同，各国有关货物买卖的法律也存在着差别。

在大陆法系国家，有些国家采取民商分立的形式，如法国、德国、日本等国家，除将有关买卖的法律编入民法典内，作为民法典的一个组成部分外，还在其商法典中对商人所从事的商业上的买卖活动进行规定。在这些国家，以民法为普通法，以商法为特别法；民法的一般原则可以适用于商事活动，但是对于商法中另有特别规定的事项，则适用商法典的有关规定。

在英美法系各国，没有民法与商法的区分，这些国家的买卖法大多是以单行法规的形式出现的，其中最有代表性的是《英国货物买卖法》，它在英美法系各国具有重要的影响。在美国，调整货物买卖最重要的立法是《统一商法典》，它的第二篇是“买卖”篇，是该法典的中心与重点。但是，该法典不同于大陆法系国家的商法典，它不是由美国国会通过的法律，而只是一些法律团体起草、供各州自由采用的一部样板法。因为美国是联邦制国家，联邦与各州都在宪法规定的范围内享有立法权。根据美国宪法的规定，有关贸易方面的立法权原则上属于各州，联邦只对涉及州际之间的贸易与国际贸易的事项享有立法权。所以，各州对于是否采用上述《统一商法典》有完全的自主权。由于该《统一商法典》比较适应当代美国社会经济发展的需要，因此，现在美国 50 个州中，除保持大陆法系传统的路易斯安那州外，其他各州均已通过了本州的立法采用这部《统一商法典》。

中国关于货物买卖的法律主要规定在《民法通则》和《合同法》等法律中。1986 年公布的《民法通则》第 4 章第 1 节关于民事法律行为的规定，第 5 章第 2 节关于债权的规定，以及第 6 章有关民事责任的规定，都与货物买卖密切相关。1999 年公布的《合同法》在第 9 章中专门对买卖合同进行了规定。从法律性质上看，《民法通则》与《合同法》是普通法与特别法的关系，即《民法通则》是普通法，《合同法》是特别法。从法理上看，在适用时，依照特别法优于一般法的原则，凡《合同法》有具体规定时，优先适用《合同法》，《合同法》未作具体规定时，适用《民法通则》的有关规定。

（二）有关国际货物买卖的国际公约

国际货物买卖法的第二个渊源是国际上有关货物买卖的一些公约。在国际上很早就出现了买卖法的统一化运动，由此产生了一些有关货物买卖的公约。有关货物买卖的国际公约都属于任意性法律规定，由当事人双方自由决定是否采用。

1. 1964 年《国际货物买卖统一法公约》与《国际货物买卖合同成立统一法

公约》。

由于各国的买卖法存在着不少分歧，因此这一领域的法律冲突为国际经济活动带来诸多的不便与麻烦。从1930年开始，罗马国际统一私法协会就着手拟订一项有关国际货物买卖统一法，以便协调与统一各国关于国际货物买卖的实体法。这项工作历时30多年，终于在1964年的海牙会议上正式通过了《国际货物买卖统一法公约》和《国际货物买卖合同成立统一法公约》。但是这两个公约在国际上并没有被广泛接受和采用。这主要是因为许多国家认为这两项公约受欧洲大陆法系传统的影响较多，内容比较繁琐，有的概念比较晦涩难懂。因此，至今只有9个国家参加了这两项公约，故未能起到公约预期的统一国际货物买卖法的作用。

2. 1980年《联合国国际货物买卖合同公约》（以下简称《1980年公约》）。

由于1964年海牙会议通过的两项公约都未能达到统一国际货物买卖法的预期目的，联合国国际贸易法委员会决定由它完成这一使命。该委员会于1969年成立了一个专门工作小组，在1964年两项公约的基础上制定一部统一的国际货物买卖法，力求使其得到不同社会经济制度与不同法律制度国家的广泛接受。工作组经过大约10年的酝酿和准备，于1978年完成了起草公约的任务，并命名为《联合国国际货物买卖合同公约》。该公约于1980年在维也纳外交会议上获得通过，截至2010年11月，核准和参加公约的国家已达73个，成为迄今为止关于国际货物买卖的一个重要的国际公约。

中国是批准《1980年公约》的最早成员国之一。中国政府曾派代表参加了1980年召开的维也纳会议，并于1986年12月向联合国秘书长递交了关于该公约的批准书，成为该公约的缔约国。

（1）《1980年公约》的基本结构。公约除序文外分为四个部分，共101个条文。第一部分是适用范围和规则；第二部分是合同的成立；第三部分是货物的销售，包括总则、买卖双方的权利义务、风险转移等制度；第四部分为最后条款，规定了对公约的批准、接受、核准和加入，对公约的保留、公约的生效以及缔约国的申明退出。

《1980年公约》对两个事项未作规定：①合同的效力，或其任何条款的效力，或任何惯例的效力。关于合同的效力及其他条款的效力，涉及各国对合同这一法律行为的效力的价值判断，尤其是其中是否符合法律和公序良俗，对此问题各国规定分歧较大，公约很难调和，因此不作规定。②合同对所售货物所有权可能产生的影响。这涉及所有权转移的时间与第三方对买卖的标的物可能提出的权利和权利主张的问题，因各国对其规定差别较大，所以，公约对此未作规定。

(2)《1980 年公约》适用的主体范围。《1980 年公约》适用的主体范围是指公约适用于哪些主体之间所缔结的买卖合同。

根据公约第 1 条第 1 款(a)项,营业地分处不同国家的当事人之间所订立的货物买卖合同,如果这些国家是缔约国,即属于公约的调整范围。

根据公约第 1 条第 1 款(b)项,营业地在不同国家的当事人之间订立的合同,这些国家和其中一个国家虽非缔约国,但如果根据国际私法规则而适用某一缔约国的法律,也属于公约的调整范围。

由此可见,《1980 年公约》中对于主体范围的规定,是以主体的营业地作为唯一标准的,对于当事人的国籍在所不论。虽然采用单一标准可以减少法律适用的不确定性,减少当事人为适用自己喜好的法律寻求争议解决地,减少不必要的诉诸国际私法规则,最终有更多的机会适用公约,但是这种简单化有时会造成法律适用的不合理。一方面它显得太宽泛,将本应由国内法调整的交易纳入公约调整,因为即使货物从制造到使用从未离开原产国,也可能成为国际货物买卖合同下的货物,只要交易双方的营业地位于不同的缔约国。另一方面,采用“营业地标准”又显得太狭隘,使本应由公约调整的买卖合同不能适用公约。例如,虽然买卖的货物跨越了国境,但因双方当事人的营业地位于同一国家,公约对这一交易就不能适用。此外,对于当事人存在一个以上营业地的,《1980 年公约》第 10 条(a)项规定,以与合同及合同的履行关系最密切的营业地为其营业地。这一规定的目的在于公约拒绝了以“主营业地理论”作为判断合同当事人营业地的标准,而采纳了“密切联系理论”。因此,哪个营业地是公司总部所在地或主营业地并不重要,除非这个地点与合同有最密切的联系。

(3)《1980 年公约》适用的客体范围。《1980 年公约》还以排除法确定了一些不在其调整范围内的货物买卖和其他事项。

公约第 2 条规定对六种标的的货物买卖合同不适用:①提供私人、家庭或家人使用的货物的买卖;②经由拍卖的买卖;③根据法律执行令状或其他令状的买卖;④公债、股票、投资证券、流通票据或货币的买卖;⑤船舶、船只、气垫船或飞机的买卖;⑥电力的买卖。第①项由于销售的特定目的决定了不在公约调整的范围内,更重要的是为私人、家人使用而购买涉及消费者权益保护,社会公共政策和公共利益,各国通常由消费者权益保护法、产品责任法调整;作为强行法,其效力高于公约之类的任意法,所以,公约作此排除。第②、③项由于销售方式而被排除,一般都由特殊的国内法律和规则进行规范。第④项因不是货物而被排除。第⑤项因在各国国内法中被视为不动产,其交易应遵守特殊的规则,包括应注册登记等有关强制法,故公约也将其交易排除在外。第⑥项被排除是基于标的物的特殊性质,而且有些国内法不承认电力为货物。

此外,《1980年公约》第3条第2款规定,不适用于供货方如绝大部分义务在于提供劳务或服务的合同。提供劳务或其他服务的合同是指两种情况:一种是来料加工、组装的合同,卖方事实上是提供一定的劳务;另一种是大型成套设备的销售,卖方要提供辅助的设备安装、维护保养、技术转让、人员培训服务的合同,这类包含劳务、技术服务、技术转让的合同亦称为"混合合同",只要服务部分的价值占整个合同的绝大部分即合同总价的50%,公约就不适用。

(4)《1980年公约》的性质。一般而言,条约对于缔约国具有当然的法律拘束力,而且根据各国对条约在国内法上适用的转化或纳入程序,条约对各国的当事人也具有法律拘束力。但是,根据《1980年公约》第6条的规定,双方当事人可以约定不适用公约,虽然他们的营业地所在国是缔约国,他们也可以减损公约的任何规定或改变其效力,但必须尊重营业地所在缔约国已经作出的保留。由此可见,《1980年公约》虽然具有法律拘束力,但只是一种任意性的规定,表现为公约可以被合同当事人任意取舍,只受缔约国保留条款的影响。而且,如果符合公约规定的当事人不对公约的适用作出明示排除,公约就可以自动予以适用。

(5)我国对《1980年公约》的保留。我国在核准《1980年公约》时曾根据该公约第95条和第96条的规定,对公约提出了两项重要的保留:

第一,关于书面形式的保留。按照公约第11条的规定,国际货物买卖合同不一定要以书面形式订立或以书面来证明,在形式方面不受任何其他条件的限制。公约的这一规定以及其他类似内容的规定,与我国当时的《涉外经济合同法》关于涉外经济合同(包括国际货物买卖合同在内)必须采用书面形式订立的规定是不一致的。因此,我国在核准该公约时对此提出了保留。但是,我国1999年的新《合同法》第10条已经不再要求合同必须采用书面形式订立,已经与公约第11条的规定相一致,我国对公约的这一保留似乎已经没有意义了。

第二,关于公约适用范围的保留。如前所述,按照公约第1条第1款(b)项的规定,其目的是扩大公约的适用范围,使该公约不仅适用于营业地处于缔约国的当事人之间订立的买卖合同,而且还适用于营业地处于非缔约国的当事人之间所订立的买卖合同,只要依据国际私法规则使该合同适用某一缔约国的法律即可。对此,我国在核准公约时也提出了保留。但对当事人自愿选择适用该公约的,我国承认当事人根据意思自治原则所作出的选择。

(三)有关国际货物买卖的国际贸易惯例

在国际货物买卖中,双方当事人可以在他们的买卖合同中规定采用某种国际贸易惯例,用以确定他们之间的权利与义务。

1.《国际贸易术语解释通则》(International Rules for the Interpretation of

Trade Terms, INCOTERM)。

《国际贸易术语解释通则》是由国际商会(ICC)在1935年制定的,其后于1953年、1967年、1976年作了修订。为了适应国际货物运输方式的新发展,又于1980年、1990年、2000年和2010年进行了修改和补充。现行的文本为2011年1月1日开始在全球实施《2010年国际贸易术语解释通则》(以下简称《2010年通则》)。该通则对于适用于任何运输方式的7种术语:EXW,FCA,CPT,CIP,DAT,DAP,DDP,以及适用于水上运输方式的4种术语:FAS,FOB,CFR,CIF,共11种贸易术语作了详细的解释,具体规定了买卖双方在交货方面的权利与义务。该通则在国际上已经得到广泛的承认和采用,是国际货物买卖最重要的贸易惯例。

2.《华沙—牛津规则》(Warsaw - Oxford Rules)。

《华沙—牛津规则》是国际法协会在1932年制定的,因曾先后在华沙、牛津等地开会研究、讨论,故定名为《华沙—牛津规则》。该规则共有21条,完全是针对成本加运费、保险费合同(CIF)制定的。它对CIF合同中双方所承担的责任、费用与风险作了详细的规定,曾经在国际上有较大的影响,但目前已经基本上由于《国际贸易术语解释通则》的普遍采用而失去影响。

3.美国《1941年对外贸易定义修正本》(Revised American Foreign Trade Definition 1941)。

《1941年对外贸易定义修正本》是由美国商会、美国进口商理事会和全国对外贸易理事会组成的联合委员会制定的,在南北美洲各国有很大的影响。它包含了FOB,CIF等6种贸易术语,其中对FOB术语的解释既可以适用于内陆交货,也可以适用于装运港交货,甚至可以用于进口地交货,只有FOB Vessel与国际商会《2010年通则》解释的FOB术语的含义相同。

(四)《国际商事合同通则》

1968年在纪念国际统一私法协会成立40周年会议上,一些学者提出借鉴美国"法律重述"的做法,对国际商事合同也进行一次"国际性的重述",但并不试图制定出带有强制性的国际性规范,而是制定一套更符合国际贸易实践的、能为多数国家所接受的非强制性的国际性规范。经过14年的努力,1994年国际统一私法协会通过了《国际商事合同通则》(以下简称《通则》)。在这之后,国际统一私法协会分别于2004年及2010年对《国际商事合同通则》进行了修改,其中2004年改动较大。

《通则》由前言和正文两部分组成。第一部分为前言,主要阐明国际统一私法协会制定《通则》的目的以及《通则》的性质;第二部分为正文,包括7章共118条。《通则》在编纂形式上颇具特色。表现在三方面:①《通则》为每一个条文都加了一个简短的标题,有助于人们迅速且清楚地把握条文的内容;②《通则》在每一个条文后都加了一段注释,不仅对条文有关规定的原因作出注释,同时在某种程度上对条文进行了必要的补充;③《通则》在一些注释中加入了实例,从而一方面有助于人们理解条文,另一方面弥补《通则》条款规定较为原则的不足,增强了可操作性。

《通则》是继《1980 年公约》之后国际贸易法统一化进程中取得的又一重大成果。它继承了《1980 年公约》的一些制度,但在很大程度上又具有自己的特点。

首先,《通则》与《1980 年公约》的法律性质和法律效力不同。制定《1980 年公约》的目的是统一各国国内法,因此它是一个有拘束力的国际贸易公约,除非当事人约定不适用公约,它对有关当事各方产生当然的法律约束力;而《通则》的目的不是为了统一国内法,而是只对现存的国际契约法加以重述,在于制定一个不具有法律拘束力的有关国际商事交易的一般规则,所以,《通则》既非国际公约,又非示范法,甚至不能算是一个真正意义上的国际惯例,只是一个"一般法律规则",或者可以说是对国际契约法的重述。《通则》的这种不具有拘束力的特性使得其在适用上的法律效力大打折扣。

其次,《通则》的适用范围比《1980 年公约》广泛。《1980 年公约》的适用范围较为有限,仅仅适用于营业地处于不同缔约国的当事人之间所订立的货物买卖合同,而且,公约还采用排除的方法列举了不适用公约的货物的买卖;而《通则》的适用范围较为广泛,即适用于一切国际商事合同,包括国际货物买卖、国际知识产权转让、国际服务贸易、国际投资交易等商事领域的合同。

再次,《通则》在一定程度上对《1980 年公约》起着补充和完善的作用。《通则》的制定借鉴了《1980 年公约》的部分规定,在某些问题上照搬或实质上采用了公约相关条款的规定,而且比公约的相关规定更加明确具体。不仅如此,《通则》根据国际经贸实践的需要创设了许多新的实用性较强的内容。这样,在《1980 年公约》没有规定或规定不明确的情况下,《通则》可以起到补缺或补充的作用。

第二节　国际贸易术语

一、国际贸易术语的概念

国际贸易术语是一种重要的国际贸易惯例,表现为一个简短的专门性概念或英文缩写。在国际货物买卖合同中，当事人通常选用一定的国际贸易术语概括表示当事人的权利和义务。具体讲，国际贸易术语是指在国际货物买卖中普遍适用的，确定买卖双方在交货方面的责任、费用和风险的一种专门术语。

一般而言，国际贸易较国内贸易复杂，买卖双方相距路途遥远，货物自卖方所在地运交买方往往要经过长途运输、多次装卸和存贮，这就需要办理洽租运输工具、装货、卸货、货运保险、申领进出口许可证和报关、纳税等手续，并需支付运费、装卸费、保险费、仓储费及各种捐税和杂项费用；同时，还须承担货物在运输过程中可能遭受各种损失的风险。为此，买卖双方要在合同中规定，货物自卖方交付给买方的过程中各种手续由谁办理，各种费用由谁支付，各种风险由谁承担。而国际贸易术语恰是用以确定买卖双方在交货方面应如何承担这些责任与义务的专门用语，故又称为“交货条件”。承担不同的责任、风险和费用最终都要在货物的售价上反映出来。通常，如卖方所承担的责任重、风险大，支付的费用项目多，则货物的售价也高；反之，如卖方所承担的责任轻、风险小，支付的费用项目较少，则货物的售价也相应较低，因此，贸易术语也被称为“价格术语”或“价格条件”。

综上所述，国际贸易术语的作用主要包括五个方面：①确定交货的地点与方式；②确定是由卖方还是由买方负责办理货物的运输与投保货物运输保险；③确定货物风险转移的时间与地点；④确定是由卖方还是由买方负责取得并提交各种装运单据以及领取货物进出国境所必需的其他单据；⑤确定买卖双方的费用负担。

在国际货物买卖中，正确使用贸易术语，对于简化交易程序、节省交易时间和费用，保证国际交易正常进行，减少合同纠纷，促进国际贸易发展具有重要意义。

二、《2010 年通则》相对于《2000 年通则》的主要变化

《2010 年通则》于 2011 年 1 月 1 日正式在全球范围内生效，相较于已经沿用 10 年的《2000 年通则》的主要变化有如下四项：

第一，术语分类的调整：由原来的 EFCD 四组分为适用于两类，即适用于各种运输方式和水运。

第二，贸易术语的数量由原来的 13 种减少为 11 种。

第三，《2010 年国际贸易术语解释通则》删去了《2000 年国际贸易术语解释通则》中的 4 个术语：DAF（Delivered at Frontier）——边境交货、DES（Delivered Ex Ship）——目的港船上交货、DEQ（Delivered Ex Quay）——目的港码头交货、

DDU（Delivered Duty Unpaid）——未完税交货，新增了 2 个术语：DAT（delivered at terminal）——在指定目的地或目的港的集散站交货、DAP（delivered at place）——在指定目的地交货，即用 DAP 取代了 DAF，DES 和 DDU 三个术语，DAT 取代了 DEQ，且扩展至适用于一切运输方式。

第四，《2010 年国际贸易术语解释通则》取消了“船舷”的概念，卖方承担货物装上船为止的一切风险，买方承担货物自装运港装上船后的一切风险。在 FAS，FOB，CFR 和 CIF 等术语中加入了货物在运输期间被多次买卖（连环贸易）的责任义务的划分。考虑到对于一些大的区域贸易集团内部贸易的特点，《2010 年通则》规定，Incoterms2010 不仅适用于国际销售合同，也适用于国内销售合同。

三、国际贸易术语的分类

（一）适用于各种运输方式的贸易术语（Any Mode of Transport）

1. EXW（ex works）——工厂交货。

EXW 术语是指卖方在其所在地，即工厂或仓库将备妥的货物交付买方，即完成交货义务。在采用这一贸易术语时，卖方的基本义务是根据合同规定的时间与地点将符合合同要求的货物置于买方的支配之下就算完成了交货义务，货物的风险也于此时由卖方转移于买方。至于从卖方所在地将货物运到目的地的一切风险、责任与费用，包括办理货物出口与进口的手续、支付进出口关税、订立运输合同与保险合同，以及支付运费与保险费等，均由买方承担。因此，在采用这一贸易术语时，卖方的义务是最小的，而买方的义务相对于其他贸易术语而言则是最大的。

由于“工厂交货”这一贸易术语要求买方办理货物的出口手续，因此，如果买方不能直接或间接办理出口手续时，就不应使用这一贸易术语。

2. FCA（free carrier）——货交承运人。

使用 FCA 术语，卖方的责任是在出口国承运人所在地（包括港口）将货物交给买方指定的承运人或运输工具上履行自己的交货义务；自费办理货物的出口结关手续；自费向买方提交与货物有关的单证或相等的电子单证。买方的责任在于自费办理货物的运输和保险手续并支付费用；自费办理货物的进口和结关手续等。以货交承运人的时间和地点作为风险转移的界线。

3. CPT（carriage paid to）——运费付至目的地。

使用 CPT 术语，卖方需自费办理货物的运输手续并交纳运输费用，承担货交承运人以前的风险和费用，并自费办理货物出口结关手续，还要向买方提交与货物有关的单据或相等的电子单证。买方的责任是办理投保并支付保险费，承担货物提交承运人以后的风险和费用，并自费办理货物进口的结关手续。

4. CIP(carriage and insurance paid to)——运费/保险费付至目的地。

使用CIP术语，卖方的责任是自费办理货物的运输手续并交纳运输费用，并承担货交承运人以前的一切风险和费用，卖方还应自费办理投保手续并交纳保险费，通常投保的险别是保险费最低的险别。卖方还需自费办理货物出口结关手续并向买方提交与货物有关的单据或相等的电子单证。而买方的义务为承担货物提交承运人以后的风险和费用并自费办理货物进口的结关手续。

5. DAT(delivered at terminal)——目的地或目的港的集散站交货。

DAT术语类似于取代了的DEQ术语，是指卖方在指定的目的地或目的港的集散站卸货后将货物交给买方处置即完成交货，术语所指目的地包括港口。卖方应承担将货物运至指定的目的地或目的港的集散站的一切风险和费用(除进口费用外)。DAT术语适用于任何运输方式或多式联运。

6. DAP(delivered at place) ——目的地交货。

DAP术语类似于取代了的DAF，DES和DDU三个术语，是指卖方在指定的目的地交货，只需做好卸货准备，无须卸货即完成交货。这一术语所指的到达车辆包括船舶，目的地包括港口。卖方应承担将货物运至指定的目的地的一切风险和费用(除进口费用外)。DAP术语适用于任何运输方式、多式联运方式及海运。

7. DDP(delivered duty paid)——完税后交货。

(二)适用于水上运输方式的贸易术语

1. FAS(free alongside ship) ——装运港船边交货。

使用FAS术语买卖双方的义务与FCA术语相同，区别在于FAS术语只适用于水上运输方式，且以指定装运港买方指定装货地点的船边作为风险转移的界线。

2. FOB(free on board) ——装运港船上交货。

使用FOB术语，买卖双方的义务同样与FCA术语相同，但FOB术语仅适用于水上运输方式，《2010年通则》去掉了“船舷”的概念，卖方承担货物装上船为止的一切风险，买方承担货物自装运港装上船后的一切风险。

3. CFR(cost and freight) ——成本加运费。

使用CFR术语，卖方的责任是自费办理货物的运输手续、交纳运输费用并承担货物在装运港上船前以前的风险和费用，同样需要自费办理货物出口结关手续并向买方提交与货物有关的单据或相等的电子单证。买方的责任是办理投保、交纳保险费用并承担货物在装运港越过船舷以后的风险和费用，也同样需自费办理货物进口的结关手续。

4. CIF(cost insurance and freight)——成本、保险费加运费。

使用CIF术语,卖方的责任是自费办理货物的运输手续、交纳运输费用,且卖方还应自费办理投保手续并交纳保险费用,通常投保的险别是最低的险别,卖方需承担货物在装运港上船前以前的风险和费用,并自费办理货物出口结关手续和向买方提交与货物有关的单据或相等的电子单证。买方的责任是承担货物在装运港越过船舷以后的风险和费用,并自费办理货物进口的结关手续。

四、三个常用的贸易术语

在国际贸易中,FOB,CIF和CFR是被广泛使用的贸易术语。因此,有必要进一步了解这些术语的具体含义及其在使用中应注意的问题。

(一)FOB

FOB是指卖方在指定的装运港,将货物装上船越过船舷后履行其交货义务。根据《2010年通则》的规定,在按照FOB术语成交时,买卖双方应各自承担下列责任与义务。

1. 买方的主要义务。

①负责根据合同规定支付价款;②负责租船或订舱,支付运费并给予卖方关于船名、装船地点与要求交货时间的充分的通知;③自负风险与费用,取得进口许可证或其他核准书,并办理货物进口以及必要时经由另一国过境运输的一切海关手续;④承担货物自装运港装上船后的一切风险;⑤收取根据合同规定支付的货物,接受单据。

2. 卖方的主要义务。

①负责根据港口惯常方式在合同规定的日期或期间内,在指定装运港将符合合同规定的货物交至买方指定的船上,并给予买方充分的通知;②负责办理货物出口手续,取得出口许可证或其他核准书;③承担货物装上船为止的一切风险;④负责提供商业发票与证明货物已交至船上的通常单据。

根据FOB术语订立合同时应注意下述问题。

第一,如前所述,FOB术语只适用于海运和内河运输。在船舷无实际意义时,即在集装箱或滚装船运输的情况下,更宜使用FCA术语。

第二,使用FOB术语由买方办理运输事宜,故在FOB后应注明装运港名称。

第三,对FOB术语的解释,不同的国家和地区有不同的惯例。如美国1941年《对外贸易定义修正本》将FOB分为几种,其中只有FOB Vessel与《2010年通则》中“船上交货”(FOB)术语相同。因此,在与美国、加拿大等国进行贸易时,应在 FOB 后面标明“Vessel”字样,以免与其他几种 FOB 术语相混淆。

第四,由于《2010 年通则》不是法律,没有强制性,国际上对“装船”的概念又缺乏统一的解释,因此,为了明确在租船运输时有关装船的费用划分,有时在 FOB 术语后加列附加条件,从而形成 FOB 术语的变形。但需说明的是,FOB 的变形只是用以明确装船费用的负担问题,并不改变 FOB 的性质,主要包括四种情况:①FOB 班轮条件,是指有关装船费用按班轮条件办理,即卖方不负担有关装船的费用;②FOB吊钩下交货,是指将货物交到买方指定船只的吊钩所及之处,有关装船的各项费用一概由买方负担;③FOB 并理舱,是指卖方负责将货物装入船舱,并且支付包括货物装入船舱舱底后需要垫舱整理的理舱费在内的装船费用;④FOB 并平舱,是指卖方负责将货物装入船舱,并支付包括货物装入船舱后需要进行整理、填平补齐所需的平舱费在内的装船费用。

(二)CIF

CIF 是指卖方必须在合同规定的装运期内,在装运港将货物交至运往指定目的港的船上,承担货物装上船为止的一切费用和风险,并负责办理货运保险,交纳保险费,以及负责租船或订舱,支付运费。

根据《2010 年通则》,在 CIF 术语下,买卖双方应承担下列主要义务。

1. 买方的主要义务。

①负责根据合同规定支付货款;②负责办理货物进口手续,取得进口许可证或其他核准书;③承担货物装上船为止的一切费用和风险;④收取根据合同规定交付的货物,接收单据。

2. 卖方的主要义务。

①负责根据港口惯常方式在合同规定的日期或期间内,在装运港将符合合同规定的货物交至运往指定目的港的船上,并给予买方充分的通知;②负责办理出口手续,取得出口许可证或其他核准书;③负责租船或订舱,支付运费;④负责办理货物运输保险,交纳保险费;⑤负担货物在装运港越过船舷为止的一切费用与风险;⑥负责提供商业发票、保险单与货物运往约定目的港的单据。

买卖双方在使用 CIF 术语时应注意下述问题。

第一,CIF 术语只适用于海运和内河运输,因此,如船舷无实际意义时,即在滚装船和集装箱运输情况下,更宜使用 CIP 术语。

第二,采用 CIF 术语时,因由卖方负责办理运输事宜,CIF 后应注明目的港的名称。

第三,CIF 术语是典型的象征性交货。根据 CIF 术语订立的合同是一种特定类型的合同,实行的是象征性交货。其特点是:卖方凭单据履行交货的义务,买方凭单据付款。只要卖方所交付的单据齐全与正确,买方就须付款,即使在付款时货物已经损坏或灭失,买方也不得拒付货款。因为 CIF 合同的卖方将有关货运单据交给买方后,使买方与承运人、与保险人建立了直接的关系,如果货物在运输途中发生损坏或灭失,则买方可以凭所取得的货运单据,向承运人与保险人交涉索赔。所以,可以认为,根据 CIF 术语达成的交易是一种“单据买卖”。但是应当指出的是,CIF 合同的卖方,除了提交齐全与正确的单据外,还应保证所交运的货物符合合同规定,虽然并不保证货物必定到达目的港。

第四,CIF 术语也有其变形条件,它的主要作用是解决卸货费用由谁负担的问题,包括三项:①CIF 班轮条件是指卸货费按班轮条件办理,换言之,买方不负担卸货费;②CIF 舱底交货是指货到目的港后,由买方负责卸货费用;③CIF 并着陆条件是指卖方负责货到目的港岸上为止的卸货费用,包括驳船费用和码头捐。

(三)CFR

CFR 是指卖方负责租船或订舱,在合同规定的装运期内将货物交至运往指定目的港的船上,承担货物装上船为止的一切费用和风险,并支付运费。CFR 与 CIF 的不同之处仅在于 CFR 合同的卖方不负责办理保险手续与支付保险费,不提供保险单。除此之外,CFR 和 CIF 合同买卖双方义务的划分基本上是相同的。

使用 CFR 术语时应注意装船通知问题。因为,采用 CFR 术语时,货物是由卖方负责安排运输,而由买方负责投保的。按一般的货运保险手续,投保人在投保时应向保险公司申报货物的有关情况及运输工具的名称等。若卖方在将货物装船后不及时向买方发出装船通知,将上述货运资料及船名等告知买方,买方就有可能无法及时办理投保手续,甚至可能发生漏保。如果出现这种情况,货物在运输途中的风险就应由卖方承担。

另外,CFR 与 FOB 和 CIF 相似,在以滚装船和集装箱运输时,最好使用相对应的 CPT 术语代替。

我国在对外出口贸易中,若总是使用 FOB,CFR 和 CIF 术语对我方是不利的,不如采用 FCA,CPT 和 CIP 三个术语。首先,在 FCA,CPT 和 CIP 条件下,买卖双方风险以货物交与承运人监管时起转移,而 FOB,CFR 和 CIF 则将风险转移时间从将货物交与承运人接管,延伸到把货物在装运港装上船越过船舷为止。其次,在 FCA,CPT 和 CIP 条件下,当承运人接管货物后即可出单;在 FOB,CFR 和 CIF 条件下,一般要求卖方提交已装船提单,货物交给承运人接管到将货物装上船,其间一般需经过一段相当长的时间,少则两三天,多则十天、半月,这就直接影响到卖方向银行交单收汇的时间,从而影响了卖方的资金周转,增加了利息负担。最后,FCA,CPT 和 CIP 不仅与 FOB,CFR 和 CIF 一样可适用于水上运输,还适于其他运输方式。

第三节 国际货物买卖合同的成立

一、要约与承诺

国际货物买卖合同的订立与其他合同一样,是双方当事人意思表示一致的结果。具体而言,它是通过一方提出要约,另一方对要约表示承诺而成立的。

(一)要约

要约在外贸实践中又被称为发价、发盘,是指一方向另一方提出愿意按一定的条件与对方订立合同的建议。发出要约的一方称为要(发)约人,其相对方称为受约人。《1980 年公约》第 14 条第 1 款将要约定义为,“向一个或一个以上的特定的人提出的订立合同的建议,如果十分确定并且表明要约人在接到承诺时就受约束的意旨,即构成要约”。

1. 要约的构成。

一项订立合同的建议,如果要成为要约而取得法律拘束力,必须符合一定的条件。根据一些国家的买卖法及《1980 年公约》的规定,构成一项有效要约必须具备以下条件。

(1)要约是向一个或一个以上特定的当事人提出。要约是由发约人向受约人发出的。因此,这里所谓特定的人,是指受约人必须是特定人,即发约人在发约时必须具体指明收受该项要约的公司、企业或个人的名称或姓名。这项规定的目的是将普通商业广告或向广大公众散发的商品目录、价目表等行为与要约区别开。前者是向广大公众发出的,不是向某一个或某几个特定的人发出的,其对象是广大公众,而不是特定的人。根据许多国家的法律规定,普通的商业广告不具有要约的作用,只是一项要约邀请。但是有些国家,如英国和美国的判例则认为,商业广告原则上虽然不是一项要约,但如果广告的内容十分明确与肯定,则在某些例外的情况下也可以视为一项要约。对此《1980 年公约》基本上采取折中的办法处理。公约第 14 条第 2 款规定,凡不是向一个或一个以上特定的人提出的订约建议,仅应视为要约邀请,而不是一项要约。但是,如果此项建议符合作为要约的其他要求,而且提出该建议的人明确表示有相反的意向,例如,明确地表示他所刊载的广告是作为一项要约提出来的,则这项建议就可以视为要约。这里所说的“明确表示”可以有各种不同的表示方式，例如，在刊登商业广告时注明“本广告构成要约”，或注明“广告所列的各种商品将售给最先支付现金或最先开来信用证的人”等。如果有这类特别说明，这则广告也将被视为是一项要约。

(2)要约的内容必须十分确定。发约人应在要约中明确提出准备与对方签订合同的主要条件，一旦受约人承诺，即足以成立一项对双方都有拘束力的合同。所谓“十分确定”是指要约的内容应能达到可以确定买卖双方权利和义务的最低程度。各国的买卖法及《1980 年公约》对要约应明确的最基本的内容有不同的规定。

大陆法系各国一般对此作了严格解释，规定要约应明确标的、数量和价格等基本条款，英国的《货物买卖法》也有类似的规定。

美国的《统一商法典》降低了对要约内容明确性的要求，采取了宽松的态度，规定即使在买卖合同中对某一项或某几项条款没有作出规定，但是，只要当事人之间有订立合同的意思，并有合理的、确定的依据给予相应的补救，则合同仍然可以成立。

《1980 年公约》似受到美国《统一商法典》的影响，其立法重心不再恪守要约的完整性，强调发约人无须在其要约中详细列出合同的全部条款，只要达到足以确定合同的内容的程度即可，而且其进一步规定如果包含三项内容就符合“十分确定”的要求：①应当载明货物的名称，例如，准备进行买卖交易的商品是大米、小麦或者是羊毛、棉花等；②应明示或默示地规定货物的数量或规定如何确定数量的方法，例如，在要约中可明确规定“东北大豆 1 000 吨”，也可以只规定某种确定数量的方法，如“拟出售某铁矿在某段时间内所生产的全部铁矿砂”等；③应明示或默示地规定货物的价格或规定确定价格的方法，例如，在五金矿产品交易中，有时当事人在要约中并不具体规定商品的价格，而只规定商品的价格按交货月份伦敦五金交易所的平均时价计算。至于其他事项，在合同成立后，可以以后商定或按照商业惯例和相关法律规定确定。

(3)要约人订立合同的意旨十分确定。要约人必须向受约人清楚地表明，在其建议得到有效接受时愿受要约记载内容约束的意旨。如果情况表明一项意思受到承诺，而意思的发出者却可以不受约束，则这种意思表示就绝非要约，而只能作为要约邀请。在实际工作中，有的订约建议常附有若干保留性或限制性条件，如“价格随时调整，恕不通知”，或“仅供参考”、“须经我方最后确认”、“以我方货物售出为准”等等。

为了避免引起不必要的纠纷，以利于交易的进行，我国外贸公司将发价或发盘分为实盘与虚盘两种。实盘的主要特点是对发盘人具有约束力。在实盘规定的有效期内，发盘人不得随意撤回或修改其内容。实盘一经受盘人在有效期内无条件地接受，就不用再经发盘人的确认，即可成立对双方都有约束力的合同。实盘必须具备两个主要条件：一是必须提出完整、明确与肯定的交易条件；二是必须规定有效期，受盘人如果接受此项实盘，就必须按期答复，如果超过有效期，则发盘人可以不受其约束。虚盘是发盘人有意保留地愿意根据一定的条件达成交易的一种表示。虚盘对发盘人没有约束力，发盘人可以随时撤回或修改虚盘的内容。即使受盘人对虚盘表示接受，仍然须经发盘人的最后确认，才能成立对双方都有约束力的合同。虚盘也有两个主要特点：一是发盘中附有保留条件；二是在发盘中不规定有效期，其作用是试探对方的交易诚意，吸引对方对我方递盘或订货，使我方拥有对是否成交的最后决定权。但是，从法律意义而言，虚盘事实上并不构成一项真正的要约，而是一项要约邀请，其目的是为了吸引对方提出要约。

2. 要约生效的时间。

《1980 年公约》第 15 条第 1 款规定，要约于其到达受约人时生效。在这一点上，各国的法律规定是没有分歧的，我国《合同法》第 16 条第 1 款也作出了相同的规定。因为要约是一种意思表示，受约人必须在收到要约之后才能决定是否予以接受。因此，如果一方仅凭以往交易的经验，或通过其他途径了解对方可能向自己发出要约的内容，他也不能在收到要约之前主动作出接受的表示，即使这样做，也不能因此认为双方已成立了合同关系，而只能认为是双方的相互报价。但应注意的是，送达受约人，不是指一定要送到受约人手中才算到达，只要送到受约人能控制的地方就可视为已到达。

3. 要约的撤回与撤销。

要约的撤回与撤销是两个既有联系又有区别的概念。要约的撤回，是指要约人在发出要约之后，在其送达受约人之前，即在要约尚未生效之时将该项要约取消，使其失去作用。而要约的撤销，是指要约人在其要约已送达受约人之后，即在要约已生效之后将该项要约取消，从而使要约的效力归于消灭。

在国际贸易中，当要约人发出要约后，因发现要约有误，市场价格发生变化或外汇汇率发生变化等，要约人可能想改变计划，要求撤回或撤销其要约，或要求在价格或其他条款上作相应的调整，而受约人可能不同意撤销要约，或不同意对要约的内容做任何修改，双方当事人之间可能为此产生争议。所以，在国际贸易中，如何处理这个问题有着重要意义，对此各国买卖法及《1980 年公约》都作出了相应的规定。

（1）要约的撤回。因要约只有送达受约人时才产生效力，要约人在要约发出后，尚未送达受约人时将其撤回不会给受约人带来不利影响，因此，各国的买卖法以及《1980 年公约》都规定,只要要约人撤回要约的通知与其要约同时或先于其要约送达受约人,其要约即可撤回。因此,撤回要约的通知应采用比要约更为快捷的通信方式才有可能将要约撤回。

(2)要约的撤销。关于要约已到达对方并已生效之后,要约人是否能将其撤销的问题,各国的法律规定,特别是大陆法系和英美法系存在严重的分歧。大陆法系普遍认为,要约到达受约人时生效,生效的要约对要约人有约束力,不得随意撤销。要约在规定的有效期内或虽未规定有效期但在一合理期限内对要约人有拘束力,要约人在此期限内不得随意撤销或更改要约。英美法系则认为,要约在受约人承诺前没有约束力,要约人可以随时撤销或更改其内容,但是有两种要约不能撤销:一是对方有某种对价支持的要约不能撤销;二是要约采取了签字蜡封的形式不能撤销。英美法系的这种规定,使要约人具有随意性,而受约人则缺乏必要的保障,这已引起了英美法系国家的重视。美国《统一商法典》就取消了要约须有对价支持才有约束力的要求。该法典规定,某商人发出一个书面的、签了字的、缺乏对价的要约,在要约规定的有效时间内不得撤销。如果没有规定具体时间,要约在一段合理的时间内不可撤销,但不可撤销的期限不超过 3 个月。

为便于国际商事交往,减少贸易纠纷,《1980 年公约》对这一问题作出了调和性规定。其第 16 条第 2 款规定,只要撤销要约的通知于受约人发出承诺以前送达受约人,要约可以撤销。这基本上采纳了英美法系的做法。但在"但书"部分规定了两种情形下不得撤销:一是要约中已载明了接受的期限,或用其他方式表示它是不可撤销的;二是受约人有理由信赖该要约是不可撤销的,并且已本着对该项要约的信赖行事。这主要反映了大陆法系的原则。《国际商事合同通则》采用了与公约相同的规定,我国《合同法》也作了同样的规定。

4. 要约的失效。

要约失效后,无论对要约人或受约人均不再有约束力。要约失效的原因很多,按照许多国家的法律及《1980 年公约》的规定,主要有以下几种。

(1)要约因被拒绝而失效。拒绝要约有两种方式:一是直截了当地表示拒绝接受某项要约;二是对要约人在要约中提出的交易条件进行讨价还价,例如,要求降低价格、增加或减少数量、变更报价提出的交货期或支付方式等。这也是对要约的拒绝,并构成还盘。

(2)要约因被要约人撤销而失效。

(3)要约因其规定的接受期限届满而失效。

(4)要约因"合理期限"已过而失效。

（二）承诺

承诺，又称接受、受盘，是指受约人同意接受要约的交易条件以缔结合同的意思表示。

1. 承诺的方式。

按照《1980年公约》的规定，承诺的方式可以采用明示通知的方式，也可以采用行为表示同意，但缄默或不行为本身并不构成承诺。明示的方式可以包括口头或书面方式。所谓以行为来承诺，就是根据交易习惯或当事人的约定，以受约人的特定行为用默示的方式表示接受，如以发运货物或支付货款的行为表示接受要约。而缄默和不行为本身不同于默示，缄默和不行为是没有任何行为表示。如果受约人不以其行为表示拒绝要约，不能因此认为合同已经成立，因为一项要约提供给受约人的是一个承诺权，受约人有权按照自己的意志决定承诺还是不承诺。除了法律有特别规定外，受约人拒绝要约也没有通知的义务，但如果在长期的交易习惯中都认可了缄默和不行为作为接受的方式，则也可以使其成为一种承诺的方式。

2. 承诺的构成。

一项有效的承诺必须具备三个条件。

（1）承诺必须由受约人或其代理人做出。由于要约是向特定人发出的，所以承诺必须由特定的人，即受约人或其授权的代理人做出。除此之外，任何第三人即使知道要约的内容并对此作出同意的意思表示则不是承诺，也不能成立合同。

（2）承诺必须在有效期间内做出。如果要约规定了承诺的有效期限，则承诺应在规定的期间内做出，如果要约没有规定期限，则应在合理的期间内做出。如果承诺的时间迟于要约的有效期，这就被称为"迟到的承诺"。迟到的承诺不是有效的承诺，而是一项新的要约，只有得到原要约人的承诺后才能成立合同。

迟到的承诺根据迟到的原因不同在具体处理时可分为两种情况：其一是可归因于原受要约人的迟到承诺，在这种情形下，如果原要约人毫不迟延地用口头或书面发出通知的方式表明愿意接受这一迟到的承诺，迟到的承诺仍然可保留其承诺的效力；其二是不可归责于当事人的原因而造成的迟到承诺，即如果该承诺在传递正常的情形下，本可以及时到达原要约人，但由于其他原因而未能如期到达的，该承诺应为有效的承诺，除非原要约人毫不迟延地通知原受要约人该承诺已失效。《1980年公约》和我国《合同法》对此作出了相同的规定。

（3）承诺的内容应与要约保持一致。承诺的内容与要约保持一致是合同成立的核心要素。两大法系对此都采用了同一的原则。如果承诺与要约不一致，则只能被视为一个新的要约。虽然早期的合同法采用的是绝对一致，即所谓镜像原则，但现在各国对此都有所突破，如美国《统一商法典》规定，"在合理的时间内寄送的承诺表示或确认书，只要确定并且及时，即使与原要约的条款有所不同或对其有所补充仍具有承诺的效力，除非承诺中明确规定，以要约人同意这些不同的条款为承诺生效的条件。"……"补充条款对合同做了实质性改变，则不构成合同的组成部分。"可见，承诺对要约的变更应区分为实质变更和非实质变更。对此，《1980 年公约》第 19 条规定，有关货物价格、付款条件、货物质量和数量、交货地点和时间、一方当事人对另一方当事人的赔偿责任范围和解决争端等的添加或不同条件，均视为实质上变更要约的条件。但因为在具体的合同中，某一条款是否具有实质意义，应视合同的具体情形而定，所以《1980 年公约》也很难就何谓实质性或非实质性条款作出更加具体的规定。当然，在国际货物买卖合同中，这些条款的变更一般被认为必然影响双方的权利和义务。但如果受要约人对要约内容作出的某些变更是非实质性的，根据《1980 年公约》的规定，要约人有权及时提出异议，当要约人坚持不同意对其要约的内容作任何变更时，尽管受要约人在其所作出的意思表示中对要约的变更不是实质性的变更，合同仍不能成立。

3. 承诺生效的时间。

一般认为，承诺生效的时间即合同成立的时间。对此，英美法系和大陆法系有不同的规定。

英美法系采用投邮生效的原则，即以信件、电报作出承诺时，只要受要约人将信件投邮或将电报交付邮局时，承诺即生效。制定这一原则的目的是为了缩短要约人撤销要约的时间，以协调要约人与受要约人之间的利益。但其弊端是明显的，如果承诺的信件、电报途中出现丢失，要约人在不知情的情况下，仍需要承担合同义务。

大陆法系采用的是到达生效的原则，即承诺的信件、电报到达要约人时才能生效。据此，如果由于邮局或其他外在原因而使承诺的信件、电报丢失，则由发出承诺方自负其责。大陆法系的这一原则也被《1980 年公约》所吸收，其第 18 条规定，承诺于表示同意的通知送达要约人时生效。但同时公约还规定，如果根据要约的规定，或者根据交易习惯，受要约人以行为作出的承诺，承诺的生效时间于该行为作出时起生效，无须受要约人另行发出通知。《国际商事合同通则》对此也作出了同样的规定。

4. 承诺的撤回。

承诺在生效以前可以撤回。如果承诺在生效以后合同就已经成立，不存在承诺的撤回问题。当然，由于不同法系采用的承诺生效的时间不同，因此，承诺撤回只有在采用大陆法系的到达主义条件下才存在。《1980 年公约》规定，承诺可以撤回,只要撤回通知于承诺生效以前或同时到达要约人。

二、国际货物买卖合同的形式

各国现代的合同法对多数合同形式采用不要式的原则,当事人可以采取口头、书面、默示或其他形式表示合意,发生纠纷时,当事人可以采用包括证人、证言在内的任何证据证明其主张。只是对某些合同才要求必须根据法律规定的特定形式订立,但是这种要式合同一般为数甚少,属于例外情况。

之所以对某些合同要求必须根据法定的形式订立,其目的与作用有两个:一是用以作为合同生效的要件,即若合同不依法定形式成立就不发生法律上的效力;二是用以作为证明合同存在的依据,即合同虽未按法定的形式订立,但合同仍有效,只是不能强制执行,在发生诉讼时,当事人须以法律规定的形式作为合同的存在及其内容的依据。例如,美国《统一商法典》规定,凡价金超过 500 美元的货物买卖合同,除该法典另有规定外,均须以书面形式做成,否则不能要求法院强制执行。

《1980 年公约》对于国际货物买卖合同的形式原则上不加以任何限制,其第 11 条规定,销售合同无须以书面订立或书面证明,在形式方面也不受任何其他条件的限制。销售合同可以用包括人证在内的任何方法证明,但是,为了照顾某些国家对买卖合同必须以书面形式订立的要求,公约允许缔约国对第 11 条的规定提出声明,予以保留。

三、国际货物买卖合同的内容

国际货物买卖合同的内容一般由首部、正文和尾部三个部分组成。

(一)合同的首部

合同的首部是指合同的开头部分,包括序言、合同的名称、编号、订约日期、订约地点以及当事人名称和地址等。这些内容也很重要,特别是在发生争议时它们会对当事人产生很大的影响。例如,若合同未对所适用的法律有明确规定,在发生法律冲突时,按国际私法的法律冲突规则,有可能适用合同成立地国家的法律。

(二)合同的正文

合同的正文是通过许多条款来具体规定买卖双方在一项交易中的权利与义务的,为合同内容的主要部分。它一般包括 12 项内容:①商品名称,确定合同的标的;②品质条款,确定表示商品品质的方法;③数量条款,确定买卖双方交货的数量和计量单位;④价格条款,确定价格条件的种类、价格的构成、计价的币种、计价的单位及价格变动风险的承担;⑤包装条款,确定包装的种类和性质、包装材料、包装尺寸、包装费用和运输标志等项内容;⑥保险条款,确定投保人、保险的种类和保险金额;⑦支付条款,确定付款期限、付款方式和付款币种;⑧交货条款,确定交货地点、交货期限、交货方式和交货通知等;⑨检验条款,确定应检验的项目、检验的时间和地点、检验机构、检验方法和标准、检验费用的负担、检验的法律效力;⑩违约及解除权条款,确定违约的种类、违约的救济方法、解除合同的事由、行使解除权后的赔偿问题;⑪不可抗力条款,确定不可抗力事故的原因,通知发生不可抗力事故的时限及方法,应提交的证明不可抗力的文件及善后的处理办法;⑫仲裁或法院选择条款,确定双方产生争议时进行仲裁还是诉讼。仲裁条款包括仲裁机构、仲裁地点、适用的仲裁规则和裁决的效力等,法院选择条款是选择法院地,法律适用条款是确定合同应适用的法律。

(三)合同的尾部

合同的尾部是合同的最后一部分,主要载明合同生效日期、合同使用的文字和各种文本的效力,正本的份数、附件及其效力,双方当事人的签名等。

第四节　卖方和买方的义务

国际货物买卖合同是一种双务合同。合同一经成立,买卖双方都有责任履行其依据合同所应承担的义务。对此,各国的买卖法和《1980 年公约》都有具体的规定。但这类规定大多是非强制性的规定,即《1980 年公约》及各国买卖法根据契约自由原则,允许双方当事人在合同中自由决定其权利和义务,即使合同中的某些规定与所选择的国内法或选择的《1980 年公约》的规定不同,但只要不与强制性的规定相抵触即可。因此,凡双方在合同中已明确规定了权利义务的,双方都须按合同的规定执行。只有当合同对某些事项没有作出规定或规定不明确时,才须援引国内法或《1980 年公约》的规定确定双方当事人的权利与义务。

一、卖方的义务

卖方的主要义务是按合同的规定交货。在国际货物买卖中存在着两种交货方式:一种为实际交货,即卖方将货物连同代表货物所有权的单证一起交付买方,完成货物所有权与占有权的转移;另一种为象征性交货,即卖方将代表货物的单据或凭以提取货物的单据交给买方，即完成交货义务。在国际贸易中，有些合同是实际交货合同，如根据E组和D组术语成交的合同；有些合同是象征性交货合同，如根据F组和C组术语成交的合同。卖方在履行交货义务过程中会遇到许多法律问题，需承担一系列法律义务，主要有四项，即按合同规定的时间与地点交货的义务、交付与货物有关的装运单据、对货物的权利担保义务、对货物的品质担保义务。

（一）交货的时间与地点

卖方应在合同规定的时间与地点交付货物和单据。如果合同对交货的时间与地点没有作出规定，则应适用合同所应适用的准据法的规定。

1. 交货时间。

大陆法系国家规定，如果合同未作明确规定，买方有权要求即时交货，卖方也有权在合同成立后即时交货。

英国《货物买卖法》有对卖方交货时间的规定，如果合同没有规定卖方交货的时间，则卖方应在合理的时间内交货；如果买方授权或要求卖方将货物运交买方，则卖方为了将货物运交买方而将货物交给承运人，就可推定为已向买方交货。如果卖方同意在货物出售地点以外的其他地点将货物交给买方，则除合同另有规定外，应由买方承担货物在运输中腐烂变质的风险。关于使货物处于可交付状态的费用，除双方当事人另有约定者外，应由卖方承担。

《1980年公约》规定，如果合同中规定了交货的日期，或从合同中可以确定交货的日期，则卖方应在该日期交货；如果合同中规定了交货的时间，或从合同中可以确定一段时间，则除情况表明买方有权选定一个具体日期外，卖方有权决定在这段时间内的任何一天交货；在其他情况下，卖方应在订立合同后的一段合理的期间内交货。

2. 交货地点。

按照大陆法系国家的有关规定，如买卖合同没有规定交货地点，卖方履行交货义务的地点应区分其所交付的货物是特定物还是非特定物。如果是特定物，卖方应在订约时该特定物的所在地交货。如果是非特定物，则应于卖方的营业所所在地交货。

按照英美法系国家的规定，一般应在卖方的营业地点交货。如果买卖合同的标的是特定物，而且买卖双方在订约时已经知道该特定物在其他地点的，则应在该特定物的所在地交货。

《1980年公约》对于无合同约定下的交付货物的时间和地点作了详细的规定。

（1）货交第一承运人。合同涉及货物的运输，卖方的交货义务就是将货物交给第一承运人，但以卖方将交付的货物加标记或以装运单据或其他方式表明有关货物已被特定化于合同项下为前提。

（2）特定地点。合同没有涉及卖方应负责事宜，如果出售的是特定物，或者是从某批特定的存货中提取的货物，或者是尚待加工生产或制造的未经特定化的货物，而双方当事人在订立合同时已经知道这些货物存放在这个地方，或者已经知道它们将在某个地方生产或制造，则卖方应在该地点将货物交给买方处置。

（3）卖方营业地。除上述情况外，在其他的情况下，卖方的交货义务是在订立买卖合同时的营业地点将货物交给买方处置。

（二）提交有关货物的单据

在国际货物买卖中，装运单据具有十分重要的作用。它们是买方提取货物、办理报关手续、转售货物以及向承运人或保险公司请求赔偿所必不可少的文件。根据国际贸易惯例，在大多数情况下，卖方都有义务向买方提交有关货物的各种单据，而且买卖合同也往往规定，以卖方移交装运单据作为买方支付货款的对流条件。《1980 年公约》明确地规定，移交有关货物的单据是卖方的一项主要义务。

根据《1980 年公约》第 34 条的规定，如果卖方有义务移交有关货物的单据，则他必须根据合同规定的时间、地点与方式移交这些单据。这类与货物有关的单据主要是指提单、保险单与商业发票，有时还可能包括领事发票、原产地证书、重量证书或品质检验证书等。

《1980 年公约》还规定，如果卖方在上述时间以前已经移交了这些单据，其可以在这个时间届满以前对单据中任何不符合合同之处作出修改，但是卖方在行使这项权利时不得使买方遭受不合理的不便或承担不合理的开支，而且买方有权对此保留请求损害赔偿的权利。

（三）品质担保义务

卖方的品质担保义务是指卖方对其所交付的货物的质量、特质、性能和用途方面应与其担保相符。

1. 大陆法系的有关规定。

大陆法系将品质担保称为瑕疵担保。《德国民法典》规定，卖方应对买方保证其出售的货物在风险责任转移于买方时不存在失去或减少其价值，或降低其通常的用途或合同规定的使用价值的瑕疵；并且规定，卖方应担保货物在风险责任转移于买方时确实具有他所担保的品质。但是，如果买方在订立买卖合同时已经知道出售的货物确有瑕疵者，则卖方可以不负瑕疵担保的责任。

2. 英美法系的有关规定。

英美法系对于货物品质担保责任的规定比大陆法系更加详细，其中有代表性的是英国《货物买卖法》与美国《统一商法典》的有关规定。

英国《货物买卖法》规定，卖方所出售的货物必须符合五个方面的默示条件：①凡凭说明出售的货物，卖方的交货必须与说明相符。②如果卖方是在营业期间出售货物，则应当包含一项默示条件，即卖方根据合同提供的货物应当具有商销品质。但是，如果有下列两种情况之一者，则不包含货物应具有商销品质的默示条件：有关货物的各种缺陷在订约之前已经特别提醒买方的注意；买方在订约之前已经对货物进行检验，而货物存在的缺陷经过检验是应当能够发现的。③如果卖方是在营业期间出售货物，而且买方已经明示地或默示地让卖方知道，他要求货物必须适用于某种特定的用途。在这种情况下，合同就包含一项默示条件，即卖方根据合同提供的货物应合理地适用于这种特定的用途。除非有情况表明买方并不信赖也没有理由信赖卖方的技能与判断力。④凡是凭样品成交的买卖合同，应认为包含下列默示条件：卖方所交付的货物在品质方面必须与样品相符；买方应有合理的机会将样品与整批货物进行比较；卖方所交付的货物应当没有任何对样品进行检验所不能发现的与不合商销的缺陷。⑤如果在交易中既有样品又有说明，则卖方所交付的货物必须与样品和说明都一致。根据英国法的解释，所谓默示条件具有三个方面的含义：其一，如果双方当事人在合同中没有相反的表示，这些默示条件就依法适用于他们之间的合同；其二，英国法将合同条款分为条件与担保两大类：条件是指涉及合同基础的主要条款，担保是指从属于合同主要目的的次要条款，如果一方违反了条件，则对方可以解除合同，并有权请求损害赔偿，但是，如果一方只是违反了担保，则对方只能请求损害赔偿，而不能解除合同；其三，为了加强对消费者的保护，对于供私人使用的消费品交易，卖方不得在合同中排除货物买卖法有关默示条件的各项规定。至于在非消费品交易中，法律上虽然允许卖方在合同中排除上述各项默示条件，但是不能超出“公平或合理”的限度，如果法院认为卖方排除各项默示条件是不公平或不合理时，法院将不予强制执行。但是，这只适用于国内交易，不适用于国际交易。在国际交易中，双方当事人可以自由地确定他们之间的权利与义务，不受上述规定的限制。

美国《统一商法典》与英国《货物买卖法》不同，它不采取条件与担保的区别方法，而是将卖方对货物的担保义务分为明示担保与默示担保。所谓明示担保是指卖方直接对其产品作出的保证；默示担保不是由双方当事人经过交易磋商在合同中规定的，而是法律认为应当包括在买卖合同之内的，只要买卖双方在合同中没有相反的规定，法律上所规定的默示担保就可以依法适用于他们之间的买卖合同。根据美国《统一商法典》的规定，卖方对货物品质的默示担保主要有两项：①关于商销性的默示担保。该法典第2－314条规定，如果卖方是专门经营某种商品的商人，则在这种商品的买卖合同中，他必须向买方承担该商品具有适合商销性的默示担保义务。所谓“适合商销性”是指合同项下的货物在该行业中可以无异议地通过；在出售的货物为种类物的情况下，该货物具有同类货物的平均良好品质；货物具有同类货物的一般用途；在合同允许的差异范围内，货物的每一单位和所有单位在品质、品种和数量方面相同；货物按合同要求适当地装箱、包装和加上标签；货物与容器或标签上的说明相符。②适合特定用途的默示担保。该法典第2－315条规定：如果卖方在订立合同时有理由知道买方要求货物适用于特定用途，且有理由知道买方依赖卖方挑选货物的技能或判断力，卖方即默示承担货物将适用于特定的义务。根据这一规定，货物不但须具备该类货物一般的商销性品质，还必须满足特定用途。同时，要使卖方承担这一担保义务，买方还必须依赖卖方的判断力或技能。若买方是行家或向卖方提供了技术规格或其他选择标准等，则说明买方未依赖卖方的判断力。

3.《1980年公约》的规定。

《1980年公约》关于卖方对货物品质担保义务的规定主要体现于第35条。根据该条规定，合同对货物的质量、规格与包装方式有规定的，卖方所交付货物必须符合合同规定。此外，卖方交付的货物还必须符合下列要求：①货物适合于同一规格货物通常使用的目的。②货物适合于订立合同时买方曾明示或默示地通知卖方的任何特定的目的，除非情况表明买方并未依赖或没有理由依赖卖方的技能和判断力。③货物的质量与样品或模型相同。④货物按此类货物的通常方式装箱或包装，或者无此种通常方式，以一种足以保护货物的方式包装。但《1980年公约》同时又规定，若买方在订立合同时知道或没有理由不知道货物与合同不符，则卖方无须按上述第①和第②项规定承担货物与合同不符的责任。

《1980年公约》对卖方承担上述义务的时间作出了明确的规定。第36条规定，卖方应对货物在风险转移于买方时所存在的任何不符合合同的情形承担责任，即使这种不符合合同的情况是在风险转移于买方之后才明显表现出来的。换言之，公约认为卖方对货物应符合合同要求的责任，原则上虽然是以风险转移的时间作为衡量标准，即只要货物在风险转移于买方的时候符合合同的要求，卖方就履行了他的义务，如果在风险转移于买方之后，货物发生腐烂、变质与生锈等情况以至于与合同的要求不相符，则卖方不承担责任，但是也有例外的情况，即如果货物与合同的要求不相符的情形要在风险转移于买方之后的一段时间后才能发现或显露出来，例如，有些货物需要经过科学鉴定甚至需要经过使用一段时间后才能显示其是否与合同的要求相符。在这种情况下，尽管风险已经转移于买方，但是如果货物的缺陷在风险转移于买方之前就已经存在，则卖方仍然应当承担责任。

《1980年公约》还规定，在某些情况下，卖方对货物在风险转移于买方之后发生的任何不符合合同要求的情形也应承担责任，即这种不符合合同情形的发生是由于卖方违反了他的某项义务，包括违反关于货物在一定的期限内将继续适合于其通常用途或某种特定用途的保证。

（四）权利担保义务

权利担保是指卖方应保证对其出售的货物享有合法的权利，没有侵犯任何第三人的权利，并且任何第三人都不会就该项货物向买方主张任何权利。具体而言，它主要包括三个方面的内容：一是卖方保证对其出售的货物享有合法的权利；二是卖方保证在其出售的货物上不存在任何未曾向买方透露的担保物权，如抵押权、留置权等；三是卖方应保证他所出售的货物没有侵犯他人的工业产权或其他知识产权，如商标权、专利权等。

各国法律皆有权利担保的规定，如大陆法系要求卖方承担保证所出售货物"无法律上的瑕疵"的义务，即与权利担保的内容相同；英国《货物买卖法》将其称为"对所有权的默示责任"；美国《统一商法典》则将卖方的这一义务称为"所有权和对抗侵权诉讼的担保。"而且，各国规定这是卖方的一项法定义务，即使在买卖合同中对此未作出规定，卖方也应依法承担此项义务。

《1980年公约》对卖方权利担保义务的规定，主要有以下两项。

第一，卖方所交付的货物必须是第三方不能提出任何权利或请求的货物。这项规定实质上就是要求卖方保证对所售货物享有合法的权益，如果有任何第三人对货物提出权利主张或请求权，卖方都应对买方承担责任。这一规定包含了两层意义：其一，如果第三人对买方起诉，主张他是货物的真正所有人或对货物享有某种权利，结果获得胜诉，这固然表明该第三人对货物享有权利，并可以认定卖方违反了权利担保义务；其二，即使第三人对货物提出某种请求后，由于法律上的依据不足而败诉了，但是卖方仍将被认为违反了权利担保义务。因为，尽管第三人的请求不能成立，但是他毕竟提出了请求，使买方受到了干扰和损失，卖方仍然必须对此负责。《1980年公约》之所以作出这样的规定，主要是保护善意买方的利益，因为买方的本意是买货物，而不是买"官司"来打。

第二，卖方所交付的货物不得侵犯任何第三方的工业产权或其他知识产权，但是，如果卖方在订立合同时没有理由知道第三方权利的存在，则不承担赔偿责任，而由买方自己承担。因为工业产权或知识产权具有地域性，各国授予的工业产权或知识产权是相互独立的，权利人的权利只在授予国得到保护。这就使得在国际贸易中同一种商品在卖方本国不侵犯他人的工业产权，但在他国却可能会被认为是侵犯他人的工业产权。因此，《1980 年公约》并不是绝对地要求卖方必须保证他交付的货物不得侵犯任何第三人的工业产权或其他知识产权，而是有一定的条件限制的，这些限制条件是：①卖方只有当其在订立合同时已经知道或不可能不知道第三人对其货物会提出工业产权方面的权利或请求时，才对买方承担责任。②卖方并不是对第三人根据任何一国的法律提出的工业产权或知识产权的权利或请求都要向买方承担责任，而只是在下列情况下才必须向买方负责：一是如果买卖双方在订立合同时已经知道买方打算将该项货物转售到某一个国家，则卖方对于第三人根据该国法律提出的有关工业产权或知识产权的权利请求，应对买方承担责任；二是在任何其他情况下，卖方对第三人根据买方营业地所在国法律提出的有关侵犯工业产权或知识产权的请求，都应对买方承担责任。③如果买方在订立合同时已经知道或不可能不知道第三人对货物会提出有关侵犯工业产权或知识产权的权利或请求，则卖方对由此引起的后果不承担责任。④如果第三人提出的有关侵犯工业产权或知识产权的权利或请求，是由于卖方根据买方提供的技术图纸、图案或其他规格为其制造产品而引起的，则应由买方对此负责，卖方对此不承担责任。

二、买方的义务

买方的基本义务是支付价款和接受货物。

（一）支付价款

买方应按合同规定的时间、地点、方式、币种和金额支付价款。如果合同中未作出规定，则买方应依有关法律履行此项义务。

大陆法系国家一般规定，除合同另有规定外，买方应立即在卖方的住所地付款。英美法系国家的一般原则是，没有相反的明示或默示约定，买方在有合理机会检验货物之前没有支付价款的义务；买方放弃合理机会或经检验接受了货物，买方就应在接受货物的时间和地点支付价款。由于国际货物买卖中的付款比国内货物买卖中的付款复杂得多，因此，《1980 年公约》对此作出了详细的规定。

1. 履行必要的付款手续。

按照国际贸易实践，履行必要的步骤和手续包括买方向银行申请信用证或银行付款保函，向政府主管部门申请进口许可证及所需外汇等。如果买方未办理上述各种必需的手续，使货款难以支付，即构成违约。

2. 确定货物的价格。

如果合同已经成立,但无明示或默示地规定确定货物价格的方法,买方须支付卖方在订立合同时通常索取的价格。如果此种价格无法确定,买方必须支付订立合同时这种货物在类似情况下销售的通常价格;若货价以重量计算存在疑问时,则应按净重确定。此外,卖方交付货物的数量大于合同规定的数量时,若买方收取多交部分的全部或一部分,则买方必须按合同价格付款。

3. 付款的地点。

如果合同未对买方付款的地点作出规定,买方应在下列地点向卖方支付货款:①卖方的营业地。若卖方有一个以上的营业地,则买方须在与合同的履行关系最密切的营业地支付货款。②若买方支付货款以卖方向其移交单据或交货为条件,则买方须在卖方向其移交单据或交货的地点付款。

4. 付款的时间。

如果合同中对付款的时间未作出规定,买方则应在卖方交货或移交控制货物处置权的单据时支付货款,卖方可以将付款作为向买方交货或移交控制货物处置权的单据的条件;合同涉及货物的运输,卖方可以将付款作为向买方交货或移交控制货物处置权的单据为发运货物的条件。但是,《1980 年公约》同时又规定,买方在获得机会对货物进行检验之前,无义务支付货款,除非此种检验货物的机会与当事人议定的交货或付款程序相抵触。公约这项规定的目的主要是考虑到国际货物买卖的很大一部分属于单据买卖。例如,以 CIF 术语成交的国际货物买卖合同,买方在接受货物单据时付款,而不能以未检验货物为由拒绝付款。

(二)接受货物

接受货物为买方的另一项义务,除非货物与合同不符使买方有权拒绝接受货物。但是,各国关于买方接受货物的义务的规则并不完全一致。大陆法系国家一般将接受货物视为买方从属性义务。只是在少数情况下,卖方会因买方不及时接受货物而遭受巨额的损失时,允许卖方提起实际履行之诉,要求买方取走货物。英美法系国家关于买方接受货物的规定较为具体。美国《统一商法典》规定,出现下列三种情况之一的,即视为买方接受了货物:①买方拥有合理机会检验货物之后向卖方明确表示接受货物;②买方拥有合理机会检验货物之后在合理的时间内未表示拒绝接受货物;③卖方交货后,买方对货物采取了与卖方所有权不相称的行为。在货物确与合同不符而买方以上述三种方式之一接受了货物时,买方只是不能再要求解除合同,而买方因货物与合同不符而产生的降价权或索赔权不受影响。

《1980 年公约》对买方接受货物的义务有如下规定:

1. 买方配合卖方完成交货义务。

买方必须充分配合,采取一切必要的行动协助卖方完成交货义务。例如,如果买卖合同中规定的交货条件为 FOB 条件,则买方就要安排货物的运输,签订必要的运输合同以便卖方将货物交给第一承运人并运送给买方。

2. 接受货物。

买方必须接受与合同相符的货物。根据《1980 年公约》的规定,如果买卖合同未订明货物的形状、大小或其他特征,而买方在约定的日期或收到卖方要求后一段合理时间内没有订明这些规格,则卖方在不损害其可能享有的任何其他权利的情况下,可以依照他所知道的买方的要求自己订明规格并通知买方,买方没有在该通知规定的合理时间内提出异议,卖方按其订明的规格交货应视为与合同相符,买方应接受这种规格的货物。

第五节　违约的救济方法

一、违约责任的构成

违约是指合同的当事人没有履行或没有完全履行其合同规定的义务的行为。根据各国法律规定,除某些例外情况,如出现不可抗力事故违约方可以免除责任外,违约方均应承担违约责任。在违约责任构成这个问题上,英美法系与大陆法系存在着差异,其差异主要表现在以下两方面。

(一)过失责任

大陆法系以过失责任作为民事责任的一项基本原则。根据大陆法系的解释,合同债务人只有当存在可以归责于他的过失时才承担违约责任。换言之,如果仅仅证明债务人未履行其合同的义务,还不足以使其承担违约责任,而必须同时证明或推定债务人的上述行为有某种可以归责于他的过失,才能使其承担违约责任。与此相反,英美法系则认为,只要允诺人没有履行其合同义务,即使他没有任何过失也构成违约,必须承担违约的后果。

《1980 年公约》采用了英美法系的做法,它规定,合同一方当事人只要存在未履行合同义务的事实,不论其主观上是否有过错,均承担违约责任,对方当事人无须证明违约一方有无过错,即可请求损害赔偿。

(二)催告

所谓催告,是指债权人向债务人请求履行合同的一种通知。催告是大陆法系中德国法的一种制度，依其《民法典》的规定，对不履行到期债务的债务人，债权人应进行催告。催告的作用在于，使违约方的不及时履行构成法律上的迟延，造成该方有过错的事实。在经催告、债务人的迟延已成事实的情况下，债权人要得到适当的救济，还须向债务人发出要求其在指定的期限内履约的通知。债权人对经上述两次通知仍未履约的债务人，可以采取救济措施，但在例外的情况下债权人不必发出第二次通知，即在债务人给付迟延使债权人不具有利益时，如卖方未及时交付季节性产品构成迟延，买方即可直接采取救济措施。

英美法系没有催告这个概念。英美法系认为，如果合同规定了履行期限，则债务人必须根据合同规定的期限履行合同；如果合同没有规定履行期限，则应于合理的期间内履行合同，否则即构成违约，债权人无须催告即可请求债务人赔偿由于延迟履约所造成的损失。就这一点而言，英美法系对于履行合同的要求比大陆法系更加严格。

二、违约的形式

违约的表现形式各种各样，既有全部违约，也有部分违约。由于违约的情况各有不同，违约方所承担的违约责任也有所区别。

（一）大陆法系

《德国民法典》将违约分为给付不能和给付延迟。

1. 给付不能。

给付不能是指债务人由于种种原因不可能履行其合同义务。给付不能可分为两种情况：

（1）自始不能，即在合同成立时该合同就不可能履行。在这种情况下，若违约方无过失，不知不能履行，如在订立合同时，当事人以为合同的标的物是存在的，但实际上该标的物已灭失，则不承担违约责任；若违约方有过失，明知或可得而知不能履行，须负赔偿责任。

（2）嗣后不能，即在合同成立时，该合同是有可能履行的，但是在合同成立后，由于出现了阻碍合同履行的情况从而使合同不能履行。若给付不能不是由违约方的过失造成的，例如，出现不可抗力使合同不可能履行，违约方不承担不履行合同的责任；若因违约方的过失造成给付不能则须负赔偿责任。

2. 给付延迟

给付延迟是指合同已届履行期，而且是可能履行的，但合同当事人未按期履行其合同义务，分为无过失的给付延迟与有过失的给付延迟。凡合同履行期届满，经催告违约方仍不履行，则违约方自受催告时起负延迟责任，但非违约方的过失而未按时履行，则不负延迟责任。

由于履行不能和履行迟延不可能包括违约的各种情况，德国法院在司法判决中创立了积极违约的概念，但在德国法中对积极违约未形成统一的定义，可以理解为履行不能和履行迟延之外的其他形式的违约，如恶意的违约行为。在适用范围上，积极违约只有在民法典的规定及传统的救济方法不能提供适当的救济时才会被采用。

《法国民法典》第 1147 条规定，债务人对于其不履行债务或延迟履行债务，应负损害赔偿责任。据此，法国将违约分为不履行和延迟履行两种。

（二）英美法系

1. 违反条件、违反担保和违反中间性条款。

英国法根据合同条款的性质不同，将违约形式分为三种：①违反条件，即违反了合同中的主要条款。在这种情况下，非违约方有权解除合同，并可要求损害赔偿；②违反担保，即违反了合同的次要条款或随附条款。它的法律后果与违反条件不同，蒙受损害的一方不能解除合同，只能向违约的一方请求损害赔偿；③违反中间性条款，即违反了有别于"条件"与"担保"的条款。当一方违反这类中间性的条款时，对方是否有权解除合同，必须视此种违约的性质及其后果的严重性而确定。

2. 轻微违约与重大违约。

美国法按照违约后果的严重程度不同，将违约分为两种：①轻微违约，即尽管债务人在履约中存在一些缺点，但是债权人已经从中得到该项交易的主要利益，当一方有轻微违约时，受损害方可以要求赔偿损失，但是不能解除合同；②重大违约，即由于债务人没有履行合同或履行合同有缺陷，致使债权人不能得到该项交易的主要利益，对此，受损害的一方可以解除合同，同时要求赔偿全部损失。

3. 预期违约。

预期违约是指一方当事人在合同规定的履行期到来之前，就表示他届时将不履行合同。这种表示可以用行为表示，也可以用言语或文字表示。当一方当事人预期违约时，对方可以解除自己的合同义务，并可以立即要求给予损害赔偿，不必等到合同规定的履行期来临时才采取行动。但是，受损害的一方也可以拒绝接受对方预期违约的表示，坚持认为合同仍然存在，等到合同规定的履行期届满时，再决定采取何种法律上的救济方法。在这种情况下，他就必须承担在这段时间内情况发生变化的风险。若在一方当事人宣告不履行合同后，在履行期满之前出现了某种意外事故，使合同因其他原因而告解除，提前违约的一方就可以不承担任何责任。

4. 履行不可能。

英美法系也有履行不可能的概念。履行不可能有两种情况:一种是在订立合同时,该合同就不可能履行;另一种是在订立合同后,发生了使合同不可能履行的情况。前者相当于大陆法系的"自始给付不能",后者相当于"嗣后给付不能"。

(三)《1980 年公约》的规定

《1980 年公约》对违约的分类类似于美国法,着重以违约所造成的后果和严重程度为标准将违约分为根本违约和非根本违约,此外也有预期违约的规定。

1. 根本违约和非根本违约。

根本违约,按《1980 年公约》第 25 条的规定,如果一方当事人违反合同的结果,使另一方当事人蒙受损害,以至于实际上剥夺了他根据合同有权期待得到的东西,即为根本违反合同,除非违反合同的一方并不预知而且同样一个通情达理的人处于相同情况中也没有理由预知会发生这种结果。构成根本违约的基本标准是,实际上剥夺了受损一方根据合同有权期待得到的东西。但对何谓"实际上剥夺",公约未作出规定,这就需根据每一合同的具体情况,如合同金额、违反合同造成的金额损失,或违反合同对受害方其他活动的影响程度等确定损害是否重大,是否严重地剥夺了对方的经济利益。

对根本违约,《1980 年公约》规定受害的当事人可以同时采用解除合同和其他任何合法的救济方法。

根本违约以外的实际违反合同即是非根本违约。对此,公约规定,受害的当事人只能采取其他合法的救济方法而不能要求解除合同。

2. 预期违约。

预期违约是指合同订立后,因一方当事人履行义务的能力或信用有严重缺陷,或在准备履行合同或在履行合同中的行为表明他将不履行其大部分义务,则另一方可以中止履行其义务。但其应立即通知对方,当对方对履行合同提供了充分的保证时,如提供了银行保函或抵押担保等,中止履行合同的一方应继续履行合同。当然,中止履行合同的一方须有对方上述不能履行合同的确切证据,方可终止履行自己的合同义务,否则无根据地怀疑对方不能履行合同,并无确切证据即擅自终止履行合同则应负违约责任。

如果在合同义务履行之前,明显看出一方当事人将根本违约,例如,特定物已经灭失,在这种预期根本违约的情况下,对方可以解除合同。

三、违约的救济措施

按照各国法律规定，当一方违约使对方的权利受到损害时，受损害的一方有权采取补救措施，以维护其合法的权益。对这些措施，各国法律一般称之为救济措施。法律规定，这些救济措施的目的是为了使受损方得到一定的经济补偿，使其获得根据合同本应获得的经济利益，并不是为了惩罚违约的责任方。

《1980 年公约》对违反合同的补救方法分为三种情况：买卖双方都可采取的救济方法；卖方违约时买方可采取的救济方法；买方违约时卖方可采取的救济方法。

（一）卖方违约时买方可以采取的救济方法

1. 要求卖方实际履行合同义务。

对于实际履行这种救济方式，大陆法系和英美法系的态度不同。大陆法系国家特别是德国法认为，实际履行是对不履行合同的一种主要的救济方法，当债务人不履行合同时，债权人有权要求债务人实际履行其义务。英美法系认为，对违反合同的主要救济方法是损害赔偿，而不是实际履行。只有当金钱赔偿不足以弥补受损害一方的损失时，衡平法才考虑判令实际履行。所以，根据英美法系的规定，实际履行只是一种在例外情况下才采用的辅助性的救济方法。一般而言，英美等国家的法院对于一般的货物买卖合同，原则上不会作出实际履行的判决，而只判决违约一方支付金钱上的损害赔偿，除非买卖的标的物是特定物或特别珍贵稀有，在市场上不容易买到，而且当金钱赔偿不足以弥补受损方的损失时，法院才会考虑判令实际履行。

由于大陆法系和英美法系在实际履行的问题上分歧较大，难以完全统一，《1980 年公约》只得由各个法律体系国家的法院按照其自身的法律来处理这个问题，遂作出了下述规定：当一方当事人要求另一方履行某项义务时，法院没有义务作出判决要求具体履行此项义务，除非法院依其本身的法律对不属于公约范围的类似销售合同也会这样做。这即意味着，当买方依公约的规定向法院提起实际履行之诉时，法院不一定作出强制卖方交货的判决。法院是否作出强制执行的判决，要看法院所在国家的法律对其他类似的买卖合同如何处理而定。在大陆法系国家，法院可能作出强制执行的判决；在英美法系国家，法院就可能不作出强制执行的判决。

2. 要求卖方交付替代物。

如果卖方交付的货物与合同的规定不符，且这种情形已构成根本违反合同，买方可要求卖方交付替代物。这是因为，要求卖方交付替代物，意味着卖方要承担运费损失、处理与合同不符的货物等,实际上是一种实际履行的要求。

3. 要求卖方对货物进行修补,使之与合同的规定相符。

要求卖方对货物进行修补,适用于货物不符合合同的情形并不严重,尚未构成根本违反合同,只需卖方加以修理或修补即可,使之符合合同要求的情形。但是,如果根据当时的具体情况,要求卖方对货物的不符合合同之处进行修理的做法是不合理的,买方就不能要求卖方对货物的不符合之处进行修理。例如,货物的缺陷轻微,只需略加修理即可符合合同的要求,在这种情况下,买方可以自行修理或请第三人进行修理,所需费用或开支,可以要求卖方予以赔偿。

4. 给卖方一段合理的额外时间。

给卖方合理的额外时间是《1980 年公约》针对卖方迟延交货而规定的一种买方可采用的救济方法。这种额外时间的规定意味着买方在这段宽限期内不能采用其他的救济措施。这种规定的实质是公约鼓励交易原则的一种体现。公约规定,只有在这种合理的宽限期之后,卖方仍不履行合同,或者在这段时间内,卖方申明将不履行合同,买方才享有宣告合同无效的权力。但当迟延履行构成对合同的根本违约的情形下,买方就不需要给卖方以额外的宽限期,而可以直接宣告合同无效。

5. 要求减价。

《1980 年公约》规定,如果卖方所交付货物与合同规定不符,不论货款是否已付,买方都可以要求减价。减价应按实际交付的货物在交货时的价值,与符合合同的货物在当时的价值两者之间的比例计算。但如果卖方已对货物不符合合同的规定进行了补救,或者买方拒绝卖方对此进行补救,则买方无权采用这种救济方法。

6. 损害赔偿。

损害赔偿是指违约方给对方造成的损害予以补偿的一种方法。在国际货物买卖中,它是使用最广泛的一种救济方法,而且这种救济方法可以与其他任何救济方法并存。

(1)损害赔偿的原则及责任范围。《1980 年公约》规定,一方当事人违反合同应承担的损害赔偿额,应与另一方当事人因其违反合同而遭受的包括利润在内的损失额相等,但这种损害赔偿不得超过违反合同一方在订立合同时,依照他当时已知或应知的事实和情况,对违反合同预料到或理应预料到的可能损失。换言之,公约对损害赔偿既规定了全部赔偿原则(即赔偿范围包括预期利润在内),又规定了限额赔偿原则(即赔偿仅以违约方在订立合同时可以预见到的损失为限)。此外,违约责任的损害赔偿并不以过失为要件,只要给另一方当事人造成损失,就应承担责任。

(2)卖方在违约时,买方要求损害赔偿的权利并不因采用了拒收货物、宣告合同无效等救济措施而丧失。《1980年公约》对买方在宣告合同无效的一段合理时间内,以合理方式购买替代物的损害赔偿额作出了规定。此时买方可以取得合同价格和替代价格之间的差价。如果买方没有采取实际买进,则原合同的价格与宣告合同无效时的时价之间的差价就是损害赔偿的额度。

(3)减轻损失原则即买方有防止损失扩大的义务。根据《1980年公约》的规定,声称另一方违约的合同的一方,应按情况采取合理措施,减轻由违约而造成的损失,包括利润方面的损失。如果不采取这种措施,则违约一方可要求从损害赔偿中扣除原应可以减轻的损失数额。

7. 撤销合同。

根据《1980年公约》的规定,当卖方违反合同时,买方在两种情况下可以撤销合同:①卖方不履行其在合同中或公约中规定的任何义务,已构成根本违反合同;②如果发生不交货的情况,卖方在买方规定的合理的额外时间内仍不交货,或卖方声明将不在买方规定的合理的额外时间内交货。

(二)买方违约时卖方可以采取的救济方法

买方违约主要是指买方拒付货款和拒收货物。卖方在买方违约时的救济方法可以有两种:一种是物权法上的救济,主要是保留对货物所享有的权利,包括所有权的保留和留置权等;另一种是债权法上的救济,包括提出损害赔偿之诉、要求实际履行、撤销合同等。物权方面的救济与债权方面的救济的区别在于:前者是卖方对货物的权利,是一种对物权;后者是卖方对买方的权利,是一种对人权,是一种诉权,必须通过诉讼来实现其权利。

《1980年公约》的规定主要是债权方面的救济,主要有以下几种。

1. 实际履行。

卖方在买方不履行付款义务时,可规定一段合理的额外时间,让买方履行义务。

2. 撤销合同。

如果买方在规定的合理时间内声明不履行合同,或在合理时间后不履行合同,卖方可以采用撤销合同的方法。

3. 请求损害赔偿。

当买方违反其合同义务或《1980年公约》所规定的义务时,卖方有权请求损害赔偿。而且,根据公约的规定,卖方请求损害赔偿的权利,不因其已采取上述其他补救方法而受到影响。

4. 要求支付利息。

如果买方没有支付价款或其他任何拖欠金额,卖方都有权对这些款额收取利息,但这并不妨碍卖方根据公约可以取得的损害赔偿。

(三)买卖双方都可以采取的救济方法

1. 损害赔偿。

根据《1980年公约》的规定,当一方违反合同时,对方即有权要求赔偿损失,而且要求损害赔偿的权利并不因其已经采取其他救济方法而丧失。

2. 预期违约。

预期违约的结果是使另一方当事人可以中止履行合同。如买方有预期违约的事实,则卖方可以停止发货或对在途货物行使停运权;在卖方先期违约时,买方可以停止付款。当然,预期违约如果构成了根本违约,也可以宣告撤销合同。

3. 分批交货合同中的违约救济。

(1)对于分批交付货物的合同,如果一方当事人不履行对任何一批货物的义务,便对该批货物构成根本违约,另一方当事人可以宣告合同对该批货物无效。

(2)如果一方当事人不履行对任何一批货物的义务,使另一方当事人有充分的理由断定对今后各批货物将发生根本违约,该另一方当事人可以在一段合理时间内宣告合同今后无效。

(3)如果各批货物之间是相互依存的,不能将其中的任何一批货物单独用于当事人订立合同时的预期目的,买方宣告合同对任何一批货物的交付为无效时,可以同时宣告合同对已交付的或今后交付的各批货物均为无效。

第六节 货物所有权与风险的转移

一、货物所有权的转移

货物所有权的转移,是指从何时起买方成为所买货物的所有人,从而对货物享有完全的占有、使用、收益和处分的权利。在国际贸易中,货物所有权转移与否具有十分重要的法律意义,它直接关系到买卖双方的切身利益。首先,对卖方来说,一旦货物所有权转移于买方后,若卖方尚未收到货款,买方即失去偿付能力,卖方就将遭受重大的损失。其次,在实行货物所有权的转移决定风险转移的国家,谁拥有货物,谁就应承担货物灭失的风险。

一般而言,各国法律对所有权的转移不作强制性规定,允许买卖双方当事人在订立合同时确定转移时间。但在实际业务中，买卖双方很少对此作出具体规定。为解决这一问题，各国法律规定了一些原则，主要是以交货时间作为所有权转移的时间，以合同成立的时间作为所有权转移的时间，以货物特定化作为所有权转移的前提。

（一）大陆法系

在大陆法系国家，一部分国家规定以合同成立的时间作为所有权转移的时间，如法国、比利时、意大利、葡萄牙等国家实行这一原则；另有一部分国家规定货物所有权的转移不能仅以双方当事人的意思表示加以实现，尚需由卖方向买方实际交付货物的行为加以支持，否则无效，如德国、荷兰、西班牙等国家实行这一原则。

（二）英美法系

1. 英国法。

英国对所有权转移的规定区分特定物与非特定物两种情形分别作出规定。

（1）对于特定物，按照英国《货物买卖法》的规定，货物的所有权应在双方当事人意图转移时转移于买方。如果双方当事人在合同中对此没有作出明确的规定，法院可根据合同条款、双方当事人的行为以及当时的具体情况来确定订约双方的意图。一般而言，对于无保留条件的特定物的买卖合同，如该特定物已处于可交付的状态，则货物的所有权在合同订立时即转移于买方；如果卖方还要对特定货物实施某种行为，才能使之处于可交付的状态，如对货物做修理更换才符合交货条件，则货物的所有权在卖方履行此项行为且为买方知晓时转移于买方；如果货物已处于可交付状态，但卖方还需对货物进行丈量、称重和检验等行为才能确定具体价款的，则完成上述行为且为买方所知晓时转移；如果货物是按“试验买卖”条件交付，如买方明示接受货物则所有权转移，或如果买方在收到货物后在合同规定的时间或合理时间内不退货，则推定所有权发生转移。

（2）在非特定物的买卖中，将货物特定化（即将处于可交货状态的货物无条件地划拨于合同项下的行为）是实现货物所有权转移的前提条件。但无论是特定物还是非特定物的买卖，卖方都可保留对货物的处分权，只有在卖方要求的条件得以满足（通常是指在买方支付货款）时，货物的所有权才转移于买方。

2. 美国法。

根据美国《统一商法典》的规定，原则上在将货物确定于合同项下以前，货物的所有权不能转移给买方。如交易双方对此有协议，可依据协议处理；如无协议，则货物的所有权须是卖方完成交货时转移给买方。具体表现为：①凡卖方需要将货物运交买方，但未规定具体目的地的，货物的所有权于装运货物的时间和地点转移给买方；若规定了目的地，则货物的所有权于目的地交货时转移给买方。②凡不需要卖方运输，只需交付所有权凭证的，所有权在交付凭证的时间和地点转移；凡合同订立时货物已特定化，卖方无须交付所有权凭证的，所有权在合同订立的时间和地点转移。

（三）中国法

我国《民法通则》规定，按照合同或者其他合法方式取得财产的，财产所有权从财产交付时起转移，法律另有规定或者当事人另有约定的除外。我国《合同法》对此也作出了类似的规定。

（四）《1980年公约》

如前所述，由于所有权涉及当事人的经济利益，各国法律规定有较大差异，难以达成一致协议，因此，《1980年公约》未规定所有权转移问题。

（五）国际贸易惯例

在国际贸易惯例中，只有《华沙—牛津规则》对所有权转移于买方的时间作出了明确的规定。依该规则，在CIF合同中，货物所有权转移于买方的时间，应是卖方将装运单据交给买方的时刻。虽然，《华沙—牛津规则》是针对CIF合同的特点制定的，但一般认为这项原则也可适用于卖方有提供提单义务的其他合同，包括CFR合同和FOB合同。

二、货物风险的转移

在合同法上，风险既包括可归责于当事人的事由所导致的损失，也包括不可归责于当事人的事由带来的非正常的损失。在国际货物买卖合同中，货物风险的转移，是指货物在非正常情况下所发生的灭失或损坏等风险从何时起由卖方转移给买方。划分风险的目的在于确定损失的承担者，故货物风险的转移也具有十分重要的意义。

（一）各国国内法有关风险转移的规定

1. 所有权转移的时间决定风险转移的时间。

英国和法国等国家的买卖法均采取这一原则，即在货物所有权转移买方之前，货物风险由卖方承担；在货物所有权转移为买方所有时，不论货物是否交付，风险由买方承担。

2. 交货时间决定风险转移的时间。

美国、德国、奥地利等国家的买卖法均采取这一原则，其中以美国《统一商法典》为代表。他们认为，以抽象的不可捉摸的所有权转移问题决定现实的风险转移这一问题是不妥的，主张应将两者相区别，以交货时间来确定风险转移的时间。

3. 中国法律的有关规定。

我国《合同法》第142条作出了比较明确的规定,即以货物的交付划分风险责任:"标的物毁损、灭失的风险,在标的物交付之前由出卖人承担,交付之后由买受人承担,但法律另有规定或当事人另有约定的除外。"但是《合同法》第144条则规定:"出卖人出卖交由承运人运输的在途标的物,除当事人另有约定的以外,毁损、灭失的风险自合同成立时起由买受人承担。"

(二)《1980年公约》的规定

《1980年公约》对风险转移时间的规定和美国法相类似,原则上以交货时间来决定风险转移的时间。公约第66～70条对风险转移问题规定了以下六项原则。

1. 允许双方当事人在合同中约定有关风险转移的规则。

根据《1980年公约》的规定,双方当事人可以在合同中使用某种国际贸易术语,或者以其他办法规定货物损失的风险从卖方转移于买方的时间及条件。如果双方当事人在合同中对此作出了具体的规定,其效力将高于《1980年公约》的规定。

2. 风险转移所产生的后果。

《1980年公约》第66条规定,如果货物在风险转移于买方后发生灭失或损坏,则买方支付货款的义务并不因此解除,除非这种灭失或损坏是由于卖方的行为或不行为造成的。根据这一规定,一旦风险转移于买方之后,买方就要对货物的损失承担责任,即使货物发生灭失或损坏,买方仍然必须支付货款,而不得以此为理由拒付货款。但是,如果这种损失是由于卖方的行为或不行为造成的则不受此限。

3. 买卖合同涉及运输时风险的转移。

根据《1980年公约》第67条的规定,主要有两种情况:一是合同未规定卖方有义务在某个指定的地点交付货物,则自货物根据合同交付给第一承运人以运交买方的时候起,风险就转移于买方承担;二是如果卖方有义务在某一特定地点将货物交给承运人,则在货物于该地点交付给承运人以前,风险不转移于买方,但是卖方有权保留控制货物处置权的单据,并不影响风险的转移。

4. 货物在运输途中出售时风险的转移。

当卖方先将货物装上开往某个目的地的船舶,然后再寻找适当的买主订立买卖合同时,这种交易就是在运输途中进行的货物买卖。这在外贸业务中称之为"海上路货"。根据《1980年公约》第68条的规定,对于在运输途中出售的货物,从订立合同时起,风险就转移于买方。但是,如果情况表明有需要时,则从货物交付给签发载有运输合同单据的承运人时起，风险就由买方承担。尽管如此，如果卖方在订立合同时已经知道或理应知道货物已经遭受损坏或灭失，而又不将这一事实告知买方，则这种灭失或损坏应由卖方负责。

在运输途中出售货物时，其风险如何划分是一个十分困难的问题。因为在订立买卖合同时，货物已经装在运输工具上，买卖双方都可能不清楚货物是否有损坏或灭失等情况。在这种情况下，如果货物在运到目的地后发现损坏或灭失，往往很难判断这种损失究竟是发生在运输过程的哪一个阶段，是在订立买卖合同之前还是在订立买卖合同之后，因此很难确定这种损失的风险究竟应当由卖方还是由买方承担。对于这个问题，《1980 年公约》规定了三项原则或者说三种解决办法：①对于在运输途中出售的货物，原则上从订立买卖合同时起风险就转移给买方承担。②如果情况表明有需要时，则从货物交付给签发了载有运输合同单据的承运人时起风险就由买方承担。这项规定的目的是将风险转移的时间提到订立合同之前，即提前到将货物交付给承运人的时候转移。这是从实际情况出发考虑的。因为如上所述，在这种交易中，往往很难判断货物发生损失的确切时刻，所以，《1980 年公约》采取了一种比较简单的处理方法，即如果情况表明有需要时，风险就从卖方将货物交给签发了载有运输合同单据的承运人时起转移给买方承担。在这种情况下，如果货物发生损坏或灭失，买方就可以根据运输合同的规定向有责任的承运人请求损害赔偿。③如果订立买卖合同时卖方已知道或理应知道货物已经发生灭失或损坏，而又隐瞒这一事实不告知买方，则这种损失应由卖方负责。

5. 其他情况下风险的转移。

有些买卖合同并不涉及货物的运输问题，即由买方自行安排运输。在这种情况下，风险从何时起由卖方转移于买方，《1980 年公约》第 69 条作出了以下规定：

（1）在不属于第 67、第 68 条规定的其他情况下，从买方收受货物时起，或者如果买方不在适当的时间内收受货物，则从货物已交由买方处置而买方违反合同不受领货物时起，风险即转移给买方。这一条主要适用于卖方在其营业地点将货物交由买方处置的场合，即由买方自备运输工具到卖方的营业地提货的场合。

（2）如果买方有义务在卖方的营业地点以外的某一地点收取货物，则当交货时间已到而买方知道货物已经在该地点交由其处置时起，风险才转移于买方。但是，如果合同出售的货物在上述时间尚未确定在该合同项下，即尚未特定化，则在这些货物清楚地确定在该合同项下以前，不得视为货物已经交由买方处置，风险也不转移于买方。

6. 根本违约对风险转移的影响。

根据《1980 年公约》第 70 条的规定，如果卖方已根本违约，则上述第 67 ~ 69 条的规定都不损害买方对这种根本违约可以采取的各种补救方法。对于这项规定有两点需要进一步作出说明。

（1）此项规定仅适用于卖方根本违约的场合，即虽然卖方有违约行为，但是还没有构成根本违反合同，不能援引此项规定。

（2）根据这项规定，即使卖方已根本违约却不影响货物的风险根据《1980 年公约》的规定转移于买方。但在这种情况下，买方对卖方根本违约所应享有的采取各种补救方法的权利不应受到影响。例如，如果因卖方根本违约，使货物发生灭失或损坏，即使货物的风险已根据《1980 年公约》第 67 ~ 69 条的规定转移于买方，但买方仍有权要求撤销合同，要求卖方交付替代物或请求损害赔偿等救济方法。

第七节 国际电子商务合同

一、国际电子商务法的概念

国际电子商务法是调整国际商务过程中以电子信息为交易手段而形成的商事关系的法律规范的总称。国际电子商务法主要是调整国际商务活动中数据通信的手段与方式，而不是国际贸易本身，其目的是保证数据通讯的安全性和可靠性。

就内容而言，电子商务法可分为电子商务交易法和电子商务安全法。电子商务交易法主要是指规范平等主体的公民、法人之间通过互联网进行交易的商业行为的法律规范，它属于私法范畴；电子商务安全法是指关于电子商务信息系统安全的法律规范，它属于公法范畴。

二、国际电子商务法的特征

（一）国际性

计算机网络产生不久就迅速扩展到世界范围，几乎每个国家都与因特网有连接。电子商务是一种世界范围的商务活动，不应以一国或几国的法律来规范它，而应当建立一种全球性的电子商务法律框架，使全世界的电子商务活动受到一个统一的法律规范的约束，这样才能使电子商务真正成为一种全球性的活动，有利于电子商务活动的开展。因此，电子商务法最终要以适应全世界的要求为特征，国际性就成为电子商务法的特征之一。

（二）技术性

电子商务是现代高科技的产物，它需要通过互联网进行，规范这种行为的电子商务法必然要适应这种特点。所以，有关电子商务的法律规范也必须以技术性为其主要特点之一。

传统民商法由于不具有技术性的特点，所以对电子商务的签字技术、确认技术及加密等技术问题束手无策。电子商务法将传统法律与现代高科技相结合对电子商务法的有关技术问题作出合理的规定。

（三）安全性

计算机及网络技术的发展使各行各业对计算机系统具有极强的依赖性，与此同时，计算机"黑客"和计算机病毒也变得越来越猖獗，它们对计算机信息系统的侵入或攻击有可能使商家的商业秘密被窃取、经营数据被破坏和丢失，甚至使计算机信息网络陷入瘫痪，对商家乃至社会造成极大的损害。电子商务法以解决电子商务的安全性为己任，通过对电子商务的安全性作出规定，有效预防和打击各种计算机犯罪，切实保证电子商务乃至整个计算机信息系统的安全运行。

三、调整国际电子商务的法律规范

（一）国内立法

综观各国电子商务立法的实践，可以发现有三大特征：一是同步性。从1995年世界上第一部电子商务立法即美国犹他州《数字签名法》问世以来，短短六七年时间，世界上有近60个国家和国际组织已经制定或正在研究制定相应的电子商务法，可以说，各国立法基本上是同步进行的。美国又于1999年颁布了《统一电子商务法》，2000年6月通过了《国际国内商务电子签名法》，还有德国1997年《信息与通信服务法》、意大利1997年《数字签名法》、爱尔兰2000年《电子商务法》、法国2000年《信息技术法》、菲律宾的《电子商务法》、1999年加拿大的《统一电子商务法》、韩国的《电子商务基本法》、澳大利亚的《电子交易法》、哥伦比亚的《电子商务法》、我国香港特别行政区的《电子交易法令》和1998年新加坡的《电子商务法》等，我国于2004年8月28日由第十届全国人民代表大会常务委员会第十一次会议通过了《中华人民共和国电子签名法》（以下简称《电子签名法》）。二是协调性。在制定相应的电子商务法时，各国都呼吁注重相互之间的协调与衔接。各国立法的协调与互动,促使电子商务法的规范趋同。三是立、改、废并重。电子商务面临的法律问题主要是传统民商事法律规范造成的障碍。因此,各国在加快电子商务立法的进程中,都注重对不合时宜的现行法律法规进行修改或废止。

(二)国际立法

联合国国际贸易法委员会(以下简称贸易法会)于1985年在该会的第18次会议上作了题为"计算机记录的法律价值"的报告。为适应金融业务电子化的需要,促进电子支付方式的规范化,贸易法会于1992年制定了《国际货记传输示范法》。1996年,联合国大会通过了贸易法会经过5年时间起草的《电子商务示范法》,随后于1997年制定了"电子商务未来工作计划",重点研究电子签名、认证机构及其相关的法律问题。2000年9月,贸易法会电子商务工作组制定了《电子签名统一规则》。上述示范法、规则的制定,对各国电子商务法的制定和完善具有重要的参考意义。

国际商会于1997年11月发布的《国际数字化安全应用指南》,是由一系列在因特网上进行可靠的数字化交易的方针构成的,其中包括公开密钥加密的数字签名和可靠第三方的认证等。

欧洲联盟于1997年提出的《欧洲电子商务行动方案》,为规范欧洲电子商务活动制定了框架;1998年通过了《关于建立有关电子签名共同法律框架的指令》;1999年颁布了《关于信息社会服务的透明度机制的指令》;1999年通过了《关于建立有关电子签名共同法律框架的指令》。

世界知识产权组织(WIPO)早在1996年12月在日内瓦召开的关于版权与邻接权若干问题会议上缔结了《版权条约》及《表演和录音制品条约》草案,其内容涉及在电子商务的环境中对版权等知识产权的保护。

世界贸易组织(WTO)对电子商务早已有了工作计划,内容涉及电子商务的分类、司法管辖权和协议的签署、关税和国民待遇等问题。WTO在1997年达成的《全球基础电信协议》、《信息技术协议》和《开放全球金融服务市场协议》为电子商务和信息技术的发展确立了法律基础。

四、国际电子商务合同

(一)电子商务合同的概念

电子商务合同是指以电子形式表现合同内容的各种合同。它是将合同内容存储于计算机磁性介质上的一组数据通过网络实现订立、确认和修改等,从而明确合同双方的权利义务关系。

电子商务合同具有三个特征:①采用数据电文形式。数据电文是联合国《电子商务示范法》所使用的一个概念,它是指以电子、光学或者类似形式生成、发送、接收并保存的信息,包括电子数据交换、电子邮件、电报、电传或传真等无纸形式的文件。这一特征是电子商务合同的本质特征,其他特征都以这一特征为基础而产生。②采用超文本性的数据电文。在实践中,大量的数据电文的信息通常较短,对其他的数据电文的内容多采用提及或引证的方式。这不仅使电子商务交易效率高、成本低,而且也能适应公共密钥证书的电子签名认证系统。因此,各国法律都承认电子商务合同的超文本性。③采用各种技术手段。由于电子商务合同采用数据电文形式,无法按照传统的纸质合同标准操作,同时,电子商务合同又必须遵守合同法的各项原则、原理和规则,因此,为了保证电子商务合同与纸质媒体合同具有同等的功能和作用,必须采用各种技术手段,并予以法律上的承认。由此产生了不同于纸质合同形式的各种技术手段,如数字签名和密钥技术等。

(二)电子商务合同的订立

1. 电子合同当事人。

(1)电子合同当事人的确认。由于电子合同与传统合同不同,当事人不是通过面对面谈判订立合同,也不在书面合同上签名或盖章,因此,双方当事人一般都通过约定的电子密码确认数据电文的发件人与实际生成并发送该电文的人是同一主体。

(2)电子合同主体缔约能力的确定。在电子交易中,由于客户出于对自身隐私的考虑,或者防止他人冒用自己的名义等,可能以化名或代码进入基本商业网站,所登录的身份与真实情况不符,因此,一方当事人很难知晓对方是否具有缔约的行为能力。但尽管在电子合同中当事人的行为方式可能有多种变化,存在认定身份的困难,但仍应按照民商法有关当事人行为能力的规定来认定其效力,即完全行为能力人对其行为负责;无行为能力人所为的意思表示无效;限制行为能力人未获得法定代理人的同意,合同行为效力待定。

(3)电子合同代理人。电子合同代理人是指不需要人的审查或操作,而能用于独立地发出、回应电子记录,以及部分或全部地履行合同的计算机程序、电子的或其他的自动化手段。当事人为了扩大交易机会,减少营销成本,预先在电子代理人中设置了常用的商事意思表示的模式,使之能够代替其发出或接受要约。因此,电子代理人并不是传统民商法的独立的主体概念,它只是执行合同主体设定的程序,并能智能化地运作的交易工具,它不具有法律主体资格。电子合同代理人完成的订立合同行为的后果由被代理人(预先设定该程序的人)承担。

2. 要约的撤销。

电子要约能否撤销应视采用的电文通信方式而定。在通过电子邮件方式发出要约时，只要在受约方作出承诺之前，在符合合同法规定的前提下，要约人可以撤销其要约。但对采用 EDI 形式的要约，由于通常都是按照事先设定的程序自动迅速完成的，无须人员介入，因此一般不存在要约的撤销问题。

3. 电子合同成立的时间和地点。

(1)电子合同成立的时间。关于合同成立的时间，英美法系实行的是投邮生效原则，又称发送主义，大陆法系则实行的是到达生效原则。在电子合同情况下，由于采用电子数据交换、电子邮件、点击“我同意”键等电子手段或其他类似手段发送承诺，传输速度极快，在“发送”和“到达”之间几乎没有时间差，“发送”的方式也是多样化。因而，无论是“发送主义”还是“到达主义”，在实践中都会遇到不同程度的法律困难。由于计算机和网络等传输媒介的故障或其他原因，会造成发出的数据信息的改变或丢失，难以到达或者难以依其原样到达收件人处。在这个意义上，大陆法系的“到达主义”更为合理，但“到达主义”适于 EDI 的情况，对电子邮件不一定适宜。例如，网络故障可能会阻碍电子邮件的传输，收件人收到电子邮件的时间就不确定，或者根本收不到，如采用“到达主义”，合同成立的时间可能无法确定。正因为如此，《电子商务示范法》无意确立一条法律冲突规则，对此采取了回避的办法，不对承诺生效的时间直接作出规定，而从数据电文这一更广泛的角度分别规定其发出和到达的时间。关于数据电文的发送时间，该法第 15 条第 1 款规定，以它进入发件人或代表发件人发送数据电文的人控制范围以外的某一信息系统的时间为准。可见，该法在发送的问题上采取的是“发送主义”。关于数据电文的收到时间，该法第 15 条第 2 款规定按两种办法确定：第一，如收件人指定了接收的某一信息系统：一是以数据电文进入该指定系统的时间为收到时间；二是如发送的是指定系统以外的收件人的一个系统，以收件人检索到该数据电文的时间为收到时间。第二，如收件人未指定某一系统，则以数据电文进入收件人的任一信息系统的时间为收到时间。这样，示范法在收到问题上采用了“到达主义”。应当指出，示范法的上述规定已被越来越多的国家采用，包括原来奉行投邮主义的国家。例如，美国《统一电子交易法》关于电子数据发送和接收的时间和地点的第 15 条规定就摒弃了投邮主义，转而采用“到达主义”，规定电子记录在接收时生效，即使没有人知悉该电子记录已经被接收。关于数据电文的发送，我国《电子签名法》第 9 条规定，数据电文有下列情形之一的，视为发件人发送：①经发件人授权发送的；②发件人的信息系统自动发送的；③收件人按照发件人认可的方法对数据电文进行验证后结果相符的。但当事人另有约定的，从其约定。该法第 11 条规定，数据电文进入发件人控制之外的某个信息系统的时间，视为该数据电文的发送时间。对于数据电文的收到时间，该法第 11 条与我国《合同法》第 16 条规定，采取数据电文形式订立的合同，收件人指定特定系统接收数据电文的，将该数据电文进入该特定系统的时间视为到达时间；未指定特定系统的，将该数据电文进入收件人的任何系统的首次时间视为到达时间。

(2)电子合同成立的地点。在电子合同情况下，订立合同在不同地点的计算机系统间完成。因此，如何认定成立时间的完成就和成立地点紧密相连。对电子合同生效地点的确认比对生效时间的确认更加复杂。例如，收件方可能是在跨越太平洋上空的飞机中收到承诺的。《电子商务示范法》虽然没有统一规定确定电子合同成立地点的标准，但它对确认数据电文的发函与收到地点的标准作出了规定，即除非发件人与收件人另有协议，数据电文应以发件人设有营业地的地点为其发出地点，而以收件人设有营业地的地点视为其收到地点。如发件人或收件人有一个以上的营业地，应以对基础交易具有最密切关系的营业地为准，如果并无任何基础交易，则以其主要的营业地为准；如发件人或收件人没有营业地，则以其惯常居住地为准。可见，该规定采取"营业地"、"最密切关系"及"惯常居住地"等原则来确定数据电文到达地点的标准，是基于使合同等行为与行为地有实质的联系，从而避免以"信息系统"作为发出或收到地所可能造成的不稳定性。

我国《电子签名法》第 12 条采用与《电子商务示范法》相同的规定，而我国《合同法》第 34 条对合同成立地点规定，采取数据电文形式订立合同的，收件人的主营业地为合同成立的地点；没有营业地的，其经常居住地为合同的主营业地。

(三)电子商务合同的书面形式问题

许多国家的法律要求某些交易必须有书面合同，或要求以书面作为证据，这是使用电子商务的一个法律障碍。国际贸易法委员会通过长期研究认为，随着计算机和计算机之间单证的发展，可以通过设立计算机记录来同样地实现法律要求备有单证和其他记录的本意。由此奠定了电子商务电文在功能上等同于"书面"的基础。《电子商务示范法》第 6 条对"书面"规定，如果法律要求信息必须采用书面形式，则假如一项数据电文所含信息可以调取以备日后采用，即满足了该项要求；无论前款所述要求是否采取一项义务的形式，也无论法律是不是仅仅规定了信息不采用书面形式的后果，该款均将适用。在拟订《电子商务示范法》的过程中，针对各国法律规定的书面形式的要求，国际贸易法委员会认为没有必要取消各国的这一法律规定，而只要扩大法律对"书面"一词所下的定义，使电子数据能被纳入书面范畴。同时考虑到采用《电子商务示范法》颁布国的特殊情况，例如，根据颁布国的国际条约义务要求的形式以及颁布国无权以法规手段加以改变的其他各种情况和法律领域，颁布国可自行规定某些特定情况排除第6条的适用。

我国《电子签名法》第4条规定，能够有形地表现所载内容随时调取查用的数据电文，视为符合法律、法规要求的书面形式。

（四）电子签名

电子签名的目的是利用技术手段对签署文件的发件人身份做出确认以及有效保障传送文件内容不被当事人篡改，不能冒名顶替传送虚假资料，以及事后不能否认已发送或已收到资料等网上交易安全性问题。电子签名按其适用范围和功能，可分为广义的电子签名、狭义的电子签名和强化电子签名。

广义的电子签名是指包括各种电子手段在内的电子签名；狭义的电子签名是指通过一种特定的技术方案来鉴别当事人（主要是发件人和收件人）的身份及确保交易资料内容不被篡改的安全保障措施，通常指数字签名，它是以非对称加密方法产生的数字签名。与其他技术相比，数字签名具有安全可靠和成本不高的优点，并能够保证收件人核实发件人对数据电文所含信息的签名，起到使发件人不能抵赖对该信息的签名，同时使收件人不能伪造该签名的作用，因而被许多国家确认为法定的签名技术，并赋予数字签名具有手书签名同样的法律效力。在广义与狭义的电子签名之间存在一种强化电子签名，也称安全电子签名，它是指经过一定的安全应用程序，能够达到同样效果的电子签名技术。与广义电子签名相比，它更具安全性；与数字签名相比，它不是采用非对称性公钥加密技术，而是强调同样的签名效果，凡是能达到数字签名同样功能的各种签名技术都包括在内。

我国《电子签名法》第13条规定，电子签名同时符合下列条件的，视为可靠的电子签名：①电子签名制作数据用于电子签名时，属于电子签名人专有；②签署时电子签名制作数据仅由电子签名人控制；③签署后对电子签名的任何改动都能够被发现。

虽然使用数字签名能够有助于确认身份，但是为了确认其签名本身的真实性，往往还须通过认证机构等中介服务的认证。为保证证书来源和内容的真实性，应以数字签名签发证书。

数字证书是各类终端实体和最终用户在网上进行信息交流及商务活动的身份证明，它是一段包含用户身份信息、用户公钥信息以及身份验证机构数字签名的数据。证书服务机构的数字签名可以保证证书信息的真实性，用户公钥信息可以保证数字信息传送的完整性，用户的数字签名可以保证数字信息的不可否定性。

复习思考题

1. 依照《2010年通则》,FOB,CFR和CIF与FCA,CPT和CIP有何不同?
2.《1980年公约》是如何确定其适用范围的?
3. 实盘与虚盘有何不同?
4. 依据《1980年公约》,买卖双方各自有哪些义务?
5. 英美法系、大陆法系与《1980年公约》对实际履行的态度如何?
6. 国际货物买卖中预期违约的内容是什么?
7. 风险转移在国际货物买卖中有何意义?
8. 如何确定电子合同的当事人?
9. 如何确定电子合同成立的时间和地点?

案例1

案情:1917年3月1日,英国某公司向美国某公司订购了一批糖浆与淀粉。双方在合同中使用的是CIF术语,并规定美方在3月交货。美方于3月10日将货装船。因时逢第一次世界大战期间,停泊在装运港待航的货船在3月12日被德国炮弹击毁。同日,美方将有关单据交予英方,要求英方付款,英方不同意,双方产生纠纷,美方遂向法院起诉。

法律问题:本案因战争带来的风险应由买方还是卖方承担?

参考结论与法理分析:法院依据双方采用的CIF术语,判决英方败诉,给付美方货款。又因英方未要求投保战争险,不能从保险公司得到补偿,最终用原货款买了几张白纸,并承担了诉讼费用。

本案涉及的是CIF合同的性质。依CIF术语的含义,卖方只负责将货物运到装运港的船上,并承担货物在装运港越过船舷以前的风险,故CIF合同属于装运合同。本案中的货船正是在卖方将货物装船后被击毁的,风险已由卖方转移至买方,所以法院判决这笔损失由英方承担。

案例2

案情:2000年6月5日,被申请人向申请人发盘出售10 000吨菜籽,质量标准为:油蛋白在38%以上,水分在12.5%以下,单价FOB中国张家港78美元/吨。2000年6月7日,申请人接受被申请人的发盘,并要求被申请人将合同和信用证条款传真给申请人。被申请人于2000年6月9日将已盖有公章的《售货合约》传真给了申请人。

申请人收到被申请人传真的《售货合约》后,删除了原合约上"不接受超过20年船龄的船舶”的要求，并将“运费已付”修改成“运费按租船合同支付”，委托意大利米兰公司签字盖章后于2000年6月9日当天传真给被申请人。

2000年6月14日，被申请人传真给申请人香港办事处，称申请人单方面修改合同，被申请人不能予以确认，将暂缓执行合同，并要求申请人暂缓开出信用证。2000年6月22日，被申请人向申请人发函称，双方已达成的合同为无效合同，申请人所开来的信用证只能作废。

同日，申请人回函给被申请人向被申请人解释，由于合同为FOB条件，对船龄与运费支付事宜的修改将不会对被申请人履行合同产生任何影响。申请人同时告知被申请人，申请人已将合同项下的货物转卖给了意大利的下手买家，并提醒被申请人，被申请人如不履行交货义务将构成违约。如被申请人拒绝交货，申请人只能通过购买替代物向下家买方履约。在该函中，申请人要求被申请人在2000年6月23日工作时间内向申请人确认被申请人将履行合同。

2000年6月23日，被申请人向申请人回函坚持声称双方所达成的合同无效以及船龄及预付运费直接影响被申请人的装船，并声称由于合同本身并未生效，该合同项下的义务和责任都只能作废。

申请人已就从被申请人处所购买的7 000吨货物与意大利的另一家公司达成了转卖协议，申请人为履行与意大利买方的合同，不得不以每吨98.50美元的高价从新加坡某公司处购买7 350吨的替代货物。为此，申请人多支付了150 675美元的货款。因此，申请人遂于2001年7月23日对被申请人向中国国际经济贸易仲裁委员会提请仲裁。

法律问题：被申请人对《售货合约》的部分修改是否影响合同的成立？

参考结论与法理分析：本案的关键是合同是否已经成立。虽然本案的申请人在其回函中对被申请人的发盘作了部分修改，但由于双方商定的是FOB价格条件，按此国际贸易术语，租船订舱和支付运费均系买方即申请人的责任，且货物在装运港越过船舷后风险即转移到买方，这些都与作为卖方的被申请人没有直接关系，所以，上述那些修改并不对被申请人的利益有任何影响，所修改之处不构成《1980年公约》所规定的实质上变更被申请人要约的条件。而且，被申请人作为要约人也未立即针对申请人所作出的变更向申请人提出反对意见，直至2000年6月14日被申请人才针对申请人的修改部分提出异议。因此，被申请人所提出的异议已经构成了《1980年公约》所规定的迟延，双方合同已经成立。由于被申请人在此情况下无理拒绝履行合同，致使申请人不得不高价购买替代货物，被申请人已经构成违约，应承担违约责任。

第五章

国际产品责任法

本章要点及学习要求

本章主要讲述产品责任法与相邻法律部门的区别，以及产品责任归责原则的发展、产品责任的构成要件、产品责任的诉讼与涉外产品责任的管辖和法律适用。

要求掌握产品责任的归责原则以及产品责任的构成要件，了解产品责任的责任主体与责任形式、国内法与国际法关于涉外产品责任管辖权与法律适用的规定。

CHAPTER FIVE

International BUSINESS LAW

第一节 产品责任法概述

一、产品责任的概念

产品责任是指经过生产或加工的产品在进入市场流通后，因具有缺陷而致他人人身或财产受到损害的，由该产品生产与销售环节中的诸多相关的人对受害者所遭受的损害承担的赔偿责任。

从广义上讲，产品责任包括合同关系的产品责任和侵权行为的产品责任两种。合同关系的产品责任即违约责任。通常所讲的产品责任主要是指产品的侵权责任，这是狭义上的产品责任，它是因产品存在缺陷造成对他人损害所应承担的产品责任。

二、产品责任法的概念

产品责任法是指调整制造商、销售商以及其他有关经济主体与消费者、使用者之间因产品缺陷所形成的侵权赔偿关系的法律规范的总称。它先是以判例的形式出现在工业发展比较早的英美国家，第二次世界大战后在欧美国家尤其在美国有了很大发展。随着国际贸易日益频繁与迅速发展，各国越来越多的产品涌入国际市场，进行着广泛的流通，各国之间产品责任的争端随之增加。对产品责任进行国际调整，越来越受到国际社会的重视，加之有关国际条约相继问世，一个新兴的法律部门——国际产品责任法便应运而生。

（一）产品责任法与相邻法律部门的区别

了解产品责任法与相邻法律部门如产品质量管理法、消费者保护法以及买卖法的关系，有助于准确把握产品责任法的概念。

1. 产品责任法与产品质量法。

产品责任法与产品质量法之间的密切关系，首先反映在它们都将保护消费者的利益作为自己的宗旨；其次还反映在产品质量法中也常包含有产品责任方面的内容或条文，如《中华人民共和国药品管理法》第56条规定："违反本法，造成药品中毒事故的，致害单位或者个人应当负赔偿责任。"这一条的规定就属于产品责任法的范畴。但是，从法的性质上看，它们终究是属于民法的范畴，属于行政法的范畴，而且，产品责任也不能等同于产品质量责任，两者存在着一些差别。

(1)责任性质不同。产品责任是指产品的制造商、销售商因产品有缺陷对他人生命、身体、健康或财产造成损害依法应承担的民事责任,它是一种特殊的侵权民事责任;产品质量责任是指制造商、销售商因产品质量不符合国家有关法规、质量标准以及合同规定的对产品适用、安全和其他特性的要求,给用户造成损失应承担的民事责任、行政责任和刑事责任,它是一种综合责任,既包括产品质量违约和侵权的民事责任,也包括产品质量的行政责任和刑事责任。

(2)判定责任的依据不同。判定产品责任的依据是产品是否存在缺陷,即产品是否具有危及人身、财产安全的不合理的危险,其依赖于法律法规的直接规定,并不考虑当事人之间是否存在合同关系;判定产品质量责任的依据是是否违反默示担保或明示担保以及产品是否具有缺陷,即除依赖于法律法规的规定外,还可根据当事人之间是否具有合同关系来判断。

(3)承担责任的条件不同。产品责任只在缺陷产品造成他人损害的事实出现时才能成立,其侧重于损害后果这一前提;而产品质量责任可以存在于产品制造、销售过程中的任何环节,只要有违反质量义务的行为,无论是否造成了损害,均承担产品质量责任。由此可见,在外延上,产品质量责任大于产品责任,产品责任包含于产品质量责任之中。

2. 产品责任法与消费者保护法。

产品责任是消费者保护的重要内容之一,因而产品责任法与消费者保护法具有密切联系。产品责任法可谓是消费者保护法中最基本的内涵,消费者保护法包含了产品责任法的主要内容;两者维持着共同的经济秩序,并具有共同的立法原则和目的,即保护消费者的利益。消费者保护法涉及的范围更为广泛,从一些国家的立法例来看,消费者保护法所包括的内容并非仅限于如何追究产品提供者的产品责任的内容。如日本 1962 年的《消费者保护基本法》对消费者的保护涉及了产品危害的防止、计量的标准化、规格的标准化、表示的正确化、公正自由的市场秩序竞争的维护、消费生活启发与教育活动的扩展、消费意见的反映与处理、各种试验检查设备的充足以及消费者受害诉讼的处理九大项目。泰国 1979 年颁布的《消费者保护法》除了规定消费者应享受保护的权利外,还有关系消费者保护机构的组成、权限、职责、工作程序方面的规定;关于广告方面的规定;关于罚则方面的规定。比较而言,产品责任法的范围则较为狭窄,主要涉及因产品具有缺陷导致的损害赔偿责任以及相关的产品责任保险及诉讼方面的内容。

3. 产品责任法与买卖法。

在许多国家,产品责任法正在或已经从买卖法中完全脱离出来,而只是侵权法的一个新分支。二者的区别主要表现在下述三个方面。

(1)涉及产品担保责任的性质和法律后果不同。尽管在产品责任法和买卖法中都涉及产品担保责任,但就买卖关系而言,这种担保仅在保证所出售的产品具有商销性和符合其用途,并不涉及一旦瑕疵产品致人人身和财产损害的责任,而且其法律后果主要是调换或修理产品,或降低价格,或解除合同等,即使有时也要承担损害赔偿责任,但也只是一种不履行或不完全履行合同的责任,其损害仅限于因提供了不符合合同约定的产品而致买受人的损失,也不涉及人身和财产所受瑕疵产品损害的赔偿。而产品责任法所涉及的责任性质专指缺陷产品造成使用人人身和财产上的损害赔偿,完全不涉及合同的解除和降低价格的问题。

(2)依据的前提不同。买卖法所调整的是卖方与买方之间基于买卖合同所产生的权利义务关系,而产品责任法调整的是不以任何合同关系为前提的产品责任侵权行为。虽然过去在产品责任领域中占主导地位的原则是"无合同,无责任",即只要制造商或销售商与产品的使用者没有合同关系,对制造及出售的产品一概不承担任何责任。由于这种将合同关系作为产品责任基础的理论依据极不合理,各国的产品责任法就逐渐地放弃了这一要求,规定其调整无任何合同关系的当事人之间因缺陷产品的侵权行为而产生的赔偿关系,从而扩大了产品责任法所保护的对象,也扩大了应承担赔偿责任的当事人的范围。

(3)法律规范的性质不同。因买卖法属于私法范畴,所以它的规定大多是任意性的。在一般情况下,双方当事人可在他们的合同中予以排除或变更,法律不予干预。而产品责任法是国家通过法律形式确定产品制造商或销售商对其制造或销售的产品所应承担的法律责任,属于社会经济立法范畴,其规定和原则多为强制性的,双方当事人在订立合同时不得任意加以排除或更改。

(二)产品责任的立法形式

当前,世界各国有几种不完全相同的立法形式处理产品责任问题。一是在民法中规定产品责任,即通过扩大解释民法中的合同法、侵权法的有关规则,作为处理产品责任的主要法律依据,如法国、荷兰、比利时、澳大利亚等。二是在刑法中规定对于劣质产品产销责任者的处罚,如我国《刑法》第 141 条规定,生产、销售假药的,处 3 年以下有期徒刑或者拘役,并处罚金;对人体健康造成严重危害或者有其他严重情节的,处 3 年以上 10 年以下有期徒刑,并处罚金;致人死亡或者有其他特别严重情节的,处 10 年以上有期徒刑、无期徒刑或者死刑,并处罚金或者没收财产。三是在相关的专门立法中规定,如韩国、泰国、加拿大等国家颁布的《消费者权益保护法》以及中国的《产品质量法》、《侵权责任法》。四是通过单行法规,专就产品责任予以规定,如德国、挪威、丹麦、日本等国家均颁布了单行的产品责任法；五是由法院创设判决先例来确定产品责任法律规则，如美国；六是由共同制定的国际公约来规范。在产品责任方面的有关公约有《关于产品责任法律适用的公约》、《关于涉及人身伤害与死亡的产品责任的欧洲公约》和《欧洲经济共同体产品责任指令》等。

改革开放以前，我国实行计划经济，商品交易不发达，有关产品责任的立法也未能提高到国家立法的议事日程。到20世纪80年代，随着各国开放的深入和经济的快速发展，我国产品责任立法也从无到有，从粗疏到细致，从单行立法到全面立法，初步建立起产品责任的法律框架体系。具体包括三个方面：一是《民法通则》的有关规定；二是《中华人民共和国产品质量法》（以下简称《产品质量法》）与《中华人民共和国消费者权益保护法》（以下简称《消费者权益保护法》）的有关规定；三是有关单行法中关于产品责任的规定，如《中华人民共和国侵权责任法》、《中华人民共和国食品卫生法》、《中华人民共和国计量法》、《中华人民共和国标准化法》和《中华人民共和国药品管理法》等。

三、有关产品责任的国际公约

随着产品生产和销售的国际化，涉及不同国家当事人的产品责任案件频繁发生。但由于各国政治、经济发展水平的差异，使各国有关产品责任的法律制度互有分歧，在一定程度上阻碍了国际商品流通和自由竞争的发展。为了减少不同国家之间在产品责任问题上的立法冲突，为了妥善解决在这种法律冲突背景下所发生的带有国际性的产品责任纠纷，20世纪70年代以来，越来越多的国家开始重视产品责任法的国际协调与国际合作。有关的国际组织，如欧洲理事会、欧洲经济共同体积极致力于统一产品责任的国际立法活动，进而缔结了专门性的国际公约，主要包括：欧洲理事会的《关于造成人身伤害与死亡的产品责任欧洲公约》或称《关于人身伤亡的产品责任公约》（Convention on Products Liability in regard to Personal Injury and Death）。该公约由欧洲理事会拟订并于1976年召开的理事会会议上获得通过，欧洲理事会各成员国于1977年1月27日在斯特拉斯堡正式签订，通常又称为《斯特拉斯堡公约》。该公约适用严格责任原则，产品责任的范围仅限于对人的伤害、致死方面的案件，调整由于缺陷产品造成人身伤害和死亡所引起的赔偿责任问题，不包括缺陷产品对财产造成的损害所引起的产品责任。

《欧洲经济共同体产品责任指令》（E. E. C Directive on Product Liability），全称为《使成员国有关缺陷产品责任的法律、法令及行政规定一致的理事会指令》或《使成员国产品责任法互相接近的指令》或《关于有缺陷产品责任的指令》。

为了协调统一各成员国之间有关产品责任的法律，欧洲共同体理事会于1973年组织了一个专家委员会，着手研究制定一个欧共体成员国统一的产品责任法。经过几年的努力，该委员会于1976年9月向欧共体理事会提交了一份公约草案，即《关于使成员国产品责任法互相接近的指令草案》，经过几次修改，最后于1985年6月获得欧共体各国主管部长的批准，同年7月25日欧共体理事会全体通过。该指令对产品责任采取了严格责任的原则，规定产品生产者应对其产品的缺陷承担责任。

《产品责任法律适用公约》(Convention on the Application of Law to Products Liability)又称《产品责任法律冲突规则公约》，简称《海牙公约》(Hague Convention)，是由1964年第10届海牙国际私法会议后组织成立的一个特别委员会主持起草，1972年第12届海牙国际私法会议制定通过的，1973年10月2日由海牙国际私法会议各成员国签署，1977年10月1日起正式生效。《海牙公约》是目前国际上唯一的产品责任方面的统一的冲突法公约，其宗旨是在国际范围内解决产品责任法律适用的问题，它主要适用于有关产品责任的国际性诉讼案件，而且仅适用于无合同关系的当事人之间所发生的纠纷。

以上公约均是关于产品责任国际立法方面的专门公约，前两个是区域性的公约，内容涉及产品责任的实体性问题；后一个是世界性的公约，内容涉及国际产品责任的法律适用问题。这些公约连同欧洲经济共同体对一些有关人的生命和安全的产品的指示，对于国际产品责任问题的法律调整非常有益，为国际上进一步制定和完善产品责任方面的法律制度提供了有益的基础和经验。

此外，与产品责任有关的国际性立法还有1985年联合国《保护消费者准则》及欧洲理事会《消费者保护宪章》等。关于前者，1985年4月9日联合国大会通过了第39/248号决议，核准了《保护消费者准则》，作为各国、尤其是发展中国家保护消费者利益的指导原则和示范性文件，它是目前影响最大的全球性消费者保护方面的综合性国际立法。《消费者保护宪章》是欧洲理事会通过的与前者类似的、作为欧洲理事会成员国的消费者保护准则。

第二节 产品责任的归责原则

产品责任的归责原则是确定产品责任归属的准则，即要求行为人承担产品责任的根据、标准和理由。因归责原则与社会的经济因素、政治因素和思想因素息息相关，为了适应经济发展的要求，产品责任的归责原则在不同的时期表现出了不同的特点，经历了一个发展演变的过程，主要出现了四种形式，即无合同无责任原则、疏忽责任原则、担保责任原则和严格责任原则。

一、无合同无责任原则

合同在19世纪的西方经济生活中占有十分重要的地位。合同在缔约当事人之间具有相当于法律的效力,而且这种效力几乎是绝对的,使合同仅在当事人之间生效,非合同当事人不能根据合同取得利益或者负任何义务,这即所谓的无合同无责任原则。由于早期的产品责任属于合同法范畴,因此人们即借助这一合同理论实现对受害者权利的救济。无合同无责任的原则在产品责任上的表现最初发端于1842年英国的“温特博特姆诉怀特”(Winterbottm V. Wright)一案。该案原告是受雇于驿站长的马车夫,因驾驶雇主从被告处买来的有缺陷的马车而受伤,遂向被告提起求偿诉讼。被告辩称原告与他无直接合同关系,不负赔偿。法院认为被告抗辩有效,判决原告败诉。该判例被进一步解释为,无合同关系的第三人因产品缺陷而受损害,制造商既无合同责任也无侵权责任。这一原则的目的在于保护处于初级阶段的制造商的利益,限制他们负责赔偿的范围。因此,在20世纪前,这一原则是产品制造商推卸责任的最有效的挡箭牌。

但由于社会经济生活的多变性和复杂性,无合同无责任原则有相当的局限性,无法满足社会经济进一步发展的需要。首先,能请求救济的人即权利主体的范围过窄,仅以缔结合同的一方当事人——买受人为限。如果购买人与使用人不是同一人时,如买受人以外的家人、亲戚、朋友以及其他实际使用产品的人遭受产品损害的则不在保护之列,不能行使请求权以获得救济。其次,承担责任的人即责任主体的范围过窄,仅限于与买受人有直接合同关系的产品的制造商或销售商。如果没有这种直接的合同关系,制造商或销售商即使已经造成了一定的损害也不承担损害赔偿责任。再次,免责条款会被滥用。因依照契约自由的原则,契约在不违反公序良俗的前提下,如何签订由当事人自由约定,这使制造商和销售商可以凭借自身的优势制定“标准契约”,规定对自己有利的条件和不合理的免责条款,以逃避承担产品损害赔偿责任。

二、疏忽责任原则

疏忽责任是指产品的制造商或销售商在生产或销售的过程中因主观上的疏忽导致产品有缺陷,而造成产品的消费者或使用者遭受损害所应承担的责任。疏忽责任在理论上属于侵权责任,其法理基础是合理注意的学说,即任何人在进行某种行为时都应当合理地注意并控制自己的行为，以防止对他人造成损害。疏忽的前提是存在法律已经规定的“注意义务”，没有尽到这种注意义务即构成疏忽的存在。所以，疏忽责任不是来自当事人之间的约定义务，而是来自法律规定的义务，理所当然是侵权责任。

对疏忽责任原则的确立最具有影响力的是美国1916年的“麦克弗森诉别克汽车公司案”（Macpher Son V. Buick Motor Co.）。在该案中，原告麦克弗森从销售商处购买被告别克汽车公司制造的汽车，在行驶中汽车突然翻车，使其遭致伤害。翻车的原因是车轮破裂。虽然车轮系由其他商人提供，但如果被告仔细检查，应该能够发现缺陷。纽约州最高法院法官卡多佐（Cardozo）在审理此案时指出：“任何商品依其本质足以危害人的生命和健康时，均属危险物品，制造商可以知道购买人或第三人将会不经过检验而使用商品，则不论当事人之间有无契约关系，制造商对商品的制造负有注意义务。”该案的最大意义是在产品责任问题上突破了合同关系原则，开始运用新的侵权责任原则——疏忽责任原则处理产品责任案件。

当产品缺陷的受害人以疏忽责任为理由寻求法律救济时，按照侵权诉讼的基本精神，受害人负有举证责任，即受害人必须证明以下事实：①被告负有“合理注意”的义务。一般而言，制造商或销售商的“合理注意”义务由法律所规定。为了在现代化生产中尽量消除产品的缺陷，法律上认为一切能够尽到的注意都属于“合理注意”的范围。因此，原告证明这一点是比较容易的。②被告没有尽到“合理注意”的义务，即被告有疏忽之处。通常，原告在证明这一事实时可以从三个方面举证：一是被告对已经预见或可以预见的产品缺陷未给予必要的提醒或指示；二是被告没有认真充分地检查产品的缺陷和质量，导致产品缺陷的存在；三是被告的生产或设计不合理或有明显的危险，或达不到工业产品的通常标准。③由于被告的疏忽，造成原告的损害。这要求原告必须证明损害与产品缺陷之间有因果关系，即损害是由于使用有缺陷的产品而造成的。如果所发生的损害不是因使用有缺陷的产品而造成，原告不能获得赔偿。

疏忽责任原则在观念上实现了从要求买者注意到要求卖者注意的转变。在早期的产品责任中，因为生产力不发达，市场基本属于卖方市场，因而要求买方负有注意产品缺陷的责任。而且，在科学技术不发达的情况下，买方有条件也有能力注意科技含量不高的产品的缺陷。但随着科学技术的发展，产品的设计和生产越来越专业化，一般购买人已无法依靠自己的知识和能力注意产品的缺陷。因此，这就要求注意的义务应更多地由产品的制造商和销售商承担。这一新的转变反映了产品责任法的重大变革，反映了产品责任法开始从强调保护少数购买人向保护广大消费者转变。

但是，消费者在以疏忽责任原则为由向法院起诉产品提供者时仍有一定难度，即必须证明被告存在着合理注意的义务并且未能尽到此义务，这种举证责任对消费者而言是十分困难的，有时甚至是不可能的。因为在现代化大生产条件下，产品的加工工艺、制作方法日益复杂，而消费者往往受专业技能、鉴别能力的限制，对产品的制造或销售过程多不明了，要举出足以证明产品有缺陷或被告未尽合理注意义务的证据，对一般消费者来说，这种举证的要求不仅过分苛刻，而且负担沉重。因而这使得制造商和经销商还有一道防线，受害人要得到赔偿仍是非常困难的。

三、担保责任原则

担保是在合同中对产品的质量、性能、规格和用途等所作的许诺、说明或保证，主要分为明示担保和默示担保。担保责任则是指制造商或销售商因违反了对产品的明示担保或默示担保而应承担的责任。担保责任的归责原则源自合同责任体系。按照合同的基本精神，商品买卖是典型的合同行为，卖方有义务保证其所出售的货物符合双方所订立的合同条款的要求，因此，担保责任包括产品质量担保责任就伴随买卖合同而产生了。由于早期的合同比较重视形式，担保主要采用明示的方式，即出卖人用语言或文字形式表示出来的对货物应当符合合同要求的保证；又因明示担保具有明确、清楚、不易发生纠纷的优点，所以一直是担保的主要形式。随着社会的发展，后来又产生了默示担保作为补充。

（一）明示担保

明示担保是指产品的制造商或销售商对产品的性能、质量或所有权的一种声明或陈述，一般多见于制造商或销售商证明其产品符合规定标准的说明，或产品的标签、广告、目录和使用说明书上。美国 1932 年的“巴克斯特诉福特汽车公司案”（Baxter V. Ford motor Co.）是有关明示担保方面的著名判例。在该案中，被告福特汽车公司在其广告中表明其生产的汽车玻璃不会破裂。原告相信了广告而购买了汽车，但在一次驾驶中，汽车玻璃因一小石块的打击而破碎，并导致原告眼睛失明。华盛顿州最高法院在审理此案时认为，被告在其广告中明示了玻璃不会破裂的担保，因而应负有明示担保责任，故判决被告败诉。该案的意义在于，尽管当事人之间无直接的合同关系，原告也无须证明被告有疏忽行为而要求法院强制被告履行其担保的诺言。可见，制造商的明示担保起到了克服合同关系障碍的作用。

按照传统的理论，明示担保仍属于合同关系的范围，以卖方违反明示担保为理由提起的诉讼属于合同之诉,原告有权拒收货物、解除合同并可以请求赔偿。以卖方违反明示担保为理由要求赔偿时,受害人必须证明以下事实的存在:①被告作出过明示的担保;②受害人相信该担保而购买了产品;③损害是由于产品不符合被告的明示担保所造成的。如果受害人能证明这三个事实的存在,就可以获得赔偿,否则,就无法通过法律手段获得赔偿。相对于疏忽责任而言,明示担保责任更有利于受害人,因为受害人以违反明示担保为理由要求赔偿时,只需证明上述三个事实即可,而不必证明被告有疏忽的事实,这无疑减轻了原告的举证责任。

(二)默示担保

默示担保是指法律推定卖方交付的货物应达到的基本标准,它并不取决于制造商或销售商的口头或书面表示,而是依法产生。默示担保是在明示担保之后产生的。明示担保虽然有其明显的优点,但它不可能涵盖所有的制造商或销售商应承担的担保责任。因产品质量问题发生损害时,如果仅靠明示担保,可能无法给受害人以合理的补救,导致明显的不公平后果。尤其是随着科学技术的发展,一般消费者不可能用专业的方式判断产品的真实质量和性能,只能依靠制造商和销售商的明示担保决定购买与否,而明示担保又极可能没有包括制造商和销售商应当承担的担保责任,因此,用默示担保加强制造商和销售商的产品质量责任,公平合理地保护购买人的权利是十分必要的。按照担保条款的内容进行划分,默示担保一般可以分为商销性默示担保和适合特定用途的默示担保两种。前者是指所出售的商品必须至少适用于使用该商品的通常目的,这项担保只在销售商是出售该类商品的商人时才适用,因此,原告依此进行起诉时,须证明卖方是经营这种产品的商人;后者则是指担保所售商品适宜出售者知晓的任何其他特殊目的,原告依此进行诉讼时须证明卖方知道或应知道产品的特定用途以及买方对卖方提供合适产品的技术和判断力的信赖。

虽然与疏忽责任原则不同的是,无论是明示担保还是默示担保都不必证明缺陷是由于被告的疏忽造成的,在这一点上免去了用户或消费者的举证责任,但其也不能从根本上解决充分保护消费者权利的问题,原告须证明存在明示或默示担保而且卖方违反担保。此外,卖方还可事先排除或限制担保,或以原告未警惕、违反使用说明或不是预期的使用而获免责。

四、严格责任原则

(一)严格责任原则的形成与确立

严格责任是指受害人只要能够证明产品有缺陷,产品的制造商或销售商就应当承担赔偿的责任。严格责任原则最早起源于美国。创设严格责任的原因在于在疏忽和违反担保之诉中,原告的地位并无实质性改善,法院不得不求助新的方法和规则,而严格责任则可以达到真正保护消费者利益的目的。该责任是以这样的价值选择为基础的:首先,市场经济已经发展到发达的程度,企业通过生产获得了丰厚的利润,按照权利与义务一致的原则,企业也应当向整个社会和广大消费者负有更大的安全保障责任,再以疏忽为理由减轻企业的责任已经不符合社会本位主义的要求。其次,伴随着经济从自由走向垄断,企业相对于个体消费者的绝对优势越来越明显,在强大的企业面前,消费者个体显得十分弱小。因此,消费者的个体权利包括生命权和健康权应当得到保障,一切危害生命和健康的事实都应当由事实的引发人承担责任。再次,科学技术日益发达,产品的设计和生产对科技的依赖性越来越强,社会分工越来越细。在这种情况下,仍要求受害人必须证明被告有疏忽才能获得赔偿,显然已经不太合理。相反,产品的制造商或销售商应更有理由证明产品是否有缺陷。这种举证责任的倒置也是严格责任产生的重要出发点。最后,严格责任能够鼓励和促进制造商改进产品的安全性。

在美国的判例法中,1944 年的"埃斯科拉诉可口可乐瓶装公司案"(Escola V. Coca Cola Bottling Co.)首次提出了"严格责任"的概念。在该案中,原告埃斯科拉作为一家餐厅的女招待将可口可乐放进冰箱时,一瓶可乐爆炸致使其严重受伤。她在要求被告赔偿的诉讼中不能提出被告有疏忽的证据。如果按照疏忽责任原则,原告无法获得赔偿。法院认为,原告已经证明被告将瓶装可乐卖给餐厅,事故发生前 36 小时运达餐厅,原告小心合理地放置可乐,被告应当承担因此造成的责任。被告虽然也提出了瓶子的制造及可口可乐的装瓶都已经尽了合理的注意,而且符合操作程序,但法院没有采纳被告的申辩。加州最高法院法官特雷诺在评论该案时指出:"不应继续以制造者的过失为追究责任的根据。当制造者将商品投放市场时明知其产品不经检验就使用,一旦这种产品有致人损害的缺陷,制造者应负绝对责任。"他还进一步解释说,即使没有疏忽,但公众普遍认为哪一方负责最能够有效地减少市场上有缺陷产品对人们的生命与健康的威胁,就应当由这一方承担责任。该案以公共政策和公共利益为依据,率先向传统的疏忽责任提出了挑战,并且公开否定了疏忽责任原则。但这只是严格责任的首次适用,并未被广泛接受,直到 1963 年的"格林曼诉尤巴电器公司案"(Greenman V. Yuba Power Product)才标志着严格责任原则在产品责任领域被正式予以确立。该案所涉事实是:原告在使用其妻送给的多用电力工具旋木头时,一木片从机器中飞出砸伤其前额,原告以违反担保为由提起诉讼。加州最高法院判决原告胜诉,但不以违反担保为依据,而是以侵权严格责任为依据。特雷诺法官撰写的法官意见再一次强调，一旦制造商将其产品投入市场，又明知使用者对产品不经检查就使用，只要证明该产品的瑕疵对人造成损害，则制造商就对损害负有严格责任。

1965 年，美国加州最高法院在司法判例中树立的严格责任思想被美国法学会出版的《第二次侵权法重述》加以规定，规定在第 402 条 A 款中，从而使产品责任的严格责任有了明确的依据。虽然该文件不具有正式的法律效力，但代表了美国法学界的权威观点，对美国的产品责任法仍具有不可低估的影响。目前，该条款已经为美国 75% 的州所接受。1979 年美国商业部颁发的供各州参考采用的《统一产品责任示范法》、1982 年的《统一产品责任议案》以及《美国统一商法典》基本上都采用了严格责任原则。目前，产品责任领域中严格责任已经为越来越多的国家所采纳。西欧一些国家在食品、药品等与人身健康关系比较密切的领域，通过立法也明确采纳了严格责任原则。同时，严格责任原则也成为国际产品责任法的重要原则。1977 年签订的《斯特拉斯堡公约》第 3 条第 1 款规定："制造者应承担产品的缺陷造成的死亡或人身伤害的赔偿损失。"该条规定强调制造者对因产品缺陷造成的损害承担责任，而没有提及制造者的过失问题，表明该条规定确立了严格责任原则。此外，《欧共体产品责任指令》也明确规定了严格责任原则。

（二）严格责任原则的适用

以违反严格责任原则为理由提起诉讼时，原告必须证明：①产品存在缺陷。只有证明产品存在缺陷，才能适用严格责任。②产品出厂时缺陷已经存在。缺陷的存在时间对确定产品责任是至关重要的。缺陷可能发生在产品的制造和装配、流通和使用等不同的时间阶段。如果缺陷发生在产品的使用过程中，很有可能是因为使用者的过错造成。在这种情况下，从事实证明的角度看，很难证明缺陷与制造商或销售商有关，也很难按照严格责任使其承担责任。因此，要证明缺陷与制造商或销售商有关，或者说缺陷属于设计缺陷、制造和装配缺陷以及指示和警告缺陷之一，必须首先证明产品缺陷出厂前业已存在。③损害是由产品缺陷造成的，即损害与缺陷产品之间有因果关系。在证明产品缺陷与损害之间的因果关系时，不必证明缺陷是损害的唯一原因，而只需要证明缺陷是损害发生的实质原因，即缺陷足以引起损害发生，甚至只要证明缺陷具有造成损害的危险性，就完全可以主张因果关系的存在。由此可见，产品缺陷与损害之间的因果关系仅仅是一种相对的因果关系，而不是绝对的因果关系。

（三）严格责任原则的意义

严格责任原则是法律追求公平价值目标的体现，是科学技术高度发达的产物，是充分与合理保护消费者利益的法律制度。从其产生与适用而言，这一制度具有以下优点。

1. 相对于合同关系原则而言，严格责任原则适用于一切产品的购买者和使用者，并赋予了他们合法的诉权。换言之，即使产品的受害者与制造商或销售商没有合同关系，也可以提起赔偿之诉。这使每个产品的受害人都有机会通过诉讼获得合理的赔偿，体现了法律的公平精神。因此，美国一些学者将严格责任称之为普遍责任。

2. 相对于疏忽责任原则而言，严格责任原则不要求原告证明被告的过错，大大减轻了受害人的举证责任。由于科学技术日益发达，社会分工越来越细，除产品的设计者或制造者外，一般的消费者很难判断产品缺陷的存在究竟是否与制造商或销售商的过错有关。严格责任原则取消了受害人证明制造商或销售商有过错的举证责任，有利于其获得合理的赔偿。

3. 相对于担保责任而言，严格责任原则不要求产品的制造商或销售商对产品作出明示或默示的担保。受害人以担保责任起诉，必须以制造商或销售商对产品有担保为前提。然而，制造商和销售商的担保不可能包括对一切产品缺陷的保证。如果某种产品缺陷的存在没有包括在担保中，但又造成了损害，按照担保责任原则就无法获得赔偿。严格责任不以担保的存在为构成要件，可以不受担保的限制，有利于受害人索赔。

五、我国产品责任的归责原则

我国的产品责任归责原则主要体现在《产品质量法》与《侵权责任法》中。这两部法律对产品责任归责原则的规定不同于其他国家产品责任法的归责模式，没有实行统一的归责原则，而是根据侵权人的不同区别对待，即对生产者实行严格责任，对销售者实行严格责任和过错责任相结合。

（一）生产者的严格责任

《产品质量法》第41条规定："因产品存在缺陷造成人身、缺陷产品以外的其他财产损害的，生产者应当承担赔偿责任。"《侵权责任法》第41条规定："因产品存在缺陷造成他人损害的，生产者应当承担侵权责任。"依此规定，生产者对其生产的缺陷产品造成他人人身或财产的损害承担严格责任，而无论生产者主观上有无过错，即只要损害是由产品缺陷所致，生产者均应承担严格责任。生产者承担严格责任是由生产者的特殊地位决定的。首先，在产品设计、试制、投产和制造整个过程中，生产者始终处于主动的、积极的地位。生产者对产品的缺陷具有完全控制或者是可以预见的、控制的能力。生产者在实现产品事故的损失最小化方面也总是处于较消费者更为有利的地位，因此，严格责任将促使他们把源自产品事故的损失内在化，并进而加大对预防风险及高技术研究的投资。其次，在分散与产品有关的损害造成的损失方面，生产者总是处于较消费者有利的地位。生产者一方面可以通过投保产品责任保险，将损害风险分散到社会中去，转嫁其负担的风险；另一方面可以通过提高产品的价格，将投保风险费用计入成本之中，由更多的消费者加以分摊。再次，对生产者实行严格责任，是顺应世界产品责任发展的潮流所需。

（二）销售者的过错责任和严格责任

《产品质量法》第 42 条规定："由于销售者的过错使产品存在缺陷，造成人身、他人财产损害的，销售者应当承担赔偿责任。销售者不能指明缺陷产品的生产者，也不能指明缺陷产品的供货者的，销售者承担赔偿责任。"该条第 1 款明确规定销售者只在因其过错造成产品存在缺陷而致损时才承担赔偿责任；该条第 2 款规定在不能指明生产者和供货者的情况下应承担严格责任。《侵权责任法》第 42 条第 1 款规定：" 因销售者的过错使产品存在缺陷，造成他人损害的，销售者应当承担侵权责任"；第 2 款规定："销售者不能指明缺陷产品的生产者，也不能指明缺陷产品的供货者的，销售者应当承担侵权责任。"

1. 销售者因过错造成产品缺陷的过错责任。

因销售者的过错使产品存在缺陷，主要表现在两个方面。

（1）销售者的作为造成产品存在缺陷，即销售者因其实施的行为而使产品存在不合理的危险。例如，销售失效、变质食品；销售无警示标志和说明的产品；在销售的产品中掺杂使假、以假充真、以次充好等。

（2）销售者的不作为造成产品存在缺陷，即以消极的不作为而使产品存在不合理的危险。例如，某些产品需要在适宜的温度下或适宜的条件下保存，销售者明知产品保存的条件但未采取适当的措施加以保存而致产品发生缺陷的，即为销售者的不作为。

无论是作为还是不作为，只要销售者主观上存在着故意或过失，销售者就要对该过错引起的产品缺陷造成的他人损害负赔偿责任。

2. 销售者不能指明缺陷产品的生产者或供货者时承担的严格责任。

销售者在进货时应当严格遵守检查验收制度，以验明产品合格证明和其他标识，如果未经严格验收而购进具有缺陷的产品，并不能指出产品的生产者或供货者的，即使销售者对产品缺陷并无过错，也要承担赔偿责任。这一方面是为了确实维护消费者的合法权益，在缺陷产品的生产者或供货者不明的情况下，尽力避免由承受能力相对较弱的受害者承担缺陷产品的损害后果；另一方面是促使销售者加强遵守检查验收制度，严把进货关，杜绝伪劣产品流入市场。

由于销售者对产品生产过程中存在的瑕疵无法知晓，在流通中所处的地位比生产者被动得多,因此其承担的只是产品进入流通领域时不存在缺陷而在营销中存在的产品致损的责任,主要是对因其故意或者过失原因引起的产品缺陷造成的损害承担责任,但对销售者没有严格履行进货检验制度或明知是缺陷产品而又故意销售的,应与生产者承担连带责任。

第三节 产品责任的法律构成

一、产品缺陷

缺陷是承担产品责任的基础。现代产品责任法已经发展到有缺陷即有责任、无缺陷即无责任的阶段,所以,产品缺陷是产品责任得以成立的必备要件。

(一)产品缺陷的定义

各国产品责任法及有关国际公约普遍规定产品缺陷是指产品不能提供人们有权合理期待的安全或存在着不合理的危险。如英国 1987 年的《消费者保护法》与德国《产品责任法》规定,如果产品不具有人们有权期待的安全性,该产品即存在缺陷。美国 1965 年《第二次侵权法重述》第 402 条 A 款、《统一产品责任示范法》及美国大多数法院有关产品责任的判例都认为产品缺陷是指产品具有不合理的危险性。虽然根据各国产品责任法及有关国际公约的规定,作为产品责任中的产品缺陷是指产品中存在一定的危险性或不安全性,但这并非意味着凡缺乏安全的产品都具有缺陷。因为几乎任何产品都可能是危险的,其危险有的来自于产品本身,如雷管、炸药等,它们本身的性质决定了它们的危险是必然的;有的来自于不正当的使用,如大量饮酒、滥用药物导致健康损害乃至危及生命。这些产品存在危险,但却不是产品责任中的缺陷产品,只有当产品中的危险性属于不合理的危险性时才是产品责任中的缺陷,存在合理危险的产品则不是产品责任中的缺陷产品。

基于上述认识不难看出,产品缺陷不同于产品瑕疵。产品瑕疵属契约法上的概念,是指产品规格、质量不符合法定或约定标准或不符合通常效用,而致产品价值减少或贬损;产品缺陷则直接侵害使用者或消费者人身权或财产权,足以引起对他人权利或利益的损害。一般而言,瑕疵与缺陷有三方面的区别:①含义不同。产品瑕疵是指产品不具备良好的特征和特性,不符合明示采用的产品标准,或者不符合产品说明、实物样品等方式表明的质量状况,但是产品不存在危及人身、财产安全的不合理的危险;产品缺陷是指产品中存在的不合理的危险性。②瑕疵产品明示后可以销售,"明示"即作出说明,否则是欺诈行为,要承担责任,如销售商品时标识出"处理品"、"次品"、"等外品"予以出售,这类商品实际上即瑕疵产品,经过明示是可以销售的;缺陷产品则无论如何不能通过这种方式投入流通。③责任性质不同。因瑕疵与合同中的担保责任相对应,所以其追究的是一种基于约定而产生的合同责任,一般实行过错责任原则;缺陷是一种法定的侵权责任,其责任追究实行严格责任原则。

另外,产品缺陷也不同于产品质量不合格。所谓产品质量不合格是指产品质量不符合国家的有关法规、质量标准以及合同规定的对产品适用性、安全性和其他特性的要求。可见产品质量不合格的判断标准是国家的有关法规、质量标准和合同要求,而由于这些标准受诸多因素制约且并非以产品的安全性为唯一标准,所以产品质量不合格的产品并不必然具备危及人身和财产安全的不合理危险,两者内涵、外延上均不一致,不能等同。

(二)产品缺陷的类型

各国产品责任法多将产品缺陷分为四种类型:①产品设计缺陷,是指产品的设计存在着不合理的危险性,它往往是导致产品存在潜在危险的根本因素。其一般由产品的配方、处方的错误、原理的错误和结构设计的错误等原因造成。②产品制造缺陷,是指产品在制造过程中,因质量管理不善,技术水平差等原因而使产品中存在的不合理的危险性。③产品指示缺陷,是指产品提供者对产品的危险性没有作出必要的说明、警告或安全使用方面的指导,从而对使用者构成的不合理危险。这种缺陷往往存在于产品的广告、说明书及标签中,而且与生产经营者的告知义务直接相连。④科学上不能发现的缺陷,又称为发展上的缺陷,是指在投入流通时的科技水平无法发现而后又被证明确实存在的那种缺陷。对于带有这种科学上不能发现的缺陷的产品造成他人损害,制造商是否应承担责任,各国规定不一。这种规定不一与各国出于不同的政策考虑有关。如果出于促进制造人发明创造积极性发挥的考虑,就将此种缺陷作为开发上的风险抗辩事由而免除制造人的责任,如英国 1987 年《消费者保护法》即明确规定,对因科学发展状况决定商品制造人不能预料的缺陷致害,产品提供人不负责任。如果出于保护消费者的考虑,就不将此种缺陷作为抗辩事由而仍追究制造人的责任,如美国许多州都采取这种做法,即使在产品投入市场时科学技术尚不能发现产品存在缺陷,但若该缺陷产品造成他人损害,产品提供人也应承担责任。如果出于平衡各方利益的考虑,就要求产品提供人承担部分赔偿责任,如德国的规定。

我国《产品质量法》对产品缺陷也作出了规定,该法第 46 条规定:"本法所称缺陷,是指产品存在危及人身、他人财产安全的不合理危险;产品有保障人体健康、人身、财产安全的国家标准、行业标准的是指不符合该标准。”由此可见，该法就产品缺陷提出了两个标准：一个是与多数国家产品责任法相同的一般标准，即产品存在不合理的危险；另一个是法定标准，即产品不符合国家强制性标准。另外，法律未对产品缺陷的类型作出规定，但一般在理论及司法实务上认为产品缺陷也包括上述四种类型。

二、损害

与一般侵权行为的法律构成一样，损害事实的客观存在是产品责任法律构成的要件之一，只有消费者、使用者在人身或财产方面受到缺陷产品的损害才发生损害赔偿责任。缺陷产品造成的损害通常表现为人身方面的损害和财产方面的损害，前者又可分为人体方面的损害（致人死亡、致人伤残）及精神方面的损害（精神痛苦、疼痛），后者则是指各种财产的毁损或价值明显降低。

（一）人身方面的损害（致人死亡、致人伤残）

产品责任法中的人身损害是指因产品存在危及人身、财产安全的不合理危险，造成了消费者、使用者人体和健康的损害，包括人的肢体及器官的损伤、残废、灭失以及人身心的疾病、死亡等。人身损害侵害了消费者、使用者的生命权、健康权，此种损害是对人体的有形损害，遭此损害，受害人及其家属的财产往往受到某种损失，受害人精神方面也会受到程度不同的伤害，所以，对人身损害的救济方法以财产赔偿为主要方式，以精神损害赔偿为辅助方式。

（二）精神方面的损害（精神痛苦、疼痛）

精神损害通常是指因侵权行为使受害者所感受到的精神的、身体的痛苦，或者是指精神上、情绪上安定的丧失（苦痛、愤怒）而产生的损害。精神损害是由于对他人合法人身权和人格非财产权的侵害而致其心理上的损害。这种损害不直接表现为财产上的增减，而是直接表现为一种“人身无形损害”或“人格无形损害”，即“非财产损害”。这种非财产上的损害或精神损害以精神痛苦为主，也包括身体上的痛苦。精神痛苦主要表现为忧虑、绝望、怨愤、失意和悲伤等，如因容貌毁损致将来婚姻、就业困难的精神上的痛苦，因后遗症而对将来产生的精神上的痛苦等。

（三）财产方面的损害

产品责任法中的财产损害是指缺陷产品对受害人财产权利的侵害，也即不法侵害受害人所有或占有的财物，并造成的财产损失。这种损害有五个方面的特点：①它是在产品离开生产经营者控制之后在产品的使用、消费过程中给他人造成的损害。②它通常包括直接损害，间接损害是否包括在内存有争议。直接损害是指现有财产的减少,间接损害是指可得利益的减少。③它与合同责任的损害有别,不包括缺陷产品本身的损害,而仅指缺陷产品以外对其他财产的损害。④它一般是指供个人占有、使用或消费类型的财产遭受的损害,非此范围的损害则不属于产品责任法中的财产损害。⑤它在有的国家被做出了数额的限定,即财产损害必须是超过了一定价值的损害。

三、产品缺陷与损害之间的因果关系

产品责任中的因果关系是严格产品责任法律构成的要件之一,只有存在因果关系,生产经营者才承担侵权损害赔偿责任,这表明了产品责任中的因果关系所具有的公正性与合理性,使加害人充分意识到应对自己的行为所产生的后果负责而非代人受过。

产品责任中的因果关系有其特殊性,其特殊性在于它是产品缺陷与损害后果之间的相互关系,而不是某种具体行为与损害后果之间的关系,因为产品损害的原因来自于“产品的缺陷”,所以,产品责任中的因果关系是指产品缺陷与受害人的损害事实之间存在的引起与被引起的相互关系,前者是原因,后者是结果。此外,确定产品责任因果关系往往利用因果关系推定而非因果关系认定来实现。在一般的侵权行为中,确定因果关系一般采用直接认定的方式,在产品责任中,因产品的设计、制造过程十分复杂,消费者很难证明受到损害与产品缺陷之间存在相互关系,因而往往采用推定的方式来进行。在因果关系中,常辅之以“举证责任倒置”的方法。在一般的侵权行为中,采取“谁主张谁举证”的原则,受害人负有向法院证明其遭受损害的事实是由加害人的行为所致,但在产品责任中,受害人证明有一定的困难,产品受害人只要能合理地推定因果关系存在即可,生产经营者则负自己无责任的证明。

第四节　产品责任的诉讼

一、产品责任诉讼的当事人

在现代生产条件下,产品从生产到批发、到销售,往往组成一个完整的生产销售的链条,在该链条的每一环节上,均涉及众多的组织或个人,包括设计者、零件制造商或原材料供应商、制造商或组装商、进口商、批发商、零售商及购买

者。这些不同的组织或个人可能个别或共同地卷入产品责任诉讼之中。而处于最终消费环节上的消费者往往是缺陷产品的受害者，他们成为产品致损潜在的索赔请求人（原告）；其他环节上的人则成为可能的责任主体（被告）。

（一）索赔请求人

一般而言，受缺陷产品损害的消费者就是产品责任诉讼中潜在的索赔请求人，他们有权就所受损害提起产品责任诉讼，要求获得赔偿。如前所述，在各国产品责任发展的早期，只局限于产品的直接购买者。然而，现实中，缺陷产品造成损害的对象并不仅仅是直接购买者，也可能是购买者的家人、使用该产品的雇工或该产品的受赠人等。于是，各国纷纷对索赔人的范围予以扩展，使那些虽未购买产品，但应购买者邀请（或赠予）使用产品之人，也有权向缺陷产品的制造商或销售商索赔。

此外还存在第三种潜在的索赔人，他们与制造商或消费者根本没有任何合同关系，也未对产品进行任何使用或消费，通常被称为旁观者，包括那些被产品间接伤害的人，如过路人、行人、参观者或受缺陷产品影响的那些人。美国的“埃尔默尔诉美国汽车公司案”（Elmore V. American Motors Corp.）即是一件典型的案例。该案原告是一位汽车司机，因被告出售的另一种具有缺陷的汽车与其迎面相撞而受伤。法院判定：“无辜的旁观者应被给予比使用者或消费者更大的保护，以使其免受不合理预见的缺陷的伤害。”因为，使用者和消费者有机会进行事先检查或只使用信誉良好的制造商生产的产品，而旁观者没有选择产品的机会，也无法事先作出检查，因此，理应获得比使用者本人更大的保护。

从各国产品责任的立法和司法实践来看，具有潜在索赔请求权的人的范围是较为广泛的，既包括直接购买人、产品使用人，也包括购买人、使用人之外的因产品缺陷受到损害的其他人，如家庭成员或来家庭做客的客人等，甚至是路边的行人及事故发生时在场的旁观者，他们都可因缺陷产品对其人身和财产造成了损害而向责任主体索赔。对于在缺陷产品致人死亡的案件中，各国实践中通常根据受害人家庭的情况，由其配偶、子女、父母等与死者有直接利害关系的人做原告。

（二）责任主体

产品责任的责任主体是指当缺陷产品给使用者和消费者造成人身伤害和财产损害时依法应承担赔偿责任的自然人或法人，通常是产品责任诉讼中的被告。

1. 制造商。

制造商作为产品责任主体为各国所普遍承认，并且多将其理解为包括典型的制造商（如成品的制造商）、次典型的制造商（如零部件制造商及原材料制造商)以及准制造商(如将自己置于制造商地位的人)在内的责任者。

(1)典型的制造商。典型的制造商是指独立从事设计、制造及将其产品置于销售过程的制造者,成品或整体制造者即属此。成品制造者作为产品责任主体为各国产品责任法普遍承认。例如,德国、英国、丹麦、挪威等国家均作出了这样的规定。《欧共体产品责任指令》及《关于产品责任法律适用公约》规定,作为责任主体的制造者包括最终产品的制造者。

将成品的制造者作为产品责任主体的合理之处在于两个方面:第一,成品制造者在整个生产过程中处于主导地位。虽然其免不了从其他厂家购买原材料、零部件,但他对最终成品质量的把握与控制仍居于最有利的位置;第二,现代化的大生产使受害人难以举证其损害究竟是由于成品本身或由于其他附属品的问题,为便于受害人为权利救济的主张,应不允许成品制造商免除责任。

(2)次典型的制造商。次典型的制造商是指零部件或构件的制造者和原材料的供应者。相对于完全的制成品,这类制造者所制造、生产的可称之为附属品,但因现代化产品中的科学技术、专业知识含量越来越高,制造过程系统化、批量化使得很少有制造者单独自始至终地进行制造,许多产品均由复杂的零部件或构件组成,而这些零部件或构件通常又是由许多其他厂商生产的。如果产品中有一个零部件出了问题,往往会造成整个产品有缺陷。因此,一旦产品由其零件或原材料而致他人损害,各附属品的制造商都应对被害人负赔偿责任。

(3)准制造商。准制造商是指将自己置于生产者地位的人,一般是指将其名字、商标或其他识别特征标示于产品之上,表明其为该产品的生产者的任何人。《欧共体产品责任指令》及其成员国,如英国、德国等国家均作出了这样的规定——制造人包括准制造人即将自己置于生产者地位的人。由于准制造商既然将他人制造的商品以自己的商品或商标的名义在市场出售,则表明其以制造人自居的本意,而且一般社会信赖也以该商号或商标所有人为对象,而没有必要特别查询真正的制造人。因此,商标或商号所有人应以准制造人的地位负制造人的责任。

2. 中间商。

广义的中间商通常包括进口商、供应商、批发商和零售商等。对于中间商造成消费者损害是否承担严格责任,各国认识不一。欧洲共同体国家一般将其排除在严格产品责任之外,认为中间商难以对产品进行检查以发现缺陷,且财力较弱,不具有承担损害赔偿和分散危险的能力。但也有例外,即在特殊情况下也要承担严格责任。例如,《欧共体产品责任指令》规定,如果没有表明应负责任的生产者身份,则包括销售者在内的每个供应者都应视为生产者而承担产品责任,但如果在合理的时间内该销售者披露了生产者的身份则可以免责。美国大多数州的立法及判例则采取较为严厉的做法：凡因产品缺陷而使产品的消费者或使用者受到人身伤害和财产损失，受害人可以向产品的制造商和中间商等所有潜在的责任方进行连带诉讼，追偿损失。据此，在产品责任诉讼中，视销售商与制造商地位相同，受害人在遭遇产品责任事故后，可以起诉制造商、销售商中的任何一方，因为他们在产品产销过程中均属受益者，而且销售商对其经销产品还负有注意义务，否则，出售有缺陷产品其行为本身就属有过失。

在我国，有关产品责任主体主要在《民法通则》和《产品质量法》中规定。《民法通则》第122条规定："因产品质量不合格造成他人财产、人身损害的，产品制造者、销售者应当依法承担民事责任。运输者、仓储者对此负有责任者，产品制造者、销售者有权要求赔偿损失。"《产品质量法》第4条规定："生产者、销售者依照本法规定承担产品质量责任。"有关责任主体间的责任承担方式，《产品质量法》第41条规定："因产品存在缺陷造成人身、他人财产损害的，受害人可以向产品的生产者要求赔偿，也可以向产品的销售者要求赔偿。属于产品的生产者的责任，产品销售者赔偿的，产品的销售者有权向产品的生产者追偿。属于产品的销售者的责任，产品的生产者有权向产品的销售者追偿。"这一规定明确了受害人既可以向产品的生产者，也可以向产品的销售者要求追偿，生产者和销售者承担连带责任，一方对本应由另一方负责的损害先向受害人作了赔偿的，有权向另一方追偿。但由于生产者、销售者对缺陷产品致损承担责任的责任原则不同，受害人在向生产者索赔时，则无须证明生产者有过错，而向销售者索赔时，则须证明销售者对产品的缺陷存在过错。

二、产品责任诉讼的举证和抗辩

（一）产品责任的举证责任

在产品责任的诉讼中，举证责任是关系到产品受害人获得赔偿的难易和成败的关键。产品责任从疏忽责任到担保责任、再到目前广为采用的严格责任，其发展的过程也正是举证责任由原告方逐渐向被告方转移的过程。根据举证责任分担的一般原则，即谁主张谁举证。因此，在产品责任诉讼中，原告应就缺陷产品给自己造成的人身伤害或财产损害承担举证责任。但在不同的归责原则下，原告所负担的举证责任有所不同。对此本章第二节已有介绍，在此不再赘述。

（二）产品责任的抗辩事由

各国产品责任法在保护原告利益的同时，也注重维护被告的正当利益，以使双方利益达到平衡。通常，法律允许在一定情形下，被告可以提出某些抗辩理由来减轻或免除自己的责任,这些理由主要集中于对产品缺陷的抗辩上。概而言之,主要有以下几种。

1. 未将产品投入流通。

欧洲共同体指令及其成员国产品责任立法均对此作出明文规定,我国《产品质量法》第 41 条第 2 款也规定:“生产者能够证明有下列情况之一的,不承担赔偿责任:未将产品投入流通;……”投入流通即将产品投入流通领域或投放市场进行经济行为,包括任何形式的出售、租赁以及抵押、质押、出典等。生产者生产某种产品,但未将其投入流通,即使该产品存在缺陷并致人损害也不承担产品责任。因为产品责任是经由流通进入交换领域,并到达最终消费者、使用者手中的产品存在缺陷造成损害而引起的。制造商承担产品责任的原因,是因为他以赢利为目的将其产品投入流通领域,而其所投入流通的产品存在缺陷导致损害。制造商如能证明其并未将产品投入流通或产品投入流通并非己意,就能依法免除其产品责任。

2. 产品投入流通时引起损害的缺陷并不存在,或缺陷是其后形成的。

这条抗辩理由仍见于欧洲共同体各国产品责任立法中,我国《产品质量法》第 29 条第 2 款第 3 项也有此种规定。据此,只要制造商能够证明引起损害的缺陷在产品投入流通时不存在或该缺陷是在产品脱离其控制后出现的,则制造商不承担责任。换言之,制造商对产品进入流通后由销售商或受害人自己造成的产品缺陷不承担责任。法律之所以规定这种抗辩事由,是因为在严格责任制度下,通常是推定产品在投入流通时即存在缺陷,如果制造商不能通过反证证明该缺陷在产品投入流通时不存在,则应承担赔偿责任。因此,制造商要免除其责任,必须证明产品投入流通时,引起损害的缺陷尚不存在,即证明产品的缺陷不是自己造成的。制造商除可以证明其在产品的设计、制造和警示中对于产品的安全性和危害性予以充分考虑和说明外,还可证明产品的缺陷是由于后来不能预见的改变而引起的。这种改变包括变更产品的设计、构造或程序或变更,甚至除去产品的警告或指示。只有这样,制造商才可利用这一抗辩理由,达到免除其责任的目的。

3. 将产品投入流通时的科学技术水平尚不能发现缺陷的存在。

这条抗辩理由即通常所说的“开发风险”的抗辩。开发风险抗辩的基本含义是:如果产品被投入流通时的科学技术知识使制造商无法发现产品的缺陷,那么即使以后由于科技的进步而证明了产品存在缺陷,制造商对损害也不承担责任。这一条抗辩主要用于产品的设计缺陷上,特别是如药品和化学产品的设计缺陷上。然而,由于开发风险本身的复杂性和不确定性,使这一抗辩颇具争论性,未被各国所普遍认同。有鉴于此,《欧共体产品责任指令》准许各成员国通过与其背离的方法(该指令承认开发风险抗辩),在各自国内立法中规定,即使制造商能够证明产品投入流通时科学技术还未达到能够发现该缺陷存在的程度,制造商也应承担责任。但由于考虑到制造商承担开发风险的损害后果会影响生产的发展,多数国家包括我国都允许制造商以此作为抗辩免责的事由。但在美国,不同的州有不同的做法,有些州如亚利桑那州承认一定范围内工艺水平的抗辩,有些州如宾夕法尼亚州则不承认以此作为抗辩理由。即使在同一州,法院对不同的案件采取的态度也不一致。制造商要求依此条件免责时,时间方面的因素与科学技术水平方面的因素是判断其是否可以免责的两个重要因素。对于时间因素,大多数国家产品责任法以产品投入流通的时间作为考虑是否免除制造商责任的标准时间,如果产品投入流通时的科学技术水平无法发现缺陷的存在,即使其后研制出更适宜、更安全的产品,制造商仍可以此为请求免责的理由。对于科学技术水平因素,通常有两种方法判断以当时的科学技术发展水平能否发现缺陷的存在:一是以知识为基础,即一个制造商在任何时候都要了解有关其产品的所有能够获得的信息和技术,因为他们在产品生产领域有义务跟上科学技术的最新发展。如果制造商仅表明他已做了所有确立了最低限度标准的政府条例所规定的那些测试的工作是不够充分的。只要在一定范围内,发现具有缺陷的科学技术知识已经公开,制造商就应掌握并将其运用于生产。二是以可行性为基础,它允许制造商在能够证明他的产品投入流通时符合当时可达到的可行的安全设计时即可免责。可行性不仅包括安全,还包括诸如成本、效益、消费者期望以及安全抉择的可能性等要素。这两种方法比较而言,前一种方法更为严格,更有利于对消费者的保护;后一种方法极有可能帮助制造商轻易地逃避责任,因为这种方法不要求制造商为使产品更安全而处于该领域科学技术的前沿,或者所采用的成本大大超出其可获利益的预防措施。因此,在司法实践中,法院通常排斥后一种方法。

4.产品的缺陷是由于遵循政府的强制性规定而导致的。

这一抗辩理由在许多国家立法中有明确规定。《欧共体产品责任指令》规定,产品为符合官方政府所规定的强制性法规而制造产生缺陷的,生产者不承担责任。德国《产品责任法》也规定,产品缺陷是由于该产品在制造人将其投入流通之际,为适应有关强制性法律规定而产生的,产品制造人不负赔偿责任。英国《消费者保护法》规定,产品缺陷是由于遵守法律法规的要求或共同体的义务而引起的,被诉者可以主张免责。美国《统一产品责任示范法》规定,产品致人损害的属性符合立法机关的规范标准或政府的安全性规范标准及政府强制性合同规定,产品应不视为存在缺陷,生产者或销售者不应承担责任。然而,也有一些国家对此持不同的看法。荷兰《产品责任法》认为,有时生产或销售某种产品是需要取得政府许可的，且政府的特许或批准有可能对产品责任发生影响，但原则上政府的许可并不使第三人丧失对被许可人提起产品责任之诉的权利。比利时法律则规定，如果产品是在某公认权威（包括政府机关）监督下出售而造成损害的，则有关的权威最终将承担责任，但并不因此影响卖主的责任，即卖主向受害人履行了损害赔偿责任后，有权要求公认的权威予以补偿。

如果产品经营者以符合政府强制性标准为抗辩事由而不承担产品责任，但对此产生的产品缺陷所致损害的救济，可通过产品责任制度之外的其他途径获得，如可按照国家赔偿法的规定由国家负责赔偿。但是，如果生产经营者已发现其提供的产品存在缺陷，即使正确使用该产品仍可能对他人人身、财产造成损害的，就应立即向有关行政部门报告和告知消费者，并采取防止危害发生的措施，如将产品予以收回等。

5. 受害人有过失导致被告责任的减轻或免除。

如果产品损害的发生或扩大是由于受害人本身的过失，则可以相应地减轻或免除产品提供者的责任。对此，《欧共体产品责任指令》明确规定，当损害是由于产品缺陷和受害人的过错或受害人应对其负责任的人的过错共同引起时，可减轻或免除生产者的责任。德国《产品责任法》规定，受害人就损害的发生有过失，则适用《民法典》第 254 条的规定；在财产损害时，对该项财产行使实际支配权者的过失，视为受害人的过失。

美国《统一产品责任示范法》对此规定得更为详尽，其第 112 条对受害人的过失作出了列举式规定。依此规定，可以成立过失相抵的行为有下列四种。

（1）未发现产品有缺陷。受害人对产品是否具有缺陷，并不负责检查与通知的义务，但销售商能通过优势证据证明受害人在使用产品时受到的损害，对合理谨慎的一般人而言是一种无须检查、显而易见的缺陷造成的，则应当减少对受害人的损害赔偿额。

（2）使用明显有缺陷的产品。如果销售商通过优势证据证明，受害人知悉缺陷的存在仍自动使用该产品或自愿承担该产品损害风险，则应当根据原告未能采取合理谨慎的一般人在这种情况下所采取的注意程度，减少对受害人的损害赔偿，也可由受害人对该缺陷产品造成的损害自行承担责任。

（3）产品的误用。误用是指产品使用者没有采取合理谨慎的一般人在同一或类似情况下可被预期的使用方法使用该产品。如果销售商通过优势证据证明，损害是由受害人或他人误用该产品而发生的，受害人的损害赔偿额应在此限度内减少，而由误用产品的一方当事人或多方当事人承担部分或全部责任。

（4）产品的变更或改造。产品的变更或改造是指销售商以外的自然人或实体变更产品的设计、结构或配方，或者变更或者除去附随于产品上的警告或指示，还包括对产品没有给予例外保管或维修，但不包括产品的正常损耗。如果销售商通过优势证据证明受害人或他人因变更或改造而对受害人造成损害的，受害人的损害赔偿额应在其变更或改造或为危害原因的限度内予以减少或分摊。另外，该项规定不适用于变更或改造是符合于销售商的指示或说明，或得到销售商明示或默示的同意。若产品的变更或改造是由于销售商未予适当的警示或指示，且变更或改造属于可期望的合理行为，则销售商不得主张责任的减轻。

我国产品质量法对这一抗辩理由未作明文规定，但可适用《民法通则》第131条的规定："受害人对于损害的发生也有过错的，可以减轻侵权人的民事责任。"

三、产品责任的责任承担

由于产品责任是一种特殊侵权责任，因此，其责任主体承担责任的形式即赔偿缺陷产品造成的损害。换言之，损害赔偿是承担产品责任的主要形式。

（一）损害赔偿的范围

关于损害赔偿的范围，有关国际公约及一些国家产品责任法的规定不一。总的来看，对损害赔偿范围的规定是广泛的，只是具体到某一公约、某一国家才有所取舍和限制。

1. 人身伤害、财产损失赔偿。

对于人身伤害、财产损失，有的仅将人身伤害作为其损害赔偿的项目，多数则将人身伤害、财产损失均列为其产品损害赔偿的项目，在财产损害赔偿中，又多将缺陷产品本身的损害排除在其产品损害赔偿的范围之外，并且往往将职业领域或营业领域的财产损害排除在产品损害赔偿的范围之外。前者如《关于人身伤亡的产品责任公约》规定，生产者应承担由其产品的瑕疵造成的死亡或人身伤害的赔偿责任。属于后者的情况居多，如《欧共体产品责任指令》、《产品责任法律适用公约》以及德国、英国、挪威、丹麦等国家产品责任法的规定。

2. 精神损害赔偿。

在各国产品责任法中，除德国产品责任法未规定精神损害赔偿外，大部分国家均将精神损害赔偿纳入应受赔偿的范围，或虽未规定，但因适用民法的结果而允许受害人主张赔偿。如《日本制造责任法》第6条规定："关于制造物的缺陷的制造业者的损害赔偿责任，除依本法的规定外，依民法的规定。"根据《日本民法典》第710条的规定："不论是侵害他人身体、自由或名誉情形，还是侵害他人财产情形，依前条规定应负赔偿责任者，对财产外的损害，亦应赔偿。"我国《产品质量法》对受害人死亡抚恤金的规定,是对受害人家属精神损害的一种补偿和抚慰,是对《民法通则》规定的突破。

3. 惩罚性损害赔偿。

惩罚性损害赔偿是作为惩罚被告的一种方式而给予原告超过其实际损失的损害赔偿金。惩罚性损害赔偿通常适用于被告故意侵权的情形,以及被告有意识地引起伤害的情形,还适用于严重的过错或无视他人安全的情形。

在产品责任案件中,是否应设置惩罚性赔偿,不同的国家有不同的做法。在美国,惩罚性损害赔偿作为对被害人所应给付的损害赔偿项目,被认可并被广泛地运用。但尽管如此,此项赔偿对于加害人亦非为必须给付的一种赔偿,它仍要考虑若干条件之后才有可能适用。对惩罚性损害赔偿的金额,法院一般在考虑多个因素后确定:①在相关时间内,产品销售者的不当行为造成严惩损害的可能性;②产品的销售者对上述可能性的认识程度;③不当行为对产品销售者赢利的作用;④不当行为的持续时间和产品销售者任何隐瞒行为;⑤产品销售者在不当行为被发现后采取的态度及其行为,以及不当行为是否已经停止;⑥产品销售者的经济条件或财务状况;⑦产品销售者由于不当行为,已经或可能受到的其他处罚的综合惩罚效果,包括被判决给付与原告情况相似的人员的惩罚性损害赔偿金,以及产品销售者已经或可能受到的刑事处罚的严厉程度;⑧原告所遭受的损害是否亦是原告对自身安全采取轻率态度的结果。

在欧洲,产品责任并没有引进美国那样的惩罚性赔偿制度,相反,不少国家的法律或国际公约就有关人身损害最高赔偿限额作出了明确规定。

惩罚性赔偿已得到我国法律的初步肯定,如《消费者权益保护法》第 49 条规定:“经营者提供商品或服务有欺诈行为的,应当按照消费者的要求增加赔偿其受到的损失,增加赔偿的金额为消费者购买商品的价款或接受服务的费用的一倍。”

(二)责任限制

一些国家产品责任法及有关产品责任国际公约,除了规定产品责任赔偿的范围外,还对因产品所致损害的赔偿数额进行限制。其用意并非在于否定产品由于缺陷造成损害应获的损害赔偿,而在于减轻生产经营者经济上的负担,进而平衡经营者与消费者的利益。

从有关国际产品责任公约及一些国家产品责任法的规定来看,从数额上对产品经营者进行限制一般有两种情况:一种是最低数额的限制;另一种是最高数额的限制。前者是指对生产者在某种情况下所承担的产品损害赔偿责任规定一个最低数额,低于这一数额的损失生产者不负赔偿责任。如《欧共体产品责任指令》规定,对缺陷产品本身以外任何财产的损害或灭失,其价值不低于

500 欧洲货币单位；德国《产品责任法》规定，在造成财产损害的情况下，损失超过 500 欧元的才对受害者予以赔偿。后者是指对生产者在某种情况下所承担的产品损害赔偿责任规定一个最高数额，超过这一数额的损失生产者不负赔偿的情形。如德国《产品责任法》规定，由于某一产品或存在同样缺陷的同类产品造成人身伤害，责任者的最高赔偿限额为 8 500 万欧元。

四、产品责任的诉讼时效

产品责任诉讼时效与其他诉讼时效制度一样，同样是稳定社会正常经济秩序，促使受害人及时行使索赔请求权，以及平衡损害者及受害者利益需要的一种重要的法律手段。由于产品责任诉讼时效直接关系到诉讼当事人权利义务的实现和履行，各国产品责任法对此都予以明确规定。

绝大多数国家对以不同诉由提起的产品责任诉讼，都分别适用不同的诉讼时效。如美国绝大多数州对违反担保责任的产品责任诉讼，都适用合同规定的诉讼时效或美国《统一商法典》规定的有关违反合同担保的 4 年特别诉讼时效。时效起算点一般从产品被出售或交付给直接买方时开始计算，而不论受害人是否知道已发生违反担保的事实。以疏忽责任为由提起的产品责任诉讼，通常依人身伤害的诉讼时效。如财产损害诉讼时效与此不同，也可依财产损害的诉讼时效。与有关合同和担保的诉讼时效相比，侵权产品责任诉讼时效期限要短，其起算点从损害发生之时起开始计算。鉴于各州对产品责任诉讼时效适用上的不一致，美国《统一产品责任示范法》试图对此作出统一规范，该法第 110 条对此作了详细规定。具体为：①诉讼时效一般为 2 年，自原告发现或者在谨慎行事情况下应当发现产品的损害及其原因时起算。②针对产品的安全使用期来决定诉讼时效。如果原告损害是在产品安全使用期届满后造成的，则对原告的损害不承担责任。对产品在安全使用期满后，因使用造成的损害，如果不超过产品销售者作出明示担保的更长的使用期限，仍可要求产品销售者承担责任。③由于不同的产品其安全使用期各不相同，所以规定了 10 年的最长责任期限。如果损害是在产品交付最初购买者之日起 10 年后造成的，即推定损害是在产品的安全使用期届满后造成的，受害人不能要求赔偿，但具有下列情形之一的除外：一是已明示担保产品的安全使用期在 10 年以上的；二是故意虚伪陈述关于产品的事实或以欺诈手段隐瞒有关产品资料的；三是产品在交付时即存在可能致人损害的缺陷，但在 10 年后才为“合理谨慎的一般人”所发现的；四是损害是因长期受缺陷产品的影响造成的，或者在产品交付之日起 10 年内造成损害，在 10 年后才显露出来的。

德国也对不同诉由提出的产品责任诉讼规定了不同的诉讼时效。根据《德国民法典》的规定，以违反质量担保为由提起的产品责任诉讼，其时效为6个月，但对由卖方违反给消费者或使用者提供正确的使用说明等义务所造成的损害提起的产品责任诉讼，则可能适用为期30年的普通诉讼时效的规定。对于以侵权为由提起的诉讼，若受害人已经知道受到损害和引起损害的责任者，则适用《民法典》规定的3年诉讼时效，期限从其知道自己受到损害和损害的责任者时开始计算。若受害者因轻微疏忽而不知悉，即应知的情况下，则适用30年的普通诉讼时效，期限自侵权行为实施之日起开始计算。德国《产品责任法》规定，根据产品责任法提出的索赔，其诉讼时效为3年。产品制造人将造成具体损害的产品投入流通后已满10年的，受害人就因期限届满而不能行使其赔偿请求权。

综上可知，产品责任的诉讼时效一般包括两个部分：一是请求人有权提起诉讼的时效；二是责任人承担赔偿义务的时效。对于前者，各国大都规定了与根据一般侵权法提起的人身伤害诉讼的一般诉讼时效相一致的3年诉讼时效期间（美国为2年），时效的起算点一般从请求人知道或应当知道损害、缺陷以及加害人的身份时起算。对于后者，均规定了请求权消灭的10年期限，从产品投入流通时起算。它的效力是，有争议的产品在提供（出售）10年后，将不得对该产品提出损害赔偿诉讼。

在我国，有关产品责任诉讼时效的规定，见诸于《民法通则》与《产品质量法》中。《民法通则》第136条规定，出售质量不合格的商品未声明的，诉讼时效为1年；《产品质量法》第45条规定，“因产品存在缺陷造成损害要求赔偿的诉讼时效期间为2年”。因此，对因产品存在缺陷造成损害而提起侵权损害赔偿之诉，应适用《产品质量法》的2年诉讼时效的规定；对一般的产品质量违反担保之诉，仍适用《民法通则》有关1年诉讼时效的规定。除对诉讼时效作出规定外，《产品质量法》第45条第2款还参照国际惯例对请求权的时效期间作出了规定：“因产品存在缺陷造成损害要求赔偿的请求权，在造成损害的缺陷产品交付最初用户，消费者满10年丧失；但是，尚未超过明示的安全使用期的除外。”

可见，《产品质量法》第45条规定了两种方法来确定时效期间的起算日期：一种是从受害人知道或应当知道其权益受到损害时起算；另一种是自缺陷产品交付最初用户或消费者时起算。这两个不同的起算点是确定不同的诉讼时效期间的前提，对权利人关系甚大。虽然有权利被侵害的事实，而权利人并不知道，因而未能及时起诉以保护其合法权益，在这种情况下，法律规定时效期间为10年；权利人知道或应当知道权利被侵害的，诉讼时效期间为2年。

第五节 国际产品责任的诉讼管辖与法律适用

20 世纪以来，随着商品在多国间进行加工、生产、贸易、流通的日趋普遍，使得跨国的国际产品责任案件越来越多。由于各国有关产品责任的法律规定不一致，而且不同的国家基于主权及保护本国国民的利益考虑，力图使产品责任纠纷置于本国法院管辖之下，并适用本国法律解决。

一、国际产品责任的诉讼管辖权

（一）美国法

美国民事诉讼中划分对物管辖、对人管辖及准对物诉讼三种诉讼形式，而产品责任诉讼被认为是对人诉讼。所谓对人诉讼是指其诉讼目的在于解决当事人对于所争执的标的物的权力和利益，而法院判决的效力只及于诉讼当事人之间。

最初，对产品责任在诉讼程序上规定不得在原告所在州提出指控他州居民的诉讼。但是，由于后来州际产品流通频繁，经济交往越来越多，不少州于 20 世纪 50 年代起通过了“长臂法”，承认法院有对外的管辖权，即只要不违反基本的适当程序原则，则若非居民与法院所在地有最低限度的接触，法院对其有对人诉讼的管辖权。换言之，当被告的住所不在法院所在地的州，但和该州有某种最低限度的联系，而且所提权利要求的产生又和这种联系有关时，就该项权利要求而言，该州对于该被告具有属人管辖权，可以在州外对该被告发出传票。这就使得州内的受害者可以在州所在地法院控告他州的加害者。所谓最低限度的接触是指被告经常地、直接地或通过代理人在该州境内从事商业活动，或因其行为或不行为在该州境内造成了损害，只要符合这一标准，法院就有权受理案件并作出判决。一旦法院作出判决，原告就可以向被告所在州的法院要求承认并执行这一判决。

基于“最低限度联系”的“长臂管辖”原则，最初只是为了解决美国州与州之间的民事案件管辖权，后来逐渐被广泛地运用于美国的涉外民事诉讼中。20 世纪 60 年代中期，在涉外产品责任诉讼上，美国法院对外国制造、生产的产品在美国造成人身或财产的损害尚认为没有管辖权，但从 1969 年开始，美国法院对外国制造或生产的产品在美国造成人身或财产损害时，即对该产品的外国制造商或生产者行使司法管辖权，并认为它们是审理该类案件最合适的法院，因为原告、证人和证据均在美国。总的趋势来看，美国法院更倾向于保护消费者的利益，即原告的权利。原告受到进口商品的伤害而美国法院认为自己没有管辖权的判例很少。

（二）英国法

在确定管辖权问题上，总的说来，英国法是以“实际控制”为原则的，但是此原则显然已经不能适应英国对外贸易发展的需要。因此，英国法院采取了其他理想因素扩大国内法院对涉外案件的管辖权。《英国最高法院规则》第 11 号法令对传统原则作出了一定的修正。该法规定，侵权行为如果发生在英国境内，即使被告不在英国，英国法院也有权管辖，对于在英国缔结或受英国法支配或虽然以外国委托人的名义缔结，但是其代理人在英国或在英国办理贸易的合同而产生的诉讼，以及对有关在英国的地产案件的诉讼，即使被告不在英国，英国法院也有权管辖。

（三）德国法

在确定有关产品责任的管辖权方面，德国法采用被告住所地原则，即依被告住所地决定管辖权的原则。如果明确属于侵权行为的诉讼，根据德国法的规定，由侵权行为地法院行使管辖权。

日本、奥地利、希腊、泰国以及受德国法影响的国家，也基本上采用以被告住所地法来确定管辖权的原则。日本在涉外案件管辖权上较德国法有所发展，如日本在产品责任上对外国生产者行使管辖权：①外国生产者在日本有分公司、办事处和代表；②伤害发生在日本；③外国生产者在日本有可扣押的财产。

（四）法国法

关于国际产品责任案件的管辖权，法国法采取了根据当事人国籍确定管辖权的原则，但是对本国当事人作了特别有利的规定。根据法国新的民事诉讼法的规定，法国法院在管辖权问题上有了新发展。在侵权行为管辖上，除了被告所在地法院的普通管辖权外，还扩大了侵权行为地法院的管辖权，既可以由损害事件发生地法院管辖，也可以由损害承受地法院管辖。受法国影响的卢森堡、意大利、比利时、西班牙、荷兰等国家也基本上采用以国籍来确定管辖权的原则。

（五）中国法

与大多数国家一样，中国没有涉外产品责任方面的专门法律规定，而对涉外产品责任案件的审理，大多依照审理涉外侵权民事案件的法律规定审理。因此，有关涉外产品责任的管辖权问题即适用现行的《民事诉讼法》。

《民事诉讼法》第 4 编“涉外民事诉讼程序的特别规定”中第 235 条规定：

"在中华人民共和国领域内进行涉外民事诉讼,适用本编规定。本编没有规定的,适用本法其他有关规定。"该法第1编第2章第29条规定:"因侵权行为提起的诉讼,由侵权行为地或者被告住所地人民法院管辖。"由此可知,中国涉外产品责任管辖权有两种。

1. 由被告所在地法院管辖。

如果被告是自然人,则由其住所地和居所地法院管辖;若被告是法人,则由其代表机构所在地、登记成立地或营业机构所在地法院管辖。因此,一般而言,某产品责任案件只要涉及在中国有住所、居所、代表机构、营业所或在中国登记成立的外国被告,则相关所在地中级人民法院即有权进行管辖。

2. 由侵权行为地法院管辖。

在司法实践中,将"侵权行为地"扩大解释为:"侵权行为实施地和侵权损害结果发生地"。因此,具体到产品责任案件中,则应当是凡造成损害的缺陷产品的设计、制造、装配、包装、运输、保管和销售等具体行为地及一切实际由该缺陷产品造成的损害事实发生地,均应属于"侵权行为地"。之所以做这样的扩大解释,一方面是涉外产品责任的复杂性和特殊性决定的,另一方面也可以理解为在涉外产品责任案件中,只要上述"任何一地"发生在中国境内,我国人民法院即应争取管辖权。

二、国际产品责任诉讼的法律适用

(一)美国法

美国涉外产品责任的法律适用,由过去以损害发生地为单一联结地选择法律的做法改变为采取多联结点的最密切联系原则来选择法律,但由于"最密切联系地"缺乏明确的范围及定义,因此法官在具体案件中自由裁量权很大。同时,适用法院地法的趋势明显增强,原告任意选择法院的倾向也日益严重。

(二)英国法

在具有涉外因素的侵权行为诉讼中(包括涉外产品责任诉讼),英国的法院过去适用损害地法,但这种法律不得违反法院地的公共秩序。现在,英国的法院也认为,在涉外侵权案件中一律适用损害地法并不合适,赞同适用最密切联系原则。

(三)德国法与法国法

德国一般适用传统的侵权行为地法。如果侵权行为地(加害行为地)与损害发生地不在一处时,则适用有利于受害人的法律,即依加害行为地法或依损害发生地法。

法国法采用侵权行为地中的加害行为地法。

（四）中国法

对于涉外产品责任法律适用问题的法律依据，目前中国依照《涉外民事法律关系适用法》第 45 条的规定：“产品责任，适用被侵权人经常居所地法律，被侵权人选择适用侵权人主营业地法律、损害发生地法律的，或者侵权人在被侵权人经常居所地没有从事相关经营活动的，适用侵权人主营业地法律或者损害发生地法律。”

（五）《产品责任法律适用公约》

《产品责任法律适用公约》除规定了产品责任的性质、产品责任当事人的范围及损害的种类和原因范围，还对产品责任法律适用规则及其适用范围作出了明确规定。法律适用规则具体包括四个方面。

第一，公约第 5 条规定以适用直接受害人惯常居所地的法律为第一优先顺序，但还必须符合两项条件之一：①该国为应负损害赔偿责任者的主要营业所在地国；②为直接被害人取得商品的所在地国。

第二，如果不具备适用直接被害人惯常居所地法的条件，则依公约第 4 条的规定，应适用损害所在地国法。该国仍须符合三项条件之一：①为直接受害人惯常居所地国；②为被请求负损害赔偿责任者的主要营业地所在国；③为直接被害人取得产品所在地国。

第三，如果不具备公约第 4 条、第 5 条的要件，而不能适用直接被害人惯常居住地法或损害地法时，应适用损害地法，但如果原告不这样主张，则应适用被请求负损害赔偿责任者的主营业地所在国法。

第四，如果被请求负损害赔偿责任者证明其不能合理地预见该产品或同类产品经由商业渠道在损害地国或直接受害人惯常居住国出售时，则该两国法律均不得适用，唯一能适用的即是被请求负损害赔偿责任者的主营业地国的法律。

从上述规定可见，公约较重视以直接受害人惯常居所地和被控负有赔偿责任者的主营业地为联结因素，而不再单一地依传统的侵权行为地做唯一的联结因素，同时也体现了既保护受害人的利益，也保护被告不受不可预见的或不公正的法律的影响，以兼顾双方当事人权利义务的平等。

复习思考题

1. 产品责任法与买卖法有何不同？
2. 与疏忽、违反担保相比，为何以严格责任为由起诉对原告最为有利？
3. 美国产品责任法有何新发展？

4. 经营者可以何种理由要求免除或减轻责任？

案例

案情：1993 年 6 月 25 日，在美国南卡罗来纳州石头山镇，南国际烟花公司雇用 4 名打工的大学生为他们卸下刚从香港进口的一批烟花。由于烟花爆炸，造成两死两伤。由于南国际烟花公司是一个小公司，没有足够的金钱赔偿死者和伤者，而且未向保险公司投保，不久宣告破产。1996 年 6 月，死者的遗产继承人及两位幸存者正式向南卡罗来纳州哥伦比亚市美国联邦地区法院起诉，状告中国"马牌"公司和香港地区的两家公司，同时以中国政府从事商业活动为由，也将中华人民共和国列为被告，请求赔偿。原告对被告起诉的理由是：①过失责任。被告将具有危险性的烟花投入商业流通领域，而且包装不当，并且明知或者应知该烟花可能造成损害，对烟花的危险性没有做出警示。②违反担保责任。被告违反了商销性担保。③严格责任。被告出售有瑕疵的烟花，并且事实上给用户造成了损害，但后因中国"马牌"与原告达成和解，原告撤回了对中华人民共和国和中国"马牌"公司的起诉，但仍不放弃对香港地区两家公司的起诉。

法律问题：本案涉及哪些主要法律问题？

参考结论与法理分析：本案主要涉及两个问题：一个是产品责任问题；另一个是国家及其财产豁免权问题。后一个问题见本书第二章，此处不再赘述。在美国，产品责任的归责原则包括：无合同无责任的原则、疏忽责任原则、违反担保责任原则和严格责任原则。本案原告是使用后三个原则对我国公司提起诉讼请求的。另外，在管辖权上，美国呈现出扩大产品责任管辖权的趋势，许多州按照最低限度接触即所谓的"长臂管辖权"确定对不居住在美国的外国被告有管辖权，这也是本案中美国法院对中国当事人行使管辖权的依据。

第六章

国际货物运输法

本章要点及学习要求

本章主要介绍常见的国际货物运输的四种方式:海上货物运输、航空货物运输、铁路货物运输和多式联合运输。

要求掌握海上货物运输关系中当事人的基本义务;熟悉《国际铁路货物联合运输协定》的基本内容;掌握《华沙公约》和《海牙议定书》对空运当事人权利和义务的规定;了解《联合国国际货物多式联运公约》的基本内容。

CHAPTER SIX

International BUSINESS LAW

第一节 国际海上货物运输法

国际货物运输是国际货物买卖的必然要求，是实现国际货物买卖的必备手段。与铁路运输、航空运输相比，海上运输具有运量大、运费低和通过能力强等优势，在国际贸易货物总量中约有2/3的货物都采用这种运输方式。因此，本章着重介绍与国际货物买卖密切相关的海上货物运输法律问题。

一、国际海上货物运输概述

（一）划分国际与国内海上货物运输的意义

一国境内的两个海港之间的运输通常称为国内运输或沿海运输，启运港和目的港在不同国家境内的称为国际运输或远洋运输。因此，航线两端港口在一国境内还是在不同国家境内，是区分国际运输和国内运输的标准。例如，从广州到大连的海上运输、从美国大西洋港口到太平洋港口之间的海上运输，即使当事人一方或双方是外国人，也是国内运输或沿海运输，而从青岛到汉堡的海上运输，即使当事人双方都是中国公司，也属于国际运输或远洋运输。

区分国际海上运输与国内海上运输的必要性主要在于：首先，体现国家主权原则。世界上大多数海岸国家根据主权原则都不准许外国籍船舶从事该国的沿海运输，即外国籍船舶不拥有所谓沿海运输权。其次，适用的法律不同。不少国家对国际海上货物运输和国内海上货物运输适用不同的法律。在我国，《海商法》只调整远洋运输，不调整沿海运输；沿海运输由《合同法》和交通部制定的《水路货物运输合同实施细则》调整。再次，承运人责任制度不同。对沿海运输的承运人实行完全过失责任制，承运人对船长、船员在驾驶和管理船舶上的过失所引起的货物损失承担赔偿责任；关于远洋运输承运人的责任，有关国际公约和各国法律规定有所不同，有的实行不完全过失责任制，有的实行完全过失责任制。最后，运输单证不同。以我国为例，目前我国沿海运输实行的是运单制而非提单制，运单随船而行，不可转让，不能作为跟单信用证的结算凭证。而国际海上运输一般使用提单，提单不但是货物装船的收据，也是运输合同的证明，有的提单还可以转让，是跟单信用证的重要单证。

（二）国际海上货物运输方式

国际海上货物运输方式按其所具有的营运特点和法律特征，一般可分为班轮运输和租船运输两大类。

1. 班轮运输。

班轮运输又称定期运输,是指承运人按照固定航线和挂靠港口、固定船期、固定运费率,用船舶将托运人的件杂货从特定的装运港运往预定的目的港的运输方式。承运人和托运人之间的合同多以提单形式表现,所以也称为提单运输。

2. 租船运输。

租船运输又称不定期运输。这种运输方式没有固定的船期、航线、港口和航行时间,可根据货源的情况决定去向,运费或租金随各地区、各个不同时期的市场行情而定,并按船舶的载货量或租船时间计算。它主要适用于运输大宗或散装货物。

班轮运输与租船运输的主要区别在于:前者当事人之间较少有谈判和协商的余地,而在租船运输中,承租人和出租人的地位完全平等,合同的内容和所有条款都可由双方当事人协商约定,充分体现了契约自由的原则。所以,各国法律和国际公约多对班轮运输合同加以调整,却很少颁布或制定专用于租船合同的强制性规范。各国法律均无意干预租船合同当事人的订约自由。到目前为止,国际上没有签订过专门调整租船合同当事人之间法律关系的公约。

二、提单运输

(一)调整提单运输的法律

1. 国际公约。

(1)《海牙规则》(Hague Rules)。为统一各国提单运输方面的法律规则,国际法协会于1921年9月在荷兰海牙召开会议,制定了提单规则的主干。该规则后经多次修改,于1924年8月在比利时的布鲁塞尔召开的26国外交会议上获得通过,全称为《关于统一提单若干法律规定的国际公约》,又称《海牙规则》。该规则自1931年6月2日起生效,现已有80多个缔约方。

承运人责任是海上运输法的核心。《海牙规则》虽名为有关提单的公约,实质上是以承运人责任为中心,统一运输责任的规则。就承运人责任而言,《海牙规则》有四大贡献:①采用过失责任主义;②虽然规定船舶航行与管理过失免责,但承运人未以适当注意使船舶适航而产生的损害赔偿责任,不得以特约免除或减轻;③规定赔偿限额,以减轻承运人的赔偿负担;④暂时解除承运人与托运人之间运输责任不平衡的困扰。

(2)《维斯比规则》(Visby Rules)。《海牙规则》第一次统一了国际海上货物运输法律及提单条款,对促进提单规范化无疑起到了积极作用,它基本上缓和了当时承托双方的矛盾，促进了国际贸易和海上运输事业的发展。但是《海牙规则》也存在问题。20世纪50年代中期，理论界指责它在指导思想上偏袒船主国家，在具体规定上有一些条款不公平合理。

1963年，国际海事委员会草拟了一个修改《海牙规则》的议定书草案，之后鉴于集装箱运输的发展带来的问题，国际海事委员会于1968年在布鲁塞尔又召开了外交会议。会议最终签署了《关于修订统一提单若干法律规定的国际公约议定书》。由于在会议期间代表们畅游了中古时期著名的《维斯比海法》的发源地——维斯比，因此，就将议定书命名为《维斯比规则》。议定书只对《海牙规则》作了部分修改，仍保持原有的承运人责任制度，并于1977年6月23日起生效，目前已拥有20多个缔约方。

(3)《汉堡规则》(Hamburg Rules)。由于许多发展中国家对不合理维护船主利益的《海牙规则》和《维斯比规则》不满，联合国贸易法律委员会于1976年5月草拟了《联合国海上货物运输公约》，并提交给1978年在汉堡召开的联合国海上货物运输公约外交会议审议通过。由于公约在汉堡制定，故又称《汉堡规则》。该规则已于1992年11月生效。然而，一些航运大国自始就对《汉堡规则》持否定态度，而且，许多发展中国家因其本国航运的发展而对批准《汉堡规则》犹豫不决，因此，《汉堡规则》目前仅有20多个缔约方，拥有的船队总吨位尚不足2%，海运大国均未加入。因此，《汉堡规则》尚缺乏国际普遍接受性。

(4)《鹿特丹规则》(Rotterdam Rules)。2008年12月11日，联合国第63届大会第67次会议通过了联合国贸易法会提交的《联合国全程或部分海上国际货物运输合同公约》(United Nations Convention on Contracts for the International Carriage of Goods Wholly or Partly by Sea)。此次会议授权2009年9月23日在荷兰鹿特丹举行新公约开放签署仪式，因此该公约又被简称为《鹿特丹规则》。根据这项公约的规定，《鹿特丹规则》将在20个国家批准或者加入一年后生效，目前该公约尚未生效。联合国贸易法会制定该公约的目的主要是取代现行的三个国际海上货物运输公约——1924年《海牙规则》、1968年《海牙—维斯比规则》和1978年《汉堡规则》，以实现海上货物运输和包括海运区段的国际货物多式联运法律制度的国际统一。

2. 国内法。

随着海上货物运输的日益重要，许多国家都专门制定了有关海上货物运输的法律规范。美国国会早在1893年就通过了《关于船舶航行、提单以及与财产运输有关的某些义务、职责和权利法》，即著名的“哈特法”。受美国影响，澳大利亚、新西兰等国家也纷纷制定了海上或水上货物运输法，英国制定了《1924年海上货物运输法》，该法于1992年修订。《海牙规则》生效后，很多缔约方以国内法的形式将《海牙规则》法典化，如美国1936年的《海上货物运输法》等。

我国于1992年11月7日通过了《海商法》，以调整海上货物运输、旅客运输、海上保险和海上救助等法律关系。我国至今尚未参加上述三个国际公约，但我国《海商法》关于海上货物运输合同当事人的权利义务的规定与《海牙规则》和《维斯比规则》中的很多原则是完全一致的，随着我国海上货运业的发展需要，该法在不少地方也吸收了《汉堡规则》的规定。

（二）提单的含义及性质

1. 提单的含义。

《海牙规则》及《维斯比规则》均未对提单作出明确定义。《汉堡规则》规定："提单是指用以证明海上货物运输合同和货物已经由承运人接收或者装船，以及承运人保证据以交付货物的单证。向提单中载明的记名人交付货物，或者按照指示人的指示交付货物，或者向提单持有人交付货物的条款，构成承运人据以交付货物的保证。我国《海商法》第71条也作出了同样的规定。

2. 提单的性质。

（1）提单是托运人和承运人之间订有国际海上货物运输合同的证明。一般认为，在提单签发前，托运人向承运人提出订舱或租船要求，经承运人承诺，运输合同即告成立，签发提单只是承运人履行合同的一个环节，提单只起到海上货物运输合同的证明作用，不是运输合同本身。此外，提单是由承运人的代理人或船长签发给托运人的。提单上只有一方当事人代表签字，而不是由双方当事人共同签字，因而提单在形式上不具备协议的要求。

由此可见，提单是海上运输合同的证明。如提单内容与运输合同条款不一致，应以合同内容为准。但是，提单的这一性质是对承运人与托运人之间的关系而言的。在实际业务中，托运人收到提单后，常通过背书方式将提单转给收货人。在这种情况下，对提单的受让人与承运人来说，它不仅是运输合同的证明，而且也是他们之间的运输合同。他们之间的权利、义务关系应以提单的规定为依据，即使原来的托运人与承运人事先另有协议，也不能约束提单受让人，而只能约束托运人与承运人。

（2）提单是承运人接收货物或货物装船的收据。承运人签发提单就意味着一定数量、品质和条件的货物已装上船，或者在其保管下等待装运。提单的这一性质因其是在托运人手中还是在受让人手中而有所不同。对托运人来说，提单是承运人已按提单所记载的内容收到货物的初步证据，如承运人事实上并没有收到货物，或他所收到的货物与提单上记载不符就可提出反驳，证明事实并非如此。因为提单上有关货物的资料都是由托运人填报的，托运人应知道所托运的货物的实际情况，但对提单的受让人来说，提单则是终结性证据，即承运人对受让人不得否认提单上有关货物资料的记载内容的正确性。这是因为,受让人在购买提单时,并没有机会去检查实际装船或交给承运人的货物,只能全凭信赖承运人在提单中所承认的事项行事。这在法律上是为了保障善意第三人的利益,而且也只有这样才利于提单的流通转让。如提单上的不正确记载是由于托运人申报不实所造成的,承运人可要求托运人赔偿,但承运人不得以此对抗提单的受让人,作为拒绝向提单受让人赔偿损失的抗辩理由。

(3)提单是货物的权益凭证。提单被称为“打开浮动仓库的钥匙”,因它是在目的港向承运人提货的唯一凭证。谁持有提单,谁就取得了在目的港的提货权。即使是真正的收货人,如果没有提单,也无权提取货物。承运人或其代理人在目的港交货时,只根据提单交货,而不管提单持有人是谁。承运人向提单的持有人交货后就解除了向真正的货主交货的责任。需指出的是,提单应视为法定占有凭证,而不是所有权凭证,是符合海上运输合同关系的。承运人不必关心持有人是否拥有货物所有权,而仅关心向持有人交付货物。他只需合理谨慎地检验提单即可放货。换言之,如同承运人在接收货物签发提单时无须审核托运人是否为货物的真正所有人一样,承运人在收回提单交付货物时,也没有权利或义务审核凭提单前来主张提取货物的人是否为货物的所有人。即使一个以上提单持有人同时向承运人请求交货,承运人也无须判断真正的所有人,而可将货物提存,交由法院裁决。其根本原因在于承运人没有可能或任何有效手段进行核查。

另外,货物的交付须凭提单进行,处分货物亦应凭提单进行。没有提单不得请求承运人中止运输、返还货物或为其他处分。作为权利凭证,提单可以进行买卖和自由转让。

(三)提单的种类

1. 以货物是否装船分为已装船提单和收货待运提单。

(1)已装船提单。已装船提单是指同一票货物全部装进船舱或装上舱面并经大副签收后,根据托运人要求,由承运人、船长或代理人签发给托运人的提单。这种提单上注有船名,通常还注明装船日期。

船名和装船日期的记载是装船提单最明显的标志。在国际贸易中,银行信用证结汇的主要单证必须是已装船提单,只有极个别属例外。

(2)收货待运提单。收货待运提单是指承运人收到并掌管托运货物等待装船期间,经托运人要求所签发的提单。这种提单上没有船名和装船日期。其表面大多载有“收货待运”,未作此项记载,也未记载“已装上船”的,也属待运提单。集装箱运输或多式联运中,承运人在库场接受集装箱或在港口接受货物后也签发此种提单,因为无法确定船名和装船日期。

待运提单对承运人的利害关系具有二重性，虽然有利于船舶装载的安排，却也增加了承运人的责任和费用，即使其由船边延伸到仓库。对买方而言，它意味着装船的延迟，如同意用这种提单结汇，还会增加买方的银行费用和延长买方风险。不过，在海运实务中，待运提单的签发已日见重要，因为它足以使运输货物在装船前有价证券化。托运人可以在货物交承运人保管后至装船前的期间，尽快地从承运人处取得可转让提单，到银行押汇，融通资金，加速交易。

但是，待运提单毕竟只是货物收据，待运提单仅是货物已交承运人掌握的证明文件。提供待运提单，对托运人可能是履行买卖合同交货条款的一个手续，使结汇多了一种便利，但并没有完成交易的最后义务。提单上没有装船日期，货物何时装船、何时到达难以预料，不利货物转卖，收货人可能由于货物到达不及时而遭受损失。提单上没有肯定的装货船名，致使提单持有人在承运人违约或侵权时不可能通过申请法院扣押船舶保护自己的利益。此外，提单签发后和货物装船完毕前发生的货损、货差由谁承担责任，也是提单所适用的法律和提单条款本身通常不能明确的问题，实践中常因此引发争议。因此，由于收货待运提单并不能证明运输货物装船的状态，故其流通价值明显低于装船提单。

2. 按收货人抬头分为记名提单、不记名提单和指示提单。

(1)记名提单。记名提单是记明货物交付或指定给具体人的凭证。记名提单上列明确定的收货人，而不另加列指示字样。在国际贸易中，记名提单一般仅用于个人物品、展览物品、贵重物品或专业用大宗货如矿砂、原油等的运输。记名提单就是不可转让提单，记名提单在多数国家不具备流通性。因为，根据记名提单，承运人有义务调查记名提单收货人的真伪。如记名提单可以转让，当承运人交付时就可能无法知道提单已被变更。

(2)不记名提单。不记名提单是发货人没有指明任何收货人，收货人栏内仅注明“交与持有人”。不记名提单可以转让。不记名提单项下货物应交付给任何持有该提单的人。在目的港卸货时，承运人仅向提单持有人交付货物，收货人仅凭提单提货。然而，倘若不记名提单流转途中失落或被窃，任何持有人都可凭此单将货物取走。因此，这种提单的转让或提货手续虽然极为简便，但是如果发生提单遗失或被盗，以致再转到善意第三者，极易引起纠纷。所以，目前经过银行开出信用证凭单付款，或是经过银行押汇，几乎不采用这种提单。

(3)指示提单。指示提单是根据托运人、收货人或其他有权处理提单所列货物的人经背书指示交付货物的提单，在国际贸易中多有使用。指示提单分为记名指示提单和不记名指示提单。记名指示提单通常在收货人栏内载明发货人指示、收货人指示或银行指示；不记名指示提单未注明由谁指示，应视为托运人指示。指示提单经过记名背书或空白背书可以转让。前者由记名人提货或再转让;后者由提单持有人提货。有些国家和地区规定,提单上应载明开出信用证的银行指示,由收货人付清货款赎单时,银行背书给收货人,凭此转让或提货。指示提单发生遗失或被盗,不致被他人任意冒领提货。指示提单是典型的物权凭证。

3. 以提单上是否有不良批注分为清洁提单和不清洁提单。

(1)清洁提单。清洁提单是指货物交运时表面情况完好,承运人或其代理人签发的未加任何货损、包装不良或其他有碍结汇的批注的提单,即不载有"货物的外表状况"不良批注的提单。清洁提单表明货物是在表面状况良好的条件下装运的,即在目力所及的范围内,货物及包装外观良好。之所以如此,是因为责令承运人或船长就有包装的货物一一拆阅启视,不但旷费时日,而且也强其所难。对货主而言,拆启包装后又须重新包装,所费也属不值。银行议付货款或办理押汇都规定须交清洁提单。如果在目的地卸货时发现货物受损,可直接推定货物是在运输过程中在承运人的监管下受到了损害,承运人应对此负责,除非损害是由货物的固有缺陷所致,而承运人又没有过失。

(2)不清洁提单。不清洁提单是明显声明货物及(或)包装有缺陷的提单。例如,提单注有"包装不固"、"沾有油污"、"货物漏损"、"包装开裂(漏洞、撕裂)"、"货物残损"、"包装货物露出"等。不清洁提单说明货物是在货物或其包装有缺陷的情况下装运的,如卸货时发现货物受损,致损原因正是这些批注的事项,承运人可减免其责任。不清洁提单对买方是不利的,买方一般不愿接受。UCP500 规定,银行对有该类条文或批注的运输单据,除信用证明确规定可接受外,当不予接受。

4. 按运输方式分为直达提单、转运提单和多式联运提单。

(1)直达提单。直达提单是船舶从装货港装货后,中途不经换船而直接驶到卸货港卸货的提单。这种提单仅填写装货港和卸货港名称。有时提单载明不得在中途港转船。有时提单内载有所谓"自由转船条款",但没有"转船"的批注,这种提单仍应视为直达提单。对货主来说,直达提单要比转船提单有利得多,因为它不仅可减少费用,避免货物残损及被盗的风险,而且节省时间,及早到货,在资金周转及在物价波动的情况下,对货主自然有利。

(2)转运提单。转运提单是指允许货物中途换船的提单。货物转运可以用其他承运人的船舶,也可用同属一个承运人的不同船舶。转运原因不一,主要是进口国与出口国之间缺乏直接航线;另一原因是出口国到进口国虽有直接航线,但由于船期不定,不如将货物运往转运港,依转运港的定期班轮转运,较为方便快捷。转运情况下就可能签发转运提单(又称交换提单),即在装货港签发的提单，规定承运人在中途港收回本提单，并另换发以该中途港为装货港、仍以原托运人为托运人的提单。签发转运提单的承运人称为转运承运人，接运货物的承运人称为接运承运人或实际承运人。不过，有时二者为同一承运人。转运提单与普通提单的最大不同，是转运前和转运后提单中所记载的装货港及(或)卸货港并不一致。转运提单对转运前提单装货港的变化对法律适用将产生重要的影响。

(3)多式联运提单。多式联运提单是指货物由海运和另一种或两种以上不同方式运输签发的提单。在多式联运中，多式联运经营人组织多式联运，负责全程运输并收取全程运费。多式联运经营人接管货物时应签发一项多式联运单据。如果双方同意，信用证明确规定，也可由其他承运人签发此项单据。当国际货物多式联运的运输方式之一是海运，尤其第一种运输是海运时，多式联运单据多表现为多式联运提单。

5. 根据提单签发的时间与实际不符的状态可以划分为预借提单和倒签提单。

(1)预借提单。预借提单是指在货物尚未全部装船或货物虽已由承运人接管，但尚未装船的情况下签发的提单。预借提单通常是在信用证规定的装船日期和交单结汇日期行将届满时，应托运人的要求签发的。在国际贸易实践中，采用信用证付款时，一般都附有一定的付款条件，提单的签发日期便是其中的一个条件，提单的签发日期往往说明了货物的实际装船日期，因此对于买方而言是极其重要的一个信息。提单所注日期的真实性只能靠承运人的诚实信用确定。此种提单的签发构成承运人与托运人合谋对善意的收货人进行欺诈。

(2)倒签提单。倒签提单是指在货物装船后签发的，但提单的签发日期早于货物实际装船的日期的提单。在国际信用业务中一般规定货物装船日期，当货物实际装船日期晚于信用证规定的装船日期时，托运人为了能使提单顺利结汇，就可能要求承运人签发此种提单。倒签提单同样构成承运人和托运人的合谋欺诈行为。

(四)提单的内容

国际上许多大的船运公司都有自己的格式提单，并一般分为正面记载事项和背面条款两个部分。

提单的正面一般记载下列事项：船名；承运人的名称和主营业所；托运人的名称；收货人的名称；装运港和在装货港接收货物的日期；卸货港；货物的品名、标志、包件的数量与种类、重量或体积；货物表面状况；运费及支付方式；提单签发的日期、地点和份数；承运人或其代理人的签名等。

提单的背面一般是托运人和承运人规定各自权利义务的主要条款。通常有以下内容：管辖权及法律适用；承运人的责任范围、责任期间、免责事项及赔偿限额；装货、卸货和交货的方式及费用分担；货物灭失或损坏的通知及时限；危险货物及其处理方法；转运、换船、联运与转船；留置权的行使；双方责任碰撞条款；共同海损条款和新杰森条款等（"新杰森条款"：根据美国法律，《哈特法》及《海牙规则》中的免责条款只能解释为因船长、船员过失所致的损害可以免除船舶所有人的赔偿责任，但不能赋予船舶所有人要求货主分摊因上述过失所引起的共同海损损失的权利。因此，承运人为了改变自己的不利地位，根据意思自治原则，在提单中订入共同海损疏忽条款，规定如果承运人已提供了适航船舶，由于其雇佣人员的航海过失或管船过失导致的共同海损，货主应参加分摊。1910 年，美国法院在审理"杰森"案中肯定了共同海损疏忽条款的效力，并将其命名为"杰森条款"。1936 年美国制定了海上货物运输法，为符合新的法律，各船公司对杰森条款进行修改，称为"新杰森条款"。"杰森条款"和"新杰森条款"的不同之处在于：当船舶因船长、船员或引航员的过失发生事故而采取救助措施时，即使救助船与被救助船同属一个船公司，被救船仍须支付救助报酬，该项救助报酬可作为共同海损费用，由各受益方分摊。）

（五）承运人的责任制度

1. 承运人的基本义务。

承运人的基本义务和责任是提单的核心。因为提单持有人物权债权的实现，最终取决于承运人在合理条件下安全运送货物。根据《海牙规则》、《维斯比规则》、《汉堡规则》和包括我国在内的有关国家的国内法，承运人有以下几项基本义务。

（1）提供适航、适货的船舶。根据《海牙规则》第 3 条第 1 款，承运人提供适航船舶的义务包括：提供适于航行的船舶；配备适当的合格船员、装备和供给；使货舱、冷藏舱和其他载货处所适于并能安全接受、载运和保管货物。但是承运人的上述义务限于开航前和开航时并限于做到"谨慎处理"的程度。这是承运人的一项不得排除的绝对义务。

（2）妥善地、谨慎地管理货物。这也是承运人不得排除的绝对义务。根据《海牙规则》第 3 条第 2 款的规定，承运人应当妥善和谨慎地管理货物，包括承运人在装载、操作、积载、运送、保管、照料和卸载七个环节中无过失地处置货物。与提供适航船舶义务不同，从货物装上船起至货物卸离船止的整个过程中，承运人都必须履行其管货义务。承运人的管货义务存在于从装货至卸货的整个期间，而不限于船舶在装货港停留期间。

（3）行驶合理的航线。承运人应当及时开航，并按约定的、习惯的或者地理上的航线行驶，将货物运至目的港。不合理绕航为根本性违约，承运人要对因不合理绕航所造成的一切损失负责。除非出于海上救助或其他合理原因,承运人不得不绕航。

(4)签发提单,并据以交付货物。货物由承运人接收或装船后,应托运人的要求,承运人应当签发提单,并在指定的目的港向提单指定的收货人或向提单持有人交付货物。

(5)对承运责任期间内货物发生的灭失或毁损负赔偿责任,但依规定可以免除责任的除外。

2. 承运人的法定免责事由。

关于承运人的免责,《海牙规则》实行的是不完全过失责任制,即在某些情况下承运人即使有过失也可免除责任,而在另外一些情况下,承运人只有无过失才可免责。《海牙规则》关于承运人免责的规定共有 17 项。其中第 4 条第 2 款第 1 项的规定就是"过失免责":"由于船长、船员、引航员或者承运人的其他受雇人在驾驶船舶或者管理船舶中的行为、疏忽或过失"引起的货物灭失或损坏,承运人可以免除赔偿责任。这种过失免责制度是其他运输方式(如陆路运输、航空运输)运输责任制度所没有的。这主要是考虑到海上货物运输时间长、风险大;在当时航运业不发达的情况下,如不对承运人的责任加以限制,就不利于海上航运业的发展,但这种过失免责制度对托运人和收货人显然有失公允。

《汉堡规则》就实行完全过失责任制度规定:"除非承运人证明他本人、其他雇佣人或代理人为避免事故的发生及其后果已采取一切所能合理要求的措施,否则承运人应对因货物灭失或损坏或延迟交货所造成的损失负赔偿责任。"

如果是承运人以外的原因造成的货物损坏或灭失,承运人可以免责。《海牙规则》这方面的规定与其他运输方式大体相近。这些原因包括:不可抗力或承运人无法控制的事项;海上危难、天灾、战争、公敌行为、暴动和骚乱、政府扣押船舶、检疫限制、罢工或停工、司法扣押等;托运人、货物所有人或他们的代理人的行为;货物的自然特性或固有缺陷;货物的包装不良或标志欠缺、不清;火灾,包括船长、船员或承运人的其他雇佣人的行为造成的,但是,由于承运人本人的实际过失或参与不能免责;在海上救助或者企图救助人命或者财产;经谨慎处理仍未发现的船舶潜在缺陷;非由于承运人或其雇员、代理人的过失造成的其他原因等。

在承运人免责事项方面,我国《海商法》的规定与《海牙规则》的有关规定大体相同,也采用了不完全过失责任制。

3. 承运人的责任期间。

按照《海牙规则》的规定,货物运输期间为从货物装上船时起至货物从船上卸完为止。这期间货物发生的损失由承运人负担,依规则可免除责任的除外。

该规则还规定,承运人和托运人可以就承运人在货物装船之前,即承运人在码头仓库接管货物至装上船以及货物卸船后到向收货人交付货物这两段时间内,发生的货物灭失或损坏所应承担的责任与义务自行约定。承运人一般在提单上规定免除承运人在上述两段时间内的运输责任。

《汉堡规则》扩大了承运人的责任期间,采取"接与交"的原则,即自装运港接收货物时起至卸货港交付货物时止,货物处于承运人掌管之下的一段时间为承运人的责任期间。

我国《海商法》第46条规定:"承运人对集装箱装运的货物的责任期间,是指从装运港接收货物时起至卸货港交付货物时止,货物处于承运人掌管之下的全部期间。承运人对非集装箱装运的货物的责任期间,是指从货物装上船时起至卸下船时止,货物处于承运人掌管之下的全部期间。"可见,我国《海商法》关于承运人对一般货物的责任期间的规定与《海牙规则》一致。随着国际航运事业的发展,集装箱运输越来越广泛地被采用,该法对集装箱运输下的承运人的责任期间规定又和《汉堡规则》一致。

4. 承运人的责任限制。

承运人的责任限制是指对承运人不能免责的原因造成货物的灭失或损坏,将其赔偿责任限制在一定范围内。《海牙规则》第8条第5款规定,在任何情况下,每件或每单位不得超过100英镑,但托运人于装运前已经就该项货物的性质和价值提出声明,并已在提单上注明的不在此限。美国法规定的责任限制为500美元。《维斯比规则》对《海牙规则》规定的每件或每单位的赔偿责任限额进行了修订,提高到每运费单位或每件100金法郎或按灭失或受损货物的毛重计,每公斤为30金法郎,以两者中较高者为准。《汉堡规则》关于承运人责任限额的规定为每件或每单位835个特别提款权或毛重每公斤2.5个特别提款权,以两者中较高者为准;延迟交货的,相当于该延迟交付的货物应付运费的2.5倍,但不得超过合同中规定的应付运费的总额。

我国的《海商法》折中了《海牙规则》和《汉堡规则》的赔偿规则。《海商法》第56条规定,承运人对货物的灭失或损坏的赔偿限额,按货物件数或其他货运单位计算,每件或每个其他货运单位为666.67计算单位,或者按毛重计,每公斤为2计算单位,择两者中较高的为准;延迟交付货物的为延迟交付货物运费的2倍;运输合同或提单中规定的限额超过上述限额的,以该合同或提单的规定为准。

5.《鹿特丹规则》关于承运人责任制度的变化。

《鹿特丹规则》与现在国际上普遍采用的《海牙规则》、《维斯比规则》和《汉堡规则》相比,大大加重了承运人的责任。

（1）承运人责任期间的变化。《鹿特丹规则》规定承运人责任期间是“收货—交货”，并且不限定接收货物和交付货物的地点。因此，该规则适用于承运人在船边交接货物、港口交接货物、港外交接货物或者“门到门”运输。与《海牙规则》、《维斯比规则》和《汉堡规则》的规定相比，《鹿特丹规则》延长了承运人的责任期间。

（2）承运人责任基础与免责的变化。承运人责任基础的规定，在海上货物运输法律中始终处于核心地位，是船货双方最为关注的条款。与现存法律制度比较，《鹿特丹规则》主要有以下四个方面的变化：

一是采用承运人完全过失责任，高于《海牙规则》、《维斯比规则》的不完全过失责任，与《汉堡规则》采用的承运人责任原则相同。

二是废除了《海牙规则》和《维斯比规则》中承运人的“船海过失”免责和“火灾过失”免责。

三是承运人谨慎处理使船舶适航的义务延长至整个航次期间。

四是提高承运人赔偿责任的限制。《鹿特丹规则》规定，承运人对货物的灭失或损坏的赔偿限额为每件或者每一其他货运单位875个特别提款权，比《汉堡规则》835个特别提款权提高了5%；或货物毛重每公斤赔偿3个特别提款权，比《汉堡规则》2.5个特别提款权提高了20%。

（六）托运人和收货人的基本义务

1. 托运人的基本义务。

（1）对货物情况作正确陈述并按合同约定提供托运的货物。洽订运输合同时，托运人应对货物的名称、性质、包数或件数、重量或体积向承运人作出正确陈述，以便决定是否承运、如何承运及运费率。运输合同签订后，托运人应妥善包装货物并就货物品名、标志、包数或件数、重量或体积等作出正确的标识。托运人违反上述义务，对承运人造成损害的应负赔偿责任。此外，托运人违反运输合同没有提供货物或没有及时提供货物，给承运人造成船舶亏舱或滞期的，也应赔偿承运人由此所遭受的损失。

（2）托运人应及时向港口、海关、检疫、检验和其他主管机关办理货物运输所必需的各项手续，并将已办理各种手续的单证送交承运人；如果托运人没有及时办妥这些手续，并将它们送交承运人，或送交的单证不齐全、不准确，使承运人的利益受到损害的，则托运人应对此负赔偿责任。

（3）按合同规定及时支付运费。托运人应当按合同规定及时支付运费和其他费用。运费的支付方法主要有三种：一是预付运费，即在装货港装货时或开航前，托运人将运费付给承运人。一般而言，即使发生货物灭失，承运人也不退还预付运费。二是到付运费，即到达目的港交货时，由收货人支付运费。只要货到目的港，即使已受到损坏，收货人仍要支付全部运费，不能因此拒付或减付运费，否则承运人有权留置货物。如果货物没有运到目的港，承运人就无权收取运费。三是比例运费，即按货物运送的实际里程与全程之间的比例来计算。如果船舶在中途遇难，放弃原定航程，双方当事人可以协商采用这种方法来计付运费。

2. 收货人的基本义务。

收货人可以是托运人，也可以是托运人指定的其他人。收货人的义务主要有两项。

（1）按运输合同和运输单据的规定及时支付运费和其他费用。其他费用可能包括共同海损分摊费、卸货港滞期费或货物的保管费等。收货人不付运费或其他费用的，承运人有权留置货物。

（2）在卸货港及时收取货物，否则对由此造成的额外费用，承运人可以通过对货物的合理处置获得赔偿。

（七）提单运输中的索赔与诉讼

1. 索赔。

《海牙规则》规定，在提货时如果货物发生灭失或损坏，应立即向承运人提出索赔的书面通知，如果货物的灭失或毁损不明显，也应在 3 天之内提出索赔的书面通知。收货人未按上述时限提交索赔通知的，即构成承运人所交货物符合提单规定的初步证据。不过，即使没有按期将货物情况通知承运人，收货人也并不因此而丧失索赔权，只是收货人需要另行举出充分的证据材料推翻上述初步证据。

《汉堡规则》将收货人就货损向承运人发出通知的期限从 3 天延长到 15 天，延迟交货的索赔通知时限为自收货后 60 日内。若运送的是非集装箱货物，中国《海商法》规定的不明显货损通知时限则为从交货次日起的 7 日内，若是运送集装箱货物，则为 15 日。

2. 诉讼。

（1）诉讼管辖。《海牙规则》和中国《海商法》对诉讼未作明确规定。在我国的司法实践中，此类纠纷按民事诉讼法的有关规定处理。《汉堡规则》规定，原告可以从被告的主营业所或惯常居所、合同订立地、装货港、卸货港、运输合同中指定的任何其他地点中选择起诉地点。

（2）诉讼时效。《海牙规则》第 3 条第 6 款规定："除非从货物交付之日或应交付之日起 1 年内提出诉讼，否则承运人在任何情况下都应被免除对于灭失或损害所负的一切责任。"《维斯比规则》第 6 条规定，托运人和承运人可以协议延长《海牙规则》的上述时效时间；向第三人追偿的，可以在 1 年时效期间内或者时效期间届满后拥有3个月的宽限期。《汉堡规则》规定的诉讼时效为2年。中国《海商法》第257条规定："请求赔偿的时效期间为1年,自承运人交付或应当交付货物之日起计算;在时效期间内或者时效期间届满后,被认定为负有责任的人向第三人提起追偿请求的,时效期间为90日,自追偿请求人解决原赔偿请求之日起或者收到受理其本人提起诉讼的法院的起诉状副本之日起计算;有关航次租船合同的请求权,时效期间为2年,自知道或应当知道权利被侵害之日起计算。"

三、租船运输合同

租船运输合同在海运业务中一般有三种:航次租船合同、定期租船合同和光船租赁合同。由于三种租船合同性质不同,各国和地区的法律对它们的归类也不同。有的将所有租船合同都归类为海上货物运输合同,有的则把航次租船合同视为海上货物运输合同,而把定期租船合同和光船租船合同视为船舶租用合同。如我国《海商法》在第4章"海上货物运输合同"中列出第7节对航次租船合同作出了特别规定,而另设专章对定期租船合同和光船租船合同作出规定。

(一)航次租船合同

1. 航次租船合同的概念与特征。

航次租船合同又称程租船合同,是指船舶出租人向承租人提供船舶的全部或部分舱位,装运约定的货物,从一港经海路运往另一港,而由承租人支付约定运费的货物运输合同。航次租船合同具有以下特征。

(1)船舶的所有权、占有权和管理权仍保留在船东手里,但船舶或舱位的使用权则为承租人所有。出租人负担船舶的营运费,主要包括船员的工资、伙食,船舶的维修保养、保险、检验等费用,承租人仅负责运费、装卸费和滞期费等。

(2)承租人可以租用整船或整舱运货,不论是否装满都要按约定的包干费或约定的吨位付费。

(3)规定装卸货物的时间和期限,计算滞期费和速遣费。承租人如未能在合同规定的期限内完成装卸作业,需向出租人支付一定数额的滞期费;反之,如果承租人提前完成装卸任务,则出租人应向承租人支付一定金额的速遣费。

(4)航次租船合同一般采用统一的标准格式。在航次实践中常见的标准格式有《统一杂货租船合同》(Uniform General Charter),租约代号为"金康"(GEN-CON)。

(5)航次租船合同下的提单。依照航次租船合同而由出租人签发的提单，如果提单的持有人是承租人时，则以租船合同作为调整权利义务关系的根据；如果提单的持有人是承租人以外的第三人时，承运人与提单持有人之间的权利义务就应以提单为依据。如果提单中载明应适用航次租船合同条款时，则适用航次租船合同。

2. 航次租船合同的主要内容。

航次租船合同的内容主要包括出租人和承租人的名称、船名、船籍、载货重量、容积、货物名称、装货港和卸货港、受载期限、装卸期限、运费、滞期费和速遣费以及其他事项。

（二）定期租船合同

1. 定期租船合同的概念与特征。

定期租船合同又称期租船合同，是指船舶出租人向承租人提供约定的由出租人配备船员的船舶，由承租人在约定期间内按照约定的用途使用，并支付租金的合同。

定期租船合同具有以下特征。

(1)船方保留船舶的所有权和占有权。按这一合同，船舶仍属船东所有，船上的人事安排、航行管理等权限仍归船东掌握，船东可通过他所选任的船长和船员继续保持对船舶的占有权。船长在业务上应接受租方的指示，若租方对船长的工作不满意，可提请船东予以撤换，但撤换与否，应由船东决定。

(2)租方享有船舶的使用权和经营权。租方负责船舶调度和营运，租方租进船舶后，按约定可用来运送自己的货物，也可用来经营货物运输业务，承运第三人的货物。

(3)在船舶出租期间内，船舶的费用开支，应由船方与租方合理分担。一般船方负责支付船长和船员的全部工资给养、船舶的保险费、船用物料、厨房用的燃料和淡水及其他与船舶有关的开支；租方负责支付全部营运所需的燃料、锅炉用水、港口费、引水费、压舱物料、拖带费及码头费等与营运有关的费用。

2. 定期租船合同的主要内容。

定期租船合同的内容主要包括出租人和承租人的名称、船名、船籍、船级、吨位、容积、航速与燃料消耗条款、航行区域条款、租船期限、交船和还船、租金支付、停租条款、出租人的责任与免责条款及其他事项。

3. 定期租船合同当事人的特殊权利。

(1)承租人的权利：①出租人违反受载日的约定时，有解约权；②有权要求船长在期租合同期间听从其有关船舶营运和签发提单的指示（但如果因执行承租人的指示而造成损失，承租人应负责向出租人补偿）；③合同约定的停租条件出现时，有停租权；④在任何情况下，承租人都享有转租权（但原承租人始终对出租人负有履行合同的责任）。

（2）出租人除收取租金外的权利：①有在承租人违反支付租金的约定时撤船的权利；②有在承租人违反营运地区和安全港口的保证时解除合同的权利，如有损失，有权索赔；③原则上享有转让船舶所有权的权利，但转让时应事先征得承租人的同意。

（三）光船租赁合同

1. 光船租赁合同的概念与特征。

光船租赁合同是船舶所有人（出租人）将未配备船员的“空船”租给承租人，由承租人占有、使用、营运而向出租人支付租金的合同。在租期内，出租人（船东）除了保有船舶的所有权和按时收取租金的权利外，不再具有船舶的占有权、使用权和经营权，从而形成船舶所有权和经营权的完全分离。就合同性质而言，光船租赁合同是纯粹的财产租赁合同。

2. 订立光船租赁合同的目的。

（1）投资。1966 年法国有关法律规定，光船租赁合同是出租人为获得租金而在约定期间内将无装备、无船员，或者装备、船员不齐全的指定船舶交给承租人使用的合同。从此项规定可以看出，出租人购买船舶的目的不是为了从事营运，而是通过光租赚取利润（租金）。

（2）融资。航运公司，特别是发展中国家的航运公司有意从事航运事业或意欲扩大已有船队或补充运力不足，但缺乏购船或造船的资金，便通过光船租赁合同的租购条款，通过租用船舶的营运收入筹集资金或支付租购费。当合同期满或承租人向出租人付清租金或租购费时，承租人即可取得租赁船舶的所有权。

出租人也可以通过抵押向银行贷款取得购、造船舶的资金。出租人通过交船后分期付款支付船价，然后通过光船租赁向承租人（航运公司）交船，由该承租人向出租人或者直接向银行分期支付租购费，直至付清租购费，亦即出租人偿清贷款时获得船舶所有权。在船舶营运收益不足以支付租购费时往往需要用该出租人现有船舶的收益补足，也就是用旧船的收益分期支付新船的船价。

（3）更换船旗。承租人出于种种原因为更换船旗而订立光租合同。比如，出租人或承租人为了规避法律、解决劳工纠纷、取得廉价劳动力或出于其他政治原因出租或承租光船，以达到更换船旗的目的。

第二节　国际航空货物运输法

一、有关国际航空货物运输的国际公约

（一）《华沙公约》

《华沙公约》即《统一国际航空运输某些规则的公约》，是欧洲 23 个国家于 1929 年 10 月在华沙签订，于 1933 年 2 月 13 日生效的。该公约简称《华沙公约》，经过多次修改和补充，至今已有 130 多个国家加入该公约。我国于 1958 年 7 月申请加入，同年 10 月正式成为其成员国。

《华沙公约》适用于运输合同中规定的启运地和目的地都属于公约成员国的航空运输，也适用于启运地和目的地都在一个成员国境内，但飞机停留地在其他国家的航空运输。

（二）《海牙议定书》

1955 年 9 月 28 日，《华沙公约》成员国外交代表在海牙对《华沙公约》进行了修改，称为《1955 年在海牙修改华沙公约的议定书》，简称《海牙议定书》，于 1963 年 8 月 1 日生效，目前已有 90 多个缔约方。1975 年该议定书对我国生效。

《海牙议定书》的适用范围比《华沙公约》更为广泛，无论是连续运输或是非连续运输，无论有无转运，只要启运地和目的地在两个成员国的领域内，或者在一个成员国领域内而在另一个成员国或非成员国的领域内有一定的经停地点的任何航线。就内容而言，它主要在航行过失免责、责任限制以及索赔期限等问题上，对《华沙公约》作了较大的修改。

（三）《瓜达拉哈拉公约》

1960 年 9 月 18 日，各国外交代表在墨西哥的瓜达拉哈拉签订了《统一非缔约承运人所办国际航空运输某些规则的公约》，简称《瓜达拉哈拉公约》。该公约主要是为了补充《华沙公约》而订立的，于 1964 年 5 月 1 日生效。我国尚未加入该公约。该公约将《华沙公约》中有关承运人的各项规定扩及非合同承运人，即根据与托运人订立航空运输合同的承运人的授权来办理全部或部分国际航空运输的实际承运人。

（四）《蒙特利尔附加协定书》

1975 年国际民航组织在蒙特利尔召开会议，签订了 4 个《蒙特利尔附加协定书》，将原来《华沙公约》规定的主观责任制变成了客观责任制，进一步简化了

运输凭证,并将特别提款权规定为赔偿限额的计算单位。

在上述公约中,《华沙公约》是最基本的规定,其他公约都是对《华沙公约》的修订或补充,都没有改变《华沙公约》的基本原则,但都相互独立。

二、航空货物运输单证

《华沙公约》将国际航空货物运输单证称为"航空托运单",《海牙议定书》将其改称为"空运单"。

按照《华沙公约》的规定,托运人应填写航空托运单正本一式三份,连同货物一起交给承运人。一式三份的航空托运单,第一份注明"交承运人",由托运人签字;第二份注明"交收货人",由托运人和承运人签字,并附在货物上;第三份由承运人在接受货物后签字,交给托运人。在没有相反的证据时,航空托运单是运输合同和承运条件的证明,是承运人收到承运货物而向托运人签发的货物收据,托运人或收货人可以凭此收据在目的地收取货物。

应当注意的是,与可转让提单不同,航空托运单一般不能转让。这主要是因为空运的速度很快,通常的情形下,托运人将有关托运单据交付给收货人之前,货物已经到达目的地,因此,无须单证的流转和象征性交货。所以,在实际的航运业务中,通常航空运输单据都有"不可转让"的字样。一般的做法是,当货物运抵目的地时,收货人凭承运人的到货通知及有关证明提取货物,并在随货而到的航空托运单上签收即可,并不需要凭借航空托运单据向承运人提取货物。

按照《华沙公约》的规定,航空托运单应包含填写的内容为:地点和日期;起讫地和目的地;约定的经停地点;托运人的名称和地址;第一承运人的名称和地址;收货人的名称和地址;货物的性质;包装的件数、包装的方式、特殊标志或号数;货物的重量、数量、体积或尺寸;声明运输应受本公约所规定的责任制度的约束等条款。《海牙议定书》将空运单的内容简化为三项:第一,注明起运地和目的地;第二,如果和目的地位于同一缔约国,但在另一国家有一个或数个约定地点时,至少注明一个此种经停地点;第三,向托运人声明受公约的约束。

三、托运人和收货人的基本责任和义务

(一)托运人的基本责任和义务

第一,填写航空货运单,并对其所填写的各项内容的正确性负责。如果托运人所填写的说明和声明不合规定、不正确或不完全而使承运人或承运人对其

负责的其他任何人遭受损害，托运人都须负全部责任。

第二，提供货物以及与货物有关的单证资料。如因这种资料或证件的不足或不合规定所造成的一切损失，都应由托运人对承运人负责。

第三，支付规定的各项费用。

第四，承担承运人因执行其指示所造成的损失。

（二）收货人的基本责任和义务

货到目的地后，若是运费到付货物，收货人交付规定的费用，履行提货和其他义务等。

四、承运人的主要责任及责任限制

（一）承运人的责任期间

承运人包括填开航空货运单的航空承运人以及承运货物或提供与航空运输有关的任何其他服务的所有航空承运人，也包括代理人、受雇人或任一航空承运人的代表。承运人的责任期间为货物在其监管之下的所有时间。不论是在航空站内、航空器上或在航空站外降落的任何地点，它不包括在航空站以外的任何陆运、海运和河运，但如果这种运输是在履行合同中为了装货、交货或转运而发生，则除非有相反证据，任何损失均视为空运期间发生事故的结果。

（二）承运人的主要责任

根据《华沙公约》的规定，承运人对在其保管期间内空运单项下货物的毁灭、遗失、损坏或延误交付而造成的损失负责。该公约规定，在下列情况下承运人可以免除或减轻责任。

第一，承运人如能证明自己或其代理人，为避免损失的发生，已经采取一切必要的措施，或不可能采取这种措施。

第二，承运人如能证明损失的发生是由于驾驶上、航空器的操作上或领航上的过失，而在其他一切方面，承运人及其代理人已经采取一切必要的措施以避免损失。

第三，承运人如能证明损失完全是由自然原因引起的，承运人也可免责，除非这种损失能够确定是由于承运人的疏忽或有意过失引起的。

第四，由于遵守法律、法规、法令或超出承运人的管辖以外的原因，从而造成任何直接或间接的损失，承运人可以免责。

第五，承运人如能证明损失是由于受损人的过失所造成的，可视情况免除或减轻承运人的责任。

《海牙议定书》对承运人的责任要求更为严格。它规定:如果能证明损失是由于承运人及其受雇人、代理人故意造成的,或明知可能造成损害而仍置之不顾的作为或不作为,则不得援引该议定书关于责任限制的补充规定。《海牙议定书》删去了《华沙公约》关于承运人可以免责的第 2 项的规定,即承运人如能证明损失的发生是由于驾驶上、航空器的操作上的一些原因可以免责。

(三)承运人的责任限制

承运人对货物的灭失、损坏或迟延交付承担的最高赔偿金额为每公斤 250 金法郎,超过了这个限额,承运人就不负赔偿责任。除非托运人在交货时就对货物运到的价值做了特别声明,并缴付了必要的附加费。在这种情况下,承运人赔偿的金额不超过声明的价值。

但是,承运人并不是在所有条件下都可以享有公约规定的责任限制。《华沙公约》规定,如果损失的发生是由于承运人或其代理人的"有意不良行为"或过失,承运人就无权引用公约关于免除或限制承运人责任的规定。

五、索赔与诉讼

(一)索赔

《华沙公约》规定,当货物发生损坏时,发货人或收货人应立即向承运人提出异议,或应在收到货物后 7 天内提出。如果是迟延交货,最迟应在货物交由收货人后 14 天内提出。异议必须以书面形式提出。《海牙议定书》对异议的期限作了延长。如是货物损坏,异议期限为收到货物后 14 天;如果延迟交付,收货人应在自由处置货物后 21 天内提出;如果货物毁灭或遗失,一般应自货运单填开之日起 120 天内提出异议。这些异议可以写给货运所属空运企业,或写给第一承运人、最后承运人,或写给在运输途中发生损坏、遗失或延误的承运人。

(二)诉讼

货主如果在规定时间内没有对货物的灭失、短少、损坏或延误提出异议,就不能向承运人起诉。诉讼时效为 2 年,从航空器到达目的地之日起,或应该到达之日起计算。货主可以根据自己的意愿选择以下缔约国之一的法院提出诉讼请求:①承运人的住所地;②承运人的总管理处所在地;③签订合同的机构所在地;④目的地。另外,在公约范围内,允许双方当事人就货物运输订立仲裁条款,仲裁地点必须在上述所规定的法院管辖地区之内。

第三节 国际铁路货物运输法

一、有关国际铁路货物运输的国际公约

目前关于国际铁路货物运输的公约有两个:《国际货约》和《国际货协》。《国际货约》全称为《关于铁路货物运输的国际公约》,1961 年在伯尔尼签字,1975 年 1 月 1 日生效,其成员包括了主要的欧洲国家,如法国、德国、比利时、意大利、瑞典、瑞士、西班牙及东欧各国,此外还有西亚的伊朗、伊拉克、叙利亚,西北非的阿尔及利亚、摩洛哥、突尼斯等 20 多个国家。

《国际货协》全称为《国际铁路货物联合运输协定》,1951 年在华沙订立。我国于 1953 年加入。1974 年 7 月 1 日生效的修订本,其成员国主要是原苏联、东欧国家和中国、蒙古、朝鲜、越南等 10 多个国家。

参加《国际货协》的部分成员又是《国际货约》的成员,这样,《国际货协》国家的进出口货物可以通过铁路转运到《国际货约》的成员国,这为沟通国际铁路货物运输提供了更为有利的条件。中国是《国际货协》的成员国,凡经由铁路运输的进出口货物均按《国际货协》的规定办理。

以下主要介绍《国际货协》的内容。

二、运输合同和运输单据

(一)合同的形式

合同的形式是铁路始发站签发的铁路运单。铁路运单是发货人、收货人与铁路之间订立运输合同的证明,对三者都具有法律约束力。运单是铁路方面收取货物、承运货物的凭证,它随同货物由发运站到目的站的运送全程附送,最后交给收货人。

铁路运单是订立合同、接收货物和运输条件的初步证据。与可转让提单不同,铁路运单一般不能转让。

(二)合同的订立

发货人在托运货物时,应对每批货物按规定的格式填写运单和运单副本并签字,然后由铁路方面在铁路记载事项上填写。当发货人提取运单中所列的全部货物,按照发送国国内规定付清所负担的费用后,铁路部门即在运单上加盖

戳记,此时即认为运输合同成立。发货站为合同的成立地,戳记日期为合同的成立日期。

运输合同订立后,运单副本应当退还给发货人。运单副本虽不具有运单的效力,但可作为卖方通过银行向买方结算的单据,也可作为向铁路索赔的依据。

三、发货人、收货人的基本权利和义务

1. 发货人应对其在运单中所记载和声明事项的正确性负责。

由于记载和声明事项不正确、不准确或不完备,以及由于未将上述事项记人运单相应栏内而发生的一切后果,发货人均应负责,并按协定规定承担罚款。

2. 发货人提交的货物必须具有符合要求的包装和标记。

符合要求的标记应包括下述五项内容:每件货物的记号和号码;发送路和始发站;到达路和到达站;发货人和收货人;零担货物件数。

3. 发货人必须将货物在运输途中为履行海关和其他规章所需要的添附文件附在运单上。发货人如未履行此项规定,发送站可以拒绝承运货物。由于没有添附文件或文件不齐全、不正确而产生的后果,发货人应对铁路负责。

4. 缴付运费。

发货人和收货人应按协定规定的运费计算办法和支付方式缴付运送费用。运送费用通常包括货物运费、押运人乘车费、杂费和运送的其他费用。按照协定第 13 条和第 15 条的规定,发送国铁路的运送费用按发送国的国内运价计算,在始发站由发货人支付;到达国铁路的运送费用按到达国铁路的国内运价计算,在终点站由收货人支付,过境铁路的运送费用,按《国际货协》统一过境运价规程的规定计算,在始发站或终点站由发货人或收货人支付。

5. 发货人和收货人有变更运送合同的权利,但只能各自变更一次。

发货人可以在发货站领回货物,变更到达站,变更收货人,将货物发还发货站。收货人可以在到达国范围内变更货物的到站,变更收货人。

6. 在终点站凭运单领取货物。

收货人只有当货物因毁损或腐坏而使其质量发生变化,以致部分或全部货物不能按原用途使用时,才可以拒绝领取货物,并按规定向铁路方面索赔。

四、承运人责任制度

(一)承运人的基本责任和责任期限

按运单承运货物的铁路应负的连带责任包括两个方面:①按照《国际货协》

运单承运货物的铁路,应负责完成货物的全程运送;②每一继续运送的铁路,自接收附有运单的货物时起,即参加这项运输合同,并承担因此而发生的义务。

铁路对货物负责的期限从承运货物时起,至到站交付货物时止,如向非参加《国际货协》国家的铁路办理货物转发送时,则负责到按另一种国际协定的运单办完运送手续时为止。

(二)承运人的免责

铁路对货物发生全部或部分损失、减量或毁损的免责原因主要包括五种:由于铁路不能预防和不能消除的情况;由于发货人或收货人的过失或由于其要求而不能归咎于铁路的情况;由于货物的特殊自然性质引起货损、发生在标准范围内的自然减量以及由于发货人或收货人装车或卸车的原因;由于发送规章许可,使用敞车类货车运送货物;由于发货人或收货人的货物押运人未采取保证货物完整的必要措施等。其中,对于铁路不能预防和不能消除的情况和由于发货人或收货人的过失而要求免责的情形需要由铁路承运人自己举证,其他的免责事由举证责任就由发货人和收货人承担。

此外,如果在运输途中发生自然灾害,或者按有关国家政府的指示,发生行车中断或限制的情况,致使货物未按规定期限到达的,铁路也可免责。

(三)承运人的责任限额

铁路对其责任范围内赔偿损失的金额,在任何情况下均不得超过货物全部灭失时的款项。当货物全部或部分灭失时,铁路的赔偿额应按外国售货者在账单上所列的价格计算。发货人有声明价格的,铁路按声明价格予以赔偿。遭受损失时,赔偿相当于货物价格减损金额的款额,不赔偿其他损失。当货物逾期运到时,铁路应按所收运费为基础,按照逾期的比例向收货人支付规定比例的罚款。

(四)索赔与诉讼

发货人和收货人有权根据运输合同提出赔偿请求。赔偿请求应附有相应根据并注明款额,以书面方式由发货人向发送站、收货人向到达站提出。货物全部灭失时,由发货人提出,同时须提出运单副本;或由收货人提出,同时须提出运单副本或运单。货物部分灭失、毁损或腐坏时,由发货人或收货人提出,同时须提出运单和铁路在到站交给收货人的商务记录。货物逾期运到时,由收货人提出,同时还须提出运单。自提出赔偿请求之日起,铁路必须在180天内审查这项请求,并答复赔偿请求人。

凡有权向铁路提出赔偿请求的人,即有权根据运输合同提起诉讼。提出赔偿请求是进行诉讼的前提条件。当铁路在提出赔偿申请之日起的法定期限未答复赔偿请求人,或铁路在该期限内通知请求人全部或部分拒绝赔偿请求时,则有起诉权的人才可对受理赔偿请求的铁路提起诉讼。诉讼只可向受理赔偿请求的铁路所属国家的适当法院提出。根据运输合同向铁路提出的赔偿请求和诉讼,以及铁路对发货人或收货人关于支付运送费用、罚款和赔偿损失的要求和诉讼,在9个月期间内提出,但货物逾期运到的赔偿请求和诉讼应在2个月内提出。

第四节 国际货物多式联合运输法

一、国际货物多式联合运输的法律问题

国际货物多式联合运输是指按照国际多式联合运输合同,以至少两种不同的运输方式,由多式联合运输经营人将货物从一国境内接管货物的地点运到另一国境内指定交付货物的地点的运输方式。与传统的单一运输方式相比,多式联合运输提供了"门对门"的服务,特别是在集装箱运输过程中,货物从发货人的工厂、仓库到收货人的仓库进行运输,可大大简化和加快货物装卸、搬运的工序和速度,减少货损货差,降低成本和费用,为国际货物运输提供了一种较为理想、安全、经济和便利的运输方式。

多式联合运输虽有许多优点,但它同时也提出了新的法律问题。

1. 货物风险的划分。

由于在多式联合运输中货物被密封于集装箱内,如果发生损坏或灭失,就难以确定其发生在哪一阶段,应由谁承担损失。因此,需要在买卖双方之间确定风险的转移以及在若干不同的承运人之间确定货物损失的分担。

2. 法律适用问题。

对传统的单一运输方式,国际上都已有相应的国际公约来调整有关当事人之间的关系。例如,海上运输适用《海牙规则》中的有关规定,航空运输有《华沙公约》和《海牙议定书》,铁路运输有《国际货协》的规定等。这些公约对承运人的责任、免责、赔偿限额等各有不同的规定。在多式联合运输中,由于货物是装在集装箱中运输的,有时难以确定货物损失究竟发生在联运中的哪一个区段,于是出现了适用哪种运输方式的公约确定承运人的责任和赔偿金额问题。

3. 运输单据的性质问题。

根据《海牙规则》,海运提单不但是运输合同的凭证,还可作为物权凭证进行转让,但《华沙公约》和《国际货协》规定空运单和铁路运单虽具有权利凭证

的性质,但不能转让。当多式联合运输中包括海运、空运（或)陆运时,联运单据是否可以具有货物权利凭证的性质和作用?

4. 承运人和货主的关系问题。

在单一运输方式中,运输合同确定了承运人和货主之间的关系。在多式联合运输中,有多式联合运输的经营人(简称联运人)和某一运输区段的实际承运人。当发生索赔案件时,发货人或收货人应向谁索赔?

二、有关国际货物多式联合运输的国际公约及惯例

(一)《联合国国际货物多式联运公约》

为了解决上述法律问题,国际社会作出了各种努力。1980 年 5 月在联合国贸易与发展组织的主持下,制定并通过了《联合国国际货物多式联运公约》。我国在会议最后文件上签字。

根据公约规定,公约由 30 个国家的政府签字但无须批准、接受或认可,或者向保管人交存批准书、接受书、认可书或加入书后 12 个月生效。公约目前尚未生效。

(二)《多式联运单据规则》

联合国贸易与发展组织认识到《联合国国际货物多式联运公约》的结局,转向制定指导性规则,1992 年与国际商会共同制定了《多式联运单据规则》,该规则没有普遍的约束力,当事人可以自由选择适用与否。

三、多式联运单据

多式联运单据是证明多式联运合同及多式联运经营人接管货物并按合同条款提交货物的证据。

根据《联合国国际货物多式联运公约》的规定,多式联运单据依发货人的选择可做成可转让单据或不可转让单据。实践中,只有单据的签发人承担全程责任时,才有可能做成可转让的单据。此时,多式联运单据具有货物权利凭证的性质和作用。在做成可转让单据时,应列明按指示或向持票人交付。凭指示交付,经背书方可转让;向持票人交付,无须背书即可转让。当签发一份以上可转让多式联运单据正本时,应注明正本份数。收货人只有提交可转让多式联运单据才能提取货物。多式联运经营人按其中一份正本交货后,即履行了交货义务。如签发副本,则应注明“不可转让副本”字样。如签发不可转让多式联运单据,则应指明记名的收货人。多式联运承运人将货物交给不可转让单据所指明

的记名收货人才算履行了交货义务。

公约第 8 条规定了多式联运单据的 15 项内容：①货物品类、标志、危险特征的声明，包数或件数，毛重；②货物的外表状况；③多式联运经营人的名称与主要营业地；④发货人名称；⑤收货人名称；⑥多式联运经营人接管货物的时间、地点；⑦交货地点；⑧交货日期或期间；⑨联运单据可转让或不可转让的声明；⑩联运单据签发的时间、地点；⑪联运经营人或经其授权的人的签字；⑫每种运输方式的运费，用于支付的货币、运费，由收货人支付的声明等；⑬航线、转运方式和转运地点；⑭关于多式联运遵守公约规定的声明；⑮双方商定的其他事项。

根据公约的规定，以上一项或数项内容缺乏，不影响单据作为多式联运单据的性质。如果多式联运经营人及其代表知道或有合理根据怀疑多式联运单据所列货物品类、标志、包或件数和数量、重量等没有准确地表明实际接管货物的状况，或无适当方法进行核对，经营人应在单据上作出保留，注明不符之处及怀疑根据或无适当核对方法。如不加批注，则视为他已在多式联运单据上注明货物外表状况良好。

多式联运单据的签发，并不排斥在必要时按照适用的国际公约或国家法律签发与国际多式联运所涉及的运输或与服务有关的其他单据，但这种单据的签发不得影响多式联运单据的法律性质。

四、多式联运经营人的主要责任

（一）责任期间

《联合国国际货物多式联运公约》规定，多式联运经营人的责任期间为自接管货物时起至交付货物时止，并在整个期间承担统一的责任，即多式联运经营人对货主承担不分区段运输的统一责任。其不仅要单独对货物在整个运输过程中发生的货物损失负责，而且不管货物损失发生在哪个运输阶段，都按统一的限额赔付。但货物损失的运输阶段所适用的国际公约或强制性国家法律所规定的赔偿限额如高于统一限额时，仍应按该国际公约或国家法律的规定办理。

（二）责任基础

《联合国国际货物多式联运公约》规定，多式联运经营人的责任基础制度采用完全的过失责任制。在其责任期间内，多式联运经营人对于货物灭失、损坏和迟延交付所引起的损失应负赔偿责任。除非多式联运经营人能证明本人、受雇人或代理人等为避免事故的发生及其后果，已经采取了一切合理要求的措施。

（三）责任限制

按《联合国国际货物多式联运公约》的规定，多式联运经营人负赔偿责任时，对每件或每个其他货运单位的责任限额为920特别提款权，或按货物毛重每公斤2.75特别提款权，以较高者为准。如果多式联运不包括海上运输或内河运输，则按货物毛重每公斤8.33特别提款权。对延迟交货所负的赔偿责任限额为延迟交付的货物应付运费的2.5倍，但不得超过多式联运合同规定的应付运费的总额。

据《多式联运单据规则》的规定，多式联运经营人的责任限额限于每件或每个其他货运单位666.67特别提款权，或按货物毛重每公斤2特别提款权，以高者为准，单据中声明价值除外。该限额可能因强制性的国际公约或国际法实施的不同限额而改变。

（四）责任限制权的丧失

如经证明货物的灭失、损坏或延迟交付是由于多式联运经营人、经营人的受雇人或代理人故意或明知可能造成损失而轻率地作为或不作为所引起的，则多式联运经营人、经营人的受雇人或代理人无权享受《联合国国际货物多式联运公约》规定的赔偿责任限额的利益。

五、发货人的主要责任

（一）保证责任

在多式联运经营人接管货物时，发货人应视为已向多式联运经营人保证其在联运单据中所提供的货物品类、标志、件数、重量、数量及危险特性的陈述准确无误，并应对违反这项保证造成的损失负赔偿责任。

（二）过失责任

如果多式联运经营人遭受的损失是由于发货人或其受雇人或代理人在受雇范围内行事时的过失所造成的，则发货人应对这种损失负赔偿责任。

（三）运送危险品的特殊规则

发货人将危险品交付给多式联运经营人或其代理人时，应告知货物的危险特性及应采取的措施。如果发货人未告知，而多式联运经营人又无从得知货物的危险特性，则发货人对由于运载危险品而遭受的一切损失负赔偿责任。

六、索赔与诉讼

（一）索赔通知

1. 收货人的通知。

收货人应在不迟于货物交付的次一工作日（如损坏或灭失不明显时，则在收货后 6 日以内），将货物损坏或灭失的情况向多式联运经营人或其代理人提出书面通知。如在收货时当事人各方已进行了联合调查和检验，则无须再提交书面通知。

对于延迟交货，收货人应在货物交付后 60 日内向多式联运经营人提交书面通知，否则，多式联运经营人对延迟交货造成的损失不承担责任。

2. 多式联运经营人的通知。

对于因发货人或其受雇人、代理人的过失而使多式联运经营人遭受损失，多式联运经营人应在损失发生后 90 日内，或在交付货物后 90 日内，以较晚日期为准，将书面通知送交发货人。

（二）诉讼时效

《联合国国际货物多式联运公约》将发出索赔通知与诉讼时效联系起来。如果在货物交付之日或应当交付之日后 6 个月内没有提出书面索赔通知，说明索赔的性质和主要事项，即为失去诉讼时效。

诉讼时效可由受索赔人在索赔期间内向索赔人提出书面声明加以延长，而且可以用另一次书面声明或多次书面声明，多次延长诉讼时效期间。

（三）诉讼管辖与仲裁

《联合国国际货物多式联运公约》第 26 条规定，原告可以选择下列地点之一的法院提起有关国际货物多式联运合同的诉讼：①被告主要营业所或经常居所；②订立多式联运合同的地点，而且合同是通过被告在该地的营业所、分支或代理机构订立的；③接管货物的地点或交付货物的地点；④多式联运合同指定并载于多式联运单据中的任何其他地点。同时，《联合国国际货物多式联运公约》规定，当事人可以采取书面协议将有关国际多式联运的任何争议提交仲裁。仲裁地点的选择与上述管辖法院的选择大体相似。应当注意的是，如果当事双方在索赔发生后达成协议，指定原告可以提起诉讼的地点，或在索赔发生后达成仲裁协议，则该协议有效，不受本条款的约束。

复习思考题

1. 海运提单的性质与作用有哪些？

2.《海牙规则》、《维斯比规则》和《汉堡规则》对承运人责任的规定有何不同?

3. 海运提单、空运单、铁路运单及多式联运单据之间有何异同?

案例 1

案情:美国某公司租用南欧某国籍“亚历山大”号油轮,于1994年8月8日在美国纽约港装运散装豆油20 397吨,驶往目的港上海,收货人为中国粮油进出口公司,价格条款为CFR。

该轮船长记载,船舶中途遇8~9级大风,以致颠簸严重。8月30日发现第二左舷边舱的豆油外漏,为避免更大损失,不得已将豆油转移至其他各舱。9月6日又发现第六、七右舷边舱的豆油外漏。9日当“亚历山大”轮驶至海礁岛和长江口锚地之间时又发现第六、七右舷船壳板裂缝,致使豆油大量外漏,且裂缝越来越严重。应船长的请求,其代理要求上海救助部门援助,上海救助部门即派拖轮前往救助难轮,10日下午将难轮拖至上海检疫锚地,并于水下堵漏以减少污染。经检测,豆油损失达1 463吨,价值人民币130万元。

该轮船东于1994年11月宣布共同海损,并要求收货人及货物保险人提供共同海损担保书、共同海损协议书和货物价值单,双方由此发生争议,争议的焦点在于船舶是否适航。

在案件诉诸法院后,有关方面组成了联合检验小组。经检验查明:“亚历山大”轮有8处船壳板与强肋骨连接焊逢脱开,且均有老痕;外板多处裂开;外板和舷侧铁骨腐蚀率已超过25%和50%。据此遂作出相应检验结论:“现该轮处于不适航状态,并取消船级。”鉴于此,货物保险人要求船东承担因船舶不适航所造成的损失的责任,要求船东提供足额担保。后经船东请求,双方通过协商解决争议。

法律问题:船东在此案中应承担何种责任?

参考结论与法理分析:本案涉及的问题是船东应承担何种责任。根据《海牙规则》和我国《海商法》,承运人具有保证船舶适航的义务,即在船舶开航前和开航当时应当谨慎处理,使船舶处于适航状态,妥善配备船员、装备船舶和配备供应品,并使货舱、冷藏舱、冷气舱和其他载货处所适于并能安全收受、载运和保管货物。在本案中,船舶在开航前就已存在不适航的情形,但承运人未能采取措施使船舶适航,导致船舶出现渗漏,货物遭受很大损失,承运人对此应承担赔偿责任。后来的救助行为是由于船舶不适航引起的,不能成为承运人主张共同海损的依据。此外,承运人可以免责的一个情形是对经谨慎处理仍未发现的船舶潜在缺陷导致的损失。在本案中,显然,船舶不适航的状况不属于经承运人谨慎处理仍未发现的潜在缺陷，承运人也无法证明这一点，所以，承运人承担赔偿责任理所应当。

案例2

案情：原告厦门中贸公司与日本三井公司签订了国际货物买卖合同，约定进口日本产聚丙烯。根据合同，日本三井公司安排被告广州远洋所属定期班轮“安涛江”轮承运货物。原告则向厦门农业银行申请开立了信用证。信用证载明装船期不迟于1991年10月30日，有效期为1991年11月15日。

“安涛江”轮因风浪影响了船期，11月6日抵神户，11月7日装货完毕，但被告在日本的代理人签发的装船提单记载的装船日期却为1991年10月31日。1991年11月10日，“安涛江”轮抵达厦门港。根据该轮到港时间，原告初步确认被告倒签了提单，便传真日本三井公司，指出不能接受倒签的提单，要求其根据市场行情将货物降价，以赔偿这一侵权行为给原告造成的损失，否则拒收货物。

日本三井公司对原告的要求迟迟不回复，却于1991年11月14日向日本东海银行提交了信用证项下的全部单据。单据寄到厦门农业银行后，原告和厦门农业银行均发现发票和包装单上存在两个不同的合同号，此外还有个别字母有误。原告以单证不符为由要求厦门农业银行拒付货款。11月30日，厦门农业银行将不符点电告日本东海银行。12月9日，该行将更改后的单据寄到厦门。厦门农业银行以信用证有效期已过为由拒绝接受。1992年1月15日，日本三井公司电传回复原告，否认倒签提单，催促原告付款提货。日本东海银行也对不符点提出反驳，认为该不符点不影响单据效力，不能构成拒付理由。厦门农业银行经研究，认为日本东海银行的观点成立，遂将货款付出，同时划扣了原告在该行的外汇存款。

由于货物入境已逾3个月仍未申报，海关依法有权变卖。为避免这一情况的发生，原告凭副本提单加其公司保函去厦门外代换取了小提单，办完报关等手续，将货物提离港区。其间，原告赎出了正本提单。其后，原告为减少损失而决定销售货物。但由于价格下跌迅猛，故所得价款比先前与商户所定的成交额减少了35万元。5月，原告向法院起诉，要求判令被告赔偿其货物销售损失及其利息，赔偿其支付的海关滞报金和货物在码头的费用及仓租费等。

被告认为，它是在船舶遇恶劣天气，耽误了船期的情况下，接受日本三井的保函后倒签提单的，并非与之恶意串通。根据该票货物的提单条款，在承运人责任期间内，原告尚未取得正本提单，也就无货物所有权可言，因此，被告与原告不存在契约关系，倒签提单并未构成对原告的侵权。

法律问题:本案原告的起诉成立吗?

参考结论与法理分析:本案是倒签提单侵权损害赔偿案。原告对被告有侵权诉权。根据法理和国际惯例,倒签提单是一种欺诈和侵权行为。本案中,被告违反国际惯例,不正当履行承运人的义务,在签发载明原告进口的货物提单时,接受日本三井公司的保函,倒签提单装船时间,帮助日本三井公司掩盖了逾期装船的违约事实,致使原告支付全部货款,遭受损失,直接严重地损害了原告的合法利益,理应赔偿原告的经济损失。另外,被告作为承运人,撇开托运人(卖方)日本三井和原告(买方)的双重法律地位,把国际海运中与承运人存在运输合同关系的收货人概念偷换成"提单持有人",并利用单据流转滞后带来的货到单未到的时间差,借助提单的"责任期间"条款,否认与原告存在契约关系,从而否认原告的诉权及至否认其倒签提单违法行为的责任是不成立的。

第七章

国际货物运输保险法

本章要点及学习要求

本章除重点讲述国际海上货物运输保险法律制度外，还简要介绍调整陆上与航空货物运输保险关系的法律规范。

要求掌握国际货物运输保险的基本原则、海上货物运输保险承保的损失与险别、委付与代位求偿权的区别，了解国际货物运输保险单据的种类、陆上与航空货物运输保险的基本险别。

第一节　国际货物运输保险法概述

一、国际货物运输保险的概念和种类

国际货物运输保险是国际商事交易中不可缺少的环节。在国际货物买卖中，由于买卖双方处于不同的国家，买卖成交的货物须通过长途运输手段，把货物从一方送到另一方。在货物的装卸、运输和储存过程中，会遇到各种自然灾害和意外事故并引起各种各样的损失。为了保证在遭受损失时能及时得到经济上的补偿而不致影响正常的经济运转，发货人或收货人就有必要向保险机构投保货物运输险，以把未来的、不确定的但又可能发生的意外损失变成现实的、固定的费用。

国际货物运输保险是指保险人与投保人（国际贸易中的买方与卖方）签订合同约定，投保人支付规定的保险费，在货物遭受国际运输途中约定的保险事故损害时，由保险人负责给予约定的保险受益人（被保险人）补偿的行为。

根据不同的标准，国际货物运输保险可分为不同的种类。

（一）根据运输方式划分

根据运输方式的不同，国际货物运输保险可分为海上货运保险、陆上货运保险和航空货运保险等。

（二）根据保险期限划分

根据保险期间的不同，国际货物运输保险可分为运程保险、定期保险和混合保险。

1. 运程保险。

运程保险是指按保险合同规定，保险人只负责指定地点之间的一次或几次运程的保险。

2. 定期保险。

定期保险是指规定保险人在某个固定时间内负责的保险。

3. 混合保险。

混合保险是指运程和定期相结合的保险，即保险人对运程之内且定期之内的损失负责。

（三）根据承保方式划分

根据承保方式的不同，国际货物运输保险可分为逐笔保险、预约保险、流动保险和总括保险等。

1. 逐笔保险。

逐笔保险是指对一批货物由投保人一笔笔向保险人申请的保险。

2. 预约保险。

预约保险又称开口保险。实践中，选用预约保险的保险人与被保险人事先达成一项协议，规定总的保险范围，包括保险标的、运程区域、运输工具、保险条件和保险费率等。在保险期限内，对保险范围内的货物，保险人负有自动承保之责。每批货物出运之前，由被保险人填制启运通知，通知保险人签发保险凭证，将来根据所签凭证结算保险费。我国进口货物大多采用这种承保方式，其保险金额一般按 CIF 价格加 10% 为准。

3. 流动保险。

流动保险也称不指名保险。流动保险合同一般不规定运输工具名称和运输路线，但对每一种运输工具每次事故确定一限额。被保险人在保险期限内对可能运送的物资数量大体上有一定安排，然后向保险人预付一部分保险费，每批货物发运时通知保险人自动承保。待保险合同到期时再行结算保险费，多退少补。流动保险的适用范围比预约保险要小。

4. 总括保险。

总括保险又称闭口保险。保险双方当事人议定一个保险范围，明确保险标的、保险总额、运程、保险险别、保险期限及投保人的保险费总额。在总括保险下，每批出运的货物无须逐一通知保险人，保险人也不再根据每批货物的不同种类按不同费率计算保费，若发生赔款，则在保险总额内扣除，直至保险总额扣完、保险公司终止责任为止。当事人如果无相反约定，总保险金额在保险期满时有剩余的，保险人无义务退还与剩余保险金额相应的保险费。

二、调整国际货物运输保险关系的法律规范

目前，世界上还没有很多国家都参加的关于国际货物运输保险的国际公约，但出现了一些关于国际货物运输保险特别方面的国际惯例，如 1877 年制定并最新修订于 2004 年的《约克·安特卫普规则》等，然而，国际保险的大部分关系主要靠有关国家的保险法来调整。不过，各国的保险法中关于货运保险的规定都深受英国保险法的影响，1995 年颁布、并于 2009 年修订的《中华人民共和国保险法》也是如此。

三、国际货物运输保险的基本原则

根据各国法律，国际货物运输保险中的投保人和保险人及被保险人在签订和履行合同时必须遵守下列各项基本原则。

（一）保险利益原则

因为保险合同是一种补偿合同，是射悻合同，其目的是使被保险人可以弥补其遭受到的损失，所以被保险人对于特定的保险标的应有一定的保险利益方能投保，如果没有保险利益而订立合同，保险标的的损失对他并无损失，反而给他带来利益，则这种合同不是保险合同，而是以他人的灾难进行赌博的工具。

在国际惯例和有关的立法中，一般认为，保险利益是指被保险人对保险标的必须具有某种利害关系，他将因保险标的安全到达而获得利益，将因保险标的灭失或损害而遭受损失。在国际贸易中，对保险标的具有保险利益的人经常是运输工具的所有人、货物所有人、代理人或抵押权人等。

作为保险标的的保险利益，必须具备以下三个条件。

1. 保险利益必须是合法的。

如投保人以走私物品投保货物运输险，即使投保人对这批走私物品确实具有财产利益，但由于这在法律上是不可主张的利益，因而所签订的保险合同是无效的。

2. 保险利益必须是确定的。

投保人无根无据主观臆断会得到的利益，不能视为保险利益。至于货物运输保险的“预期增值”和“预期运费”等，虽然在保险合同订立时并不存在具体利益，但是在保险事故发生时能实际估计其受损金额，在客观上也可以得到社会的承认，因此可以作为保险标的列入保险合同。

3. 保险利益必须具有经济价值。

保险利益的经济价值可以货币形式计算，并为客观所承认，数额必须合理。如票证、账册等由于无法计算其实际价值，除非特别约定，一般不得作为保险标的列入保险合同。

（二）最大诚信原则

最大诚信原则是国际公认的货运保险的原则，当事各方尤其是投保方和被保险方在订立和履行保险合同时必须遵循这一原则。因为，在海上货物运输中，货物处于投保人和被保险人的掌管和控制之下，保险人只是根据投保人告知的情况决定是否承保及承保的条件，而承保后保险人也不可能随时对所保险的标的实行监管。所以,就投保人和被保险人而言,为履行诚信义务,必须向保险人正确陈述、披露有关保险标的的重要情况,并保证其陈述和披露的正确性。

1. 如实陈述和披露。

投保人在订约时应将所了解的有关保险标的的重要事实或情况主动、明白地告知保险人。所谓重要事实,是指一个谨慎的保险人在决定承保与否或确定保险费率时可能依据的事实。如船舶何时改装过、何时出过大海事、机器可能有什么问题、船旗、船员状况如何?船舶经常装运什么货物等。如果投保人在影响保险人决定承保的事实方面作了虚伪的陈述或遗漏,无论是否出于故意,保险人都有权解除合同。

2. 保证。

国际货运保险合同是诚意合同,保证在国际货运保险合同的订立过程中有着重要的意义,它是构成保险合同的重要条款之一。英国 1906 年《海上保险法》第 33 条规定:"不管保证的内容对风险是否重要,必须确切照办,被保险人违反了保证就可以使保险人宣告保单无效,但是保险人对于违反保证前所发生的损失仍然要负责赔偿。"

保证分为明示保证与默示保证。明示保证是指以书面的形式,或以特约条款的形式附加于保单之内,或在保单本身内就规定此项特约条款。实际上,当被保险人的告知构成保险契约的一项条件,而以文字规定于保单之内或记载于附属文件时,即已成为被保险人的明示保证。默示保证是指此项保证在保单内虽无文字规定,但习惯上认为被保险人应当保证其对一事项的作为或不作为。实际上,绝大多数的默示保证都是过去法院判决的结果,它与明示保证一样,对被保险人都具有约束力。

(三)近因原则

近因原则是指对保险财产造成损失的最直接原因。若保险货物遭受损失的近因不是属于保险责任范围之内的,被保险人即无索赔权利。在实际业务中,有时发生的事故是一连串的事故,有两种或多种事故原因,其中有在保险责任中的,也有除外的,这就需要判断哪一个是最有影响的、最直接的原因,以便能得到保险人的补偿。

(四)经济补偿原则

保险是以公平合理的方法,使被保险人的风险得以分散。在国际货物运输中,只要货主进行了适当的保险,如发生投保约定的意外危险,其所丧失的财产便可从保险人处得到补偿。保险人在履行赔偿义务时应遵守四项原则:①保险人的赔偿必须以实际损失为限,被保险人不能从损失中获益;②保险人的赔偿必须以保险金额为限,赔偿限额不能高于保险金额;③保险人的赔偿必须以被保险人对标的的保险利益为限;④在重复保险的情况下,保险标的发生损失,应由各保险人分摊。

(五)代位求偿原则

代位求偿原则是经济补偿原则的补充。在国际货物运输保险中,是指当被保险货物的损失由第三者的责任造成时,保险人在赔偿了财产的损失后,被保险人应将向第三者追偿的权利转让给保险人,保险人可以被保险人的名义向第三者责任方请求损害赔偿。

设立代位原则的目的,一是防止被保险人从保险人处取得赔偿后,再次向债务人即第三人求偿,从而得到两次补偿;二是防止第三人仅由于与他无关的保险合同逃脱责任。

代位权要受到两种限制:一是保险人取得的权利不能优于被保险人;二是保险人只能在已赔付被保险人的金额范围内代位行使被保险人的权利。

四、国际货物运输保险合同

(一)国际货物运输保险合同的当事人和关系人

国际货物运输保险合同的当事人是保险人、投保人或被保险人。与保险合同有关的为受益人、保险代理人和保险经纪人等。

1. 保险人。

保险人也称承保人。保险人是保险合同的一方当事人,即为收取保险费,而在保险事故发生时,对被保险人承担赔偿损失责任的人。

2. 投保人。

投保人又称要保人、保单持有人。投保人是与保险人签订保险合同并负有缴付保险费义务的人,可以是法人,也可以是自然人。在保险合同生效后,投保人通常就成为被保险人。根据法律规定,没有行为能力的人不能签订合同,因而也不能作为投保人申请订立保险合同。

3. 被保险人。

被保险人是受保险合同保障的人,也就是指保险事故发生时,有权按照保险合同要求赔偿损失的人。国际货物运输保险合同中的投保人和被保险人是不是同一对象,还将视具体情况而定。

4. 受益人。

受益人是指投保人或被保险人约定享有赔偿请求权的人,即在保险合同中指定受领保险金额的人。受益人可以是投保人、被保险人,也可以是投保人或被保险人以外的第三人。

5. 保险代理人。

保险代理人是保险人的代理人，根据代理合同协助保险人代理保险业务并收取佣金。在国外，保险人广泛使用代理人招揽和销售保险业务。

6. 保险经纪人。

保险经纪人即为被保险人的利益，代被保险人向保险人洽订保险合同、办理投保手续、代缴保费或代为索取赔款等的人。当保险人接受经纪人安排的业务后，由其付给经纪人佣金，但保险经纪人一般没有约束保险人的权力。

（二）国际货物运输保险合同的主要内容

1. 保险标的。

保险标的是保险契约的客体，是构成保险契约关系的重要依据。作为指明保险事故发生所在的客体，它是被保险人转嫁风险或取得保险保障的对象。如海上保险的保险标的可以是有形的物体即船舶、货载及旅客的人身等，也可以是无形的，即与船舶、货载有关的运费、租金、责任或利益等。

2. 保险事故。

保险事故是指属于承保范围内的风险，是引起保险人支付赔偿的依据。由这些风险导致保险标的发生损失，保险人应负赔偿责任。

3. 保险价值与保险金额。

保险价值是指在保险责任开始时，保险标的在投保地的实际价值和保险费的总和。保险金额是保险人在保险事故发生时应向被保险人给予赔偿的最高限额。保险金额与保险价值有直接的联系：保险金额不得超过保险价值，否则，超过部分无效；当保险金额与保险价值相等时为全额保险；当保险金额小于保险价值时为不足额保险。保险人按照保险金额与保险价值承担赔偿责任。

4. 保险费。

保险费是被保险人因保险人承诺承保某种损失风险而支付给保险人的对价或报酬。投保人支付了保险费就具有要求保险人履行义务的依据。保险费的数额、支付的方法、时间与地点等，应由双方在订立合同时确定。

5. 保险期间。

保险期间是指保险人的保险责任的存续期间。只有在保险期间内发生保险事故，保险人才承担赔偿责任。

（三）国际货物运输保险合同的成立、变更和转让

1. 国际货物运输保险合同的成立。

与其他合同一样，国际货物运输保险合同成立的过程为：一般先由要保人申请，称要约；要约以投保单的形式提出，在投保单上列明订立保险契约所要求

的内容和项目;经保险人同意后,以签发保险单或保险凭证的形式表示承诺,保险契约即告成立。

有时保险人由于业务上的需要,也有临时采用暂保单的做法。暂保单的效力与正式保单一样,但最长有效期一般为30天,在出立正式保险单或保险凭证后,暂保单即自动失效,暂保单的出立并非必经的程序。

2. 国际货物运输保险合同的变更。

国际货物运输保险合同一经有效成立,任何一方都不能擅自变更和解除。但是,保险契约又是非即时清结合同,在合同有效期内,有时根据实际情况,确实需要对合同所载的内容进行某些变更,在这种情况下,被保险人必须事先向保险人提出,并征得保险人的同意。

保险契约的内容变更有以下两方面。

(1)保险事项的变更。变更的事项主要是指保险标的数量的增减,保险金额的变化,保险地点的变更,危险程度的改变,保险期限的变化以及运程、航次的变化等。我国的海洋货物运输保险规定:"如遇航程变更或发现保险单所载明的货物、船只或航程有遗漏或错误时,被保险人应在获悉后立即通知保险人并在必要时加缴保险费,本保险才继续有效。"

(2)保险责任的变更。如果投保人希望变更保险契约中的责任条款,可向保险人提出申请,双方协商一致后,一般采取批改的方式。批改是保险契约的组成部分,保险契约一经批改,双方当事人均需按照批改后的内容承担各自相应的责任和义务。

3. 国际货物运输保险合同的转让。

在国际贸易中,买卖双方分处于不同国家,货物在运输途中即可能被出售,若按没有保险利益即失去保险权利的原则,货运保险合同因货物转让而立即失效,则不利于货物的成交;或者如一般财产保险合同那样,在财产转让时立即办理财产权转让批注手续,每转让一次货物即需办理一次也不胜其烦。为便于国际货物买卖,保险人对货物运输保险合同的转让采取通融简化的背书方法,即只要被保险人在保险契约上背书后,将保险同时转移给受让人,被保险人的权利和义务也随之而转移,保险人对该受让人仍按原订保险契约的各项条款负责。若货物在运输保险合同转让过程中,货物本身、货物包装、货物标志等有所变更,则保险人不负损失赔偿之责。

货物运输保险合同经背书后,可随同该货物的提单在市场上作为有价证券流通,但其有效期以保险合同承保的货物实际抵达目的港或保险合同中规定的日期为止。

五、国际货物运输保险单据的种类

国际货物运输保险单据是指为承保国际货物运输中的货物发生的危险而出具的保险单证，由保险人签发给被保险人，在保险单上列出了保险合同的全部内容。一般来讲，国际货物运输保险单据分为以下几种。

（一）按保险价值是否确定，分为定值保险单与不定值保险单

定值保险单是指在保险单内订明保险人与投保人事先约定的保险标的价值的保险单。发生了保险范围内的损失时，不论保险标的实际价值是多少，保险人均按约定的价值计算赔偿。不定值保险单是指保险人与投保人在保险单内不事先约定保险标的的价值，而留待以后再行确定的保险单。在不定值保险单下，如发生保险责任范围内的损失，保险人根据保险货物损失当时的价格确定保险价值，按照保险金额与保险价值的比例确定赔偿金额，但赔偿额最高不超过保险金额。

定值保险因已事先约定了保险价值，避免了货物受损后确定保险价值的困难，既有利于保险金额的计算，又可以使被保险人获得充分的补偿，因此，进出口货物运输保险一般都采用定值保险单。

（二）按保险单形式划分，可分为正式保险单、保险凭证、暂保单等

正式保险单又称大保单，是使用最多的普通保险单。这种保险单是保险人根据投保人逐笔投保、逐笔签发的，它承保在保险单内所指定的，经由指定船舶和航次承运的货物在运输途中的风险。在货物抵达目的地后，保险单效力即告终止。

保险凭证是正式保险单的简化形式，它的性质与正式保险单基本一致。其正面内容与正式保险单相同，但其背面是空白的，没有载明保险条款的详细内容，而在正面声明以正式保险单所载条款为准。目前，世界上大多数国家都承认保险凭证同保险单具有同样效力，它一般在当事人采用流动保单或预约保单投保时使用。

暂保单是一种临时性的保险单，是投保人在不了解保险货物装载船名及起航日期的情况下，先行办理投保时保险人所签发的一种非正式的保险单，等投保人取得船名及起航日期后再通知保险人，换取正式保险单。暂保单作为一种临时性保险单，在其规定的有效期内（一般为 30 天），其效力同正式保险单相同。

需要注意的是，在西方国家还有一种由保险经纪人签发的暂保单，它是保

险经纪人收到被保险人的投保委托和保险费的一种证明，不起保险单的作用。保险人对经纪人签发的暂保单不负法律责任。

（三）按保险期限可分为航程保险单、定期保险单及混合保险单

航程保险单是指保险人与投保人约定由保险人承保一定航程内风险的保险单。使用这种保险单时，保险人对保险标的所负责任的期限是以航程限定，即航程结束，保险的责任期限也告结束。

定期保险单是保险人承保一定时期内风险的保险单。这种保险单在国际货物运输保险中较少采用，一般用于船舶的保险。在使用这种保险单时，被保险人因可在约定时期内获得保险保障，所以不需对每次航程分别投保。

混合保险单是兼有航程和定期两种性质的保险单。在这种保险单下，保险人既承保保险标的特定航程，又在某一固定时间内对保险标的负责。如在海洋货物运输保险中采用的带有仓至仓条款的保险单，一方面规定保险责任在航程范围内有效，另一方面又规定以货物运离海轮后一定时间为责任期，即属于此类性质的保险单。

（四）按船名是否确定可分为船名已定保险单和船名未定保险单

在海上货物运输保险合同中，船名已定保险单是指投保人在投保所载货的船舶已经确定，并在保险单上注明船名及开航日期的保险单。一般保险单都属于船名已定保险单。凡投保人投保时不能确定载货船舶，而需以后确定就属船名未定保险单。属于这类保险单的主要有流动保险单、预约保险单和总括保险单。

1. 流动保险单。

流动保险单是一种连续有效的保险单。这种保险单一般只规定保险单的撤销方式，双方如不按规定的方式提出要求，该流动保险单就继续有效。在这种保险单内除列明货物类别、投保类别、载货船舶等级及航行区域外，还规定一个保险总金额，至于载运货物的船名及其他特定条件留待以后由投保人分批申报。

投保人于每次保险货物装运后向保险人申报投保金额，保险人则从约定的总保险金额内逐笔扣除，在总金额扣除完毕时该流动保险单的效力即告终止。保险费一般是由投保人在签订流动保险单时按平均保险费率先行支付，待全部保险货物装运完毕后，再按实际费率多退少补。

在使用流动保险单时，保险人为了防止承保风险过于集中，通常在保险单内加一定的限制性条款，主要有“每船限额条款”和“地点条款”。前者是规定装在同一船内的保险货物的最高限额，保险人对超过限额部分不予承保；后者是规定在一定地点存放的保险货物超过限额，则保险人对超过部分不承担保险

责任。

2. 预约保险单。

预约保险单是一种长期性质的保险单。保险人与投保人在保险合同中约定，在一定时期内保险人统一承保约定的货物种类范围内的保险，一般不规定总保险金额。投保人在每次发运货物后通知保险人有关货物的名称、包装、数量、启运地和保险金额等，保险人则按约定自动承保。保险费按事先约定的费率标准定期支付。

流动保险单和预约保险单为国际贸易的发展提供了十分便利的条件。对于经常有大量货物需要装运的买卖双方，往往由于时间的原因无法在货物装运前办理投保手续，不能得到充分的保险保障，而使用流动保险单或预约保险单便可解决这个问题，同时还可以简化保险手续，节省保险费用。此外，投保人向保险人的每次申报，即使货物已经发生损失，只要出于善意，仍可以更改或补报，且并不影响保险合同的效力，这对投保人是较为有利的。因为预约保险单与流动保险单的使用基本相同，而预约保险单又没有保险总金额的限制，对国际商事交往中有大量货物成交的投保人更为方便，所以，在国际保险市场上，预约保险单有逐步取代流动保险单的趋势。

3. 总括保险单。

总括保险单又称闭口保险单，是保险人在约定的保险期间内对一定保险标的的总承保单。在总括保险单内，保险人与投保人就一定的保险货物商定一个总的保险金额、承保险别、费率水平等，投保人支付一笔总的保险费，在约定的保险期间内，保险人对于被保险人每批出运的货物全部承保，也不需要逐一通知被保险人。保险人的赔款应从总的保险金额中扣除，总保险金额扣除完毕后，保险人就不再承担保险责任。

总括保险单适用于整批成交、多次分批出运、运输距离较短、每次出运货物的种类及价值相近的货物，有利于节省时间、降低费用。

（五）联合凭证

联合凭证是中国人民保险公司使用的一种更为简化的保险单据。保险公司将承保险别、保险金额、保险和理赔代理人名称、地址及保险编号另注于我国进出口公司开具的货物发票上，作为已经保险的证明，其他项目均以发票列明者为准。由于这是以发票和保险单相结合的保险合同，故又称为联合凭证。

联合凭证适用于我国向港澳地区出口货物的保险，目前在实践中的使用较少。

第二节 国际海上货物运输保险

一、国际海上货物运输保险承保的风险

（一）海上风险

货物在海上运输及在海陆交接过程中，可能遭受各种风险，称之为海上风险。在国际海上货物运输保险中所指的海上风险一般包括下述三个部分。

1. 自然灾害。

海上货物运输保险中所说的自然灾害，并不是泛指由于自然力量而造成的一切灾害，而是仅指恶劣气候、雷电、海啸、地震和洪水以及其他人力不可抗拒的灾害。

2. 海上意外事故。

海上意外事故主要是指由于意外原因造成的危险事故，如船舶搁浅、触礁、沉没、倾覆、互撞、与流冰或其他物体碰撞以及失火、爆炸等。

3. 外来风险。

外来风险主要是指由于其他外来原因引起的危险，通常包括偷窃、雨淋、短量、渗漏、破碎、受潮、受热、发霉、串味、玷污、钩损、锈损，以及战争、敌对行动或武装冲突等造成的特殊风险。

（二）除外风险

海上保险的目的，是对由于自然灾害和意外事故所引起的损失，由保险人在承保范围内予以补偿。若引起货物损失的原因是不可避免的必然现象，或被保险人的故意不当行为，则对这类危险保险人是不承保的，称其为除外风险。除外风险主要有被保险人的恶意行为或过失、货物本身特性所引起的损失、自然损耗、虫蛀鼠咬和货物延期所造成的损失。

二、国际海上货物运输保险承保的损失

根据各国立法的规定，海上保险所承保的损失只能是由于上述承保的风险范围内所直接造成的损失，这种损失又称海损。海损按货物损失的程度，可分为全部损失与部分损失；按货物损失的性质，可分为共同海损与单独海损。共同海损和单独海损都属于部分损失。

（一）全部损失

全部损失简称全损。全损是指保险标的物完全灭失或损害，可分为实际全损和推定全损。

1. 实际全损。

实际全损主要有以下四种情况。

（1）保险标的完全灭失，例如，船舶沉没、货物被全部焚毁等。

（2）保险标的物受到毁损而无法复原，例如，茶叶被樟脑污染，水泥受海水浸泡而硬结等全部失去原来的用途。

（3）被保险人因船货被劫、被扣，永远丧失了对保险标的物的所有权。

（4）船舶失踪后经过一段合理时间而仍无消息时，认为是完全灭失。

2. 推定全损。

推定全损是指保险标的物遭受海上风险，实际全损已不可避免，或对受损标的物的救助、修复以及运送到原定目的地的费用超过到达目的地后该标的物的价值。保险标的发生全损，保险人应负赔偿责任。但若是推定全损，被保险人则可选择全部损失或部分损失向保险人索赔。若做全损索赔，被保险人须及时向保险人发出委付通知，将受损的标的物委付给保险人；若不及时发出委付通知，则被作为部分损失受理。

3. 委付。

委付是指在保险标的物发生推定全损的情况下，被保险人把保险标的的一切权利与义务转让给保险人，并要求保险人按实际全损赔付的做法。

委付的成立应具备三个条件：①委付时，必须对被保险货物的全部进行委付，而不能只委付被保险货物的一部分，但如果在同一保险单上包括多种货物，只有一种发生推定全损，则可以将该种货物与其他货物分开处理、单独进行委付；②必须经保险人承诺才生效，保险人有权选择接受或拒绝；③委付不得附带条件，如对被扣押的船舶进行委付时，被保险人不得提出日后如船舶获释，可向保险人归还赔款，由保险人归还船舶的保留条件。

委付的效力有两项：一是保险标的物权利的转移，保险人取得被保险人对保险标的物的权利，包括保险标的物的剩余部分及其一切所有权，但同时要承担由此而产生的义务，包括清除污染、清理航道等责任；二是被保险人可以请求支付保险金额的全额。

保险人根据委付取得保险标的物的权利与代位权不同，主要有以下四方面的区别。

第一，在代位求偿中，保险人只能获得相当于赔偿被保险人的数额；在委付情况下，保险人可以获得大于其赔偿金额的利益，原因是被保险人在提出委付时已放弃了对保险标的物的所有权,保险人获得了对保险标的物的所有权,因此可以取得由此而产生的额外利益。

第二,在委付制度下,保险人除了取得保险标的物的权利外,还必须继受相关的义务;代位求偿权则只是取得代位向第三方求偿的权利。

第三,只有在推定全损的情况下,保险人才能根据委付取得标的物的权利;而代位权,只要支付了赔款,不论全损或部分损失,保险人都可取得标的物的权利。

第四,代位权一般是基于各国保险法的明确规定,不需要当事人的同意;委付制度是单方法律行为,其成立与否取决于保险人是否同意。

(二)部分损失

部分损失是指未达到全损程度的损失,按其性质可分为共同海损和单独海损。

1. 共同海损。

共同海损是指载货船舶在海运途中遇到危难,船方为了维护船舶和所有货物的共同安全或使船程得以继续完成,有意地并且合理地做出的某些特殊牺牲或支出的特殊费用。所谓共同海损的特殊牺牲,如船舶搁浅,为减轻船舶负荷以脱险,将船上一批载货抛入海中;所谓共同海损的特殊费用,如为使船舶脱险,雇用拖船拖曳所花费的拖驳费用。

共同海损的成立,须符合以下要件。

第一,必须确有直接危及船、货共同安全的危险存在,且危险是危急的和真实的,而不是主观臆测的。

第二,做出的牺牲或支出的费用必须是有意而合理的行为。

第三,牺牲或支出费用必须具有特殊的性质,若是为了履行运输合同而做出的正常牺牲或支出的费用,则不属共同海损。

第四,牺牲或支出费用必须是为挽救处在共同危险中的财产,并须使船舶、货物取得救助的实际效果。

共同海损损失通常包括三项:①货物损失,又分为抛弃货物(如果被抛弃的货物原本就已损坏并失去了价值则不属共同海损)、灭火引起的货物损失(火损为单独海损,水损为共同海损);②船舶损失,又分为舍弃船舶属物、有意搁浅;③共同海损费用,又分为救助费用、避难港发生的费用、代替费用。

共同海损应由获得安全的财产,即由幸存的船舶和货物依其获救后的价值大小按比例进行分摊,这种分摊称为共同海损分摊。为了计算共同海损的牺牲和费用的金额,估算获救财产的价值,确定各利害关系方所应承担分摊的数额而进行的计算工作,称为共同海损理算。目前国际上大都采用《约克·安特卫普规则》进行共同海损的理算工作。

特别值得一提的是《约克·安特卫普规则》的性质。该规则不是某个国家的法律,也不是某几个国家协议缔结或参加的国际条约。它不是严格意义上的法律,没有普遍的约束力和强制执行力,但是,《约克·安特卫普规则》已经过国际航运界和保险业界100多年来实践、完善、再实践、再完善的过程而被证实是行之有效的指导性文件,因而成为被普遍接受的国际惯例。该规则一经当事人选择适用并明确记载于合同中,或在提单、保险单等单据中注明,就成为一个合同条款而在当事人之间产生法律约束力。

除《约克·安特卫普规则》外,有些海运国家的共同海损理算机构还分别制定了自己的共同海损理算规则。我国1975年公布实施的《中国国际贸易促进委员会共同海损理算暂行规则》(简称《北京理算规则》),也曾因其具有简明扼要的优点在不少理算案件中被采用。1992年《中华人民共和国海商法》颁布后,特别是在《约克·安特卫普规则》1994年修订后,《北京理算规则》因其内容同国内法律和国际惯例有较大出入,实际上已很少有人选用。

2. 单独海损。

单独海损是指海上风险直接导致船舶或货物的部分损失。这种损失只是单独一方的利益受到损害,只能由受损一方自行负责。

三、国际海上货物运输保险承保的险别

承保险别,是保险人对承保货物损失时所负的赔偿责任的范围。根据海上风险和海损的状况不同,海上货物运输保险的类别主要有主要险、附加险和特殊附加险三类。

(一)主要险

主要险可以单独向保险公司投保,是国际海运保险的基本险别。它又可分为平安险、水渍险和一切险。

1. 平安险。

平安险是几种主要险别中责任范围最小的一种险别,其原意是“单独海损不赔”。承保平安险的保险人负责赔偿的范围如下:

(1)被保险货物在运输中由于恶劣气候、雷电、海啸、地震及洪水等自然灾害造成整批货物的全部损失或推定全损。

(2)由于运输工具遭受搁浅、触礁、沉没、互撞、与流冰或其他物体碰撞,以及失火、爆炸,或在装卸、转运时由于一件或数件货物落海等意外事故造成货物的全部或部分损失。

(3)在运输工具已发生搁浅、沉没及焚毁等意外事故的情况下,货物在此前后又在海上遭受恶劣气候、雷电、海啸等自然灾害所造成的部分损失。

(4)在装卸或转运时由于一件或数件整件货物落海造成的全部或部分损失。

(5)对在承保范围内的受损货物进行施救而支付的费用,但以不超过该批被救货物的保险金额为限。

(6)运输工具遭遇海难后,在避难港由于卸货所引起的损失以及在中途港、避难港由于卸货、存仓以及运送货物时所产生的特别费用。

(7)共同海损的牺牲、分摊和救助费用。

(8)根据运输契约中"船舶互撞责任"条款规定,应由货主偿还船方的损失。

综上可见,平安险并非是绝对的"单独海损不赔",而是仅对由于自然灾害所造成的单独海损不赔。至于因意外事故所造成的单独海损,保险公司还是负责赔偿的。

2. 水渍险。

水渍险的原意是"单独海损包括在内",其责任范围除包括上述平安险的各项责任外,还负责被保险货物由于恶劣气候、雷电、海啸、地震及洪水等自然灾害所造成的部分损失。

3. 一切险。

一切险的承保责任范围除包括平安险和水渍险所列各项外,还包括对被保险货物在运输中由于外来原因所致的全部或部分损失。一切险是主要险别中保险人责任范围最大的一种险别。

(二)附加险

附加险所承保的是由一般外来原因所引起的风险损失。附加险是对主要险别的补充和扩大。附加险不能单独投保,投保人可在投保平安险和水渍险的同时,加保附加险中的一种或数种。若投保一切险,则不必加保附加险,因为一切险中已包括对一般外来原因造成的一切损失的赔偿责任。下列附加险均属于一切险的范围。

1. 偷窃提货不着险。

偷窃提货不着险是指在保险有效期内,保险人对被保险人货物由于被偷窃、整件提货不着所造成的损失负赔偿责任。

2. 淡水雨淋险。

淡水雨淋险承保货物在运输中由于淡水、雨水及冰雪融化所造成的损失。由于平安险和水渍险只负责海水所致的损失,不负责淡水所致的损失,因而这一险别是在此基础上的扩大。

3. 短量险。

短量险承保被保险货物在保险期限内发生数量短少和重量短缺的损失，但不包括正常运输过程中货物的自然损耗。

4. 混杂、玷污险。

混杂、玷污险承保被保险货物在运输过程中由于混进杂质或是与其他物质相接触而被玷污所引起的损失。

5. 渗漏险。

渗漏险承保流质、半流质、油类货物在运输过程中由于容器损坏而引起渗漏的损失，或是用液体储运的货物因液体渗漏而使货物发生变质、腐烂等损失。

6. 串味险。

串味险承保被保险货物在运输途中因受其他带有异味物品的影响而引起的串味损失，如该项串味损失是由运输方装载不当所引起的，则保险人在负责赔偿后，有权向运输方追偿。

7. 受潮受热险。

受潮受热险承保货物在运输途中因气温的突然变化或船上通风设备失灵等使船舱内水汽凝结，引起被保险货物受潮、受热而变质的损失。

8. 包装破裂险。

包装破裂险承保用袋装、桶装等货物在运输过程中因包装破裂造成被保险货物的短少、玷污等损失。由于包装破裂造成货物的损失，从其他附加险的责任中可以得到赔偿，因此，这一保险主要赔偿修补或调换包装的损失。

9. 钩损险。

钩损险承保袋装或捆装货物在运输和装卸过程中因使用手钩或吊钩等工具，造成保险货物的包装破裂、货物外漏。

10. 破损、碰损险。

破损、碰损险承保被保险货物在运输途中因受外力影响造成的而非海难造成的破损、碰损损失。

11. 锈损险。

锈损险承保金属或金属制品在运输过程中因生锈而造成的损失，但对裸装的金属板、块、条、管等保险公司不予承保。

（三）特殊附加险

特殊附加险所承保的是由于特殊外来原因所造成的风险损失。它与上述一般附加险不同，不包括在一切险中。即使投保人投保了一切险，仍需与保险人特别约定，经保险人同意后，方能把特别附加险的责任包括在承保范围内。它一般包括如下七项。

1. 交货不到险。

交货不到险承保运输货物从装上船舶起算，满6个月仍未运抵原定目的地交货所造成的损失。

2. 进口关税险。

进口关税险承保运输货物到达目的港后，因遭受保险范围内的损失而仍须按完好货物缴纳进口关税所造成的损失。

3. 舱面险。

舱面险承保的物品是指有些物品由于体积大、有毒性、有污染性，或易燃易爆而习惯于必须装在舱面上的货物。由于装载在舱面上的货物极易受损，通常保险公司只承保在平安险基础上加保舱面险，一般不接受在一切险基础上加保的舱面险，以免责任过大。

4. 拒收险。

拒收险承保运输货物由于在进口港被进口国的政府或有关当局拒绝进口或没收所造成的损失，保险人按该货物的价值予以赔偿。被保险人在加保拒收险时，须备有一切必需、有效的进口特许证或许可证。

5. 黄曲霉素险。

黄曲霉素险承保保险货物在进口港或进口地经当地卫生局检验证明，因含有黄曲霉素，并且超过了进口国对该毒素的限制标准，必须拒绝进口、没收或强制改变用途时所造成的损失。

6. 战争险。

战争险承保战争或类似战争的行为等引起保险货物的直接损失。

7. 罢工险。

罢工险承保因参加工潮、暴动和民众斗争的罢工者、被迫停工的工人采取行动造成保险货物的直接损失。

四、国际海上货物运输保险责任的起讫

保险责任的起讫，是指保险人承保海上货物运输保险的责任期限。在国际保险市场上对此通常按“仓至仓条款”的规定办理，即保险人的责任自被保险货物运离保险单所载明的启运地仓库或储存处所开始运输时起生效，包括正常运输过程，直至运到保险单所载明的目的地收货人的最后仓库或储存处所为止。

事实上，保险货物运抵目的港（地）的情况并不像上述那样简单，责任的终

止,应按照不同的情况作出规定。

(1)当被保险货物在最后卸货港全部卸离海轮后,并未进入收货人的最后仓库,保险责任可以从卸离海轮时起算满60天终止。

(2)被保险货物在目的港卸货后,收货人并未运往最后仓库,而是对货物进行分配、分派或者分散转运,保险责任在这时即行终止。

(3)保险单上所载的目的地不在卸货港,而是在内陆某地,收货人在内陆运输途中将货物进行分配、分派或分批运往各地,即使其中有一部分仍运往保险单载明的最终仓库,保险责任同样在分配时全部终止。

以上三种情形保险责任的终止以首先发生者为准。

五、被保险人的义务

我国《海洋货物运输保险条款》明确规定了被保险人应尽的义务,并申明:如果由于被保险人未能履行其义务,从而影响到保险人的利益时,保险公司有权拒赔。具体而言,被保险人的义务包括下述几项。

第一,当被保险货物运抵保险单所载明的目的港(地)后,被保险人应及时提货,当发现被保险货物遭受损失时,应即向保险单上所载明的检验、理赔代理人申请检验,并向承运人、受托人或有关当局(海关、港务当局等)索取货损货差证明,同时以书面方式向有关责任方提出索赔。

第二,对承保责任内遭受危险的货物,被保险人应迅速采取合理的抢救措施,避免或减少货物的损失。

第三,如遇航程变更或发现保险单所载明的货物、船名或航程有遗漏或错误时,被保险人应在获知后立即通知保险人并在必要时加缴保险费。

第四,被保险人向保险人索赔时,必须提供保险单正本、提单、发票、装箱单、海事报告、货损货差证明、检验报告及索赔清单。如涉及第三者责任,还须提供向责任方追偿的有关函电及其他必要单证或文件。

第五,在获悉有关运输合同中"船舶互撞责任"条款的实际责任后,应及时通知保险人。

六、索赔期限

我国的《海洋运输货物保险条款》规定,被保险人的索赔时效从被保险货物在最后卸货港全部卸离海轮后起算,最多不超过2年。

七、伦敦保险协会的《协会货物条款》

在国际保险市场上，各国保险机构都制定有自己的保险条款，但最普遍采用的是英国伦敦保险协会制定的《协会货物条款》。此条款于 1912 年制定，后经多次修改。1982 年 1 月 1 日修订公布的新条款共有六种险别：①货物 A 条款；②货物 B 条款；③货物 C 条款；④战争险；⑤罢工险；⑥恶意损坏险。在六种险别中，只有恶意损坏险属于附加险，不能单独投保且被包括在 A 条款的承保范围内。因此，除 A，B，C 三个条款的险别可以单独投保外，必要时，战争险和罢工险在征得保险公司同意后，也可以作为独立的险别进行投保。A，B，C 三个条款分别与一切险、水渍险和平安险相对应，其基本内容相似，但某些内容有所增加或修改。

（一）A，B，C 条款的特点

1. 结构清晰、内容完整。

每一险别条款都包括八项内容：承保范围、除外责任、保险期限、赔偿、保险利益、减少损失、防止延迟、法律惯例。各项险别除承保范围和除外责任两项外，其余各项大致相同。

2. 取消了免赔限额。

新条款取消了免赔限额，也即扩大了保险人的承保责任范围，对被保险人有利。

3. 增加了陆上风险。

新条款延长了运输条款的责任时间，将海上运输的时间范围延伸到陆上，并增加了陆上危险的责任，如陆上运输工具的碰撞、出轨或倾覆等，明显扩大了承保责任。

4. 默示保证改为明示条款。

A，B，C 条款将“不适航、不适货”等旧条款的默示保证作为一种明示条款列入了法律惯例条款。

（二）A，B，C 条款的责任范围

1. A 条款的承保责任。

（1）保险标的由除外责任以外的原因导致的一切灭失或损害责任。

（2）按照运输契约或政府法律及惯例所理算或决定的一切旨在为避免损失或与避免损失有关而引起的共同海损和救助费用，但损失原因属于除外责任者不在此限。

（3）运输契约“船舶互撞责任”条款规定的由被保险人应承担损失的比例

责任。

2. B 条款的承保责任。

(1)保险标的的灭失或损害可归因于下列原因:火灾或爆炸;船舶或驳船的搁浅、触礁、沉没或倾覆;陆上运输工具的倾覆或出轨;船舶、驳船或运输工具的互撞,或与除水以外的任何外界物的碰撞;货物在避难港卸货;地震、火山爆发或雷电。

(2)保险标的由于下列原因所致的灭失或损害:共同海损牺牲;抛弃或浪击落海;海水、潮水、河水进入船舶、驳船、封闭式运输工具、集装箱、大型海运箱或贮存处所。

(3)船舶或驳船在装卸货物时,任何一件货物落海或掉落的数件全损。

3. C 条款的承保责任。

与 B 条款相比,C 条款的承保责任比 B 条款小,它不包括下列原因所造成的灭失和损害:地震、火山爆发、雷电;浪击落海;海水、湖水、河水进入船舶、驳船、封闭式运输工具、集装箱、大型海运箱或贮存处。

(三)A,B,C 条款的除外责任

1. A 条款的除外责任。

A 条款的除外责任是指保险人在某些情况下不负赔偿的责任。

(1)一般除外责任。

第一,可归因于被保险人故意行为的损失或费用。

第二,保险标的的正常漏损,重量或容器的正常损耗或正常磨损。

第三,由于保险标的包装不良或配备不当造成的损失或费用,其“包装”包括用集装箱或大型海运箱装载的货物,但是以被保险人或其受雇人员在保险生效前完成者为限。

第四,保险标的内在的缺陷或特性所致的损失或费用。

第五,由于延迟的近因造成的损失或费用,即使延迟是由于承保危险所致的损失或费用(共同海损和救助费用除外)。

第六,由于船舶所有人、经理人、租船人或经营人的破产或不履行债务引起的损失或费用。

第七,任何使用原子或中子的裂变和聚变,或其他类似的热核反应或具有放射性能量或具有放射性物质的任何战争武器引起的损失或费用。

(2)不适航和不适运除外责任。

第一,被保险人或其雇佣人员知道下列不适航或不适运的装运:船舶或驳船不具备适航能力,船舶、驳船、运输工具、集装箱或大型海运箱不符合安全运输保险标的的要求。

第二，如果被保险人或其雇员不知道船舶不适航和不适货，则保险人放弃违反船舶具有适航性和船舶适于承运保险标的物至目的港默示担保的索赔权。

(3)战争除外责任(由于下列原因所致的损失和费用)。

第一，战争、内战、革命、叛乱、起义或由此发生内战或国与国之间的任何敌对行为。

第二，捕获、劫持、拘留、禁止或扣押(海盗行为除外)以及由此引起的或由任何此种企图引起的后果。

第三，投放的水雷、鱼雷、炸弹或投放的其他战争武器。

(4)罢工除外责任(由于下列原因所致的损失和费用)。

第一，由于罢工者、被迫停工的工人或参加工潮以及暴动或民变人员所致的损失和费用。

第二，由于罢工、被迫停工、工潮、暴动或民变的影响引起的损失和费用。

第三，由于任何恐怖分子或行为受政治动机指使的任何个人所致的损失和费用。

2. B 条款和 C 条款的除外责任。

B 条款和 C 条款两个条款的除外责任完全相同，但与 A 条款相比，在一般除外责任中增加了一项除外责任，即保险标的全部或部分被任何一个人或几个人的不法行为有意损坏或破坏。

第三节 国际陆上与航空货物运输保险

在国际贸易中，货物运输方式除了海运以外，还有陆运、空运等。与之相适应，陆上、航空运输货物保险业务也迅速发展起来。由于现代的陆上、航空运输货物保险业务均是在海上运输货物保险的基础上产生、发展而来的，因而有关的内容也大体相同，本节仅就不同之处作简单介绍。

一、国际陆上货物运输保险

根据中国人民保险公司《陆上运输货物保险条款》，陆运货物保险的承保对象以火车和汽车运输的货物为限，基本险别分为陆运险和陆运一切险；此外还有适用于陆运冷藏货物的专门保险——陆运冷藏货物险(属基本险)以及陆运货物战争险(特殊附加险)。

(一)陆运险与陆运一切险

陆运险的责任范围与海上货物运输保险中的“水渍险”相似。保险公司除负责赔偿被保险货物在运输途中遭受暴风、雷电、洪水和地震等自然灾害,或由于运输工具遭受碰撞、倾覆、出轨,或在驳运过程中因驳运工具遭受搁浅、触礁、沉没、碰撞,或由于遭受隧道倒塌、崖崩或失火、爆炸等意外事故所造成的全部或部分损失外,还负责赔偿被保险人对遭受承保责任内的货物采取抢救、防止或减少货损的措施而支付的合理费用。但这种赔偿以不超过该批被救货物的保险金额为限。

陆运一切险的责任范围除了包括上述陆运险的责任外,还包括被保险货物在运输中由于外来原因所导致的货物全部或部分损失。

陆运险与陆运一切险除上述责任范围外,关于除外责任、责任期间、被保险人的义务等内容与海上货物运输保险基本相同。

(二)陆运冷藏货物险

陆运冷藏货物险是陆运货物运输险中的一种专门保险,其主要责任范围除负责运输险所列举的自然灾害和意外事故造成的全部或部分损失外,还负责赔偿由于冷藏机器或隔温设备在运输途中损坏造成的被保险货物因解冻融化而腐坏的损失。陆运冷藏货物运输险的责任自被保险货物运离保险单所载起运地点的冷藏仓库装入运送工具开始运输时生效,包括正常陆运和与其有关的水上驳运在内,直到货物到达目的地收货人仓库为止,但最长保险责任有效期限以被保险货物到达目的地车站后 10 天为限。

陆运冷藏货物运输险的索赔时效为:从被保险货物在最后目的地全部卸离车辆后起计算,最多不超过 2 年。

(三)陆运货物战争险

陆运货物战争险是陆上运输货物的特殊附加险,只有在投保了陆运险或陆运一切险的基础上,经过投保人与保险公司协商才能投保。目前中国人民保险公司只接受火车运输战争险的投保,而国外大部分保险公司不予承保。

陆运货物战争险的责任期间,是以货物置于火车上时为限。如果被保险货物到达目的地不卸离火车,则以火车到达目的地的当天午夜 12 时起计算,满 48 小时为止。

除战争险外,陆上运输货物保险还可以加保罢工险。与海洋运输货物保险相同,在投保战争险的前提下,加保罢工险不予收费,仅要求加保罢工险,则按战争险费率收费。陆运罢工险的承保责任范围、除外责任等均与海运货物罢工险相同。

二、国际航空货物运输保险

根据中国人民保险公司《航空运输货物保险条款》，我国的航空运输货物保险的基本险为航空运输险和航空运输一切险两种；附加险为航空运输货物战争险。

（一）航空运输险和航空运输一切险

航空运输险的承保责任范围与海上货物运输保险中的水渍险相似。保险公司除负责赔偿被保险货物在运输途中遭受自然灾害与意外事故造成的全部或部分损失外，还负责赔偿被保险人对遭受承保责任内的货物采取抢救、防止或减少货损的措施而支付的合理费用。

航空运输一切险的承保责任范围与海上货物运输保险中的一切险相似。保险公司除负责上述航空运输险的赔偿责任外，还负责赔偿被保险货物在运输途中由于一般外来风险所造成的全部或部分损失。

上述航空货物运输保险基本险的除外责任、被保险人的义务、索赔期限等条款的内容，与海上运输货物保险基本相同。

航空货物运输保险的责任期间，总的原则也采用“仓至仓”条款，但其最长保险责任的有效期限以被保险货物到达最后卸载地卸离飞机后满 30 天为止。

（二）航空运输货物战争险

航空运输货物战争险是航空运输货物保险的一种附加险。只有在投保了航空运输险或航空运输一切险的基础上，经由保险人和被保险人双方协商后可加保，加保时须另付保费。

航空运输货物战争险的责任范围、除外责任与海运、陆运战争相似，只是适用的运输方式不同。航空运输货物战争险的责任期间，是以货物置于飞机上时为限。如果被保险货物到达目的地不卸离飞机，则以载货飞机到达目的地机场的当天午夜 12 时起计算，满 15 天为止。

航空运输货物保险可加保罢工险。与海运、陆运货物保险相同，在投保战争险的前提下，加保罢工险不予收费，仅要求加保罢工险，则按战争险费率收费。航空运输货物罢工险的承保责任范围、除外责任等均与海运、陆运货物罢工险相同。

复习思考题

1. 简析委付与代位求偿权的区别。
2. 共同海损的构成需要哪些条件？

3. 平安险、水渍险、一切险的责任范围有何不同？

4. 陆运、空运货物保险各有什么险别？它们的保险责任范围是什么？

案例1

案情：1996年4月10日，深圳某陶瓷公司将购买的地板砖装上某航运公司的货轮后，又于13日由业务员王某和深圳中保业务员张某洽谈货物保险事宜。王某告知张某，承运船舶已于4月12日开航，但因公司老总告知客户货物于4月6日装船，因此为满足客户的要求，要求张某签发保单的时间倒签为1996年4月5日，张某同意了王某的要求，但深圳中保签发保险单的真实时间是1996年4月13日的中午。保险单背面条款第3条规定："保险责任的起讫期是自签发保险凭证和保险货物运离起运地发货人的最后一个仓库或储存处所时起，至该保险凭证上注明的目的地的收货人在当地的第一个仓库或储存处所终止。"

1996年4月15日，陶瓷公司书面通知深圳中保该批货物在汕头海域附近出险，要求办理有关保险索赔手续，但深圳中保于1996年6月17日通知陶瓷公司，经广东省惠州港务监督局出具的证明，该轮于1996年4月13日4时50分在惠州市惠东县东南方海面发生沉船事故，陶瓷公司托运的地板砖随船沉没。1998年4月7日深圳市公安局提供给深圳中保的结案报告中称，"经查，该批货物的保单于1996年4月13日下午2时左右签发的，在签发保单时，王某要求保单日期改为4月5日，属于出事后才投保，依据我国有关法律规定已构成保险诈骗。1996年5月1日对王某实施监视居住。"

一审广州海事法院审理认为，1998年4月7日深圳市公安局给中保的结案报告只能证明公司投保的时间是在保险标的发生事故之后，不能证明陶瓷公司向深圳中保投保时已经知道或者应当知道其投保的货物发生了海损事故。深圳中保关于陶瓷公司违反被保险人告知义务的主张，因证据不足不能成立；陶瓷公司投保时，保险标的虽然已经发生海损事故，但其对于该保险标的仍具有相应的利益。深圳中保主张陶瓷公司投保时保险标的已经灭失，投保人已经没有保险利益可言，其理由也不成立。双方的保险合同，除保险单签署的时间外，是经双方协商一致后签订的，是双方当事人的真实意思表示，没有违反法律规定，故应确认为有效保险合同。根据保险单第3条的规定，保险责任开始时间应具备"签发保险凭证"和"货物运离起运地发货人的最后一个仓库或储存处所"两个条件，缺一不可。本案保单实际签发时间是4月13日中午。虽然陶瓷公司是为欺骗第三人，要求深圳中保将保险单的时间倒签为4月5日，深圳中保的业务员也同意了陶瓷公司的要求，但该行为是恶意串通，损害第三人利益的行为应确认无效。而且，陶瓷公司要求深圳中保倒签保险单签发时间的理由仅仅是引起买卖行为的需要,双方并没有就保险责任的开始进行协商,没有以4月5日作为保险责任开始时间的意思表示。因此,深圳中保开始承担保险责任的时间仍应确认为实际签发保险单的时间,即1996年4月13日中午。陶瓷公司投保的货物在当天凌晨4时50分发生海损事故时,深圳中保的保险责任尚未开始。陶瓷公司的货物损失不在深圳中保的保险责任期间内,故深圳中保无须对陶瓷公司的损失承担赔偿责任。

二审广东省高级人民法院审理认为,没有证据证明陶瓷公司向深圳中保投保时已经知道或应当知道保险标的遭受了损失,故陶瓷公司的投保不构成保险欺诈。陶瓷公司虽然是在保险事故发生后投保的,但其对该保险标的仍具有可保利益,故双方保险合同为有效合同。深圳中保倒签的目的是为了承揽该项保险业务,并非为了损害货物买家的利益而与陶瓷公司合谋。根据保险单第3条的规定,保险责任开始时间应具备"签发保险凭证"和"货物运离起运地发货人的最后一个仓库或储存处所"两个条件,缺一不可。本案所涉保险单的实际签发时间是4月13日中午,应陶瓷公司要求,深圳中保将保险单的时间倒签为4月5日。保险货物运离最后一个仓库的时间是4月10日。深圳中保是应当知道保险条款约定保险责任开始时间具备"签发保险凭证"和"货物运离起运地发货人的最后一个仓库或储存处所"两个条件的。倒签保险凭证的时间就意味着双方约定将保险合同签订的时间提前,而保险合同签订的时间的提前,在本案中就必然影响到保险期间的扩大。虽然陶瓷公司要求深圳中保将保险单签发时间倒签到4月5日是引起买卖行为的需要,但倒签后,双方并没有明确约定签订的保险合同的时间即4月5日。保险合同要求两个时间同时具备为保险开始时间,因此,深圳中保开始承担保险责任的时间应确认为较晚的一个时间即4月10日。本案保险货物是在4月13日发生保险事故的,属于保险期间之内。

法律问题:一是海上货物运输保险合同效力的认定;二是保险责任起算时间的认定。

参考结论与法理分析:

首先,关于货物运输保险合同效力的认定。该问题主要从陶瓷公司的投保是否构成保险欺诈和陶瓷公司是否具有保险利益两方面来分析。本案投保人陶瓷公司投保的是海上货物运输险,虽然该公司投保的时间是在保险标的发生事故之后,但货物保险不同于船舶保险,船舶一经起航,货物就脱离了货主的控制而处于第三人的控制之下,因此不能推定投保人陶瓷公司在向深圳中保投保时已经知道或者应当知道其投保的货物已经发生了保险事故。况且本案中深圳中保也未提供任何证据证明投保人陶瓷公司在向深圳中保投保时已经知道或者应当知道其投保的货物已经发生了保险事故,因此应认定陶瓷公司的投保不构成保险欺诈。而保险利益是投保人对保险标的具有的法律上承认的利益,即在保险事故发生时,可能遭受的损失或失去的利益。本案中陶瓷公司虽然是在保险标的已经发生保险事故之后投保的,但其对于该保险标的仍具有相应的法律上的利益。因此,本案保险合同应为有效的保险合同。对此一、二审判决作出了相同的认定。

其次,关于保险责任起算时间的认定。该问题是本案双方当事人争议的焦点,也是一、二审法院判定的不同之处。本案保险单实际签发日期是 1996 年 4 月 13 日,但深圳中保应陶瓷公司的要求,将保险单的签发时间倒签为 1996 年 4 月 5 日,这是保险合同双方当事人真实意思的表示,对此双方均无欺诈和受胁迫,也不存在重大误解,更无恶意串通,合谋损害货物买家利益的故意。虽然本案中陶瓷公司要求倒签日期是为了满足买卖合同的需要,但保险单日期的倒签不同于提单的倒签,不存在对第三方利益的损害,保险单的签发日期是保险合同双方当事人约定的结果,是保险合同双方当事人真实意思表示的体现,与保险合同之外的买卖合同并无关系。保险合同双方当事人约定将签订保险凭证的日期提前,是双方当事人之间的一种自愿选择约定。深圳中保出具并签署保险单,表明深圳中保同意扩大其保险责任期间,对此应承担相应的法律后果。因此,本案中签订保险凭证的时间应认定为 1996 年 4 月 5 日。另外,从对保险合同的解释原则方面考虑,也应作有利于被保险人的解释,将 1996 年 4 月 5 日作为签发保险凭证之日。本案投保的货物离开最后一个储存处所的时间是 1996 年 4 月 10 日,该日期是于双方签订保险凭证的时间 4 月 5 日。由于本案中保险合同要求保险责任开始时间应是“签发保险凭证”和“货物运离起运地发货人的最后一个仓库或储存处所”两个时间条件同时具备,因此,深圳中保开始承担保险责任的时间应确认为较晚的一个时间,即 1996 年 4 月 10 日。本案保险货物在 1996 年 4 月 13 日发生保险事故,在深圳中保的保险责任期间之内;又因本案保险货物灭失是因载货轮船沉没,该保险事故属于陶瓷公司投保的基本险的责任范围。

案例 2

案情:我国 A 公司与某国 B 公司于 1995 年 10 月 20 日签订购买 52 500 吨化肥 CFR 合同。A 公司开出信用证规定,装船期限为 1996 年 1 月 1 日至 1 月 10 日,由于 B 公司租来运货的“雄狮”号开往某外国港口途中遇到飓风,结果装货至 1996 年 1 月 20 日才完成。承运人在取得 B 公司出具的保函的情况下签发了与信用证条款一致的提单。“雄狮”号于 1 月 21 日驶离装运港。A 公司为这批货物投保了水渍险。1996年1月30日,“雄狮”号途经达达尼尔海峡时起火,造成部分化肥烧毁。船长在命令灭火过程中又造成部分化肥湿毁。由于船在装货港口的延迟,使该船到达目的地时赶上化肥价格下跌,A公司在出售余下的化肥时价格不得不大幅度下降,给A公司造成很大损失。

法律问题:①途中烧毁的化肥损失属何种损失,应由谁承担?②途中湿毁的化肥损失属何种损失,应由谁承担?③A公司可否向承运人追偿由于化肥价格下跌造成的损失?

参考结论与法理分析:

首先,途中烧毁的化肥损失属于单独海损,应由保险公司承担损失。途中烧毁的化肥损失是意外发生的,不是人的有意行为引起的,它仅涉及化肥货主一方的利益,不是为了船货各方共同利益而有意采取的措施,所以不是共同海损,而是单独海损,只能由化肥的货主自行承担。由于买卖双方合同的价格术语是CFR,海运途中的风险应由买方承担。买方A公司投保了水渍险,而水渍险的赔偿范围包含单独海损,因此,对于该损失,买方可以向保险公司索赔。

其次,途中湿毁的化肥损失属于共同海损,应由A公司与船公司共同承担。船舶起火,使得船舶和货物遭到了共同危险,船长为了共同安全,有意而又合理地采取了措施,即下令灌水灭火,因此造成化肥的湿毁属于共同海损。该损失应由获救的化肥货主A公司与船公司共同承担。由于A公司已向保险公司投保了水渍险,而共同海损也在水渍险的承保范围之内,因此,买方A公司就其分摊的部分共同海损损失可以向保险公司索赔。

最后,A公司可以向承运人和B公司追偿化肥价格下跌造成的损失。因为化肥价格下跌造成A公司损失的原因是承运人延迟装船,不属于承保范围,保险公司不予以赔偿。承运人和B公司对倒签提单这一欺诈行为负有连带赔偿责任,因此,A公司有权向承运人和B公司索偿。由于B公司出具保函而承运人倒签提单的行为是欺诈行为,所以保函无效,承运人不能依据保函向B公司追偿,而应根据过错责任大小来分担损失。

第八章

国际商事支付法

本章要点及学习要求

本章主要介绍和比较两大法系调整票据的法律规范，以及买方直接付款、银行托收与银行信用证等国际商事支付的方式。

要求熟悉票据的流通规则，掌握两大法系关于伪造背书的法律后果的区别，了解银行在不同支付方式中的作用，以及掌握信用证的基本流转程序、基本原则。

CHAPTER EIGHT

International BUSINESS LAW

第一节 国际商事的支付工具

国际商事交易中的支付工具包括货币和票据,但在实践中主要使用票据进行结算和支付。

一、货币

在国际经济交往中作为支付手段的货币可能是进口国货币、出口国货币,也可能是第三国货币。使用何种货币主要取决于以下因素。

(一)货币的币值是否稳定

货币币值的浮动对买卖双方的利益有较大影响。所以,为了保证当事人的利益,在国际经济交往时应选择币值相对稳定的货币。

(二)货币是否能够自由兑换

在国际经济交往中,客观上需要能够自由兑换的货币,所以,货款的支付一般以可自由兑换的货币来完成。

(三)行业习惯

在国家经济交往中,某些商品的买卖在习惯上以某种货币报价、计价和支付,买卖双方一般都会遵循这样的习惯。在实践中,通常作为支付工具的货币是美元、欧元和英镑等。

二、票据

(一)票据的概念及法律特征

票据是指由出票人依法签发的,由自己或委托他人无条件支付一定金额给受款人或持票人的有价证券。根据各国法律,票据具有以下法律特征。

1. 票据为完全有价证券。

表示或代表一定财产权利的证券为有价证券。有价证券分为完全有价证券和不完全有价证券。证券与权利不可分离时为完全有价证券,如车票丢失,即丧失乘车的权利;证券与权利在一定情况下可分离时为不完全有价证券,如仓单,仓单丢失后,货主并不丧失物权,可以用其他方法证明自己的物权后,仍享有领取货物的权利。票据上权利的发生和行使,必须持有票据,票据丧失,则不能对票据债务人行使票据权利。因此,票据为完全有价证券。

2. 票据为设权证券。

以证券的作用为标准，证券分为证权证券和设权证券。权利义务产生于证券做成之前，证券的作用在于证明一定权利的为证权证券，如仓单、提单和股票等；权利义务产生于证券做成，证券的作用在于创设一定权利的为设权证券；票据权利产生于证券做成，证券做成以前，票据权利并不存在，因此，票据为设权证券。

3. 票据为无因证券。

按照证券权利与产生权利的原因之间的关系为标准，证券可分为有因证券和无因证券。证券上的权利与取得证券的原因相联系并受其影响的为有因证券，大多数证券都属于有因证券，如股票、债券或存单等；证券上的权利与取得证券的原因相分离而独立产生效力的为无因证券。票据作为设权证券，做成票据即为创设了票据权利。作为完全有价证券，持有票据即可主张票据权利，而持票人取得票据的原因概所不问，即使发行或转让票据的原因发生错误或无效，仍不影响票据的权利。票据关系与原因关系相分离，互相独立。因此，票据为无因证券。例如，窃贼盗走票据后，又将该票据转让给了不知情的第三人。该第三人支付了相当对价，在这种情况下，虽然窃贼对窃来的票据无合法权利，但不知情而又支付了相当对价的第三人却对该票据享有完善无瑕的权利。当该第三人按票据的规定出示票据后，付款人就须无条件地按票据上的文义支付票据上所记载的款项。即使是票据的失主也不能对第三人主张任何权利。

4. 票据为文义证券。

按照证券权利与证券上所记载的文字意义的关系进行分类，证券可分为文义证券和非文义证券。证券上的权利完全依证券上记载的文字的意义所决定的为文义证券；证券上的权利不完全依证券上所记载的文字的意义所决定的为非文义证券。票据上的权利与义务，完全根据票据上所记载的文字而确定，即使票据文字记载与事实有所不符或有错误，一般也不能用票据以外的证据方法予以变更或补充。因此，票据为文义证券。

5. 票据为要式证券。

按照证券的做成方式是否必须依照法定形式做成才能产生效力为标准，证券可分为要式证券和非要式证券。证券的做成方式法律予以特别规定，并且不符合法定要式、证券不产生效力的为要式证券；证券的做成方式，法律没有予以特别规定的为非要式证券。为维护票据设权的明确统一，避免票据文义的混乱或欠缺，票据的做成必须依照法定方式才能产生票据效力；反之，其效力就会受到影响。例如，欠缺绝对应记载事项的，更改不可更改事项的会导致票据无效。所以，票据为要式证券。

6. 票据为流通证券。

按照证券能否在社会上以公共性规则进行公开流通为标准，证券可分为流通证券和非流通证券。在社会上能依公共性规则进行公开流通的证券为流通证券，如上市的股票、债券等；不能依公共性规则在社会上公开流通的证券为非流通证券，如非上市股票、存款单、提单等。票据作为金钱债权证券，可以根据票据法规定的规则在社会上流通转让，如经过交付或经背书交付的方式而转让其权利。因此，票据为流通证券。

7. 票据为货币证券。

以证券权利的经济内容为标准，证券可分为物品证券、资本证券和货币证券等。证券权利的经济内容为一定物品的为物品证券，如仓单、提单等；证券的权利内容为一定的资本权益的为资本证券，如公司股票等；证券权利的经济内容为货币或金钱支付的为货币证券或金钱证券，如债券、存款单等。票据所创设的债权，为一定种类和一定数量的金钱支付。因此，票据为货币证券或金钱证券。

（二）票据的种类

按照各国票据法体系，票据从法律上通常分为三类，即汇票、本票和支票。

1. 汇票。

汇票是指出票人签发的，委托付款人在见票时或者在指定日期无条件支付确定的金额给收款人或者持票人的票据。

汇票有三个基本当事人：其一为出票人，又称为发票人，是签发汇票、委托他人付款的当事人；其二为持票人，又称为受款人，是收取汇票上确定金额的当事人；其三为付款人，又称为受票人，是汇票上记载的承担付款义务的当事人。

2. 本票。

本票是指出票人签发的，承诺自己在见票时无条件支付确定的金额给收款人或者持票人的票据。本票与汇票主要有三方面的区别：①当事人不同。因本票为自付证券，只有出票人和受款人两个当事人；汇票有出票人、持票人和付款人三个当事人。②票据的性质不同。本票是出票人承诺无条件向持票人付款，是无条件支付的承诺；汇票是出票人委托付款人无条件向持票人付款，是无条件支付的委托。③出票人的法律地位不同。本票的出票人因出票行为成为票据的主债务人，应承担绝对支付票据金额的责任；汇票的出票人在付款人承兑前是主债务人，一旦付款人承兑汇票，则付款人成为主债务人，出票人变为从债务人。

3. 支票。

支票是指出票人签发的，委托办理支票存款业务的银行或者其他金融机构在见票时无条件支付确定的金额给收款人或者持票人的票据。支票与汇票主要有三方面的区别:①在付款人的限制上。支票的付款人限于银行或其他金融机构;汇票的付款人无身份限制。②在资金关系上,支票的出票人与付款人之间须有资金关系,出票人不得向无资金关系的银行开立支票;汇票的出票人与付款人之间是一种委托关系,不强调资金关系。③在支付日期上,支票为见票即付;汇票有多种到期日。④在票据行为上,支票无承兑制度;汇票有承兑制度。

(三)调整票据的法律规范

票据立法自17世纪中叶进入成文法时期后,由于各国法律文化的特点及政治、经济条件的差异,在19世纪末逐渐形成了三大票据法系。

1. 法国法系。

法国法系又称为拉丁法系,以法国为代表。法国是最早制定票据法的国家之一。1673年,《法国商事条例》中就有关于票据的规定,后来经过修订编入1807年颁布的《商法典》中,但仅包括了汇票和本票,1865年又制定出单行的《支票法》。在早期的法国票据立法中有两个特点比较突出:①以票据作为代替现金输送的工具,很少考虑其流通和信用功能,具体表现是没有将票据关系与票据基础关系相分离;②对票据形式的要求相对宽松,票据不因欠缺有关事项记载而无效。

法国票据法对欧洲大陆一些国家影响很大,由此而形成法国票据法系,曾在历史上长期与德国票据法系相对立。自20世纪以来,受票据法国际统一趋势的影响,参考日内瓦统一票据法,1935年法国对其票据法进行了很大幅度的修改,由此而与德国票据法系相融合,共同形成日内瓦统一票据法系。

2. 德国法系。

德国法系又称为日耳曼法系,是以德国票据法及仿效其制定的某些国家票据法的统称。德国于1871年公布了全国统一实施的《票据法》,1908年又颁布了《支票法》。与法国票据法相比,德国票据法也有两大特点:①更注重票据的信用与流通功能,将票据关系与票据基础关系分离,使票据成为典型的无因证券;②对票据形式的要求十分严格,若一定记载事项有欠缺,票据将因此无效。

相对于法国票据法而言,德国票据法体现了票据法技术的显著发展,对欧洲各国的票据立法也产生了重大影响,由此而形成了德国票据法系。1933年,参照日内瓦统一票据法,德国制定了新的票据法和支票法,从此消除了与法国票据法系的对立,共同形成了新的日内瓦统一票据法系。

3. 英国法系。

英国法系又称为英美法系,是以英国票据法为代表,包括美国及其他受普通法传统影响的国家票据法的统称。1882 年，英国制定了成文的票据法，名为《汇票法》，1959 年又制定了《支票法》，作为《汇票法》中有关支票规定的补充。英国票据法体现出四个特点：①在立法体例上，英国票据法将汇票、本票、支票纳入同一项法律中，即采取包括主义的立法原则；②强调票据的信用和流通功能，将票据关系与票据基础关系相分离，确定票据的无因性；③在票据形式方面采取自由主义，仅规定很少的票据形式绝对要件，不因一定记载事项的欠缺而使票据无效，与德国的严格主义形成鲜明对照；④英国将票据法命名为“汇票法”，但没有总的“票据”概念，而是将汇票、本票、支票都归属于流通证券中，与日内瓦统一票据法的票据概念有较大差别。

上述法国法系、德国法系、英国法系同时鼎立，加之同一法系内部各国的具体规定的差异性，导致票据在国际经济贸易领域和国际交往中的使用和流通严重受阻。为消除这类障碍，19 世纪末兴起了票据法统一运动。然而，直到 1930 年和 1931 年在国际联盟的主持下才在日内瓦通过了六项关于统一汇票、本票和支票的日内瓦公约，即 1930 年的《统一汇票和本票法公约》（以下简称《日内瓦公约》）、《解决汇票和本票法律冲突公约》、《汇票和本票印花税公约》、1931 年的《统一支票法公约》、《解决支票法律冲突公约》以及《支票印花税公约》。这些公约现已被曾是法国法系和德国法系中的大多数国家所接受，它们相继根据日内瓦的票据法修改（或制定）了本国的有关法律。这样，法国法系和德国法系关于票据规定中的分歧基本消除了，日内瓦统一票据法系就此产生。英美未签署参加公约，这方面仍维持原状。因此，历史上存在的票据法的三大体系演进为日内瓦统一法系与英美法系并存的局面。

日内瓦统一法系与英美法系两大法系的对立依然是票据跨国流通的严重障碍。为促进全球范围内票据法的统一，联合国国际贸易委员会自 20 世纪 70 年代初期开始起草新的统一票据法草案。经过 10 多年的努力，1988 年通过了《国际汇票和国际本票公约》。根据该公约的规定，其仅适用于“国际票据”，只有“作为国际贸易结算手段的使用”和“出票地、付款地或收款人所在地中至少有两地不在一个国家境内”的票据才为国际票据。并且，该公约的另一个显著特征是其不具有强制性，即由出票人或承兑人自行选择，决定是否适用该公约。《国际汇票和国际本票公约》与日内瓦统一票据法不同，其仅适用于“国际票据”，而日内瓦统一票据法不仅适用于缔约国之间，而且适用于缔约国国内的票据法规范。

随着我国市场经济的不断发展，运用票据进行支付和资金清算的活动日益增多，同时，由于国际贸易往来扩大，支付活动的数量也日趋上升。为了使各种票据活动有法可依，保障票据的正常使用和流通，1995 年 5 月 10 日第八届全国人大常委会第十三次会议审议通过了《中华人民共和国票据法》(该法于2004年8月28日修订)。我国《票据法》采取的是三票合一的形式,即包括汇票、本票和支票,因为这三者之间有许多共性的内容,如此可避免立法上的重复和矛盾。

(四)票据行为

1.票据行为的概念。

广义的票据行为是指能够引起票据关系发生、变更或消灭的行为,如出票行为引起票据关系的发生,背书、保证、涂销等行为引起票据关系的变更,付款行为引起票据关系的消灭等。

狭义的票据行为是指票据法上规定的、以发生票据上权利、义务为目的的要式法律行为。它包括基本票据行为和附属票据行为。前者是指创造票据的行为,即出票行为,票据上的权利、义务关系都是由出票行为所引起的。出票行为有效成立后,票据才可有效存在。后者是指出票行为以外的其他行为,是以出票为前提,在已成立的票据上的行为,包括背书、承兑、参加承兑和保证。其中,出票、背书和保证为汇票、本票所共有,承兑和参加承兑为汇票所特有,支票则仅有出票、背书两种。

2.票据行为的成立要件。

票据行为是一种法律行为,它的有效成立,必须具备一般法律行为应具备的要件,即票据行为的实质要件。票据行为是一种要式行为,还须具备票据法所规定的特别要件,即票据行为的形式要件。

(1)票据行为的实质要件。票据行为的实质要件包括行为人的票据能力和行为人的意思表示两个方面。

第一,票据能力。票据能力是指票据权利能力和票据行为能力。前者是指行为人可以享受票据权利的能力,亦即行为人可以享受票据权利或负担票据义务的资格;后者是指行为人的行为能在票据上发生法律效果的能力,亦即行为人通过自己的法律行为取得票据权利或设定票据义务的资格。

按照民法理论,自然人的权利能力始于出生,终于死亡。自然人的票据权利能力亦然,即所有的自然人,一旦出生,无论其有无意思能力,终生享有票据权利能力,直至其死亡。

法人的权利能力依民法理论始于登记,终于解散后清算完毕,其不仅要受法人的性质和法律上的有关限制,而且还要受其章程所订的目的范围限制。按照票据法理论,虽然法人的票据权利能力亦开始于登记,终止于解散后清算终了,但是不受法人章程所规定的目的范围的限制。因票据为无因证券,法人的经营范围不显现于票据上,其签发或转让票据的原因关系也不显现于票据上,难以被票据关系人所知悉，因此，法人超越经营范围所进行的票据行为仍应为有效行为。

自然人的票据行为能力分为三种情况：一是无票据行为能力人，这主要是指无民事行为能力人。因无民事行为能力人不能独立进行民事活动，其民事活动须由其法定代理人代理其为之，因此，在票据关系中，无票据行为能力人所为的票据行为无效，其票据行为须由其法定代理人代理其为之。二是限制票据行为能力人，这主要是指限制民事行为能力人。因限制民事行为能力人可以进行与其年龄、智力相适应的民事活动，其他民事活动由其法定代理人代理或征得其法定代理人的同意后为之，因此，在票据关系中，限制行为能力人可以为与其年龄、智力相适应的票据行为，其他票据行为则由其法定代理人代为进行，或在征得其法定代理人同意后为之。三是完全票据行为能力人，这主要是指完全民事行为能力人。因完全行为能力人可以独立进行民事活动，因此，在票据关系中，完全民事行为能力人可以独立所为票据行为。

法人在其权利能力范围内拥有票据行为能力。法人的行为能力是通过法人的机关或法定代表人来实现的，法人机关或法定代表人在其职权范围内代表法人所为的票据行为就是法人的票据行为，法人须对此负责；即使法人机关或其法定代表人超越授权或滥用权限而代表法人进行票据行为，只要票据上的法人签章真实和形式要件齐备，其票据行为就有效，由法人承担票据责任，因他人难以知悉法人章程的授权范围。

第二，意思表示。票据行为人的意思表示应真实，如有欠缺或存有瑕疵，应依民法的一般原则认定其效力。但由于票据行为具有文义性，行为人的意思表示与票据记载有同一性，因此，在票据行为因意思表示的缺陷而无效或撤销时，行为人不得以此对抗善意第三人。

(2)票据行为的形式要件。票据行为具有要式性、文义性，这使其在票据法上受到较多的形式要件的限定，主要表现在以下方面。

第一，必须采用书面形式。票据行为都以书面形式做成才能生效。有的票据行为须记载在票据的正面，有的须记载在反面，还有的可以记载在票据的粘单上。任何以口头形式所为的票据行为都属无效。

第二，行为人签章。由于票据行为是一种严格的要式行为，所以必须由行为人签章。签章的意义主要在于两方面：首先，它是票据行为人确定参加票据关系，决定承担票据债务这一主观意志的表现，其目的是表现票据行为人；其次，它是确认实际的票据行为人与票据上所载的票据行为人为同一人，其目的是确认票据行为人。

第三，记载有关事项。因票据为文义证券，票据行为的有效成立还必须根据票据法的具体规定，在票据上记载有关事项。依效力不同，票据上的记载事项可以分为下述五种。

其一，必要记载事项。这类事项是依据票据法的规定必须记载的事项，依效力又分为绝对必要记载事项和相对必要记载事项。票据法规定票据上必须记载，如果不记载，票据或票据行为将因此而无效的记载事项称为绝对必要记载事项，例如，出票时的票据金额记载、背书时的被背书人名称等。票据法规定票据上应记载，如果不记载，票据或票据行为仍然有效，但该事项内容应依法律规定而确定的记载事项称为相对必要记载事项，例如，汇票出票时应记载到期日，如未记载时，应视为见票即付。

其二，任意记载事项。这类事项的记载可由票据当事人自由选择，但是，一经记载就发生票据法上的效力。例如，出票人记载有禁止转让文句的，票据仍然有效，但该票据不得再行转让。

其三，不得记载事项。票据法规定不得在票据上记载，一旦记载将使票据无效或票据行为无效的记载事项称为不得记载事项，也称为有害记载事项，例如，汇票承兑时，如记载附有条件的，其承兑无效或视为拒绝承兑。

其四，不具有票据效力的记载事项。票据法规定记载和不记载时均不影响票据效力或票据行为效力，记载时其事项本身不具有票据效力，但可产生其他方面效力的记载事项称为不具有票据效力的记载事项，也称为无害记载事项，例如，出票人在票据上记载一定金额支付的同时，还记载了一定物品的支付，此项关于一定物品支付的记载不具有票据效力，但如符合合同要求，仍可产生合同效力。

其五，不具有任何效力的记载事项。票据法规定票据上虽然予以记载，但其记载不影响票据或票据行为效力，其本身应视为无记载或其记载无效的记载事项称为不具有任何效力的记载事项或无益记载事项，例如，支票见票即付，不须另行记载到期日，支票上如另行记载到期日，其记载视为无记载。应当注意的是，不具有任何效力的记载事项与不具有票据效力的记载事项相比，在记载不影响票据效力和本身不具有票据效力两方面二者相同，但是，不具有票据效力的记载事项可以产生票据以外的其他方面的效力，而不具备任何效力的记载事项，不仅不具有票据效力，而且不具有其他方面的效力。

第四，交付票据。票据行为人将票据交给相对人持有，票据行为才完成。不同的票据行为，接受交付的相对人也不一样。比如，出票人须将票据交付给受款人，背书人须将票据交付给被背书人，而承兑人及保证人须将票据交付给持票人。

3. 票据行为的种类。

(1) 出票。出票人签发票据并将其交付给收款人的票据行为称为出票行为。出票由做成票据和交付票据两项行为构成。做成票据是指出票人依照票据法的规定,在票据上记载法定内容并签名或盖章的行为;交付票据是指出票人依据自己的本意将做成的票据实际交给他人占有的行为。欠缺这两项行为中的任何一项,出票行为都不成立。出票的目的在于创设票据权利,并使票据进入流通领域。因此,出票行为完成后,即可发生票据法上的效力。基于出票行为,出票人产生票据债务,收款人或持票人取得票据权利。

汇票是一种要式证券,出票人在制作汇票时必须根据国家有关票据法的规定,将法定内容记载于汇票之上,只有这样才能产生票据的效力。各国的票据法关于汇票必须记载的事项有如下各项:

第一,标明汇票字样。德国法系各国及《日内瓦公约》都要求在汇票上必须标明"汇票"字样,中国《票据法》也有此要求,其作用是易于与其他种类的证券相区别,但是英美法系各国则不要求必须注明"汇票"字样。

第二,汇票必须是无条件的支付命令。如果在汇票上规定受款人必须完成某种行为或履行某项义务后付款人才予以付款,例如,在汇票上规定,"须于交付合格的货物后才付款",则这种汇票就是有条件的,其不起汇票的作用。

第三,汇票上所载明的金额必须是确定的。如果汇票上的金额以文字与数字记载,而两者金额不相符时,根据英国法系与《日内瓦公约》的规定,应以文字记载的金额为准。《日内瓦公约》还规定,如果汇票金额以文字或数字记载在一次以上,而先后有不相符之处时,则应以较小的数额为付款数额。

第四,必须载明付款人的姓名。各国的票据法都要求汇票必须载明付款人的姓名或商号。出票人可以指定银行或其他受托人为付款人,也可以以自己为付款人。当出票人以自己为付款人时,这种汇票称为"对己汇票"。对于"对己汇票"的性质,各国有不同的看法。英美法认为,对于这种票据,执票人有权选择将它作为本票或作为汇票处理。其他国家的法律有的将它视为本票,有的则将它视为汇票。

汇票的付款人一般是一个,但是也可以载明一个以上的付款人。在这种情况下,任何一个付款人均须承担支付全部汇票金额的责任,不能仅就金额的一部分负责。当其中一个付款人付款后,其余的付款人即可以解除付款义务。

第五,汇票的受款人。汇票是否必须载明受款人的姓名,各国的规定不同。英美法认为,汇票上可以指定受款人,也可以不指定受款人,而仅填写"付给持有人"字样,这种汇票称为无记名汇票或来人式汇票,谁持有汇票,谁就有权要求付款人支付票据上所记载的金额。但是,《日内瓦公约》则要求在汇票上记载受款人的姓名,原则上不承认无记名汇票。

第六,汇票的出票日期及地点。《日内瓦公约》规定,汇票应当记载出票日期及地点,否则不得认为有效。但是有一个例外,即如果汇票上没有载明出票地点,则以出票人姓名旁的地点为出票地点。英美各国则认为,出票日期及地点并不是汇票必须记载的事项。如果汇票上没有填写出票日期,汇票仍然有效。在这种情况下,执票人可以将其认为正确的日期补填在汇票上,如果汇票上没有载明出票的地点,则可以以出票人的营业所、住所或居住地为出票地点。

出票的日期及地点在法律上具有重要的意义。出票日期对于出票日后定期付款的汇票具有确定付款日期的作用,对于见票即付的汇票起着确定付款提示期限的作用,而对于见票后定期付款的汇票则起着确定承兑提示期限的作用。根据一些国家票据法的规定,付款提示与承兑提示都有一定的期限,这个期限是从出票之日起开始计算的。因此,如果汇票上没有载明出票日期,上述提示的期限就无法确定。

出票地点对国际汇票具有重要意义,它关系到汇票的法律适用问题。根据《解决汇票和本票法律冲突公约》与许多国家的法律冲突规则,汇票所适用的法律在许多方面都采用行为地法的原则,特别是有关汇票的形式与有效性的问题,一般都是以出票地国家的法律确定的。

第七,汇票的到期日。汇票的到期日就是汇票所载金额的支付日期。根据英国、美国等国家的法律规定,载明到期日并不是汇票的法定条件,如果汇票上未载明到期日,则作为见票即付的汇票处理。《日内瓦公约》虽然规定汇票应载明付款的时间,但是允许有例外,例如,未载明付款时间,可以视为见票即付。换言之,汇票即使未载明付款时间,其效力亦不受影响。根据各国的法律规定,如果汇票上的到期日恰遇公休日或节假日,可以顺延至下一个营业日。

关于汇票的到期日有四种规定方式:一是定日付款,即在出票时订明在某个日期付款;二是见票即付,即要求付款人在执票人向其提示汇票时付款;三是出票日后定期付款,即从出票日起算,于出票日后的一定期间内付款;四是见票后定期付款,即从执票人提示汇票起算,于见票后的一定期间内付款。根据英国票据法的规定,汇票的到期日可以是确定的期限或日期,也可以把将来肯定发生但不能预先确定其发生的确切日期的事件作为汇票的到期日。例如,在汇票上可以规定,“于某甲死亡后 3 个月内付款”这是有效的,因为某甲死亡这一事件是肯定会发生的,只不过是不能预定其确切日期而已。但是,如果在汇票上规定,“于某甲结婚后 3 个月内付款”就不能作为汇票的到期日,因为某甲可能终生未婚,这张汇票就可能永远没有到期日。但是《日内瓦公约》只允许采取上述四种办法规定汇票的到期日,不允许以其他方式规定到期日,否则汇票无效。

第八,汇票的付款地点。关于汇票上是否必须载明付款地点的问题,各国的法律有不同的规定。英国票据法认为,票据上不一定要载明付款地点,不管付款人在什么地方,只要执票人能找到他,就可以向他提示汇票,要求付款;《日内瓦公约》则要求在汇票上记载付款地点,但是,如果没有记载付款地点,可以将付款人姓名旁的地点视为付款地点。

第九,必须由出票人在汇票上签名。根据票据法的原则,只有在票据上签名的人才对票据承担责任。因此,各国的票据法规定,欠缺出票人签名的汇票在法律上是无效的。

出票人的责任有两项:一是担保其汇票将获得承兑,如果汇票的付款人拒绝承兑,则执票人可以做成拒绝证书,向出票人行使追索权,请求其清偿票款;二是担保其汇票将获得付款。如果汇票到期时不能获得付款,则出票人应对执票人承担清偿的责任。关于出票人是否可以在汇票上列入"免于追索"的文句,以免除其对执票人的偿还责任问题,各国法律有不同的规定。根据《日内瓦公约》的规定,出票人可以在汇票上列入免责文句,免除担保承兑的责任,但是不得免除担保付款的责任。英国票据法与美国《统一商法典》规定,出票人可以在汇票上列入免责文句,免除或限制其对执票人的偿还义务。

本票一般必须具备八项内容:①注明其为"本票"字样;②无条件支付;③收款人或其指定人;④出票人签字;⑤出票日期与地点;⑥付款期限;⑦一定金额;⑧付款地点。

各国票据法关于支票记载事项的规定不完全一致,《统一支票法公约》规定五个事项:①表明其为支票的文字;②无条件支付一定金额的委托;③付款人名称;④出票日期;⑤出票人签名。

(2)背书。持票人在票据上签名并交付受让人,从而使票据上的权利发生转移所做的票据行为称为背书。票据为流通证券,票据上的权利可以依背书方式在社会上流通。根据各国法律的规定,除无记名汇票仅凭交付转让外,记名汇票与指示汇票都必须以背书的方式进行转让。

票据背书一般有三种效力:①权利转移的效力。背书是背书人以转移权利为目的而进行的票据行为,因此,被背书人依背书而受让票据后就同时取得票据的所有权以及票据上的一些权利,如包括对付款人的付款请求权、对前手的追索权以及对票据保证人的权利等。②担保付款的效力。背书人对于其后手有担保承兑及付款的责任,而且,背书人之间还承担连带责任。如承兑人拒绝承兑或承兑人破产或不付款时,持票人有权向背书人中的任何一人、数人或全体进行追索,请求偿还票据上的金额。背书人对于票据债权人所负责任与出票人相同。因此,票据的背书人越多,就意味着有更多的人担保票据承兑和付款,则担保的效力就越强,持票人的利益就越有保障。③权利证明的效力。这是指持票人应以背书的连续证明其取得的票据权利是正当的。如其所持票据上的背书为连续时,应推定其为真正的票据权利人,而不必另行举证,即可行使票据权利。

背书的方式主要有两种:①记名背书。这是指执票人在背书时,在票据背面写上被背书人的姓名与商号,并签上自己的名字,然后将票据交付给被背书人,票据的转让即告完成。②空白背书。这是指背书人仅在票据背面签上自己的名字,而不填写被背书人的姓名或商号。经空白背书后的票据可以仅凭交付而转让,其结果与来人式汇票相同。现在世界各国的票据法都承认空白背书是有效的,但我国《票据法》要求持票人在转让票据时必须载明被背书人,这意味着我国当事人在流通票据时必须记名背书。

(3)承兑。汇票的付款人接受出票人的付款委托,同意承担支付汇票金额的义务,并以签名形式将此项意思表示于汇票上的行为称为承兑行为。承兑的作用在于确定付款人对汇票金额的付款义务。因为开立汇票是出票人单方面的行为,付款人是否接受该票据是不确定的。所以,持票人为了确定付款人的责任,就须向付款人提示承兑,只有付款人在汇票上签名承兑之后,他才对汇票的付款承担责任,并由此而成为汇票的主债务人,出票人和其他背书人则居于从债务人的地位。但是,如果承兑人在汇票到期时不付款,持票人仍有权向任何前手背书人或出票人进行追索;如果付款人拒绝承兑,持票人就只能对汇票的背书人和出票人进行追索,但承兑行为仅发生于汇票关系中,本票和支票关系中无承兑行为。

承兑行为有三种情况:①普通承兑,即由付款人在汇票上注明“承兑”字样并签具付款人的姓名与日期,除此以外没有任何附加条件。这是正常的承兑,是完全有效的。②附有限制条件的承兑,这主要有五种情形:一是有条件的承兑,例如,付款人在承兑时注明必须以提交某种装运单据为付款条件等;二是部分承兑,即只承兑汇票金额的一部分;三是对付款地点加以限制,例如,在承兑时注明只能在某个地方付款;四是对付款的时间作出限制,例如,在承兑时注明必须在原定的到期日后 2 个月才能付款,或限定承兑的有效期为 3 个月,逾期必须更新等;五是当汇票有数个付款人时,只有某些付款人承兑,而不是全体付款人都承兑。对于附有限制条件的承兑的效力,各国的法律有不同的规定。根据英国票据法的规定,执票人可以拒绝接受附有限制条件的承兑,并可以认为这是付款人拒绝承兑的行为。但是如果执票人接受有限制条件的承兑,则他必须征得出票人与背书人的同意,否则出票人与背书人都可以解除对汇票所承担的义务。根据《日内瓦公约》的规定,承兑应是无条件的,但是承兑人可以限制其所承兑的数额,承兑的仅是承兑汇票金额的一部分。换言之,部分承兑是允许的，执票人应当接受，因为这对双方都有利。③参加承兑，是指当汇票不能获得承兑，或付款人与承兑人死亡、逃避、破产或其他原因无法向其作承兑提示时，第三人为阻止持票人在汇票到期日前进行追索而加入票据关系所做出的票据行为。参加承兑制度的目的，在于防止持票人在汇票到期日前，因不获承兑而行使追索权，以维护出票人和背书人的信誉。参加承兑人代被参加承兑人偿还债务后，汇票的权利并不消灭，汇票亦不因之而失效，参加承兑人对被参加承兑人及其前手仍取得持票人的权利。

(4)保证。票据债务人以外的第三人表示在付款人不履行付款义务时，由他代为承担付款责任的一种票据行为称为保证行为。它使保证人和持票人之间产生法律关系。在票据保证人提供了保证后，持票人的权利多了一层保障，在条件具备时，持票人可直接向保证人行使付款请求权或行使追索权。保证人在清偿票据债务后，有权行使持票人对承兑人、被保证人以及对于被保证人应负票据上责任的前手的追索权。

(5)付款。付款人支付票据金额以消灭票据关系的行为称为付款行为。付款人在付款时要符合两个要求：一是出于善意。付款人并不知悉持票人对该票据的权利有缺陷，例如，付款人不知道该票据曾失窃或被设置抵押等。二是鉴定背书连续。付款人对指示票据上的背书的连续性负审查之责，换言之，付款人不得对背书不连续的票据持有者付款，否则付款人须承担向票据真正所有人再次付款的风险。

完善的付款程序由三个阶段的行为组成。

第一阶段，付款提示。付款提示是持票人向付款人或担当付款人出示票据以请求付款的行为。其中，担当付款人是出票人出票时或付款人承兑时记载的、代替付款人实际付款的人。其作用在于保证付款人不在其住所或营业所或不经常拥有资金时，仍能通过担当付款人正常付款。付款提示是付款的前提，持票人须前往付款人处出示票据，以证明自己的权利。持票人须在法定时间内向付款人做付款提示，如根据《日内瓦公约》，见票即付的汇票应在出票日后1年内提示付款；出票后定期付款的汇票，持票人应于到期日或其后的两个营业日内做付款提示。若持票人在法定期限内不作付款提示，则日后如付款人拒付，持票人就不能向出票人和前手背书人进行追索，但持票人仍有权向付款人请求付款。

第二阶段，支付票款。持票人依法定期限提示付款时，付款人原则上应按票据所载的金额全部付款。至于持票人是否应接受部分付款，各国规定不一致。英美法系国家一般允许持票人拒绝接受部分付款而就票款的金额向票据上的债务人行使追索权，但也不禁止持票人接受部分付款，因部分付款并未增加持票人的损害，同时还能减轻追索义务人的负担；日内瓦统一法系的国家一般不允许持票人拒绝部分付款，持票人只能在接受部分付款后就未付部分向票据上的其他债务人追索。付款人一般应在持票人作出有效提示的当日付款，否则即被视为拒付，但英国票据法对远期汇票和本票的付款时限规定了3天的宽限期，即付款人可推迟3天付款；日内瓦统一法系国家一般无宽限期的规定。

第三阶段，交还票据。付款人就票据的金额如数照付后，票据上的一切债权债务关系即告消灭。付款人在付款时可要求持票人在票据上签名，记载“收讫”字样，并将票据交还付款人，也可要求收款人另外出具收据，载明已收受票据金额。

（五）票据瑕疵

票据瑕疵是指票据当事人或他人所进行的影响票据效力的行为。票据瑕疵实质上是票据行为上的瑕疵的具体表现，与票据形式上的欠缺不同。票据形式上的欠缺是指票据欠缺法律规定的必要记载事项，其在票据法上属于无效票据；票据瑕疵并非形式上的欠缺，且其不是在任何情况下都属无效。票据瑕疵通常包括票据的伪造、变造和涂销。

1. 票据伪造。

票据的伪造是指假冒他人的名义而为票据行为的一种行为，包括假冒出票人的名义签发票据的行为，以及假冒他人名义而为的背书、承兑、保证等其他票据行为，这一般是针对签章行为而言的。票据的伪造对不同当事人的效力不同。

（1）对伪造人的效力。对票据的伪造，因伪造人未在票据上签上自己的真实姓名，不算做票据行为，所以不负票据上的责任，但要承担其他法律责任，如民事责任、刑事责任。

（2）对被伪造人的效力。被伪造签章的人自己并没有在票据上签章，也没有授权伪造人代表或代理签章，所以不负任何票据责任。因签章是票据行为成立的一个有效条件，当事人只有在票据上签章，才按票据所载文义负责。

（3）对票据上真实签章的效力。对于在票据上有真实签名的人而言，因票据行为具有独立性，即每一票据行为各依其在票据上所载的文义分别独立发生效力，所以票据的伪造不影响真正签名人所为的票据行为的效力。凡真正签名于票据者，仍应依票据上所记载的文义负责。例如，甲伪造乙姓名签发本票给丙，丙以背书转让于丁，则丁只能对丙行使追索权；甲和乙都无票据上的责任；丙可向甲要求赔偿。

（4）对持票人的效力。一切持票人对于伪造者或被伪造者都不能取得票据权利，而只能依民法的方法请求伪造者赔偿。但是，如果票据上有真正的签名人且该签名在被伪造人之后，则持票人可以选择是依民法的方法请求伪造者赔偿，还是依票据法向被伪造人之后的真正签名人行使票据上的追索权。

(5)对付款人的效力。对付款人的效力有两种情形：一是对伪造的票据付款。付款人因资金关系而建立票据付款关系时，一般应预留有出票人签章的印样或笔迹，以辨别出票签章的真伪；付款人如不辨认或辨认错误出票人的签章是否真实而对伪造的无效票据付款的，属于付款人有过失，应由付款人自负其责。二是对伪造的背书付款。付款人对票据上的背书仅负形式上是否连续的认定之责，不负识别背书签名真伪的认定之责。所以，伪造的背书签名如果仍然能显示背书的连续性，付款人即可据此付款，免除其责任，但明知背书伪造或恶意串通而进行付款的，不能解除票据责任。伪造的签名如果未保持背书连续而付款人付款的，应自负其责，但自负其责的依据不是出于背书伪造，而在于背书不连续。

在伪造签名特别是伪造背书的问题上，英美法系与大陆法系存在着严重的分歧。英国票据法规定，票据上伪造签名是无效的，伪造背书不能产生票据权利，因此，即使被背书人对伪造背书之事毫不知情并且支付了对价，真正的所有人仍可以根据伪造背书无效为理由控告被背书人；如果银行对伪造背书的票据付款，由银行自行负责，只有当银行以善意的在正常业务中对伪造背书的票据付款时，银行才不负责任。《日内瓦公约》与德国票据法则认为，善意的、没有重大过失而通过连续不断的背书取得票据的执票人，即使背书是伪造的，他仍可以取得票据上的权利。作为付款人的银行只对背书的连续性负责，对背书签字的真伪不予负责。可见，二者的分歧在于英国法主张保护票据的真正所有人，而《日内瓦公约》与德国法则主张保护善意的持票人。但是，二者都认为这样规定是为了促进票据的流通作用。英国法认为，如果由出票人或被伪造签名背书的人承担伪造签名的损失，他们就会不愿意开出票据或接受票据，从而使票据的使用受到影响。以《日内瓦公约》为代表的大陆法系国家则认为，如果由善意持票人或付款人承担伪造签名的损失，他们在使用票据时就要花时间查对有无伪造签名的情况，否则就不放心接受票据，这也会影响票据的流通使用。由于二者考虑问题的角度不同，因此，虽然都是从促进票据流通的立场出发，但却对伪造签名作出截然不同的处理规定。

中国《票据法》对伪造背书的态度与《日内瓦公约》一致。

2. 票据变造。

票据的变造是指无权变更票据上记载事项内容的人对于有效票据上所记载的除签章以外的内容加以变更的行为，如变更金额、变更到期日等。

票据变造与票据伪造的不同之处在于，前者是票据债务内容的变更；后者是票据债务人的伪造。例如，甲签发一张本票交付乙，乙以背书转让给丙，丙取得本票后将票面金额由 1 万元改为 5 万元，再转让给丁，此本票上所有签名都是真实的，不发生伪造的问题。但对于有合法权限的人变更票据上签名以外的记载事项，则称为票据的更改。但需注意的是，票据须由原记载人改写，须经持票人或已在票据上签过名的人同意，否则就是变造。

关于票据变造的效力，各国票据法都作出了相应的规定。通常，根据签名人的签字是在变更以前或以后有所不同，如果签名是在变造前的，依原有文义负责；如果签名是在变造后的，则依变造文义负责。

3. 票据涂销。

票据的涂销是指将票据上的签名或其他记载事项予以涂抹或消除的行为，例如，以涂改液、墨水涂抹签名或其他事项。如果涂销程度十分严重，使票据从外观上难以辨认时，该票据属于应废弃的票据。

对于票据涂销的效力，各国规定有所不同。英国票据法规定，如果涂销不是由票据权利人故意造成的，不影响票据上的效力。德国票据法则不问这种行为是否出于故意，或行为人是否有权进行涂销都产生效力。此外，还有一些国家的票据法区别以下情况作不同的处理。

（1）有权利的人故意涂销。有权利的人进行的故意涂销为有效涂销，应产生涂销效力，即该被涂销的记载事项为已涂销，或已因涂销而失去票据记载效力。

（2）有权利的人无意涂销。有权利的人虽然有涂销权，但所进行的涂销属于无意识或失误，并非是涂销权人真实意图的涂销，应为无效涂销，该无效涂销应为未涂销或涂销无效，被涂销的事项应仍具有票据效力。在形式上，有权利人进行的无意涂销，应在涂销处注明“未涂销”并予以签章，以避免票据关系人引起争议和明确认定该涂销应为无意涂销。

（3）无权利人的故意涂销。没有涂销权的人故意进行的涂销，由于没有涂销权，所以该涂销应为无效涂销，其效力应为未涂销或涂销无效，被涂销的记载事项仍具有票据效力。如果该项涂销是出于恶意而进行的，其涂销行为是对票据关系和票据流通秩序的一种破坏，应将其归于票据伪造或票据变造。

（4）无权利人的无意涂销。没有涂销权的人无意或失误而进行的涂销也应视为无效涂销，其涂销的效力应为未涂销，被涂销的记载事项仍具有票据效力。无权利人应在涂销之处注明“未涂销”并予以签章，否则，既已涂销而又不证明是属于失误，则涂销人明显具有重大过失或恶意。

（六）票据权利

1. 票据权利的概念。

票据权利是指持票人向票据债务人请求支付票据金额的权利，包括付款请求权和追索权。

付款请求权是指票据权利人对票据主债务人或其他付款义务人请求按票据上所记载的金额付款的权利,这称为第一次请求权。

追索权是指票据权利人行使付款请求权遭到拒绝或有其他法定原因时,如票据不获承兑或付款人死亡、破产、停止支付等时,向前手及出票人请求偿还票据上有关金额的权利,这称为第二次请求权。通常,在行使追索权时,首先,要在法定期间内做成拒绝证书;其次,持票人应将自己被拒绝的事实通知出票人、背书人,以便被追索人及早准备偿还资金;再次,追索权人向被追索人出示票据和拒绝证书,请求对方偿还一定的金额。

综上所述,票据权利与一般债权只有一个请求权不同,票据权利具有双重请求权。第一次请求权是票据上的主要权利,当第一次请求权得不到满足时,可行使第二次请求权以资补救,以保护票据权利人,便利票据流通,巩固票据制度。

2. 票据权利的取得。

(1)取得票据权利的三个基本原则。

第一,持票人能通过背书连续证明自己是票据的合法持有人,凡通过连续背书取得票据的人就取得了票据权利。

第二,持票人取得票据为善意或没有重大过失,凡以恶意或有重大过失而取得票据的,不能享有票据上的权利。所谓恶意,是指明知出票人或转让人无权转让而仍接受其转让;所谓重大过失,是指受让人虽非不知,但若稍加注意,即可知悉其出票人或转让人乃无权让与票据权利的人。

第三,因法定原因可以依法无偿取得票据的,不受给付对价的限制,但是,所享有的票据权利不得优于其前手的权利。

(2)票据权利取得的方式。依合法方式或法定原因而取得有效的票据,从而享有票据权利,称为票据权利的取得。票据权利的取得有两条途径,即原始取得和继受取得。

票据权利的原始取得是指持票人经出票人出票取得有关票据或从无权利人处善意取得有关票据而取得票据权利,其分为出票取得和善意取得。

票据权利的继受取得是指当事人通过实施某种票据行为从原有票据权利人(即正当处分人)手中受让而取得票据权利或基于票据法以外的其他法定原因取得票据权利。票据权利的继受取得,包括票据法上的继受取得和非票据法上的继受取得。前者是指从有处分权人处依背书转让或交付的方式取得票据权利;后者是指非基于票据法所规定的方式而取得票据权利,包括依普通债权转让方式转让、继承、公司合并、营业受让、税收、赠予等方式取得票据权利。非票据法上继受取得票据权利，通常只能得到一般的法律保障，例如，民法对权利受让人的保障，而不能得到票据法对合法持票人权利的特别保障。

3. 票据权利的行使和保全。

(1)票据权利行使和保全的概念。票据权利的行使，是指票据权利人向票据债务人提示票据，请求履行票据债务的行为。如行使付款请求权以请求付款、行使追索权以请求偿还等。票据权利的保全，是指票据权利人为防止票据权利的丧失而为的一切行为。主要包括为防止追索权丧失而依期进行付款提示和承兑提示的行为；为防止追索权丧失而依期做成有效拒绝证明的行为；为防止因时效而消灭票据权利所采取的中断时效的行为等。票据权利的行使有一定的内容，同时也是票据权利的保全，如依期提示，因而各国票据法多将二者相提并论。

(2)票据权利行使和保全的方法。票据权利行使与保全的方法通常有依期提示、做成拒绝证书和时效中断三种。

第一，依期提示票据。票据为完全有价证券，享有票据权利的证明之一为持有票据，证明持有票据的方法即为提示票据，提示票据是行使票据权利必需的方式，如果不提示票据而仅以口头或书面通知方式请求票据债务人履行票据债务，不产生行使票据权利的效力，这是票据权利行使行为的特点，与民法上权利行使的行为有所不同。票据提示，依权利行使的内容和目的不同，可以分为行使支付请求权的票据提示和行使追索权的票据提示。行使支付请求权的票据提示又可分为承兑提示和付款提示。承兑提示，在严格的意义上仅是确认支付请求权或请求付款人进行票据行为，而非实质意义上的行使支付请求权，付款提示才是真正意义上的行使支付请求权。

提示票据同时具有保全票据权利的意义，也是票据权利的保全行为之一。提示票据，在行使票据权利的行为时可以不依期进行，例如，汇票、本票不依期进行付款提示，对付款人或承兑人仍享有支付请求权，即进行期后付款的支付请求权，但行使保全票据权利的行为时，提示票据必须依期进行，否则丧失对前手的追索权。所以，提示票据作为票据权利的行为和作为保全票据权利的行为又有一定的区别。

第二，做成拒绝证书。做成拒绝证书是为了证明持票人曾经依法行使票据权利而遭到拒绝或者根本无法行使票据权利而由法定机关制作的一种要式公证书。原则上，当持票人的权利主张被拒绝或无从行使权利时，应请求做成拒绝证书用以证明。持票人凭此拒绝证书即可行使追索权。

第三，票据时效中断。票据权利将因消灭时效的完成而归于消灭时，票据权利人可依一定的行为使时效发生中断，从而保全票据权利。使票据时效发生中断的行为,包括诉讼上的行为和诉讼外的行为。前者主要为向法院提起诉讼;后者主要为提示票据并催告履行、向前手通知提起诉讼等。

4. 票据权利的消灭。

票据权利的消灭是指票据权利因一定的原因或法定事由的出现而不复存在。票据权利可因下列原因而归于消灭:①付款。付款义务人向持票人支付票据所载款项的行为是最正常、最基本的票据权利消灭的原因。②清偿追索。被追索人依法清偿债务后,被追索人及其后手解除票据责任,清偿追索可以消灭票据权利。清偿人如果为最终债务人时,清偿追索可以全部消灭票据权利,为票据权利的绝对消灭情形之一;清偿人如果还有前手和最终债务人可以发生再追索时,票据权利仅部分消灭,为票据权利相对消灭。③票据时效届满。持票人在票据时效内对相应的票据债务人不行使票据权利的,因时效届满而消灭票据权利。④保全手续欠缺。因票据权利人未依票据法的规定为一定的票据权利保全行为,也可使相应的票据权利丧失。⑤除权判决。票据丧失后,原票据权利人或失票人可以请求法院进行公示催告,公示催告期限届满而无人申报票据权利的,法院应作出除权判决,即判决公示催告的票据消灭票据权利,并由原票据权利人恢复票据权利。⑥善意取得。票据丧失后被他人善意取得的,善意取得人享有票据权利,而失票人或原票据权利人则丧失票据权利。

(七)票据丧失的补救

票据丧失是指持票人并非出于自己的本意而丧失对票据的占有。票据的丧失分为绝对丧失和相对丧失。票据的绝对丧失是指诸如票据被焚烧损毁等情况;相对丧失是指票据遗失或被盗。

由于票据权利的行使与票据的占有在票据法上有不可分离的关系,持票人若丧失其票据,则在其未重新占有票据之前不能直接向票据债务人行使票据权利。如是票据的相对丧失,则其他人有可能行使该票据上的权利。因此,为保护持票人不因丧失票据而失去票据权利,许多国家规定了票据丧失的补救措施。票据丧失的补救方法,以对票据权利的影响为标准可分为两类。

1. 票据权利的保全方法。

票据丧失后,为了保全票据权利和保全金额不被他人冒领,失票人可以利用挂失止付的方法,使付款人暂时对该丧失的票据不予付款。但挂失止付是一种临时性补救措施,只能暂时起到票据金额不被冒领的作用,不能阻止第三人善意取得票据,也不能最终使失票人恢复因票据丧失而失去的票据权利。因此,挂失止付仅为票据丧失后的票据权利或票据金额的保全方法。

2. 票据权利的复权方法。

票据权利的复权包括两种方法:一是公示催告。公示催告主要是大陆法系国家采用的一种补救方法。票据丧失后,失票人可以向法院申请公示催告,经公示催告程序,在公示催告期间无人申报票据权利的,法院应给予除权判决,因除权判决,失票人可以恢复票据权利的享有和行使。因此,公示催告是票据权利的复权方法之一。二是确认票据之诉。票据丧失后,失票人利用公示催告程序或其他方法已知持票人为何人时,如对持票人的票据权利有争议,可以向法院依普通程序提起确认票据之诉。如果能胜诉,法院确认票据归属的判决将给予失票人以要求票据返还的权利,因票据的返还而使失票人恢复票据权利。确认之诉是完全意义上的复权方法。

(八)票据抗辩

票据抗辩是指票据债务人根据票据法的规定对票据债权人拒绝履行义务的行为。在票据关系中,支付请求权和追索权等是票据债权人的权利,而票据抗辩则是票据债务人的权利,不能将二者混淆。票据法规定票据抗辩的意义在于,保障票据债权人合法权益的同时也公平地保障票据债务人的合法权益。

根据抗辩的原因不同及抗辩的效力不同,票据抗辩分为物的抗辩和人的抗辩两种。

1. 物的抗辩。

物的抗辩是指一切票据债务人或特定票据债务人可以对抗任何持票人的抗辩。因其是基于票据本身所存在的事由而发生的抗辩,所以称为物的抗辩;且因其可以对抗任何持票人,所以又称为绝对抗辩。不仅如此,由于其与直接当事人的关系无关,所以也称为客观抗辩。这种抗辩又可分为两种:一种是一切票据债务人可以主张的对物抗辩。这种抗辩主要有因出票欠缺绝对记载事项而票据无效的抗辩;因更改不可更改事项而票据无效的抗辩;因违反票据金额记载规则而票据无效的抗辩;不依票据文义而提出权利请求的抗辩。例如,票据金额与请求金额不符合;票据权利已消灭的抗辩,例如,票据权利已因除权判决而消灭。另一种是特定票据债务人可以主张的对物的抗辩。这种抗辩主要有无民事行为能力人和限制行为能力人可以主张欠缺票据行为能力的抗辩;被代理人可以主张无权代理或越权代理的抗辩;被伪造签章的人可以主张票据伪造的抗辩;在变造之前签章的人可以主张票据变造的抗辩;票据行为记载禁止事项时,其票据行为无效,票据行为人及其前手可以主张记载禁止事项的抗辩;等等。

2. 人的抗辩。

人的抗辩是指票据债务人向特定持票人的抗辩。因其仅能对抗特定持票人,所以又称为相对抗辩;且因其主要产生于特定当事人之间的关系,所以又称为主观抗辩。这种抗辩又可分为两种:一种是一切票据债务人可以向特定债权人行使的抗辩，例如，以欺诈、胁迫、偷盗、拾遗等方式取得票据不得享有票据权利，一切票据债务人对此类取得票据者均可主张直接恶意抗辩。另一种是只有特定的票据债务人可以向特定债权人行使的抗辩。例如，在直接当事人之间，原因关系可与票据关系相牵连，作为直接当事人的票据债务人可以原因关系的无效、瑕疵等对抗作为直接当事人的票据债权人；买方基于购销合同而开出的本票，在收款人未履行交货而请求付款时，出票人得以对收款人提出的抗辩。

（九）《联合国国际汇票和国际本票公约》

由于《日内瓦公约》并没有达到统一各国票据法的目的，英美法系各国的票据法与《日内瓦公约》在许多问题上存在着重大的分歧，这种状况的存在对汇票在国际上的使用、流通是十分不利的。为了解决这个问题，促进各国票据法的协调与统一，联合国国际贸易法委员会决定从 1971 年起着手起草一项适用于国际汇票的统一法公约，并于 1973 年提出了一项《统一国际汇票法（草案）》。这项草案是日内瓦公约体系与英美法体系相互调和与折中的产物，但是由于各国在许多问题上的分歧一时难以解决，该草案未能通过；1979 年将其改名为《国际汇票和国际本票公约（草案）》（以下简称《联合国公约》），以后又进行了多次修改，直到 1988 年 12 月 9 日纽约第 43 次联大会议上才正式获得通过，但尚未生效。现将该公约在协调两大法系的分歧方面所取得的成果简要介绍如下。

1. 关于票据的形式要求问题。

英美法系与《日内瓦公约》体系的一个重要分歧是对票据的形式要求的严格程度有所不同。《日内瓦公约》对票据的形式要求相当严格，相比较而言，英美法系对票据的形式要求则比较灵活。例如，根据《日内瓦公约》，汇票上必须注明"汇票"字样，必须载明出票日期，不得开立无记名汇票。出票人不得在票据上记载免除或限制其对持票人责任的条款，有些汇票不得规定利息条款等，而英美法系则没有这些限制。在这个问题上，《联合国公约》基本上采纳了英美法系的原则，但在以下两个方面采纳了《日内瓦公约》的精神，因而与英美法系有所不同。

（1）根据《联合国公约》第 3 条的规定，汇票上必须载有出票日期。

（2）不得开立无记名式的国际汇票，但是背书人可以用空白背书的方法，使汇票在实际上变更为无记名汇票。因为经空白背书后，其受让人在将汇票再度转让时无须背书，只要交出汇票即可将其转让给他人。

2. 关于对持票人的法律保护及票据的抗辩问题。

为了使票据具有流通性，各国的票据法对善意或合法的持票人都给予有力的保护，认为他可以享有优于其前手的权利，但是各国的法律对善意或合法的持票人所要求的条件不完全相同。英国汇票法将持票人分为持票人、付了代价的持票人与正当持票人三种。法律上对这三种持票人所给予的保护也有所不同。所谓持票人，是指票据的受款人或被背书人，或空白汇票的持有人；所谓付了代价的持票人，是指在任何时候都曾对票据付了代价的持票人；所谓正当持票人，是指在票据完整、正常与没有过期的情况下，出于诚信，不知悉票据曾经遭到拒付，不知悉出让人的权利有任何瑕疵，并且付了代价而取得票据的持票人。英国法给予正当持票人以充分的保护，他可以享有优于其前手的权利，不受其前手对票据的任何权利瑕疵的影响，也不受其他人对票据可能享有的任何衡平权益的影响。根据英国法的解释，所谓知悉，是指实际知悉，如果仅仅是推定知悉，即仅仅根据周围情况推定持票人知道出让人的票据权利有瑕疵，则还不能动摇正当持票人的地位。

《日内瓦公约》对"合法持票人"的条件作出了规定。该公约规定，所谓合法持票人，是指通过一系列不间断的背书证明其是对票据具有所有权的持票人。《日内瓦公约》体系各国的法律都没有"对价"的概念，也不以是否支付了代价或对价作为合法持票人的必要条件。因为这些国家的法律认为，票据是抽象的法律行为，是不要因而要式的证券，在法律上无须要求对价或约因。而且，持票人对其前手的权利瑕疵是否知情也不以实际知悉为限，只要拟制知悉就可以影响持票人的权利。换言之，即使票据的受让人实际上并不知道其背书人的权利有瑕疵，但是如果根据客观情况能推定其应当知道背书人的权利有瑕疵，该受让人就不能成为票据的合法持票人，从而不能享受法律给予合法持票人的各种保障。

根据我国《票据法》，持票人可以分为单纯持票人、对价持票人和合法持票人三种。其中，对价持票人的概念和法律地位与英美法中的对价持票人相同；单纯持票人和合法持票人的概念与法律地位则同《日内瓦公约》的规定相同。

《联合国公约》将持票人分为持票人和受保护的持票人两种。根据该公约的规定，受保护的持票人必须具备六个条件：①持票人在取得票据时，该票据应当是完整的；②他在成为持票人时对有关票据责任的抗辩不知情；③他对任何人对该票据的有效请求权不知情；④他对该票据曾遭到拒付的事实不知情；⑤该票据未超过提示付款的期限；⑥他没有以欺诈或盗窃手段取得票据或参加与票据有关的欺诈或盗窃行为。这些条件与英国法对正当持票人的要求有许多地方是相似的，其主要区别是，《联合国公约》对受保护的持票人不以支付代价为条件。这一点与大陆法系的原则是一致的。

《联合国公约》对受保护的持票人给予强有力的保护。其具体办法是，限制对受保护的持票人可能提出的抗辩。根据公约第 31 条的规定，除下列情况外，当事人不得对受保护的持票人提出任何抗辩：①关于票据上伪造签名的抗辩；

②关于票据曾发生过重大改动的抗辩;③关于未经授权或越权代理人在票据上签名的抗辩;④关于汇票必须提示承兑而未能提示承兑的抗辩;⑤关于未适当提示付款的抗辩;⑥关于必须在不获承兑或不获付款时做成拒绝证书,而未正当地做成拒绝证书的抗辩;⑦关于票据时效(4 年)已过的抗辩;⑧基于该当事人本人与持票人之间在票据上签字而提出的抗辩;⑨基于当事人不具备履行票据责任的行为能力的抗辩。

除了上述各项抗辩外,当事人不得对受保护的持票人提出任何其他抗辩,而且受保护的持票人的权利不受任何第三人对该票据的任何请求的限制,除非这种请求权是由于他本人与提出请求权的人之间的基础交易所引起的。

3. 关于伪造背书的后果。

对于转让被伪造背书的汇票带来的损失如何分担,英美法系与《日内瓦公约》体系存在着很大的分歧。如前所述,英美法系主张保护票据的真正所有人,而《日内瓦公约》体系则主张保护善意的持票人。《联合国公约》试图用折中的办法协调两大法系的这一分歧。公约第 16 条规定,凡是拥有经过背书转让给他或前手的背书为空白背书的票据,并且票据上有一系列连续背书的人,即使其中任何一次背书是伪造的或者是由未经授权的代理人签字的背书,只要他对此不知情,就应认为他是票据的持票人,从而受到法律的保护。同时,公约第 26 条又规定,如果背书是伪造的,则被伪造其背书的人或者在伪造发生之前签署了票据的当事人有权对因受让伪造背书遭到的损失向伪造人、从伪造人手中直接受让票据的人以及向伪造人直接支付了票据款项的当事人或受票人索取赔偿。但是,向伪造人直接支付票据款项的当事人或受票人,如果在付款时对伪造背书一事不知情,则可以不承担上述赔偿责任。除非这种不知情是由于他没有根据诚信原则行事或未尽适当注意所致。前一项规定是为了保护善意的受让人,它反映了《日内瓦公约》的原则;后一项规定是倾向于保护真正的所有人,它反映的是英美法的要求。根据《联合国公约》的规定,伪造背书的风险最终由伪造者负责,如果伪造者逃匿不获或破产,则由从伪造者手中取得票据的人负责。

第二节　国际商事的支付方式

在国际商事交易中,常用的支付方式主要有三种:买方直接付款、银行托收和银行信用证。这三种方式虽然都通过银行办理,但银行在每一种支付方式中所起的作用及其所承担的义务是各不相同的。

一、买方直接付款

买方直接付款是指由买方主动地把货款汇付给卖方的一种支付方式。买方在安排付款时虽然一般都通过银行办理,但银行仅限于代客办理汇款业务,对货款的支付不承担任何责任,因此,严格来说银行并没有介入其中。所以,国际上将这种方式称为买方直接付款。买方直接付款有各种不同的安排,主要有以下几种。

(一)订货付现

订货付现又称为预付现款,是指卖方要求买方在订货时即预付全部货款或部分货款。这是对卖方最为有利的支付条件,卖方可以把出口交易中的资金风险降低到最小限度。但对买方来说则正好相反,卖方要求买方在订货时就预付货款,从而会影响买方的资金周转,一旦卖方破产或不交货,买方就将承担全部损失的风险。因此,这种支付方式在国际贸易中使用并不普遍,一般多是在卖方按照买方提出的特殊规格制造出口商品时才采用这种付款方式。

(二)收货付现

收货付现是指买方在收到货物之后就支付合同项下的价款,在这种支付方式下,付款行为和收货互为对流条件。这种方式对于买方而言不失为一种理想的付款方式。因为,买方在这种条件下,无须承担任何收取货物的风险,而且还可以获取货物在运输途中货币的时间价值。

(三)交单付款

交单付款是指买方的付款以收到卖方代表货物的单据为前提。这种方式对于卖方而言只是进行了抽象性的单据交付,而非现实交付;对于买方而言,则只是取得了代表货物的单据,而无法亲自验证货物与单证是否相符。但是,如果将这种付款方式与其他的商检单据以及与清洁提单相联系,买方的收货还是得到了相当保障的。又因卖方可以在交付货物的凭证时就获得货款,如果买方不付款,还可以采用保留货物所有权的形式实现担保,不至于出现钱货两空的情形。当然,如果没有其他担保,卖方可能还会承担买方违约带来的运输价金的风险等。总之,这种方式买卖双方均可接受。

在采用这种支付方式时,买方要通过银行把货款汇付给卖方,其汇付的办法主要有以下四种。

1.信汇。

信汇是汇出行应买方的申请,将信汇委托书寄给汇入行,授权该汇入行解付一定金额给收款人的一种结算方法。信汇的具体程序是:汇款人填写汇款申请书，连同汇款、汇资交汇出行，以此取得汇出行的信汇回执；汇出行开具信汇委托书邮往汇入行，委托该汇入行向收款人付款；汇入行收到该委托书后即通知收款人取款；汇入行收到收款人签名或盖章的收据后即向其付款，然后将付讫借记通知寄给汇出行。

2. 电汇。

电汇是汇出行应买方的申请，拍发加押电报或电传给其在收款人所在地的分行或代理行，委托其向收款人付款的结算方法。电汇方式较信汇快捷，但买方却须负担较高的电汇费用，因此，如果合同没有规定使用电汇付款，买方一般通过信汇方式付款。

3. 票汇。

票汇是指由买方向当地银行购买银行汇票，自行寄给卖方，由卖方或其指定的人持汇票向卖方所在地有关银行收取货款的一种结算方法。

4. 电子系统汇付。

随着计算机技术的发展，国际银行之间越来越广泛地采用了环球银行间财务电信（Society for Worldwide Interbank Financial Telecommunication，SWIFT）系统进行高速度电子资金转移，即电子系统汇付。其具体办法为：汇出行应汇款人的申请，向其分行或代理行发出付款指示，后者照办该指示后，即通过计算机借记于汇出行在SWIFT系统的电子账户上。

二、银行托收

（一）托收的概念

托收是由卖方对买方开立汇票，委托银行向买方收取货款的一种结算方式。银行托收的基本做法是：由卖方根据发票金额开出以买方为付款人的汇票，向出口地银行提出托收申请，委托出口地银行（托收行）通过它在进口地的代理行或往来银行（代收行），代为向买方收取货款。

托收方式的一个重要特点是，托收银行和代收银行对汇票的付款人（受票人）拒付或拒绝承兑都不承担任何义务或责任，他们的责任只限于及时向付款人提示汇票，并于遭到拒付时及时把情况通知委托人（卖方）。至于卖方能否收回货款，则全赖于买方的商业信誉，银行并不给予卖方以任何保证。因此，从信用性质来说，托收是属于商业信用，而不是银行信用。在采用托收方式时，卖方在收取货款方面是有一定风险的。

托收分为光票托收和跟单托收两种。光票托收是指卖方仅开具汇票委托银行向买方收款，而不附具任何装运单据；跟单托收是指卖方将汇票连同提单、保险单、发票等装运单据一起交给银行,委托银行向买方收取货款。在国际贸易中,光票托收通常只用于收取货款尾数、佣金、样品费等项费用,至于货款的支付,一般都是采取跟单托收的方式。

(二)托收结算中的法律关系

根据1995年国际商会《商业单据托收统一规则》(Uniform Rules on the Collection of Commercial Paper)的规定(最新修订本以国际商会第522号出版物出版,简称URC522),一笔托收业务共有四个当事人:①委托人,即委托银行替其向买方收取货款的卖方,在银行业务中称之为银行的客户;②托收银行,即接受卖方的委托,代其收取货款的出口地银行;③代收银行,即接受托收银行委托代为向买方收款的进口地银行;④受票人,即代收银行对其提示汇票,要求其付款的汇票上的付款人,在进出口业务中通常是买方。

1. 委托人和托收行之间的法律关系。

(1)委托人对托收行的义务。委托人和托收行之间属于委托代理关系,根据URC522的规定,委托人对托收行的义务表现在以下三个方面。

第一,对托收行就以下事项作出明确指示:代收行的选定;交单条件的确定;向付款人应收取的银行费用;付款方法和通知付款的方式;遇到买方拒付时是否做成拒付书及对货物的处理方式。如果委托人就上述各事项未向托收行作出明确指示,则托收行对由此造成委托人的任何损失概不负责。

第二,向托收行支付办理托收所需的手续费和代垫的各项费用。

第三,在接到托收行有关拒付或发生意外情况的通知时,应及时指示银行对有关单据的处理办法。

(2)托收行对委托人的义务。托收行对委托人的义务表现在以下六个方面。

第一,执行委托人的指示。

第二,审查所收单据的种类和份数与托收申请书所列是否相符,如有不符或遗漏,托收行则应毫不延迟地通知委托人。但是,托收行对任何通知、信件或单据在寄送中的延迟和(或)遗失及其他无法控制的原因造成的一切后果免责,未经托收行的同意,托收行没有提货的义务,即使托收行主动处理货物,托收行对货物状况和受委托处理货物的第三人任何行为或疏忽也概不负责。

第三,对委托人未加明确指示的事项按URC522予以处理。

第四,向代收行寄送托收指示书,注明按URC522予以办理,并列明完整明确的指示,同时附寄有关托收单据。

第五,将收到托收款项毫不延迟地交付委托人。

第六,对因过错造成委托人的损害负赔偿责任。

2. 托收行和代收行之间的法律关系。

托收行与代收行两者之间也是委托代理关系。

(1)托收行对代收行的义务。托收行对代收行的主要义务是:偿付因执行其代收指示而发生的所有开支及损失,但已由付款人偿付的部分除外。

(2)代收行对托收行的义务。

第一,代理托收行执行托收指示。

第二,审查、确定所收到的单据表面上与托收指示书是否相符,且在付款人承兑或付款前必须保管好单据。

第三,应按托收指示书规定的方式向托收银行通知代收情况,并无延误地向托收行寄送付款通知、承兑通知及对货物采取行动的通知。

第四,对其过错造成托收行的损失予以赔偿,但托收行对委托人义务关系中的免责事项同样适用代收行对托收行的义务关系。

3. 委托人与代收行之间的法律关系。

委托人与代收行之间并无直接的合同关系,但是,根据 URC522 的规定,代收行在代收过程中发生的开支或费用在付款人或托收行拒绝承担时,代收行可以从代收的款项中予以扣除或留置有关单据。

4. 付款人与代收行之间的法律关系。

付款人与代收行之间也无直接的合同关系,但是,根据 URC522 的规定,付款人拒付时应向代收行说明原因。

(三)银行的免责事项

按照 URC522 的规定,银行只负责善意和合理的谨慎行事,但无论是托收行还是代收行,对于下列情况均不负任何责任。

第一,银行只需核实所收到的单据在表面上与托收委托书所列内容一致,除此以外,银行没有进一步检验单据的义务。

第二,银行对于任何通知、信件或单据在寄送途中发生延误和(或)失落所造成的一切后果,对电报、电传、电子传送系统在传送中发生延误、残缺和其他错误,或对专门术语在翻译和解释上的错误,概不承担义务和责任。

第三,银行对由于天灾、战争、罢工等不可抗力事故所产生的后果不负责任。

第四,除经银行事先同意外,银行对托收单据项下的货物,没有义务采取任何措施,如银行统一对此项货物采取保护措施,则由此而发生的费用概由委托人负担。

(四)跟单托收的种类

根据交单条件的不同,跟单托收可以分为付款交单和承兑交单两种。

1. 付款交单。

付款交单是指卖方的交单以买方付款为条件。在做法上,一般是由卖方先行发货,取得装运单据,然后把汇票连同装运单据交给银行代为托收,并在托收委托书中指示银行,只有在买方付清货款时,才能把装运单据交给买方。在这种支付方式下,买方必须按汇票上载明的金额付款,才能取得装运单据,并凭以提取货物,否则,买方就不能取得装运单据,从而就无法获得装运单据项下的货物。

付款交单分为即期付款交单和远期付款交单两种。前者是指由卖方开具即期汇票,通过银行向买方提示,买方见票后立即付款,并于支付货款的同时取得装运单据的方式;后者是指由卖方开具远期汇票,通过银行向买方提示承兑,买方承兑后于汇票到期时再付款,并于付款时取得装运单据的方式。

在远期付款交单的条件下,买方在承兑汇票后、付清货款前是不能取得装运单据的。因此,如果汇票的到期日晚于货物运抵目的地的日期,买方就必须设法在汇票的到期日之前拿到装运单据,以便及时提取货物。在这种情况下,西方国家的银行往往允许买方在承兑远期汇票后,凭信托收据向银行借出装运单据提货,待远期汇票到期时才付还货款。所谓信托收据是由买方向银行出具的表示愿意以银行受托人的身份代银行保管和处理货物,并承认货物的所有权属于银行,出售货物后所得的货款亦应交给银行或代理银行暂为保管的一种书面文件。通过这种办法,买方在付款之前就可以取得货物,并可及时转售货物获得利润,然后再用出售货物所得于汇票到期时清偿货款,以达到融通资金的目的。凭信托收据借单据的办法,通常是进口地的代收银行自行做主对买方(该银行的客户)给予资金通融方便的一种做法,与卖方无关。代收银行将单据借给买方之后,即须承担该远期汇票到期时必须付款的义务,但有时也可能由卖方在托收委托书中指示银行,允许买方凭信托收据借单提货。在这种情况下,如果日后买方拒付汇票,则须由卖方自己承担风险。在采取后一种做法时,卖方所承担的收汇风险同承兑交单差异不大。因此,除非买方是信用可靠的老客户,卖方一般是不轻易采取这种做法的。

2. 承兑交单。

承兑交单是指卖方的交单以买方承兑汇票为条件。买方承兑汇票后,即可向代收银行取得装运单据,凭以提取货物,待汇票到期时才支付货款。因为只有远期汇票才需办理承兑手续,所以,承兑交单方式只适用于远期汇票的托收。

对卖方来说,在上述两种托收方式中,承兑交单的风险比付款交单更大。因为在采用承兑交单方式时,买方只要承兑了汇票就可以取得装运单据,并可凭以提走货物,这时卖方收取货款的唯一凭据就是承兑人(即买方)的信用,一旦买方不讲信用,到期拒不付款,或破产倒闭,或提货出售后携款潜逃,卖方便会遭到钱、货两空的损失。但如果是采用付款交单的方式,买方在付清货款之前拿不到装运单据,提不走货物,货物仍在卖方的掌管之下,如买方拒不付款赎单,卖方仍可把货物另行转售。就此而言,付款交单比承兑交单对卖方还是较有保障的。但是,当遇到买方拒不付款赎单时,由于货物已运往国外,托收银行又不负责提货、存仓、保管和转售等事宜,卖方往往需要指定一名"需要时的代理人"代为处理货物,这就需要支出一笔额外费用,如果货物在国外找不到买主,还要把它运回本国,这样一来,卖方仍会遭受重大的损失。

尽管托收方式对卖方有一定的风险,但由于它对买方较为有利,例如,买方不必向申请开立信用证那样向银行交纳开证押金,银行费用比较低廉等。因此,这种支付方式对促进出口成交还是有其一定作用的。

三、银行信用证

信用证是银行根据进口人(买方)的请求,开给出口人(卖方)的一种保证承担支付货款责任的书面凭证。在信用证内,银行授权出口人在符合信用证所规定的条件下,以该行或其指定的银行为付款人,开具不得超过规定金额的汇票,并随附信用证规定的装运单据,按时在指定地点收取货款。

信用证是由银行以自身的信誉向卖方提供付款保证的一种书面凭证。信用证的出现主要是为了解决国际贸易中由于买卖双方分处异国,货物往往需要较长时间的运输所引起的两个问题:①买卖双方互不信任,谁都不愿意先把货物或货款交给对方,担心对方一旦违约或破产,使自己遭受钱、货的损失;②买卖双方都想从对方得到某种信贷好处,谁都不愿意在货物运输期间积压自己的资金,卖方希望在发货之后就能立即取得货款,买方则希望在收到货物之后或在出售货物之后才支付货款,以免影响自己的资金周转。对这两个问题,在采用托收方式特别是采用承兑交单方式时可以得到部分解决。因为,按照国际上的一般做法,在承兑交单的条件下,卖方在发运货物并取得装运单据后就可以按合同金额开立以买方为付款人的汇票,并可在买方承兑后将汇票向银行贴现,从而收回货款;而买方在承兑汇票后就可以拿到装运单据,凭单据提取货物,待汇票到期时才支付货款。但是,承兑交单这种办法有两个很明显的缺点:①对卖方来说,承兑交单方式是缺乏保障的,因为,按照票据法的一般规则,汇票的贴现银行是汇票的合法执票人,如汇票到期时遭到买方拒付,贴现银行有权对作为汇票出票人的卖方进行追索,追回其贴现给卖方的货款;②如果买方信誉不佳,则由买方承兑的汇票是很难向银行贴现的,这样卖方就不能得到信贷上的好处。

为了解决这些问题，就需要有一个在资信和财力上更为强有力的第三者——银行出面，由银行代替买方充当卖方所开立的汇票的付款人（受票人），并保证只要卖方按信用证的规定提供符合要求的装运单据，银行将承担付款的责任。这就是银行信用证的作用。

由此可见，信用证是一种银行的付款保证，是属于银行信用。银行信用一般比商业信用可靠。因此，采用银行信用证方式比采用托收或买方直接付款等方式，对卖方安全收汇较有保障。所以，在现代国际贸易中，凭银行信用证付款是最常见、最主要的支付方式。

（一）有关信用证的法律和惯例

信用证交易规则起源于欧美，但国内规则的地域性和信用证交易的国际性完全不适应。在美国商会的建议下，国际商会于 1926 年负责草拟信用证统一规则，几经周折，于 1933 年公布了《跟单信用证统一惯例》（Uniform Custom and Practice for Commercial Documentary Credits），并于 1951 年、1962 年、1974 年、1983 年、1993 年和 2002 年进行了六次修订，2007 年又进行了第七次修订，出版了国际商会第 600 号出版物，于 2007 年 7 月正式实施。UCP600 共有 39 项条款，比 UCP500 减少了 10 项条款，但却比 UCP500 更准确、清晰，更易读、易掌握、易操作，目前，世界上多数国家和银行均接受该惯例。近年来，随着电子商务的发展，为了保证电子信用证的使用和发展，国际商会于 2000 年起草了《跟单信用证统一惯例电子交单增补规则》，并于 2002 年实施。该规则共 12 条，规定了电子信用证业务中惯例的适用范围、电子单据的格式、电子化术语的定义、电子单据的提交与审核、拒绝通知、正本与副本、出单日期及银行免责等内容。该规则是对 UCP500 的补充。UCP600 的生效，也实现了该规则的修订升级。

（二）信用证的业务程序

1. 申请开立信用证。

开证申请人根据基础合同的规定，向其所在地的银行申请开立信用证，经银行审核同意后，该申请书构成申请人与银行之间的合同；申请人通常要提供押汇等担保，有义务支付开证费；银行有义务根据申请书的指示开证，并承诺首先向受益人付款。

2. 转交信用证。

开证行开证后，通常通过与受益人同地的银行向受益人通知或转交信用证。通知行无义务必须为之，如该行不欲通知，则需及时通知开证行；如该行欲行通知，则构成开证行与通知行的合同，通知行有义务核验信用证的表面真实性,有权利从开证行取得报酬。当然,信用证也可由开证行或申请人直接寄交受益人,但在较大金额的交易中,受益人通常会要求通过通知行的专业核验来防止信用证欺诈。在大宗交易中,受益人也可要求保兑,开证行通常请求通知行保兑。通知行无义务必须保兑,如该行不欲保兑,则需及时通知开证行;如该行可以保兑,则对受益人承担与开证行同样的义务。

3. 履约。

受益人获得信用证后,即可发货或为其他履约行为,向有关银行提交取得的相关单据,请求付款或议付或承兑。指定行无义务必须为之,此时由开证行承担上述义务,如指定行同意为之,则必须审单,以确定其表面真实性。错误的付款等行为,导致指定行丧失对开证行的索赔权。

4. 取得偿付和报酬。

指定行作出付款后,将单据寄交开证行索赔已付款项,并获得相应报酬。有时开证行或许指示指定行(此时为索赔行)将单据提交另一家指定银行(此时为偿付行)索赔。偿付行可以偿付也可以拒付。如拒付,则仍由开证行偿付;如偿付,则有权从开证行取得偿付和报酬。

5. 申请人提取货物。

开证行作最后偿付后,通知申请人付款赎单,然后申请人可以取得单据提取货物。如申请人不付款或不能付款,则开证行可以从押汇等担保中获得偿付,或从转让单据或提货拍卖中获得偿付。如开证行错误地接受了单据,则丧失对申请人的求偿权;如单证相符而受益人交货与合同不符,申请人不能对开证行拒付,而只能依据合同向受益人索赔。

应当指出的是,信用证结算的款项一般不是现款的转移,而通常是账面的划拨。因此,开证行实际贷出的是信用而非资金。

(三)信用证的当事人及其之间的权利义务关系

在信用证业务中通常有四个当事人:开证申请人、开证行、指定行和受益人。最多时当事人有十几个,包括开证申请人、开证行、受益人、通知行、议付行、保兑行等。信用证的开证申请人是向银行申请开立信用证的人,通常是买卖合同中的买方或进口商,有时是买方的代理人或中间商;信用证的开证行是接受开证申请人的委托,开出信用证和承担付款义务的银行;信用证的受益人是开证银行的付款对象,通常是买卖合同的卖方或出口商;通知行是接受开证行的委托,将开证行开立的信用证及修改书通知受益人的银行;议付行是开证行指定的或自由议付信用证项下受益人请求的,对信用证项下的汇票及单据承担议付或贴现义务的银行;保兑行是指应开证行的授权或请求对信用证加具保兑的银行。

1. 开证申请人与受益人之间是买卖合同的关系。

根据信用证和合同规定，受益人主要有以下方面的权利和义务：在收到信用证时，发现与合同不符，可以提出修改；在收到信用证后，要在规定的期限内交货、交单；如果提交单据与信用证要求不符，有义务在规定时间内更改单据；有凭正确单据取得货款的权利；在信用证和单据严格相符的情况下，如果开证行拒绝支付信用证下的款项，有权向开证行提出赔偿要求等。

2. 开证申请人与开证行之间是合同的关系。

开证申请人与开证行之间是根据开证申请书建立的客户和银行之间的合同关系。开证行开出的以卖方为受益人的信用证是一种自主合同，开证行并不是买方的代理人，而银行本身是合同的当事人。因此，银行一旦开出信用证，就应当独立承担付款责任，而不是按照买方的指示决定是否付款。

3. 开证行与通知行之间是本人和代理人之间的关系。

通知行必须严格按照信用证的指示行事，才可从开证行处得到偿付。

4. 通知行与受益人之间不存在法律关系。

通知行与受益人之间并没有法律关系，但根据UCP600的规定，通知行具有两项义务：①信用证可经另一家银行（通知行）通知给受益人，而通知行无须受信用证允诺的约束，但如果该行决定通知信用证，则表明其认为信用证表面真实性得到满足，如果该行决定不予通知，则必须不延迟地告知向其发送信用证的银行。②如果通知行不能确定信用证的表面真实性，必须不延迟地通知其得到指示的银行，如果依然通知信用证，则必须告知受益人，说明它未能核实信用证的表面真实性。

（四）信用证的主要内容

信用证没有统一的格式，各银行都使用自己制定的信用证，但其主要内容基本上是相同的，主要包括以下事项。

1. 信用证的当事人。

信用证的当事人主要包括开证申请人、开证行、通知行和受益人的名称及地址，有的信用证还包括保兑行、指定的议付行或付款行。

2. 信用证的种类和号码。

信用证主要载明该信用证是不是不可撤销的信用证、是不是保兑的信用证等，并注明开证行的开证编号。

3. 信用证的金额。

信用证的金额主要是规定该信用证应支付的最高金额，一般多规定受益人有权按信用证金额的百分之百开立汇票要求付款，但有时也可以规定受益人只能按信用证金额的若干比例（如90%）开立汇票，其目的是使买方能把贷款的部分余额（如10%）留在自己手中，暂时不付给卖方，如货到检验后发现卖方所交货物在品质或数量上与合同不符，买方可在这项余额中扣除。如金额不足，可再向卖方索赔；如扣除后仍有剩余，则应付还卖方。

4. 汇票条款。

汇票条款主要规定汇票的金额、种类、份数及付款人的名称。汇票的种类是指即期汇票还是远期汇票，这是关系到付款时间的问题；汇票的份数一般是一式两份；汇票的付款人可以是开证银行或它所指定的其他银行，也可以是进口人（买方）。但即使汇票是以进口人为付款人，开证银行仍须承担到期付款的责任。在采用跟单信用证付款时，不一定要开立汇票。开证银行对于它所开出的信用证，不论其是否出具汇票，均应承担付款义务。

5. 单据条款。

单据条款主要规定单据的种类及份数，这是信用证最重要的条款。因为银行凭单据付款，如果银行认为卖方所提交的单据不符合信用证的要求，银行有权拒付，但只要单据与信用证的要求相符，银行就必须付款。即使单据项下的货物与合同的要求不符，银行对此也不负责任。信用证所要求的单据主要是提单、保险单和商业发票，但有时也可以要求卖方提交其他单据，如商品检验证书、原产地证书等。

6. 装运条款。

装运条款主要规定装运期限、装运港和目的港的名称以及是否允许分批装运和转船等。

7. 信用证的有效期及到期的地点。

信用证应规定有效期，受益人如果不在有效期内向银行提交有关单据，开证行可以以信用证已过期为由解除付款责任。所有信用证还须规定一个付款、承兑交单的地点。

8. 交单的日期。

信用证须规定一个交单付款、承兑或议付的到期日。受益人必须在该到期日或到期日以前向银行提交装运单据。

9. 开证行保证条款。

开证行保证条款的主要内容是，由开证行向受益人、议付行或汇票的持票人保证，银行在收到符合信用证要求的单据后，即对根据信用证开出的汇票承担付款的责任。这是信用证的重要特点，它表明信用证是银行以自身信誉所做的付款保证，是银行信用。

（五）信用证的种类

1. 跟单与备用信用证。

（1）跟单信用证是与光票信用证相对应的名词，是指受益人请求银行付款，必须同时提交信用证规定的相符单据的信用证。单据包括资金单据、商业单据和其他单据。

(2)备用信用证与跟单信用证的定义和性质是一样的,但备用信用证有自己的特点:在开证申请人履行了基础合同义务时,备用信用证就在未被使用的情况下自动失效,否则就启用,因此,银行不一定首先付款或实际付款;受益人向银行请求付款时,需提交开证申请人没有履约的单据或证明才能得到付款。

因此,备用信用证是否启用与基础合同是否履行有着密切的联系,不适用合同与信用证独立原则;跟单信用证多用于货物买卖,备用信用证多用于借款、投标、履约和融资等保证。

2. 可撤销与不可撤销信用证。

(1)可撤销信用证是指可以由开证行随时修改或撤销,而不需要事先通知受益人的信用证。虽然开证行的承诺不确定,但是有关银行在收到修改或撤销信用证通知前,根据表面相符的单据所作的任何付款、议付或承兑,开证行必须偿付。

按照 UCP500 的规定,信用证原则上是不可撤销的,除非信用证上明确注明是可撤销的。但是在 UCP600 中,删除了可撤销的信用证。

(2)不可撤销信用证是指信用证一经开立,未经受益人同意,不能进行任何修改或不予以撤销的信用证。除非信用证注明是可撤销的,否则都是不可撤销的。不可撤销信用证开立后,构成开证行的确定承诺,对受益人收款比较有保障,在国际贸易中使用最为广泛。

3. 保兑与未保兑信用证。

(1)保兑信用证是指经由开证行以外另一银行,对受益人作出付款或承兑承诺的信用证,通常是在不可撤销信用证上加注“保兑”字样。保兑行根据开证行的请求或授权作出保兑后,对受益人承担与开证行一样的责任。对信用证的修改,如果保兑行不同意,需通知开证行和受益人,则受原承诺拘束;如果同意,则受修改后的义务拘束。

(2)未加保兑的信用证是指没有另一家银行作出上述承诺的信用证。

4. 付款与承兑信用证。

(1)付款信用证可分为即期的和远期的信用证。即期的信用证是规定开证行立即付款的信用证,受益人根据信用证的规定,持即期汇票(如果需要)和(或)单据提交给开证行或指定行后,能立即得到付款。如果指定行在付款时未作保留,则丧失对受益人的追索权。当然,即使单证相符,指定行也可拒付。远期的信用证是指受益人交单一定时间后,开证行才付款的信用证,主要用于交易期较长的资本货物交易、工程承包等。由于没有汇票运作,卖方不能利用贴现市场解决资金周转问题,因此,货价高于使用承兑信用证支付的货价。

(2)承兑信用证是开证行根据相符单据,对受益人开立的远期汇票予以承兑,承诺到期付款的信用证。承兑行可以是开证行,也可以是其他指定行,但指定行无承兑义务。受益人取得汇票的承兑后,可在当地贴现市场贴现或向承兑行贴现,也可留待到期付款。远期付款信用证与承兑信用证都是远期信用证,但前者没有汇票运作,而且银行接受单据有时并不构成到期付款的承诺。

5. 可转让与不可转让信用证。

(1)可转让信用证是受益人可请求有权转让的银行,将信用证的全部或部分转让给一个或数个第三方使用的信用证。只有开证行注明"可转让"的信用证才可转让,但转让行并无义务办理转让。如果信用证被转让给一个以上的第二受益人,在信用证修改时,对同意修改者该修改有效,对不同意修改者该修改无效。信用证一般应原证转让,且只能转让一次,但再转让给第一受益人则不禁止。可转让信用证的使用,可将卖方、中间商、买方联系起来;或在大公司统一成交时,便利各地分公司当地装运和议付;或在买方委托代理商购货时,便利分散的供货商使用;或在政府禁止直接贸易时,便利中间商介入。

(2)不可转让信用证是不允许转让的信用证。

6. 对背与对开信用证。

(1)一个信用证的受益人以该信用证为保证,要求另一银行开立以本人为开证申请人、以实际提供货物或服务的人为受益人的另一信用证,即对背或背对背信用证。开立对背信用证,有时是因为银行不愿开立可转让信用证,有时是因为中间商为了保守商业秘密,不愿买方和实际卖方直接接触。对背信用证与可转让信用证在使用上有相同之处,但可转让信用证是一个信用证,由同一家银行保证付款;而对背信用证是两个信用证,由两个银行分别保证付款。

(2)对开信用证是在"三来一补"中使用较多的结算方式,即交易双方互相以本人作为开证申请人、以对方作为受益人而开立的两个信用证。两证金额大致相等,可以同时生效,也可以分别生效。如果外商来料加工,加工方在本国银行申请开立以外商为受益人的信用证,金额为进口料件的价格;外商在本国银行申请开立以加工方为受益人的信用证,金额为加工产品的成本价格,包括加工费。

7. 循环信用证。

循环信用证即可多次循环使用的信用证,当信用证金额被全部或部分使用后,仍又恢复到原金额。买卖双方订立长期合同,分批交货,进口方为了节省开证手续和费用,即可开立循环信用证。

8. 红条款信用证。

红条款信用证允许出口商在装货交单前可以支取全部或部分货款的信用

证。开证行在信用证上加列上述条款通常用红字标示,因此称为“红条款信用证”。

(六)信用证交易的基本原则

1. 抽象独立原则。

信用证理论中的基本问题是信用证与基础合同的关系。信用证作为一种支付方式来源于当事人在基础交易合同中的设定,但信用证得以生存和运转的关键在于其抽象的独立性。对此,UCP600 确定了信用证传统理论中的“抽象独立”原则。

信用证的抽象独立原则表现为信用证独立于基础交易合同,即使信用证中有关于基础合同的任何援引,银行也与该合同完全无关。银行必须按照其在信用证下的承诺履行义务。换言之,不管受益人如何履行其在基础交易合同项下的义务,只要其提交了与信用证规定表面严格相符的单据,银行就有绝对付款责任。一方面,因信用证交易只能是单据交易,而非单据下的货物、服务或其他行为,银行决定是否付款时以单据为唯一凭据;另一方面,作为信用证的受益人同样也不能用其他交易合同代替其在信用证下应尽的义务。也就是说,对于受益人而言,不管其在基础交易合同项下的权利如何,他都必须提供信用证所要求的单据才能获得付款。

信用证的抽象独立原则在实务中有具体表现:①开证行在履行付款责任后不得向受益人行使追索权;②开证行不得因开证申请人破产倒闭或丧失清偿债务的能力等情况而拒付款项;③开证行不得因开证申请人与受益人的业务纠纷而中止付款责任;④开证行不得因单据与货物或货物与合同不符而拒付款项。

由于信用证的整体运作机制趋向于保护卖方的交易安全,而依据抽象独立原则,买方可能在信用证下只是得到表面形式合格的单据,但未必收到约定的货物。事实上,大多数诈骗犯就是利用这个特点伪造各种单据骗取货款。而银行对此不承担责任,只要它尽到了审单义务。买方唯一的补救途径就在于以基础合同控告卖方,但这种涉外官司费时、费力且费用高,最终能否实际追索到资金很难保证。因此,如果固守“抽象独立”原则,各国买方就会因此遭受巨大的损失。有鉴于此,一些国家的立法和判例认为,在承认信用证“抽象独立”原则的同时,允许有司法干预使信用证不必支付,即承认“欺诈例外”。在这个问题上,美英国家走在了前列。

信用证的抽象独立原则在 1941 年 Sztejn V. J. Henry Schroder Banking Corp 一案中被打破。

在该案中,作为原告的开证申请人向法院提出,被告卖方从印度运来的是“废物”(牛毛),而非买卖合同规定的货物(猪鬃),请求法院颁发禁令,阻止银行支付信用证下的货款。Shientag 大法官认为，如果卖方确有欺诈行为，即他所交付的货物不仅仅是质量低劣，是一文不值的垃圾，而且银行在付款之前已经获悉了这种欺诈行为，那么，让银行拒绝付款是不为苛刻的。该判例由此确定了欺诈例外。此后，在 1968 ~ 1984 年间，美国法院先后在几个判例中均以卖方有欺诈为由开出了禁令，《美国统一商法典》也采纳了欺诈例外，将其法典化，并有所发展。

在信用证交易中如果涉及欺诈行为，开证申请人可以申诉至法院，要求发布禁令以阻止银行付款。但是，发布禁令的条件是相当严格的。法院在决定之前通常都会进行仔细的调查并综合考虑抽象独立原则，以求在保证国际贸易顺畅的前提下保护本国买方的利益，同时，尽量不将银行及善意第三人牵涉在内。

2. 严格相符原则。

严格相符原则是指受益人向银行提交各种单据请求银行依信用证付款时，这些单据从表面上看必须严格符合信用证的要求，银行才予付款。如果单据表面与信用证条款不符，银行可以拒收单据。而且，不仅受益人提交的单据必须在表面上符合信用证条款，单据之间也要相互一致，否则，银行有权拒绝接受受益人提交的单据，并拒绝付款、承兑或议付。

严格相符原则的理论依据是：在信用证业务中，开证行是根据买方在开证申请书中给予的授权行事的，而通知行又是根据开证行的授权行事的，它们必须严格在授权范围内行事，若超越了授权范围，它们就不能从其委托人处得到补偿，就要自行承担风险。但是，采用严格相符原则，并不意味着要求单证、单单一字不差。事实上，在实践中信用证和单据之间不可能完全一样，因此，要根据案件的具体情况，着重考查信用证表面上的不相符是否会导致单据之间和单证之间产生歧义。

我国最高人民法院于 2005 年 10 月 24 日公布了《关于审理信用证纠纷案件若干问题的规定》，该规定自 2006 年 1 月 1 日起实施。按照该规定的内容，我国承认当事人可以约定适用相关国际惯例或者其他规定；当事人没有约定的，适用国际商会《跟单信用证统一惯例》或者其他相关国际惯例。在该规定中，我国确立了严格相符原则。开证行有独立审查单据的权利和义务，有权自行作出单据与信用证条款、单据与单据之间是否在表面上相符的决定，并自行决定接受或者拒绝接受单据与信用证条款、单据与单据之间的不符点。开证行发现信用证项下存在不符点后，可以自行决定是否联系开证申请人接受不符点，但开证申请人决定是否接受不符点，并不影响开证行最终决定是否接受不符点，而开证行和开证申请人另有约定的除外。开证行向受益人明确表示接受不符点的，应当承担付款责任。在该规定中，我国确立了信用证独立原则。开证行在作出付款、承兑或者履行信用证项下其他义务的承诺后，只要单据与信用证条款、单据与单据之间在表面上相符，开证行就应当履行在信用证规定的期限内付款的义务。当事人以开证申请人与受益人之间的基础交易提出抗辩的，人民法院不予支持，除非存在信用证欺诈的情形。对于信用证欺诈，我国法律规定，人民法院认定存在信用证欺诈的，应当裁定中止支付或者判决终止支付信用证项下款项，但有下列情形之一的除外：①开证行的指定人、授权人已按照开证行的指令善意地进行了付款；②开证行或者其指定人、授权人已对信用证项下票据善意地作出了承兑；③保兑行善意地履行了付款义务；④议付行善意地进行了议付。

四、保付代理

近百年来，信用证方式因其具有风险小、可靠性强的特点已成为国际贸易中最主要的结算方式。但是，在信用证支付方式下，进口商须支付较高的包括开证费、改证费在内的银行费用，有时还要交纳一定比例的开证押金或占用一定的信用额度，所以，进口商一般更乐意使用非信用证方式，诸如汇款中的赊账方式（O/A）、托收中的承兑交单方式（D/A）。另外，目前的国际市场以买方市场为主，进口商有更大的选择余地。因此，以赊销和承兑交单方式结算货款的买卖合同逐渐增多。尽管这样做使出口商获得了更多的市场机会，但也大大增加了出口商的商业风险和资金负担。国际保理业务就是在买方缺少资金、卖方力求扩大市场的这一背景下发展起来的。保付代理是由经营国际保理业务的保理商向出口商提供调查进口商资信、信用额度担保、资金融通和代办托收及账务管理等一系列服务的。

20 世纪 30 年代，美国首先开始出现保理业务。1968 年，来自世界 15 个国家的 30 余家银行和保理公司负责人在斯德哥尔摩召开大会宣布成立国际保理联合会，就会员公司数量和保理业务营业额而言，它是目前保理服务最大的国际机构。中国银行北京分行从 1988 年开始试办保理业务，并于 1993 年 2 月正式加入了“国际保理联合会”，进一步推动了中国保理业务的开展。

（一）国际保理业务的运转程序

按《国际保付代理惯例规则》（2000 年 6 月修订本）的规定，每一笔国际保理业务一般都牵涉四个当事人：买方（进口商）、债务方（出口商）、出口保理商和进口保理商。国际保理业务通常按下列流程进行。

1. 出口商向出口保理商提出对出口业务的保理申请。

出口商为了使自己的出口业务取得保理服务，首先向出口保理商提出申请,填写保理商提供的“信用额度申请表”。这一申请表主要包括准备达成的买卖合同的内容和进口商的名称、地址,以及申请的信用额度。

2. 出口保理商委托进口保理商核定“买方信用额度”。

出口保理商向进口保理商寄出“信用额度表”和“出口商信息表”。进口保理商对指定的进口商的资信情况、经营作风等进行调查和评估,并在收到申请后的14天内,将结果及该进口商的信用额度汇报给出口保理商。

3. 签订保理协议。

保理协议的内容主要包括出口业务的范围、信用额度、所提供的保理服务的种类和手续以及费用等。

4. 进出口商和出口商签订买卖合同。

进口商和出口商签订以汇款中的赊账或托收作为支付方式的国际货物买卖合同,成交金额以保理商提供的信用额度为最高限额。

5. 出口商装货、制单并交单。

买卖合同签订后,出口商按照合同的规定备货、装货并制作单据(包括金融单据和商业单据),向出口保理商交单,请其依据双方协议,通过进口保理商向进口商提示单据,要求付款(或先承兑后付款)。当出口商提出融资时,出口保理商可按双方的保理协议在此时向出口商提供一定金额的资金融通。一般情况下,保理商提供的预支金额不超过全部货款的90%,但对一些信用特别可靠的出口商也有全额预支的。

6. 出口保理商向进口保理商提出委托。

出口保理商在收到出口商交付的单据并检验合格后,将单据寄到进口商所在地,委托进口保理商向进口商提示,要求付款或承兑后付款。

7. 进口保理商向进口商提示单据,付款人付款或拒付。

如在被提示单据时,进口商及时按合同规定付款,则由进口保理商将款项通过出口保理商交出口商,从而顺利完成一笔收款业务;如果在被要求付款时,遭到进口商拒绝或进口商不能及时付款,则进口保理商应依约承担付款责任,并在承担责任的同时获得向进口商索赔的权利。出口商需要保理商的服务时,需交纳一定的保理手续费,一般是所收账款的1% ~3%不等,由保理商视事务繁简及承担风险大小而定。出口商在向保理商交单时还可以要求保理商给予融资的便利,此时的出口商应承担增收的融资利息(利率要较通常利率高1.5% ~2%)。

特别需要指出的是,出口商应在与保理商确定的进口商信用额度内与进口商签订合同、发运货物。如因超过此额度而导致进口商拒付的,保理商不予负责;出口商装运货物须严格符合合同规定,如由于货物的问题而导致进口商的拒付,保理商也不予负责。

(二)保理的性质

保理的性质体现出综合性。

1. 保理具有代理性质。

保理人以自己的名义为法律行为,由自己承担法律行为的后果,这和英美法系的“隐名代理”相似;此外,保理人的某些义务与民事代理相同,如有时保理人以卖方的名义向买方追讨货款。

2. 保理具有买卖的本质。

保理的核心内容是应收款项的转让,实际上就是卖方将其对买方的应收货款即债权转让给保理人:卖方从保理人取得货款,保理人从卖方取得对买方的债权,而保理的其他业务是附随该债权的产物。保理并非完全意义上的买卖,因保理人一般只给予卖方80%的货款,且在某些情况下对卖方有追索权。

3. 保理具有信贷性质。

保理合同签订后,卖方将有关单据提交保理人,则可以向保理人取得80%以上的贷款。但是,保理又不是完全的信贷:在有追索权的保理中,保理人如不能从买方得到货款,则可向卖方追索其已支出的款项,因而信贷的性质明显;在无追索权的保理中,保理人无权向卖方追索,此时保理就不具有完全的信贷性质。

(三)对保理方式的评价

保理业务与汇付、托收、信用证四种支付方式虽然都是通过第三人来实现的,但却采用不同的结算方式。

1. 本质。

从本质上说,汇付和托收是商业信用无第三人信用,而信用证和保理有第三人信用,即有银行或保理公司保证付款。

2. 付款约束机制。

从付款约束机制上说,在汇付和托收时,收款人只能根据合同约束付款人,而在信用证或保理支付时,除此之外,收款人还能根据信用证或保理协议约束开证行或保理公司付款;在信用证支付时,合同和信用证约束机制是独立的,而在保理支付时,虽然保理公司保证付款,但其前提是卖方必须按时保质保量发货。因此,卖方对保理公司的索赔权与基础合同的履行联系密切。

3. 潜在风险。

从潜在风险上分析,汇付和托收对出口商收取货款风险较大,信用证对进口商收取货物风险较大,主要是信用证欺诈。而保理有助于消除买卖双方的信用风险,但由于保理支付与基础合同联系密切,从而增加了卖方请求保理公司付款的难度,如保理公司以合同履约瑕疵为由拒付。

4. 融资便利。

从融资上看,与汇付和托收比较更便于融资:①汇付无融资便利;②托收有出口押汇和凭信托收据提货的融资便利,但对银行风险较大,银行控制严,且银行对客户有追索权;③信用证是融资工具,凭此证能得到抵押贷款、汇票承兑贴现,也能结合使用押汇和信托担保,融资范围广而风险较小,且开证行和保兑行无追索权,但其他银行可以保留追索权;④保理有融资便利,且保理公司对卖方无追索权,但保理融资手段较少,且卖方发货后才可得到融资。

复习思考题

1. 对于伪造背书的法律后果,英美法系与大陆法系有何不同规定?
2. 在行使票据的追索权时应当注意哪些问题?
3. 国际托收中当事人之间的权利义务关系如何?
4. 在国际信用证支付方式中,银行应遵循哪几项审单原则?

案例 1

案情:1995 年 5 月 24 日,英国 Glencore International A · G 公司(简称 Glencore 公司)与中国上海某国际贸易有限公司(简称上海公司)签订了一份铝锭国际买卖合同。合同规定:卖方 Glencore 公司以 CIF 湛江价格将 1 500 吨铝锭卖给上海公司;装船期为 1995 年 6 月;铝锭原始产地为西方产品,包括印度、埃及(Western, including India/Egypt);付款条件为不可撤销信用证;信用证项下付款应交付的各种单据有商业发票、原产地说明书、产地的重量或装箱单;争议解决方法为英国伦敦金属交易所仲裁,适用英国法律。

买卖合同订立后,上海公司以开证申请人身份向中国银行申请开证,中国银行于 1995 年 5 月 26 日、27 日分别开立两个信用证,记载的铝锭数量分别为 700 吨和 800 吨,这两个信用证除记载的铝锭数量不同外,其他条款完全一致,而且这两份信用证上对货物原产地的记载为“任何西方产品”(Any Western Brand)。信用证上明确表述,该信用证是依照国际商会 UCP500 号开立的。

1995 年 6 月 25 日,这批铝锭在印度尼西亚 Kuala Tajung 港装船,船方分别签发了数量为 800.22 吨和 700.061 吨的清洁提单,两份提单中对货物的记载除数量不同外其他情况相同。

1995 年 7 月 5 日,Glencore 公司将信用证要求的单据交给中国银行在英国伦敦的合作银行——本信用证的承兑行 Vereins 银行。Vereins 银行对文件单据进行审查后，于 1995 年 7 月 12 日同意首先由 Vereins 银行付款给信用证项下的卖方 Glencore 公司。随后，Vereins 银行将 Glencore 公司提交的单据交给中国银行，要求中国银行在 1995 年 10 月 23 日按信用证条款偿付 Vereins 银行。与此同时，该批铝锭已于 1995 年 7 月 9 日到达目的港——湛江并卸货，将货物送入卸货港海关仓库。

中国银行接到 Vereins 银行交来的单据后，于 1995 年 7 月 19 日向 Vereins 银行及受益人 Glencore 公司表示拒收该套单据。中国银行拒收的理由如下：①复印件的商业发票对货物原产地的描述与信用证不符，信用证对原产地的描述为“任何西方产品”（Any Western Brand），而商业发票上的描述为“任何西方产品——印度尼西亚英俄勒姆产”[Any Western Brand—Indonesia (Inalum Brand)]；②装箱单复印件没有描述或确认货物是已部分装船或全部装船；③受益人的原产地证明既不是正本单据，也不符合 UCP500 号第 20 条(b)款要求对副本加注“正本”字样的规定。

至此，中国银行就该信用证项下付款问题与 Vereins 银行和卖方（受益人）Glencore 公司发生纠纷。

1995 年 7 月 25 日，Glencore 公司和 Vereins 银行以第一原告、第二原告身份在英国王座法院商事法庭对中国银行提起诉讼。

英国王座法院商事法庭的法官 RIX 爵士判决中国银行胜诉。RIX 爵士认为，关于发票上的货物原产地不同的解释，没有明显的依据表明中国银行应该认识到“西方的”在地理政治或商业中的使用多于在地理概念上的使用，“西方的”包括印度尼西亚在内。因此，原告不能以对“西方的”不同解释为由提起诉讼。

受益人的原产地证明是影印的，但仍可将它当做正本手签文件，但这种文件按照 UCP500 号第 20 条(b)款的规定，必须加注“正本”的字样。中国银行提出受益人的原产地证明不符合以上 UCP500 号第 20 条(b)款和第 37 条(c)款的规定的观点是成立的，中国银行有权拒绝接受这些单据。王座法院法官 RIX 爵士判决中国银行胜诉后，原告 Glencore 公司提出上诉。上诉法院（Court of Appeal）的法官 THOMAS BINGHAM、SAVILLE、JOHN BALCOMBE 认为中国银行有权拒收有争议的单据，驳回原告 Glencore 公司的上诉请求。上诉审判中强调 UCP500 号第 20 条(b)款的规定，并提到 UCP500 号第 37 条(c)款的规定。

法律问题：Glencore 公司提交的单据与信用证要求相符吗？

参考结论与法理分析：信用证交易是单据的买卖，对银行而言，必须遵守单证相符的原则，即卖方在向银行提交单据要求付款时，这些单据必须表面上完全符合信用证的要求，银行才予以付款。按 UCP500 号第 37 条(c)款的规定，商业发票中货物的描述必须与信用证中的描述一致。在所有其他单据中，货物的描述可使用与信用证中对货物的描述无矛盾的统称。本案中国银行仅对信用证上记载的“任何西方产品”与卖方 Glencore 公司提交的单据上的记载是否一致进行审查，而不必考虑“任何西方产品的含义”是“西方的”还是“西方产品包括印度、埃及或印度尼西亚”。虽然卖方 Glencore 公司出售的货物与装船的货物确实一致，该货物也确实到达目的港，但对中国银行来讲，它仅严格审查单据与信用证是否相符。因此，王座法院和上诉法院的法官都支持中国银行的观点。

信用证上明确表示是依据 UCP500 号开立的，因此，按 UCP500 号第 20 条(b)款的规定：除信用证中另有规定外，银行还将接受下述方法或从表面上看是用下述方法制作的单据作为正本单据：①影印、自然处理或电脑处理；②复写，但是上述①、②方法制作的单据须加注“正本”字样才能起到正本单据的作用，才符合单证一致的原则。Glencore 公司提交单据并没有在上面加注“正本”字样，因此，这些单据无法构成“正本单据”。因此，英国王座法院和上诉法院都支持中国银行拒收单据的行为。

案例 2

案情：1997 年 5 月 13 日，本案原告西安医药保健品进出口公司（以下简称医保公司，合同的卖方）与米歇尔·沃瑞贸易有限公司（以下简称沃瑞公司，合同的买方）签订了一份买卖苦杏仁的合同。合同约定，买方沃瑞公司于 1997 年 5 月 18 日前开立不可撤销信用证，原告应于同年 5 月 31 日前将货物在天津装船。签约后，沃瑞公司向被告澳大利亚和新西兰银行集团有限公司（以下简称澳新银行）申请开立出以原告医保公司为受益人的不可撤销信用证。

同年 6 月 2 日，经原告请求，沃瑞公司通过其开证行即澳新银行将信用证中装船日期改为 1997 年 6 月 7 日，信用证有效期相应展期到 1997 年 6 月 22 日。1997 年 5 月 19 日，原告委托西安中远国际货运有限公司（以下简称中远公司）承运该批货物，委托书明确装船日期为 6 月 7 日。

6 月 12 日，当原告向中远公司索要提单以便办理结汇手续时，中远公司称 6 月 7 日船期已误，中远公司已委托天津天荣国际货运开发公司改为 6 月 13 日由韩国 Han Jin Kobe V. 066W 轮海运货物。中远公司并向原告出示了沃瑞公司的代表曹凯于 1997 年 6 月 10 日向承运人中远公司出具的同意接受倒签提单为 6 月 7 日的保函。货物装船后，实际承运人韩国海运公司的代理人天津天荣国际货运开发公司于同月 13 日凭沃瑞公司出具的保函，改发了装船日期为6月7日的清洁提单，1997年6月16日，原告收到该正本提单后，即连同信用证项下其他单据等提交中国银行西安分行议付。6月18日，沃瑞公司的代表曹凯发电传致开证行，对其于6月10做出的前述保函予以反悔，称原告议付单据中提单倒签构成欺诈，表示拒绝接受提单和提单项下的货物。6月20日，被告澳新银行致电议付行称，该提单系倒签提单，构成欺诈。被告澳新银行并未提出任何不符点，也未提供证据证明原告作为受益人实施了欺诈。原告经过努力交涉，被告澳新银行均未按UCP500号的规定支付货款，反而于1997年8月21日将全套议付单据退回。原告交涉不成，遂请求法院判令被告澳新银行支付货款。

被告澳新银行作了三项辩称：①涉案信用证作了三次修改，但是原告仍逾期交货，实际装船日期是1997年6月13日，在原告议付信用证款项而提交的单据中，提单日期却载为1997年6月7日，该提单的装运日期系倒签，构成欺诈。沃瑞公司并未同意接受倒签提单，该公司的代表曹凯于1997年6月6日曾致函中远公司表示不同意接受倒签提单。原告称，同年6月10日由曹凯出具的同意接受倒签提单的函，实为对前述6月6日函涂改后变造的。②原告于1997年6月18日致沃瑞公司的传真中，载明在货物发运前，承运人已将倒签提单情况通知原告，而原告并未将这一情况事先告诉沃瑞公司。由此证明，原告在事先已知道倒签提单的情况下，不但不阻止中远公司，致使伪造倒签提单的欺诈行为成就，而且还恶意向银行交单提示议付。因此，原告实际与中远公司共同实施了倒签提单的欺诈行为。中远公司与原告间系委托代理关系，根据法律规定，被代理人知道代理人即中远公司的行为违法而不表示反对的，由代理人与被代理人负连带责任，原告欲将倒签提单的欺诈行为责任完全推给中远公司是不能成立的。③被告澳新银行于1997年6月28日收到议付行的寄单后，以在合理的时间内，即于同年7月1日将提单存在欺诈而予以拒付的消息告知了议付行，其处置行为并无不当。在信用证议付过程中，根据基础交易的欺诈是对银行第一付款义务的例外原则，即欺诈例外原则，被告在收到信用证议付单据前，就有证据证明实际装船日期与信用证规定不符、提单内容存在欺诈，在买卖双方未正式修改信用证之前，有权拒绝支付信用证项下的款项。原告的诉讼请求不应予以支持。

原告医保公司不同意被告澳新银行上述答辩意见，反驳辩称：①其在向中远公司索要提单前并不明知提单倒签，其并未共同参与倒签提单行为的实施。提单项下的货物是真实的，故不存在基础交易欺诈，只是在沃瑞公司同意接受的情况下，承运人对提单上的装船日期作了不真实的记载，因此，倒签提单责任不在原告。被告提供所谓沃瑞公司代表曹凯出具的不同意倒签提单的函是临摹后补的，是不真实的。②原告向银行交单议付，是在买方沃瑞公司同意接受货物，由双方同意和认可，无须修改信用证的情况下而灵活处理单证的适当行为，在贸易实务中是较为多见的。被告作为开证行只需对单证负责，只要单证相符就应付款，而不应卷入买卖双方的交易。原告提交议付的单据存在不符点，被告在规定的7个工作日中并未提出任何不符点，被告拒付信用证款项实为无理。倒签提单是商业交易行为，并不属单证不符的范畴，不能成为被告拒付的理由。即使存在其他拒付的事由，被告也无权自行免除自己的付款义务，而必须由法院等司法机关通过“止付令”来进行。③被告澳新银行所称欺诈例外的原则，现主要在英美法国家适用，且被告至今未提供证据证明原告实施欺诈行为的证据，故欺诈例外的原则不适用于本案。总之，被告仅凭买方指示和倒签提单之表面现象，置信用证独立付款地位及国际商业惯例于不顾，轻率作出拒付之举，不仅有悖于商业道德规则，也违反了信用证的国际惯例和有关法律规定，被告所持主张不能成立。

中远公司证明，原告交货后，因铁路运输原因，货至天津未能赶上预定船期。1997年6月9日，中远公司与沃瑞公司的代表曹凯联系，并于6月10日收到沃瑞公司的代表曹凯发出的一份传真，表示“我方同意接受倒签提单至1997年6月7日”。中远公司收到该传真后，在该传真上加盖了印章，并注明“此保函为货主所出”。中远公司称其系根据收货人沃瑞公司的代表曹凯所发出的该传真的内容，将原告所交付的货物出运，并由船公司签发了日期为1997年6月7日的提单，原告并未参与倒签提单的过程。1998年12月15日，上海市公安局出具的鉴定书认定，1997年6月6日的原件是不真实的，是模仿书写形成的；原告从中远公司取得的1997年6月10日保函复印件不是1997年6月6日之函件经传真后复印所形成的，是真实的。

法律问题：澳新银行可否以欺诈例外为由拒付信用证款项？

参考结论与法理分析：澳新银行不能以欺诈例外为由拒付信用证款项。其理由主要有三个：①被告澳新银行提供的由沃瑞公司签发的日期为1997年6月6日函的原件是不真实的，而且该原件直至诉讼阶段才出现，具有不合理性。而1997年6月10日函是原告向承运人调查后取得的，并有承运人中远公司的证明，其出现较为合理。②涉案提单虽为倒签，但原告相关行为并未构成欺诈，本案不适用欺诈例外原则。而且，从原告实际按期交付货物及其获知倒签提单的途径及方式来看，原告并不具有利用合同及单据进行欺诈的故意，其在交单议付前虽知道提单倒签，但是与欺诈例外原则中恶意欺诈的知情有本质的不同。③被告澳新银行以原告共同参与实施了倒签提单行为且知情为由，认为原告行为构成欺诈，从而主张适用欺诈例外原则拒付，缺乏事实依据，不能成立。信用证是独立于其所基于的销售合同的交易，收到单据后，开证行必须以单据为唯一依据，审核其表面上是否与信用证条款相符，在缺乏证据证明原告与承运人或与沃瑞公司恶意串通、损害被告的利益，且无单证不符点的情况下，被告澳新银行理应向原告支付信用证项下的款项，并承担该款自其收到信用证项下单证7个工作日届满后次日起产生的利息。

第九章

国际商事争议的解决

本章要点及学习要求

本章主要介绍国际商事争议的解决方式，包括选择性的解决争议方式、商事仲裁与商事诉讼，并对国际商事仲裁进行重点介绍。

要求了解国际商事争议的解决方式，并掌握国际商事仲裁的概念、特征、仲裁协议的主要内容。

CHAPTER NINE

International BUSINESS LAW

第一节 国际商事争议的解决方式

在国际商事交往的过程中，由于当事人利害冲突及所属不同国家法律制度的差异以及合同的缺陷等原因，必然会在当事人之间产生纠纷。在国际商事交易实践中，解决国际商事纠纷一般有四种方式：协商、调解、仲裁、诉讼。前两种方式又被称为选择性的解决争议的方法（简称 ADR），其前提是当事人之间达成的通过 ADR 解决争议的协议。

一、选择性的解决争议的方式

选择性的商事争议解决方式（ADR）是指通过诉讼和仲裁之外的方法解决国际商事争议的各种程序的总称。与司法诉讼和仲裁相比，它具有简便易行和节省费用的优势，但需要当事双方密切合作，有解决争议的诚意，并将此项诚意付诸实施，在 ADR 的每一环节上密切合作。

（一）ADR 的法律特征

1. ADR 是当事人之间达成的自愿解决争议的方法。

通过 ADR 解决争议的前提是当事人之间就通过此项方法解决争议的方式达成了协议。如无此协议，即不能通过这一方法解决争议。在这一点上，ADR 与仲裁有某种相似之处，这是因为仲裁也是一种自愿解决争议的方法。然而，ADR 自愿解决争议的方法又与仲裁不完全相同：在仲裁解决争议的情况下，当事人一旦达成通过仲裁解决他们之间争议的仲裁协议，该仲裁协议即对他们具有法律上的约束力，任何一方当事人均不得单方面撤回。而且，当争议发生时，如果一方当事人不按协议规定将争议提交仲裁而直接交由法院解决时则构成违约。在这种情况下，另一方当事人有权请求法院裁定中止诉讼程序，令当事人将争议提交仲裁解决。而对于当事人之间达成的 ADR 协议，则不具有上述法律上的拘束力。

2. 通过 ADR 达成的解决争议的方案没有法律上强制执行的效力。

没有法律上强制执行的效力是 ADR 与诉讼和仲裁之间的最重要的区别。在 ADR 的方式中，无论是当事人之间自行达成的和解协议，还是由第三者提出的解决争议的方案，都不具有法律上的约束力，而只能由当事人自动履行，进而使争议得到解决。如果任何一方当事人拒绝履行他们之间已经达成的协议或者由第三者提出的解决争议的方案，对方当事人则不能请求法院强制执行上述协议或者方案。但法院作出的判决和仲裁庭作出的仲裁裁决则具有法律上的约束力。除法律另有规定外,如果一方当事人不能自动履行法院判决或仲裁裁决,另一方当事人有权请求法院强制执行上述判决或裁决。

3. ADR既可单独适用,也可适用于诉讼程序和仲裁程序。

ADR的适用范围极为广泛,不仅可以单独适用,也可适用于诉讼程序和仲裁程序。在诉讼程序和仲裁程序中适用ADR的情况下,一般也应以争议双方的自愿为前提,由法官或仲裁员作为调解员,促成当事人达成和解协议。但在法官或仲裁员的主持下达成的和解协议,由法官或仲裁员据此做成法院判决或仲裁裁决的形式后,即与法院判决和仲裁裁决具有相同的效力。

(二)ADR的主要表现形式

1. 双方当事人协商。

协商是争议各方当事人在自愿的基础上,直接进行磋商或谈判,互谅互让达到解决争议的目的,是当事人自行解决争议最为常见的方法。协商这一争议解决方法的最大特点是没有第三者介入,而是完全依靠双方当事人自己解决,争议能否解决取决于当事人的意愿。协商不仅程序简便,即当事人可以采用对话或书面方式进行协商,而不像仲裁和诉讼须遵守严格的程序,而且有利于保持和维护良好的合作关系,因协商自始至终都是在自愿的基础上进行的,有利于当事人在互谅互让的气氛中自主表达自己的意愿,其结果不仅可以解决双方的争议,而且还能增进彼此的了解。所以,在国际商事活动中,当事人愿意采用此种方式解决争端。

2. 调解。

调解是在与争议双方无利害关系的第三者的主持下,通过其劝说诱导,促使国际商事争议的当事人在自愿的基础上互谅互让,达成协议以解决争议的一种方法。调解与协商的最大区别在于调解有第三者介入,而协商则没有。尽管如此,调解与协商的根本性质是相同的。在调解中,调解人只能说服劝导,不能独立自主地做出具有约束力的决定,争议能否解决最终还是取决于双方当事人能否达成协议。如果当事人未能通过调解解决他们之间的争议,他们将不得不将争议提交仲裁或者诉讼,以达到最终解决他们之间争议的目的。

3. 模拟法庭。

除了协商、调解外,在英美等国家还流行着一种选择性的解决争议方法,即模拟法庭。按照美国布莱克法律辞典对这一术语的解释,它是指当事人之间安排的一种自愿的、私下进行的、非正规的解决争议的方式。其具体做法是:模拟法庭由争议双方有权做出决定的公司主管和一位当事人共同认可的第三者组成。在开庭审理时,首先由双方律师对他们之间的争议作出简要陈述,此后双方主管即试图对他们之间的争议的解决作出决断。在此之前,他们应征求该第三者的意见:假定此案由法院判决,其结果如何? 为此,该第三者就此案发表其无法律上的拘束力的咨询意见。双方主管在此意见的基础上就争议的解决作出决断,以了结双方当事人之间的争议。

在模拟法庭解决争议的情况下,一方面,争议双方的主管人员,即有权代表一方当事人作出决断的人员参与争议的解决;另一方面,为双方当事人指定的第三者也是一个关键性的人物,他所发表的咨询意见对于解决双方当事人的争议至关重要,尽管此项意见本身没有法律上的拘束力。如果他的意见被双方主管采纳,争议当时即可得到解决。该中立的第三者一般为在解决特定争议方面的权威人士,主要是一些退休法官,以及声誉卓著、富有经验的律师。目前,英美许多争议解决机构都提供这样的专业人士的服务,如英国的解决争议中心(Center for Dispute Resolution)、特许仲裁员学会(Chartered Institute of Arbitrators)和美国仲裁协会(Amercian Arbitration Association)等。

二、仲裁

在当事人双方协商、调解不能达成协议的情况下,可以依据订立的仲裁条款或仲裁协议,提交仲裁庭仲裁。仲裁是建立在双方自愿的基础上,但其裁决结果对双方都有法律约束力。

三、诉讼

这里所称的诉讼是指国际商事诉讼,是指因涉外商事法律关系发生争议而进行的司法诉讼,即法院在诉讼当事人的参与下,对涉外商事案件的受理、审理、裁判和执行的全部活动。诉讼的程序及其所依据的法律非常严格,其裁决结果也具有很强的约束力。

第二节　国际商事仲裁

一、国际商事仲裁的概念

(一)仲裁的概念

仲裁又称公断,是指争议双方当事人根据事前事后所达成的协议,自愿将他们之间的争议交给第三者，由第三者按一定程序居中评断是非并作出裁决，该裁决是对争议双方当事人均有约束力的一种解决争议的方法。

虽然仲裁与调解和诉讼具有相同之处，即均属于第三者解决的办法，但是它们之间是有较大区别的。

1. 仲裁与调解的异同。

仲裁和调解都是以当事人的自愿为基础的争议解决方式。它们得以解决当时的争议，并非源于国家权力，而是源于当事人的合意和自愿，处理争议的仲裁者或者调解者基本上都是民间机构或者民间人士，主持仲裁或调解的第三方都由当事人自行选择。

虽然仲裁和调解两者都属于当事人自愿选择的争议解决方式，但仍存在不少差异。

(1) 以仲裁方式解决争议，当事人必须订立书面的仲裁协议，如无此种协议，仲裁就无法进行。一旦当事人以书面仲裁协议约定以仲裁解决争议，他们就受到此协议的约束；倘若一方当事人拒绝参与仲裁程序，有关仲裁庭有权进行缺席审理，直至作出最终的缺席裁决。所以，仲裁的自愿性是相对的。采用调解方式则无须书面的协议，任何一方当事人都无法强迫另一方当事人参与调解程序，即使其中一方当事人已经承诺以调解方式解决争议，此后又反悔不愿继续调解，调解就不能继续进行，调解人不可能进行缺席的调解。因而调解程序的当事人意思自治几乎是绝对的，当实质利益发生冲突时，这种毫无强制性的争议解决方式有可能丧失其存在的现实基础，这是调解的致命缺陷。

(2) 虽然当事人在仲裁的过程中享有广泛的自由，但在现代仲裁制度中采用机构仲裁的情况较普遍，各国常设的仲裁机构又都制定了详细的仲裁规则，用以指导仲裁程序。因此，仲裁庭都必须严格遵循仲裁规则审理案件，并作出裁决，否则将影响仲裁裁决的效力。至于调解方式，通常没有严格的程序。

(3) 在仲裁解决争议的过程中，一些仲裁机构的仲裁规则允许仲裁庭在征得当事人同意的条件下亦可进行调解。调解成功，当事人可以撤回仲裁申请，或者由仲裁庭依据和解方案制作裁决书，仲裁程序可以借鉴调解的做法。然而，在调解程序中，调解人则不可能履行任何仲裁职责。

(4) 仲裁人是以裁判者的身份出现，可以独立自主地对有关争议的问题进行裁决，这种裁决不必经过双方当事人的同意，一般对他们是具有约束力的。调解人只能对当事人进行说服劝导，无权自己作出决定，这样经过调解达成的协议，完全是基于双方当事人的同意。

(5) 以仲裁方式解决争议，不论其中一方当事人是否参与程序，只要存在有效的仲裁协议，仲裁庭就有权进行缺席审理，并有权作出裁决书。败诉方如不自动履行裁决所规定的义务，胜诉方就可以依据各国的法律或者国际公约请求法院予以强制执行。在调解程序中，如果调解成功，调解人所制作的调解书完全依赖当事人的自觉履行，它在法律上并无强制执行的效力；反之，调解失败，则调解人不可能制作确定当事人实体权利和义务的任何书面文件。

2. 仲裁与诉讼的异同。

尽管仲裁与诉讼均由第三者独立自主地作出，且仲裁具有“准司法”的性质，是一种以法律为后盾的争议解决方式，仲裁裁决也与法院判决一样，对双方当事人具有法律上的约束力，然而，仲裁与诉讼相比，其区别是本质性的。

（1）当事人以仲裁方式解决争议，必须出于双方的自愿，缔结书面的仲裁协议。仲裁庭作为独立的第三方有审理当事人争议的权力，并非基于强制的法定管辖权，而是来自于争议双方的授权。如果双方当事人没有订立仲裁协议，那么，任何一方或者仲裁机构都不能迫使另一方进行仲裁。因而，当事人意思自治原则不仅是世界各国仲裁制度的基本原则，而且是整个仲裁制度赖以存在的基石。诉讼不以当事人的自愿为基础，除非有仲裁协议排除法院的管辖权，否则，当事人一方向法院起诉时，必须事先征得另一方当事人的同意，法院便可以通过正当的司法程序传唤当事人到庭，接受法院对案件的审理和裁判。

（2）仲裁的事项与范围都是双方当事人事先约定的，仲裁人不得对当事人约定范围以外的事项进行仲裁。法院受理案件的范围是由法律规定的，法院可以审判法定范围内的事项。此外，各国的法律均对可交付仲裁解决的争议作出某些限制，如涉及刑事案件、涉及政府与自然人或法人间行政管理权产生的争议、涉及人身权的争议等不可交付仲裁。因此，仲裁可解决的争议是有限的。就诉讼而言，其主管争议的范围原则上不受限制，任何争议通过其他方式无法解决的均可诉诸法院，即所谓的“司法最终解决原则”。所以，诉讼主管的范围较仲裁广得多。

（3）仲裁程序中当事人享有广泛的自主权。基于当事人意思自治原则，有关仲裁地点、仲裁机构、仲裁员、仲裁程序及解决争议应适用的法律等，均可由双方当事人相互协商、确定。而诉讼是法院依照本国诉讼法的规定所进行的审判活动，负责审理案件的法官由法院任命，诉讼当事人没有任意指派或选择法官的权力；同时，法院开庭的时间、地点与程序等均由法院规定，当事人无权作出变更。

（4）仲裁程序中的保密性是其特点和优越性。当事人提起仲裁申请、程序进展情况、仲裁庭开庭审理案件，均不得在新闻媒介上予以披露，裁决结果也不公布，因此，能保护当事人的商业秘密和声誉。在诉讼程序中，除非涉及国家机密等，否则必须公开审理，这对于不愿将商业纠纷公布于众的企业而言显然有其不利之处。

(5)仲裁庭一旦作出裁决,即对双方当事人产生约束力,即使当事人对裁决不服,也不得向任何行政机关或法院申诉或上诉以试图变更裁决;如败诉方拒不自动执行裁决所规定的义务,胜诉方有权提出申请,请求有管辖权的法院承认裁决的效力,并且予以强制执行。尤其是在涉及外国当事人的国际商事仲裁中,胜诉方希望在国外获得对裁决的承认和执行时,由于世界上有 100 多个国家参加了旨在承认和执行外国仲裁裁决的国际公约,所以仲裁更具有国际性。就诉讼而言,通常各国诉讼制度中规定了若干审判级别,当事人对下级法院的判决不服,有权在法定期限内上诉,甚至可以进行几次上诉,直至该国的最高法院,因而有时诉讼程序旷日持久。此外,因各国诉讼制度的巨大差异性以及审判体现国家权力的缘故,导致国际上迄今无法达成普遍性承认及执行外国法院判决的国际公约。

(二)仲裁的特点

由上述比较可知,仲裁主要有如下特点:

1. 自愿性。

双方当事人必须在争议发生前后达成协议,选择仲裁作为争议解决方式;此外,双方当事人可以约定或选择仲裁机构、仲裁员、仲裁事项、仲裁规则以及仲裁地点等,从而可以满足当事人的特别需要。由于当事人可以自主控制有关因素,因此也就成为人们对仲裁感兴趣的重要原因之一。

2. 排他性。

在存在有效仲裁协议的条件下,法院不得受理仲裁协议规定提交仲裁的争议。

3. 保密性。

仲裁一般不需公开审理,可以最大限度地保护各方的商业秘密,对交易双方贸易关系的损害较小。

4. 专业性。

国际商事争议往往涉及许多专门性或技术性的问题,法院的法官有时是难以胜任的。但是,在仲裁时,当事人可以聘请有关的专家学者或知名人士担任仲裁员。由于他们学有所长,精通业务,因此能够准确地指出问题之所在,并且能够提出比较令人满意的解决办法,从而有利于争议的迅速解决。

5. 终局性。

与诉讼不同,仲裁具有终局性,形成对双方当事人均有法律约束力的裁决,不得提出上诉,因此可以节约时间与费用。除非一方当事人不执行生效裁决,另一方有权向法院提出申请,要求强制执行。

总之,由于仲裁比较灵活,并且具有与法院判决相同的法律效力,所以在国际经贸往来中,双方当事人一般更愿意选择仲裁作为解决争议的手段。在国际货物买卖合同中,通常都包含通过仲裁解决争议的仲裁条款。

（三）国际商事仲裁的概念

对于国际商事仲裁,国际上没有一个被普遍接受的统一概念,原因在于各国对国际商事仲裁的“国际”和“商事”的含义有不同的理解。但总体而言,对“国际”和“商事”的含义尽可能作出广义的解释是现代国际社会的一个趋势。

就“国际”一词而言,联合国于1985年通过的《国际商事仲裁示范法》解释,仲裁如在下列情况下即为国际性的:①仲裁协议的当事各方在缔结协议时,他们的营业地点位于不同的国家。②下列地点之一位于当事各方营业地点所在国之外:其一,仲裁协议中或根据仲裁协议确定的仲裁地点;其二,商事关系义务的主要部分将要履行的地点或与争议标的具有最密切联系的地点。③双方当事人已经明确约定仲裁协议的标的与一个以上的国家有联系。由此可见,确定仲裁的国际性,不仅要考虑当事人的国籍是否不同,营业地、住所是否处于不同的国家,而且还要考虑使争议具有国际性质的其他因素。

就“商事”一词而言,联合国《国际商事仲裁示范法》的注释认为,对“商事”这个术语应给予广义的解释,它包括所有商事性质关系所发生的争议,不论其性质是否为契约性质。商事关系包括但不仅仅限于下述交易事项:任何提供或交换商品或服务的交易;分销协议;商业代理;租赁;建筑工程;咨询;转让许可;投资和金融;银行;保险;开发协议或让与;合资企业或其他形式的工业商业合作;航空、海洋、铁路或公路的货运或客运。

二、调整国际商事仲裁的法律规则

国际商事仲裁作为一项高度自治的争议解决机制,受仲裁程序法和实体法的支配。当事人选择或仲裁庭确定的仲裁规则、特定国家的仲裁程序法和有关仲裁的双边或多边国际条约,构成了一个完整的国际商事仲裁法律结构。国内仲裁法在这一结构中居于中心地位,有关仲裁的多边国际条约则构成了现代国际商事仲裁的基础。

（一）国际公约

1889年在蒙得维的亚签署的《关于国际民事诉讼程序法的公约》是涉及仲裁的第一个区域性国际公约。由国际商会发起,在国际联盟的主持下,于1923年9月24日在日内瓦签署的《仲裁条款议定书》(以下简称1923年《日内瓦议定书》)可以说是第一个真正的国际仲裁公约。为了保证外国裁决的承认与执行,在国际联盟的主持下,于 1927 年 9 月 26 日在日内瓦又签署了《关于执行外国仲裁裁决的公约》(以下简称 1927 年《日内瓦公约》)。虽然这两个公约并没能很好地解决仲裁协议与外国仲裁裁决的承认与执行问题,但它标志着国际商事仲裁走向统一化的开端。

第二次世界大战后,为了克服两个日内瓦公约的缺陷,国际商会于 1953 年开始了新的国际仲裁立法活动。后来,联合国经社理事会接替了国际商会的工作。1958 年 6 月 10 日在联合国经社理事会的主持下,来自 45 个国家及有关机构的代表在纽约讨论并通过了经社理事会准备的公约草案,国际商事仲裁领域最重要的一个多边国际条约——《承认及执行外国仲裁裁决的公约》(以下简称 1958 年《纽约公约》)就此诞生了,该公约被喻为“国际仲裁大厦唯一最重要的支柱”。截至 2002 年,该公约的参加国已达 140 多个。中国于 1986 年 12 月 2 日决定加入 1958 年《纽约公约》,该公约于 1987 年 4 月 22 日对中国生效。为了解决欧洲国家,尤其是东、西欧之间贸易交往中产生的争议,22 个国家的代表于 1961 年 4 月 11 日在日内瓦签署了《关于国际商事仲裁的欧洲公约》(以下简称 1961 年《欧洲公约》),但参加国家不多,也很少适用。另外一个比较有影响的多边国际条约,是 1965 年 3 月 18 日在华盛顿签署的《解决国家与他国国民之间投资争议的公约》(以下简称 1965 年《华盛顿公约》),以此公约为基础,建立起“解决投资争议的国际中心”仲裁体制,专门负责解决国家与他国国民间的投资争议。中国已于 1990 年 2 月 9 日正式签署了该公约,并于 1993 年 1 月 7 日递交了批准书。此外,1966 年《规定统一仲裁法的欧洲公约》、1972 年《莫斯科公约》和 1975 年《美洲国家间关于国际商事仲裁的公约》等,也是国际商事仲裁领域较为重要的区域性公约。

目前,国际公约在国际商事仲裁领域起着十分重要的作用,尤其是以 1958 年《纽约公约》为基础而建立起来的仲裁协议与仲裁裁决承认和执行制度,已成为现代国际商事仲裁的柱石。

(二)国内仲裁立法

仲裁起源于当事人的仲裁协议,但却不能存在于法律真空中,仲裁必须受特定国家法律及有关国际条约的调整。仲裁协议的效力、仲裁裁决的承认与执行等,均受特定国家仲裁法的支配。当事人和仲裁庭所享有的高度自治权,只能在仲裁法规定的范围和框架内行使。各国有关仲裁的立法均调整国际商事仲裁,有些国家在其民事诉讼法中含有关于仲裁的规定,如德国民事诉讼法、日本民事诉讼法、法国民事诉讼法等;另有些国家则制定了专门的仲裁法,如美国 1926 年联邦仲裁法、英国 1996 年仲裁法。这些国家的仲裁法既调整国内仲裁,也调整国际仲裁。还有一些国家专门制定了调整国际商事仲裁的法律或法规,如埃及于1988年制定的《埃及国际商事仲裁法案》,有些国家则根据联合国国际贸易法委员会主持制定的1985年《国际商事仲裁示范法》制定了本国的国际商事仲裁法,如俄罗斯国际商事仲裁法、保加利亚国际商事仲裁法等。所有这些有关仲裁的法律或法规,均就有关仲裁涉及的各种事项,包括仲裁协议的效力和仲裁庭的管辖权、仲裁庭的组成、仲裁员的指定、仲裁程序的进行、仲裁裁决的作出及其补救办法、仲裁裁决的效力及其承认与执行等事项作出了规定。

中国调整国际仲裁的国内立法主要体现在1994年颁布的《中华人民共和国仲裁法》(以下简称《仲裁法》)和1991年《中华人民共和国民事诉讼法》(以下简称《民事诉讼法》)中。其中,《仲裁法》第7章就中国的涉外仲裁,包括涉外仲裁机构的组成、仲裁员的聘任、保全措施、涉外仲裁裁决的撤销和承认与执行问题等作出了专门规定。《民事诉讼法》第27章(第255~259条)的规定也是专门针对国际经济贸易、运输和海事争议的仲裁的。

(三)仲裁程序规则

国际商事交易中的当事人在他们之间订立的仲裁协议中所约定的通过仲裁方式解决争议应当适用的仲裁规则,在如何通过仲裁方式解决争议方面发挥着重要的作用。在国际商事仲裁实践中,一般常设仲裁机构,均有自己的仲裁规则。当事人在将争议提交他们在仲裁协议中约定的仲裁机构时,如无相反的约定,就意味着适用该机构的仲裁规则。有些仲裁机构的规则对此还作出了专门规定。例如,1992年1月起实施的《日内瓦商工会仲裁规则》第1条第1款即规定:“一旦当事人同意将争议提交商工会进行仲裁,本规则将适用。”

为了解决临时仲裁机构无专门仲裁规则的情况,联合国国际贸易法委员会组织了来自各不同法律制度下的专家,于1976年制定了一套仲裁规则。20多年来的实践证明,此项规则不仅被广泛地应用于临时仲裁,世界上许多常设仲裁机构的仲裁规则也是参照此项规则制定的。此外,包括中国国际经济贸易仲裁委员会在内的绝大多数仲裁机构,均允许当事人选择适用联合国国际贸易法委员会的仲裁规则,并应当事人的请求对此规则进行的仲裁程序实施管理。这类仲裁规则有两个特点:①这些仲裁规则只对特定的当事人,即选择适用某一特定规则的当事人有拘束力。②这些仲裁规则的适用不得与进行仲裁应当适用的法律相抵触。如果这些规则的适用与仲裁应当适用的法律发生抵触,则此类规则应当服从法律中的有关规定。例如,联合国国际贸易法委员会制定的《仲裁规则》第1条第2款规定:“仲裁应受本规则支配,但本规则的任何规定如与双方当事人必须遵守的适用于仲裁的法律规定相抵触时,应服从法律的规定。”

三、国际商事仲裁协议

（一）国际商事仲裁协议的概念及形式

国际商事仲裁协议是指在国际商事交往中，争议双方当事人自愿把他们之间的争议交付仲裁机构解决的意思表示。根据各国有关仲裁法规和国际公约的规定，仲裁协议是仲裁机构受理当事人争议的依据。仲裁机构只能受理当事人根据仲裁协议提交的案件，不能受理没有仲裁协议的案件。

根据不同的标准，国际商事仲裁协议可以划分为不同的形式。

1. 口头仲裁协议和书面仲裁协议。

世界上大多数国家包括中国都要求仲裁协议需具有书面形式，但是仍有少部分国家没有禁止当事人采取口头的仲裁协议，如瑞士、日本等国家。尽管如此，它们在实践中也倾向于鼓励当事人采取书面形式；美国法也规定，根据口头仲裁协议作出的仲裁裁决是不能要求法院强制执行的。

2. 仲裁条款和单独仲裁协议。

当事人在争议发生前，为了使争议能够得到迅速有效的解决，一般都在国际商事合同中事先约定将未来可能的争议提交仲裁的条款，即为仲裁条款。单独仲裁协议是指当事人在争议发生之前或之后，就该争议的仲裁问题单独达成的协议。该协议可约束当事人双方的合同关系或其他关系中的纠纷，如经济侵权赔偿争议。单独仲裁协议涉及的问题往往比仲裁条款广泛，但二者的效力是相同的。

（二）国际商事仲裁协议的作用

1. 约束当事人的行为。

国际商事仲裁协议对双方当事人有严格的约束力。一方面，因仲裁协议约定的特殊法律关系发生的争议，只能通过仲裁方式解决，任何一方不得就该争议向法院起诉。许多国家的法律和有关国际公约都有这种规定。另一方面，任何一方原则上都只能就仲裁协议所规定的事项提交仲裁，而对于任何超出仲裁协议范围的事项，对方当事人都有权自由决定是否承认和参加涉及该项争议的仲裁，有权对仲裁庭就该项争议所进行的仲裁提出异议。但如果一方当事人对已经发生的争议是否属仲裁协议规定的事项而提起诉讼，对这种情况应如何处理？多数国家的立法和有关国际公约规定，仲裁庭有权对这一问题作出判定。

2. 排除法院的管辖权。

排除法院管辖权是仲裁协议最重要的作用，这一作用已得到世界上许多国家的承认。只要双方当事人订立了仲裁协议，他们就不能把有关争议案件提交法院处理，否则，对方可根据仲裁协议请求法院停止司法诉讼程序，把案件发回仲裁。我国《民事诉讼法》第255条也规定："涉外经济贸易、运输和海事中发生的纠纷，当事人在合同中订有仲裁条款或者事后达成书面仲裁协议，提交中华人民共和国涉外仲裁机构或者其他仲裁机构仲裁的，当事人不得向人民法院起诉。"因此，如果当事人愿意以仲裁而非诉讼的方式解决他们之间的纠纷，最好是事前达成协议，以免纠纷发生后处于对立地位时难以达成一致意见。

3. 强制执行仲裁裁决的依据。

一项有效的仲裁协议是强制执行仲裁裁决的依据。各国的立法和有关仲裁的国际公约及国际性文件都规定，如果一方当事人拒不履行仲裁裁决所规定的义务，另一方当事人有权向有管辖权的法院申请强制执行该仲裁裁决。在当事人提出申请时，除应向法院提供裁决书外，还必须提供据此作出裁决的基础的仲裁协议。其目的是为了审查仲裁机构或仲裁庭是否获得了当事人的书面授权，裁决内容是否超出仲裁协议所确定的范围，裁决事项是否具有可仲裁性等，以便作出是否予以承认和执行的裁定。同时，拒不执行裁决的一方当事人也有权以不存在有效仲裁协议为由，对申请人的执行裁决申请和法院的强制执行程序提出抗辩。

（三）仲裁协议的主要内容

仲裁协议的内容关系到争议能否顺利解决，在不违反法律强制性规定的前提下，各国一般允许当事人自愿约定仲裁协议的内容，因此，当事人应根据实际情况尽可能地使仲裁协议的内容明确、具体。通常，一个仲裁协议应包括仲裁事项、仲裁地点、仲裁机构及规则、仲裁裁决的效力等。

1. 仲裁事项。

仲裁事项即可提起仲裁的争议范围。世界各国对可仲裁的事项都不是毫无限制的，一般都在仲裁法中概括地规定，凡允许当事人和解的争议和当事人拥有自由处分权的争议都可交付仲裁。也就是说，争议应当具有私法性质。据此，民商事中的大多数纠纷可以提起仲裁。但是很多国家规定，下列商事纠纷不得提起仲裁：工业产权和版权有效性纠纷；涉及公共利益的破产案件；证券交易案件和反垄断案件；仲裁过程中涉及的财产保全程序和裁决后的执行程序。

在国际商事纠纷中，双方当事人也应当慎重考虑提交仲裁的争议范围。首先，并非任何争议都是交付仲裁成本最低；其次，如果仲裁事项有遗漏，日后的争议超出了范围，仲裁庭就无权审理，即使审理，对超出仲裁协议范围的裁决也是没有效力的，不能得到强制执行。

2. 仲裁地点。

仲裁地点是仲裁协议中最重要的内容之一，因为根据程序问题须依仲裁地

(法院地)这一普遍承认的冲突规则,在某地仲裁就得遵守该地的仲裁法。仲裁地的选择还可能涉及解决争议适用的实体法,因为,如果当事人未选定准据法,仲裁人往往是根据仲裁地的冲突规则确定适用的准据法,而各国的冲突规则不尽相同。当事人通常只对本国的法律比较熟悉,对外国的仲裁制度往往了解不多,在审理中可能会因为对法律的不了解而处于不利地位。

基于上述原因,当事人一般都倾向于选择本国作为仲裁地点,而本国法在不影响国际关系的前提下总是会较多地考虑本国人的利益。但是,如果双方当事人都坚持在本国进行仲裁,那么协议就无法达成。为避免这种情况的发生,当事人还可选择被申请人所在地或第三国作为仲裁地点。从实践来看,选择被申请人所在地作为仲裁地点在涉及货品质量不符、延迟履行的纠纷中较常见,这样的选择还有利于财产保全和仲裁裁决的执行。选择第三国作为仲裁地点往往可以获得更大的权威性和公正性,一般应选择友好或中立的国家。如我国企业同西欧、北美国家签订成套设备和技术引进合同时,就有一部分选择瑞典斯德哥尔摩商会仲裁院作为仲裁机构。

在选择仲裁地点时,当事人事先应了解当地的仲裁法,以及综合考虑仲裁费用、相关花费以及往返签证等因素。

3. 仲裁机构及规则。

同一地点可能有几个不同的仲裁机构,仅选择仲裁地点是不够的。因此,在仲裁协议中对选择哪个仲裁机构应明确规定。仲裁机构分为常设机构和临时机构,临时机构直接由双方当事人指定仲裁员,案件处理完毕即告解散。实践证明,常设机构仲裁更有优势,它可以帮助双方当事人解决仲裁中的行政及组织工作,如双方未选定仲裁员时仲裁庭可以代为指定,为双方传递证据、材料,安排开庭、审理,负责收取保证金和费用等,为双方当事人提供了便利,使仲裁能够顺利进行。

如果双方当事人在仲裁协议中约定其争议由常设仲裁机构仲裁,则应写明仲裁机构的名称;如果约定由临时仲裁庭进行仲裁,则应写明仲裁庭的组成人数,以及如何指定仲裁员。一些国家如法国、意大利等国的法律明文规定,仲裁协议必须载明仲裁员姓名、地址或指定仲裁员的方法,否则无效。

仲裁规则主要规定的是仲裁时必须履行的手续和规则,包括如何提出仲裁申请,如何选定仲裁员,如何答辩,怎样进行审理,裁决的作出及效力等。它是当事人和仲裁员在仲裁中应当依照的行为准则。根据各国的仲裁立法和有关仲裁的国际公约以及国际商事仲裁的惯常实践,当事人在签订仲裁协议时,可自行约定仲裁应遵循的仲裁规则,也可援引某一常设仲裁机构或国际组织所颁布施行的仲裁规则。一般情况下,参与国际商事交往的当事人经常在其仲裁协议中全部或部分地援引某一现有的仲裁规则，并且将选择仲裁机构和仲裁规则结合起来。

各国常设仲裁机构一般都自己制定仲裁规则，还有一些国际性和地区性的仲裁规则，如《联合国国际贸易法委员会仲裁规则》、《国际商会商事仲裁规则》等。在国际商事仲裁中，一般情况是，选择哪个仲裁机构就适用哪个仲裁机构的仲裁规则。有的仲裁机构对此有强制要求，凡提交该机构仲裁的争议必须适用其仲裁规则，如国际商会国际仲裁院便有此项规定。另外，一些仲裁机构允许按双方当事人的选择，既可适用本机构的仲裁规则，也可采用其他仲裁规则，特别是联合国国际贸易法委员会的仲裁规则，如瑞典斯德哥尔摩商会仲裁院、美国仲裁协会。1998 年的《中国国际经济贸易仲裁委员会仲裁规则》（以下简称《仲裁规则》）也改变了以往的传统，允许当事人在不违反强制性规则的前提下，约定选择其他仲裁规则。2005 年最新修订的该《仲裁规则》中也延续了这一做法。

4. 仲裁裁决的效力。

仲裁裁决的效力主要是指仲裁裁决对双方当事人是否有约束力，是否具有终局性，当事人是否可以就相同的争议再向法院提起诉讼的问题。

世界上大多数国家的法律都承认仲裁裁决的终局性，除非有明显的或实质性的违反法律的强制性规定的情况，否则，法院将不再受理已经仲裁裁决的争议。在这些国家中，当事人只能在其仲裁协议中明示接受该规定或不作与此相反的意思表示，否则，法院就会判定当事人之间不存在有效的仲裁协议。《中国国际经济贸易仲裁委员会仲裁规则》也规定，仲裁裁决是终局的，任何一方当事人都不得向法院起诉，也不得向其他机构提出变更裁决的请求。尽管大多数国家的法律对仲裁裁决的上诉问题作了否定性的规定，尽管对仲裁裁决提起上诉在实践中是少见的，但当事人在仲裁协议中对仲裁裁决的终局性作出明确规定仍属必要。如此可避免或减少引起复杂的上诉程序的可能性，也有助于在一方当事人不予合作的情况下尽快组成仲裁庭，并使仲裁庭具有更充分的权力，以便在一方当事人不到庭进行仲裁时，作出有约束力的仲裁裁决。

有些国家虽然允许上诉，但法院对仲裁裁决只审查其程序问题，而不审查实体问题，也就是说，不审查仲裁裁决对案件的事实认定或法律适用是否正确。还有些国家的仲裁法规定，在某些情况下，法院有权撤销仲裁裁决。

上述内容是仲裁协议的基本内容。一般情况下，为了能使仲裁顺利进行，当事人还应当在仲裁协议中指定仲裁员或规定指定仲裁员的方法，当事人在规定的期限内不能指定仲裁员的，一般由仲裁机构指定，这需要一定的手续和时间；另外，指定的仲裁员也未必能使双方当事人都满意。此外，其他一些事项最好也能在仲裁协议中明确，如仲裁适用的语言、作出裁决的期限、仲裁过程是否公开以及仲裁费用的承担等。

四、国际商事仲裁程序

仲裁程序是指在国际商事仲裁中自一方当事人提请仲裁到作出终局裁决这一整个过程中，有关仲裁机构、仲裁员、仲裁庭、申诉人、被诉人和证人、鉴定人、代理人等其他仲裁参与人以及有关国家法院之间的相互关系和各自参与进行仲裁活动所必须遵循的程序。世界各国及有关国际组织的仲裁规则都对仲裁程序作了明确的规定，各国仲裁立法也都有相应的规定。虽然它们在具体细节上不尽相同，但在基本的程序问题上却是大同小异。

（一）仲裁的申请

仲裁的申请是指仲裁协议中约定的争议事项发生后，仲裁协议的一方依据该协议将有关争议提交所选定的仲裁机构，提出仲裁申请的行为。提出仲裁申请是开始仲裁的必要环节。一般来讲，各仲裁机构的仲裁规则均明确规定当事人提起仲裁程序必须采用书面形式。

按照仲裁中的一般做法，如果双方当事人选择某常设仲裁机构进行仲裁，当事人应将仲裁申请书提交给该常设仲裁机构；如果双方当事人约定设立临时仲裁机构审理有关争议，则一方当事人必须将仲裁申请书直接送交另一方当事人。因为只有双方当事人选出仲裁员后才能组成受理争议的临时仲裁机构。

各仲裁机构的仲裁规则对仲裁申请书的内容都有具体规定。一般来说，一项合格有效的仲裁申请书必须包括如下内容：①申诉人和被申诉人的名称和地址；②仲裁申请所依据的仲裁协议；③仲裁请求事项、所依据的事实和理由以及有关证据；④仲裁请求事项、所依据的事实和理由以及有关证据；⑤应在仲裁机构仲裁员名册中指定1名仲裁员，或委托仲裁机构指定；⑥应指明仲裁机构的名称，如指明临时仲裁机构，则要指明临时仲裁机构的组成方式；⑦应由申诉人或其授权的代理人签名盖章；⑧应按被诉人人数附上仲裁申请书副本并附上有关的证据材料，如合同、仲裁协议、当事人之间往来的函电和其他有关文件。

（二）仲裁的受理

仲裁的受理是指仲裁机构对仲裁申请人的申请进行审查后认为符合法定条件，同意立案并进行仲裁的活动。申请人在提交仲裁申请后就进入了仲裁受理阶段，仲裁庭应对仲裁申请进行审查。审查的内容一般包括四项：①仲裁条款或仲裁协议是否有效，该仲裁机构是否有对该争议的管辖权；②请求仲裁事项是否属于仲裁协议范围之内或是否能进行仲裁；③是否超过仲裁时效，如《联合国国际货物销售合同公约》规定买卖合同的时效为4年，超过了这一时效的案件，中国涉外仲裁机构将不予受理；④仲裁协议当事人的名称和仲裁申请书中申诉人和被申诉人的名称是否一致等。如符合上述各项条件，仲裁机构即正式立案受理，否则将仲裁申请书及有关材料退回申诉人，并说明不予受理的理由。如仅是某些形式要件不符合规定，仲裁机构则要求申诉人予以补正。

仲裁机构受理案件后，应即向申诉人发出受案通知，同时将仲裁申请书副本及其附件送达给被诉人并向被诉人发出仲裁通知，如有必要，还应将仲裁机构的仲裁规则及仲裁员名册同时送达给被诉人。被诉人在收到仲裁申请书后，应在一定期限内提出答辩书及有关证据材料。答辩书的内容应对申诉人在仲裁申请书中提出的请求、陈述的事实和依据的理由加以回答、抗辩和反驳。

（三）仲裁庭的组成

仲裁庭是指根据当事人之间的约定或法律与仲裁规则的规定，由仲裁员组成的审理案件并作出裁决的组织。仲裁庭可由1名或多名仲裁员组成，仲裁员的人数一般可依当事人的意见而定，但有些国家的法律没有强制性的规定，要求仲裁庭的成员数必须是奇数。在这方面，多数国家的做法比较灵活，当仲裁协议约定的仲裁庭组成人数为偶数时，可再补任命1名仲裁员。法国、比利时、荷兰等一些国家均采用这一灵活原则。因此，当事人在起草仲裁协议时，应自行规定或通过适用仲裁机构规则约定仲裁庭的组成方式或人数。从各国仲裁立法、仲裁规则与实践来看，仲裁庭大体有两种形式，即独任制仲裁庭和合议制仲裁庭。

1. 独任制仲裁庭。

在国际商事仲裁中，各国仲裁法都允许当事人约定或共同指定1名仲裁员，即所谓的独任仲裁员组成仲裁庭。如果当事人没有就仲裁员的人数作出约定，仲裁庭的组成人数为多少，各国的法律规定有所不同。英美法系国家的法律大多规定，如果当事人未约定组成仲裁庭的人数，仲裁庭应由1名独任仲裁员组成。国际商会仲裁院、伦敦国际仲裁院也是采用这种方式处理当事人没有作出约定时所产生的仲裁庭人数问题。

由独任仲裁员组成仲裁庭审理案件比较迅速，费用少；独任仲裁员与当事人之间的会晤及举行听证和审理，较多名仲裁员组成的仲裁庭容易方便；独任仲裁员在作裁决时，时间相对较短。

2. 合议制仲裁庭。

由3名仲裁员组成的仲裁庭是现代国际商事仲裁中最普遍的一种方式。《联合国国际贸易法委员会仲裁规则》便采用了这一做法。该规则规定，如果当事人事先未有约定，将指定3名仲裁员组成仲裁庭。联合国国际贸易委员会拟定的《国际商事仲裁示范法》也作出了相同规定。许多国家的法律都规定，在当事人没有约定的情况下，应指定3名仲裁员组成仲裁庭。

仲裁庭一般由3名仲裁员组成，其中1名为首席仲裁员。首席仲裁员一般由当事人共同指定或由仲裁委员会主席指定。由3名仲裁员组成的仲裁庭是国际商事仲裁中被认为最为有效的一种方式。虽然合议制仲裁庭所花费的费用要高于独任制仲裁庭，作出裁决的时间一般也要长于独任仲裁员作出裁决所需要的时间，但相对而言，其结果可能容易被双方当事人所接受。

（四）仲裁裁决的作出

1. 仲裁裁决作出的方式。

仲裁庭如果是由独任仲裁员组成的，裁决就由其独立作出，如果是一个由3名仲裁员组成的合议仲裁庭进行仲裁，可能存在着仲裁员对案件处理有不同意见，此时就需要一套完善的表决制度来保障仲裁裁决的作出。根据各国商事仲裁法的规定和仲裁实践，仲裁裁决的表决方式主要遵循三项原则：①多数原则。实行多数票原则是大多数国家及其仲裁机构通行的做法。②首席仲裁员决定原则。在仲裁裁决不能形成多数意见时，一些国家和仲裁机构补充规定了首席仲裁员决定的规则。例如，《国际商会仲裁规则》第9条规定："仲裁庭由3名仲裁员组成时，裁决得依多数票决定之，如达不到多数时，应由仲裁庭主席单独作出。"③当事人自主原则。这是一个例外原则，以当事人各方同意作出裁决的方式往往发生在仲裁程序中当事人达成和解而中止仲裁的案件中。为了便于和解协议的执行，有时经当事人要求或由仲裁庭自主决定根据其和解协议的内容做成一项合意裁决。在这种情况下，当事人有充分的自主权决定合意裁决的方式而不必拘束于多数原则和首席仲裁员决定原则。

2. 仲裁裁决的效力及其异议。

从理论上讲，裁决一经作出，即对当事人具有法律上的拘束力。如果一方当事人不能自动履行，另一方当事人可请求法院强制执行。但按照各有关国家的仲裁立法与实践，如果裁决存在着法律规定的可以撤销的理由，则当事人可在法律规定的期限内，向对此有管辖权的法院申请撤销该仲裁裁决。可撤销的仲裁裁决的理由，归纳起来主要有以下四种情况。

（1）仲裁裁决所依据的仲裁协议无效，包括订立仲裁协议的任何一方当事人根据应当适用于他们的法律为无行为能力者，或者仲裁协议本身根据当事人所同意适用的法律为无效协议；当事人如未能就此应当适用的法律作出约定，按照裁决地国的法律为无效仲裁协议。

（2）仲裁程序不当，即未能将有关指定仲裁员或进行仲裁程序的事项向当事人发出适当通知，或者由于其他原因未能给当事人表达其对争议事项的意见的机会。

(3)仲裁庭越权,即仲裁庭裁决的事项超出了当事人在仲裁协议中规定的事项。如仲裁协议规定将买卖合同项下的延迟交货而引起的争议提交仲裁解决,而仲裁庭所裁决的事项不仅包括由于延迟交货而引起的争议,还包括由于货物本身的质量而引起的争议。在这种情况下,仲裁裁决对货物质量所作出的裁决就超出了仲裁协议的范围,当事人就可以请求法院撤销此项裁决。对未超出协议范围的由于延迟交货而引起的争议所作出的裁决就不能请求法院撤销。

(4)仲裁庭的组成与当事人约定或应当适用的法律不符。当事人如果在仲裁协议中约定仲裁员应当由专职律师以外的技术人员担任,而事实上的仲裁庭组成人员均为专职律师,则仲裁庭的组成显然违反了当事人之间的约定。

以上情况均应当由申请人提供证据证明。如能证明有上述情况之一的,法院就可裁定撤销仲裁庭已经作出的仲裁裁决。

此外,按照《国际商事仲裁示范法》第 34 条的规定,如果法院查明,该仲裁裁决所涉及的事项依据法院地法为不能通过仲裁解决的事项,或者该仲裁裁决违反了当地的公共政策,也可裁定撤销该仲裁裁决。

五、国际商事仲裁裁决的承认与执行

国际商事仲裁裁决的承认与执行,是指法院或其他法定的有权机关承认国际商事仲裁裁决的终局约束力,并对不自觉执行的一方经申请予以强制执行的制度。仲裁机构本身没有强制执行的权力,因此仲裁裁决主要靠当事人即败诉方自觉执行。当败诉方拒不执行裁决时,胜诉方就需通过有关国内法院申请强制执行。这时裁决的执行就是一个比较复杂的问题,可能会出现两种情况:由本国仲裁机构作出裁决,且败诉方在本国或在本国有可以执行的财产,则胜诉方可向本国法院申请强制执行;由外国仲裁机构作出裁决,败诉方在外国,需要向外国法院申请强制执行。

(一)对本国的国际商事仲裁裁决的承认和执行

包括我国在内的世界上大多数国家对确认本国国际商事仲裁的效力和执行都处理得很简单,通常是胜诉的一方当事人向有管辖权的法院提出强制执行的申请,法院在收到申请后只对裁决作形式审查。经审查,法院认为裁决在形式上和程序上符合法律要求,即发布强制执行的命令,对裁决予以强制执行。但是,在执行过程中,若对方当事人依法提出了有效的异议,强制执行应中止,待法院审查后,再决定继续执行或宣布异议成立,裁决不得执行。

我国《民事诉讼法》第257～259条规定，经涉外仲裁机构作出的裁决，当事人不得再向人民法院起诉。如一方当事人不履行仲裁裁决，当事人可以向败诉人住所地或财产所在地的中级人民法院申请执行。但被申请人提出证据证明仲裁裁决有下列情形之一的，经人民法院组成合议庭审查核实，裁定不予执行：①当事人在合同中没有订立仲裁条款或事后没有达成书面仲裁协议；②被申请人没有得到指定仲裁员或者进行仲裁程序的通知，或者由于其他不属于被申请人负责的原因未能陈述意见；③仲裁庭的组成或者仲裁的程序与仲裁规则的规定不符；④裁决的事项不属于仲裁协议的范围或者仲裁机构无权仲裁；此外，人民法院如执行该裁决将会违背社会公共利益的也裁定不予执行。

如果因为上述情况，仲裁裁决被人民法院裁定不予执行，当事人可以根据双方达成的书面协议重新申请仲裁，也可以向人民法院起诉。

（二）对外国的国际商事仲裁裁决的承认和执行

对外国仲裁裁决的承认和执行相对要复杂得多，原因在于这不仅涉及双方当事人的利益，还关系到本国的利益和与外国的关系等。因此，世界上很多国家对承认和执行外国的仲裁裁决都作出了严格的限制。主要表现为：要求以互惠为条件；本国有承认和执行该类裁决的条约义务；对外国仲裁裁决的承认和执行不违反本国的“公共秩序”。此外，有些国家还要求“双重许可”，即要求当事人必须先在作出裁决的国家取得可以在该国执行的法院命令，然后再据此取得申请执行国家法院发出的准许执行的命令。如果外国的仲裁裁决不符合执行国法律的要求，执行国的法院就可以拒绝执行。

1. 关于承认和执行外国仲裁裁决的国际公约。

为解决各国在承认和执行外国仲裁裁决问题上的分歧，国际上先后有三个公约对此作出了规定，分别是1923年颁布的《日内瓦仲裁条款议定书》；1927年缔结的《关于执行外国仲裁裁决的公约》；1958年由联合国主持制定的《联合国承认和执行外国仲裁裁决的公约》（又称《纽约公约》）。纽约公约放弃了前两个公约的互惠要求，原则上它可以适用于任何一个外国的仲裁裁决。目前，《纽约公约》实际上已取代了前两个公约，包括美国、英国、法国、德国、日本在内的诸多国家参加了该公约，该公约已于1987年对中国生效，但中国对其提出了两项保留：一是仅适用于缔约国间作出的裁决；二是只适用于商事法律关系所引起的争议。

1958年的《纽约公约》主要包括以下内容。

（1）公约明确规定，缔约国应相互承认和执行对方国家所作出的仲裁裁决，并规定在承认和执行对方国家的仲裁裁决时，不应在实质上比承认和执行本国的仲裁裁决提出更为麻烦的条件或征收更高的费用。

(2)公约规定,申请承认和执行裁决的一方当事人,应提供原裁决的正本和经过证明的副本,以及仲裁协议的正本或通过适当证明的副本,必要时还应附具译本。

(3)公约第5条规定了拒绝承认和执行外国仲裁裁决的条件。根据该条第1款的规定,凡外国仲裁裁决有下列情况之一者,被请求执行国家的法院可以依被诉人的请求,拒绝予以承认和执行。

一是订立仲裁协议的一方当事人依据对其适用的法律为无行为能力者;仲裁协议依据当事人选择适用的法律无效;如无此项选择,依据裁决地国的法律为无效者。

二是被申请人未得到关于指定仲裁员或进行仲裁程序的适当通知,或者由于其他原因未能陈述其案情。

三是仲裁庭越权,即裁决事项超出了仲裁协议规定的范围,但如果当事人提交仲裁的事项可与未提交仲裁的事项区别开来的话,则裁决中关于当事人之间约定的提交仲裁的事项的部分仍然可以执行。

四是仲裁庭的组成或仲裁程序与双方当事人的协议不相符,或者当事人没有这种协议时,与进行仲裁国家的法律不符。

五是裁决对当事人还没有发生约束力,或者裁决已经由作出裁决的国家或据其法律作出裁决的国家的管辖当局撤销或停止执行。所谓裁决对当事人没有发生约束力是指裁决尚能提出异议或上诉,或正在对裁决的有效性进行诉讼。

此外,公约还规定,如果被请求承认和执行仲裁裁决的国家的管辖当局查明有下列情况之一者,也可以拒绝执行:即争议的事项,依该国法律不能进行仲裁或调解;承认或执行该项裁决将与这个国家的公共秩序相抵触。

2. 中国法院对外国仲裁裁决的承认与执行。

(1)中国执行外国仲裁裁决的依据。中国承认与执行外国仲裁裁决的依据是中国的《民事诉讼法》中的有关规定和中国缔结参加的双边和多边国际公约,如前所述,《纽约公约》已于1987年对中国生效。

在中国执行的外国仲裁裁决可以分为《纽约公约》项下的裁决(简称公约裁决)和非公约裁决。公约裁决为在中国以外的《纽约公约》缔约国境内作出的仲裁裁决,这些裁决执行的条件只能依照公约规定的条件执行。对于非公约裁决,按照中国《民事诉讼法》的规定,按互惠原则予以承认和执行。

(2)执行机构。申请人申请执行外国仲裁裁决的,按照中国《民事诉讼法》第269条的规定,应当直接向被执行人住所地或者其财产所在地的中级人民法院申请。如果被执行人为自然人,为其户籍所在地的中级人民法院;被执行人为法人，为其主要办事机构所在地的中级人民法院。被执行人在我国无住所、居所或者主要办事机构，但有财产的，为其财产所在地的中级人民法院。

(3)执行期限。在中国申请执行仲裁裁决的期限，无论是本国裁决还是外国裁决，按照中国《民事诉讼法》第219条的规定，双方或一方当事人是公民的，申请执行的期限是1年，双方是法人或者其他组织的为6个月，自法律文书规定履行期间的最后1日起算。凡是向法院申请执行的仲裁裁决经法院审查后准许执行的，由法院作出予以执行的规定，并向被执行人发出执行通知，责令其在指定的期限内履行，逾期不履行的，由法院强制执行。

(4)内地与香港地区仲裁裁决的执行。香港回归后，内地与香港地区的仲裁裁决的执行不能适用《纽约公约》，使两地仲裁裁决的执行变得非常困难。为解决这一问题，最高人民法院与香港特别行政区政府于1999年6月达成了《关于内地与香港特别行政区相互执行仲裁裁决的安排》(以下简称《安排》)。该《安排》依据"一国两制"的基本原则，将两地裁决的执行作为一个特别的事项予以特别规定。依据该《安排》，双方按照各自的法律程序处理执行问题和收取执行费用；双方按照各自形成的公共政策决定裁决的执行与不执行；拒绝执行仲裁裁决的条件与《纽约公约》的规定也是一致的。这一安排为两地仲裁裁决的执行提供了法律保障。

第三节 国际商事诉讼

国际商事诉讼即通过诉讼的方法解决国际商事争议。由于国际上既没有专门受理国际商事争议的法院，也没有统一的诉讼法，所以，国际商事诉讼是各国法院根据本国的民事诉讼法对在本国法院提起的涉及不同国家当事人之间的国际商事争议案件行使管辖权。

一、法院对国际商事争议案件的管辖权

(一)国际商事争议案件管辖权的冲突及解决

由于各国是按照各自的民事诉讼法决定对国际商事案件的管辖，因而会导致管辖权的冲突。按照国际法上的属地原则，主权国家对其境内的一切人和物均享有管辖权；依照属人原则，主权国家对其国民享有管辖权，即便他们在该国境外时亦然。据此，主权国家一方面可对其境内的外国国民及其财产享有管辖权；另一方面对位于外国的本国国民同样享有管辖权，于是便可能产生管辖权

的冲突问题。为此,争议双方往往订立选择法院的约定来解决这一冲突。在实践中,这种选择一般不是争议任何一方所属国的法院,通常为第三国法院。另外,由于对国际商事诉讼的管辖权缺乏统一标准,即便当事人就诉讼地点作出了选择,也不能保证被选择的法院一定会接受对当事人之间特定争议行使管辖权。被选择的第三国法院可以以"不方便法院"或其他理由,拒绝对该特定的案件行使管辖权,因为许多国家的法律规定,法院对案件的管辖需要与该国有一定的联系。

目前,许多国家对此通过双边司法互助协定或有关的多边国际公约避免管辖权的冲突。在此领域内比较有影响的公约是 1968 年 9 月 27 日由比利时、联邦德国、法国、意大利、卢森堡和荷兰在布鲁塞尔签订的《欧洲关于法院对民、商事管辖权和判决执行的公约》(简称《布鲁塞尔公约》),该公约于 1973 年 1 月 1 日生效。该公约就民、商事案件的管辖权划分的统一标准作出了规定,如合同、抚养、侵权行为、保险、赊卖和租购等案件的管辖法院,属于专属管辖案件的法院,管辖权的受理和审查,审理中的案件和有关联的诉讼案件等,以及判决的执行问题都作出了比较系统的规定,从而在一定程度上避免了管辖冲突。此外,1988 年欧洲一些国家之间订立的《卢加诺关于法院对民、商事管辖权和判决执行的公约》(简称《卢加诺公约》)同样是为了避免管辖冲突的,采用双边司法协助条约的方式也可在一定条件下避免管辖的冲突,中国与法国、德国等十几个国家也订立了这种协定。但无论是双边条约还是多边公约,都仅对特定的缔约国有效。这些双边或多边国际公约尽管在一定程度上可以避免或消除管辖冲突,但其不可能完全避免或消除管辖权的冲突。

(二)中国法院对涉外民事案件的管辖

我国法院对涉外民事案件的管辖,规定在我国《民事诉讼法》的有关章节中。

1. 属于中国法院专属管辖的事项。

按照中国《民事诉讼法》的有关规定,属于中国法院专属管辖的事项包括两种:①位于中国境内的不动产纠纷和在中国港口作业中发生的纠纷;②在中国境内履行的中外合资经营企业合同、中外合作经营企业合同、中外合作勘探开发自然资源合同发生的争议提起的诉讼。

2. 协议管辖的事项。

对于涉外合同或者涉外财产权益的纠纷,当事人均可就由此产生的争议的管辖法院作出书面约定。

3. 其他事项的管辖法院。

因合同纠纷或者其他财产权益纠纷,对在我国境内设有住所的被告提起的诉讼,如果合同在我国境内签订或履行,或者诉讼标的物在我国境内,或者被告在我国境内设有可供扣押的财产,或者被告在我国境内设有代表机构,可由合同签约地、合同履行地、诉讼标的物所在地、可供扣押的财产所在地、侵权行为地或者代表机构住所地人民法院管辖。

二、外国当事人的民事诉讼法律地位

外国当事人的民事诉讼法律地位,是指外国人(包括自然人和法人)在一国享有的民事诉讼权利和承担的民事诉讼义务。外国人的民事诉讼地位如何,一般由一国的国内法和该国参加的国际条约规定,是一国主权范围内的事。目前各国的通行做法是给本国境内的外国当事人以国民待遇,即本国境内的外国人在民事诉讼中与本国公民地位平等,享有同样的权利,承担同样的义务。但是,一般国民待遇的给予都是建立在互惠或对等的基础上。中国《民事诉讼法》第5条就对外国人的民事诉讼地位作出了明确规定:"外国人、无国籍人、外国企业和组织在法院起诉、应诉,应同中华人民共和国公民、法人和其他组织有同等的诉讼权利、义务。外国法院对中华人民共和国公民、法人和其他组织的民事诉讼权利加以限制的,中华人民共和国法院对该国公民、企业和组织的民事诉讼权利实行对等原则。"从该条法律规定可以看出,中国同世界大多数国家一样,对于外国当事人民事诉讼地位的问题,实行的是对等的国民待遇原则。

三、国际司法协助

国际司法协助是指一国法院应另一国法院的请求,代为履行一定的诉讼行为。提出请求即委托行为,履行他国法院的委托行为即司法协助。司法协助一般包括协助进行文书的送达、传讯证人和搜集证据等。

国际司法协助实际上是一国法院协助外国法院在本国领域内实施具有主权性质的司法行为。因此,需要以有关国家立法、双边的司法互助协定和有关国际公约的规定或互惠关系为前提。国际司法协助必须有法院的正式委托,并注明具体的委托事项。

在司法协助方面,中国法院向在中国境内没有住所的当事人送达诉讼文书时,可以采取如下方法:①依照受送达人所在国与中国缔结或者共同参加的国际条约中规定的方式;②通过外交途径送达;③对具有中国国籍的受送达人,可以委托中国驻受送达人所在国的领事馆代为送达;④向受送达人委托的有权代其接受送达的诉讼代理人送达;⑤向受送达人在中国领域内设立的代表机构或者有权接受送达的分支机构、业务代办处送达;⑥受送达人所在国的法律允许邮寄送达的,可以邮寄送达,自邮寄之日起满6个月,送达回证没有退回,但根据各种情况足以认定已经送达的,期间届满之日视为送达;⑦不能用上述方式送达的,公告送达,自公告之日起满6个月即视为送达。

关于外国向中国以及中国向外国请求送达司法文书、调查取证等诉讼行为,中国一般按照互惠原则或参加、缔结的国际条约办理,但是,必须以不损害中国的主权、社会公共利益为前提,并且不得违反中国法律,不得采取强制措施。中国法院提供司法协助时,应按中国法律规定的程序进行。具体做法有两条途径:①根据中国缔结或参加的国际条约所规定的途径进行;②如果没有条约关系的,通过外交途径解决。

四、外国法院判决的承认和执行

对外国法院判决的承认和执行是两个问题。前者是指一国法院对某一涉外民事案件作出判决后,有关的另一国承认该判决的效力并允许当事人自愿执行;后者则指当事人不执行时,由承认判决的法院强制执行。根据国际法关于主权国家及其管辖范围的一般原则,一国法院作出的判决,仅在该国境内有效,外国法院没有承认与执行他国法院判决的义务。因此,并非任何外国的判决都能得到别国的承认和执行,即使得到承认也未必能够执行。通常,执行外国的判决需要更严格的条件。

对承认和执行外国法院的判决一般都采取三种不同的办法:①由被要求执行国法院进行审查,认为符合执行条件,发给执行令予以执行;②要求执行的人,以外国法院判决为依据,向本国法院重新起诉,由本国法院再作出判决,予以执行;③外国法院判决在本国登记后,即可予以执行。

中国在承认和执行外国法院的判决时,采取如下两种做法。

1. 关于中国法院的判决在外国得到承认和执行的问题。

关于这一问题,中国的具体做法是,如果被执行人本人或其财产不在中国境内,当事人仍请求执行的,可以由当事人直接向有管辖权的外国法院申请承认和执行,也可以由中国的法院依照中国缔结或参加的国际条约的规定,或者依照互惠原则,请求外国法院承认和执行。

2. 关于外国法院的判决在中国需要得到承认和执行的问题。

外国法院的判决要在中国得到承认和执行,可以由当事人直接向中国有管辖权的中级人民法院申请,也可以由外国法院依照互惠原则,请求中国法院承认执行。对于这些申请,中国法院经过审查,认为该外国法院的判决不违反中国法律、国家主权、安全和社会公共利益的,裁定承认其效力,需要执行的,发出执行令,如果违反了中国的上述规定,中国则不予承认。

复习思考题

1. 试析国际商事争议各种解决方式的利弊。
2. 仲裁协议应包括哪些内容?

案例1

案情:日本某株式会社北京代表处与香港某公司签订一份钢材买卖合同,合同中未订明仲裁条款。在履行期间,因港方对钢材质量提出异议,双方协商将价格下调15%。但港方同意将价格下调后仍不付款,日方多次催要,港方坚持拒付。日方在多次催要未果的情况下向港方发出了一份传真,申明如果再不付款,将在北京中国国际贸易仲裁委员会提请仲裁。港方接到传真后回复传真称:不管采取何种方式解决争议,我公司将奉陪到底。日方最终在中国国际贸易仲裁委员会提请仲裁。港方辩称,中国国际贸易仲裁委员会对本案无管辖权,双方合同中没有仲裁条款,纠纷发生后也未达成仲裁协议。

法律问题:中国国际贸易仲裁委员会是否对本案有管辖权?

参考结论与法理分析:仲裁协议的形式除合同中的仲裁条款、仲裁协议书外,还包括能证明仲裁协议订立的有关文件。因此,仲裁庭审理认为,在申请人提出将争议交付中国国际经济贸易仲裁委员会仲裁后,被申请人表示不管采取何种方式解决争议将奉陪到底,表明被申请人同意将争议交付仲裁,仲裁委员会对本案具有管辖权。

案例2

案情:诺宝克货运服务股份有限公司(船东)与中国某航海技术咨询服务公司(租船方)之间因租船合约产生争议。诺宝克货运服务股份有限公司根据双方租船合约中的仲裁条款,向伦敦海事仲裁协会申请仲裁。伦敦海事仲裁协会裁决中国航海技术咨询服务公司败诉,应向对方赔偿。但裁决生效后,中国航海技术咨询服务公司未自动履行裁决内容。诺宝克货运服务股份有限公司委托中国某律师事务所全权执行,并依照中国法律的规定,1个月后向被申请人——中国航海技术咨询服务公司住所地北京市中级人民法院递交了申请执行书及有关的文书材料。北京市中级人民法院认为申请符合受理条件,受理了申请执行人的申请,并依法组成合议庭对该仲裁裁决进行审查。

北京市中级人民法院经审查认为，伦敦海事仲裁协会就本案作出的裁决，符合《承认及执行外国仲裁裁决公约》以及《全国人民代表大会常务委员会关于我国加入〈承认及执行外国仲裁裁决公约〉的决定》应当承认及执行的规定，不具有《承认及执行外国仲裁裁决公约》第5条第1项、第2项所列拒绝承认及执行的情形，也不违反我国加入该公约时作出的保留性声明条款，对其效力应当予以承认。据此，北京市中级人民法院依照我国《民事诉讼法》的有关规定作出裁定：对伦敦海事仲裁协会就诺宝克货运服务股份有限公司与中国航海技术咨询服务公司之间的合约争议作出的终局裁决的效力予以承认。

法律问题：如何理解外国仲裁裁决的认定？如何理解外国仲裁裁决在我国的承认和执行？

参考结论与法理分析：外国仲裁机构作出的仲裁裁决在我国申请承认和执行，我国法院要依据1958年《纽约公约》和我国法律进行审查，符合承认和执行条件的，人民法院作出裁定，对外国仲裁裁决予以承认，并在承认的基础上予以执行。

关键词汇中英文对照

1. international business law	国际商法
2. commercial transaction	商事交易
3. conflict of law	法律冲突
4. continental law system	大陆法系
5. common law system	普通法系
6. equity	衡平法
7. case law	判例法
8. statute	成文法
9. specific performance	实际履行
10. injunction	禁令
11. adjective law	程序法
12. remedies precede rights	救济先于权利
13. the doctrine of autonomy of will	意思自治原则
14. the doctrine of the most significant relationship	最密切联系原则
15. immunity from jurisdiction	司法豁免权
16. individual proprietorship	个人独资企业
17. partnership	合伙
18. corporation	公司
19. joint and several liability	连带无限责任
20. corporate body	企业法人
21. limited liability company	有限责任公司
22. publicly held corporation	股份有限公司
23. listing corporation	上市公司
24. parent company	母公司
25. subsidiary	子公司
26. branch	分公司
27. founder	创办人

28. articles of corporation	公司章程
29. stock capital	股本
30. stockholder	股东
31. authorized capital	授权资本
32. paid-up capital	实收资本
33. common share	普通股
34. preferred share	优先股
35. named share	记名股
36. non-named share	无记名股
37. dividend	股利
38. debenture/bond	公司债券
39. accumulative voting	累计投票
40. reserve funds	公积金
41. general meeting	股东大会
42. board of directors	董事会
43. board of supervisors	监事会
44. independent director/outside director	独立董事
45. consolidation	新设合并
46. merger	吸收合并
47. dissolution	解散
48. liquidation	清算
49. agency	代理
50. agent	代理人
51. principal	被代理人(本人)
52. authorization	授权
53. actual authority	实际授权
54. apparent authority	表见授权
55. usual authority	惯常授权
56. authority of necessity	必要的授权
57. subsequent authority of ratification	后成或追认授权
58. forwarding agent	运输代理人
59. insurance broker	保险经纪人
60. confirming agent	保付代理人
61. confirming bank	保兑行

62. incoterms	贸易术语
63. delivery terms	交货条件
64. price terms	价格条件
65. symbolic delivery	象征性交货
66. offer	要约
67. acceptance	承诺
68. offeror	要约人
69. offeree	受约人
70. invitation for offer	要约邀请
71. firm offer	实盘
72. non-firm offer	虚盘
73. withdrawal	撤回
74. revocability	撤销
75. physical delivery	实际交货
76. shipping documents	装运单据
77. merchantable quality	商销品质
78. claim	请求
79. breach of contract	违约
80. putting in defaut	催告
81. remedies	补救办法
82. fundamental breach of contract	根本违约
83. anticipatory breach	预期违约
84. ownership	所有权
85. specific goods	特定物
86. floating cargo	海上路货
87. Electronic commerce	电子商务
88. Data message	数据电文
89. product liability	产品责任
90. tort	侵权
91. privity of contract	直接的合同关系
92. doctrine of negligence	疏忽责任原则
93. doctrine of warranty	担保责任原则
94. doctrine of strict liability	严格责任原则
95. unreasonably insafe in design	设计缺陷

96. unreasonably insafe in construction 制造缺陷
97. adequate warning or instruction 指示缺陷
98. punitive damages 惩罚性损害赔偿
99. liner shipping 班轮运输
100. tramp shipping 租船运输
101. bill of lading, B/L 提单
102. prime facie evidence 初步证据
103. document of title to goods 货物的权益凭证
104. on board B/L or shipped B/L 已装船提单
105. received for shipment B/L 待运提单
106. straight B/L 记名提单
107. blank B/L;open B/L; bearer B/L 不记名提单
108. order B/L 指示提单
109. clean B/L 清洁提单
110. foul B/L 不清洁提单
111. direct B/L 直达提单
112. transhipment B/L or through B/L 转运提单
113. combined transport B/L 多式联运提单
114. advanced B/L 预借提单
115. antedated B/L 倒签提单
116. due diligence 谨慎处理
117. voyage charter party 航次租船合同
118. time charter party 定期租船合同
119. bareboat charter party 光船租船合同
120. air consignment note 航空托运单
121. air waybill 空运单
122. railway bill 铁路运单
123. insurable interest 保险利益
124. principle of utmost good faith 最大诚信原则
125. principle of proximate cause 近因原则
126. principle of subrogation 代位求偿原则
127. insurer 保险人
128. applicant 投保人
129. insured 被保险人

130. beneficiary 受益人
131. broker 经纪人
132. valued policy 定值保险单
133. unvalued policy 不定值保险单
134. certificate of insurance 保险凭证
135. voyage policy 航程保险单
136. time policy 定期保险单
137. mix policy 混合保险单
138. floating policy 流动保险单
139. open covers 预约保险单
140. perils of sea 海上风险
141. extraneous risks 外来风险
142. total loss 全部损失
143. actual total loss 实际全损
144. constractive total loss 推定全损
145. abandonment 委付
146. partial loss 部分损失
147. general average 共同海损
148. particular average 单独海损
149. free from particular average 平安险
150. with particular average 水渍险
151. all risks 一切险
152. theft pilferage and non-delivery 偷窃提货不着
153. fresh water and/or rain damage 淡水雨淋
154. risk of shortage 短量险
155. risk of intermixture and contamination 混杂、玷污险
156. risk of leakage 渗漏险
157. risk of odour 串味险
158. damage caused by sweating and heating 受潮受热
159. loss or damage caused by breakage of packing 包装破裂
160. hook damage 钩损
161. risk of clash and breakage 破损、碰损险
162. risk of rust 锈损险
163. failure of delivery risk 交货不到险

164. import duty risk	进口关税险
165. on deck risk	舱面险
166. rejection risk	拒收险
167. aflatoxin risk	黄曲霉素险
168. war risk	战争险
169. strikes risk	罢工险
170. warehouse to warehouse clause	仓至仓条款
171. overland transport risks	陆运险
172. overland transport all risks	陆运一切险
173. air transport risks	航空运输险
174. air transport all risks	航空运输一切险
175. bill of exchange	汇票
176. promissory note	本票
177. check	支票
178. drawer	出票人
179. drawee/payer	付款人
180. payee	受款人
181. issue	出票
182. endorsement	背书
183. acceptance	承兑
184. payment	付款
185. protest	拒绝证书
186. right of recourse	追索权
187. forged signature	伪造签名
188. forged endorsement	伪造背书
189. telegraphic transfer(T/T)	电汇
190. mail transfer(M/T)	信汇
191. demand draft(D/D)	票汇
192. collection	托收
193. clean bill for collection	光票托收
194. documentary bill for collection	跟单托收
195. documents against acceptance(D/A)	承兑交单
196. documents against payment(D/P)	付款交单
197. trust receipt	信托收据

198. letter of credit(L/C)	信用证
199. issuing bank	开证行
200. advising bank	通知行
201. beneficiary	受益人
202. confirming bank	保兑行
203. negotiating bank	议付行
204. paying bank	付款行
205. documentary credit letter	跟单信用证
206. revocable L/C	可撤销信用证
207. confirmed L/C	保兑信用证
208. transferable L/C	可转让信用证
209. revolving L/C	循环信用证
210. red clause L/C	红条款信用证
211. abstraction and independence of the letter of credit	抽象独立原则
212. factoring	保理
213. alternative dispute resolution	选择性争议解决方式
214. negotiation	协商
215. conciliation	调解
216. mini-trial	模拟法庭
217. arbitration	仲裁
218. suit	诉讼
219. arbitration agreement	仲裁协议
220. ad hoc arbitration agency	临时仲裁机构
221. permanent arbitration agency	常设仲裁机构
222. arbitral tribunal	仲裁庭
223. arbitration proceedings	仲裁程序
224. arbitral hearings	仲裁审理

参 考 书 目

[1] 沈四宝,王军,焦津洪编著. 国际商法[M]. 北京:对外经济贸易大学出版社,2002.
[2] 高富平,苏号朋,刘智慧著. 合伙企业法原理与实务[M]. 北京:中国法制出版社,1997.
[3] 赵旭东主编. 公司法学[M]. 北京:高等教育出版社,2003.
[4] 郑自文著. 国际代理法研究[M]. 北京:法律出版社,1998.
[5] 李巍著. 联合国国际货物销售合同公约[M]. 北京:法律出版社,2002.
[6] 张圣翠主编. 国际商法[M]. 上海:上海财经大学出版社,2002.
[7] 曹祖平编著. 新编国际商法[M]. 北京:中国人民大学出版社,2002.
[8] 田文英,宋亚明,王晓燕编著. 电子商务法概论[M]. 西安:西安交通大学出版社,2000.
[9] 赵相林,曹俊主编. 国际产品责任法[M]. 北京:中国政法大学出版社,2000.
[10] 刘静著. 产品责任论[M]. 北京:中国政法大学出版社,2000.
[11] 邢海宝著. 海商提单法[M]. 北京:法律出版社,1999.
[12] 姜建初主编. 票据法[M]. 北京:北京大学出版社,2000.
[13] 吴志攀,余劲松主编. 国际经济法[M]. 北京:高等教育出版社,北京大学出版社,2000.
[14] 杨树明主编. 国际商事仲裁法[M]. 重庆:重庆大学出版社,2002.
[15] 赵一民主编. 国际私法案例教程[M]. 北京:知识产权出版社,2001.
[16] 鄢涛编著. 公司法案例评析[M]. 上海:汉语大词典出版社,2003.
[17] 顾功耘主编. 公司法学案例教程[M]. 北京:知识产权出版社,2005.
[18] 祝铭山主编. 委托代理纠纷[M]. 北京:中国法制出版社,2003.
[19] 肖伟主编. 国际经济法学案例教程[M]. 北京:知识产权出版社,2003.
[20] 司玉琢主编. 海商法学案例教程[M]. 北京:知识产权出版社,2003.

[21] Peter Schlechtriem . Commentary on the UN Convention on the International Sale of Goods[M]. Oxford: Clarendon Press, 1998.

[22] J. C. T. Chuah. Law of International Trade[M]. London: Sweet & Maxwell, 2001.

[23] Ray August. International Business Law – Tex, Casee and Readings[M]. Beijing: Highur Educatior Riess, 2002.

[24]《国际贸易术语解释通则 2010》(International Rules for the Interpretation of Trade Terms 2010), 国际商会(ICC), 2010.

[25]《联合国货物买卖合同公约》(《United Nations Convention on Contracts for the International Sale of Goods》), UN, 1980.

[26]《国际商事合同通则》(UNIDROIT Principles of International Commercial Contracts), UNIDROIT, 2010.